Das Nibelungenlied

Das große Heldenepos

Walter Hansen (Hrsg.)

Das Nibelungenlied

Das große Heldenepos

REGIONALIA
VERLAG

Impressum

Walter Hansen (Hrsg.)
Das Nibelungenlied. Das große Heldenepos

2. Auflage 2026,
basierend auf der Erstauflage von 2014

ein Imprint der Kraterleuchten GmbH,
Gartenstraße 3, 54550 Daun
Verlagsleitung: Sven Nieder

Bei Fragen zur Produktsicherheit wenden Sie sich an:
gpsr@kraterleuchten.com

Lektorat: Bruno Hof
Korrektorat: Tim Becker

Gestaltung Umschlag: Björn Pollmeyer, auf Basis der Erstauflage (Derek Gotzen für agilmedien, Niederkassel)
Innensatz: Kerstin Fiebig

Hergestellt in der Europäischen Union, Finidr, CZ

FSC www.fsc.org MIX Papier aus verantwortungsvollen Quellen FSC® C014138

ISBN 978-3-95540-413-0 (print)
ISBN 978-3-95540-777-3 (e-Book)

www.regionalia-verlag.de

Illustrationen in diesem Buch

Bildtafeln

Archiv Regionalia Verlag
Heldenbilder aus den Sagenkreisen Karls des Großen, Arturs, der Tafelrunde und des Grales, Attila's, der Amelungen und Nibelungen, herausgegeben von Friedrich Heinrich von der Hagen. Breslau 1821 BT 2–10
Meisterwerke der Holzschneidekunst aus dem Gebiete der Architektur, Skulptur und Malerei, Fünfzehnter Band, Leipzig 1893 BT 48
Scherr, Dr. Johannes, Die Nibelungen. Zu Prosa übersetzt, eingeleitet und erläutert. Leipzig 1862 BT 17–46
Wägner, Dr. Wilhelm, Deutsche Heldensagen, zweiter Band. Leipzig und Berlin 1881 BT 11–16
Bildersaal Deutscher Geschichte, Reprint der Ausgabe von 1890, Graz Wien Köln 1997 BT 47
Wikimedia Commons: o.A. BT 1

Textblock

Seite 1 und 2: aus Scherr, Dr. Johannes, Die Nibelungen (s.o.)
Alle anderen: Die szenischen Bilder sind Nachzeichnungen aus dem »Hundeshagenschen Kodex«, 15. Jh.
Diese und die Marginalienmotive sind einer Vorausgabe des vorliegenden Werkes, Wien Heidelberg 1982, entnommen.

Inhalt

EINLEITUNG

I.

Das Nibelungenlied wurde zur Unterhaltung gedichtet. Spielleute sangen das Epos von Liebe und Treue, von Mord und Rache, von Verrat und Untergang für ein adliges Publikum auf Fürstenhöfen und den Rittergütern reicher Lehnsmänner. Sie trugen es in einer heute schwer nachvollziehbaren Form von melodischem Sprechgesang vor, Abend für Abend, monatelang, bis sie zur Schlussstrophe kamen. Die Zuhörer zählten zur ritterlichen und höfisch erzogenen Elite des Mittelalters. Das Nibelungenlied war ein Epos für bessere Kreise.
Heute gehört es zur Weltliteratur und – Goethes Worten entsprechend – »zum Bildungsstand der Nation«.

Zierscheibe, merowingisch

II.

Der Dichter ist unbekannt. Es war wohl sein Wunsch, hinter dem Werk zurückzutreten, und bis heute ist es der Forschung trotz intensiver literarischer Detektivarbeit nicht gelungen, ihn zu identifizieren. Allerdings lassen sich aus dem Text des Nibelungenliedes einige Hinweise herausschlüsseln, die eine Vorstellung von der Persönlichkeit des Dichters vermitteln:
So kann beispielsweise aufgrund seiner erstaunlich genauen Ortsbeschreibungen des Donaulandes zwischen Passau und Wien angenommen werden, dass er dort beheimatet war.

Seine Darstellung des prunkvollen Hochzeitsfestes von Kriemhild und Etzel in Wien erwies sich als eine in vielen Einzelheiten getreue – wenn man so sagen darf – Schlüsselreportage der historisch überlieferten Vermählung von Erzherzog Leopold VI. mit der byzantinischen Königstochter Theodora im Jahre 1203; Germanisten schließen daraus, dass der Dichter – zweifellos ein Augenzeuge dieses Ereignisses – am Wiener Hof hohes Ansehen genossen haben muss, sonst wäre er nicht unter den geladenen Gästen gewesen.

Seine Gestaltung des sagenhaften Bischofs Pilgerin im Nibelungenlied ist einwandfrei als Huldigung an den historischen Passauer Bischof Wolfger (1191–1204) erkennbar: ein Indiz dafür, dass der Dichter dem Kirchenfürsten Dank schuldete und möglicherweise in dessen unmittelbarem Einflussbereich als Lehnsmann seinen ständigen Wohnsitz hatte.

Seine anspielungsreiche Verarbeitung gewisser politischer Verhältnisse im Nibelungenlied lässt es als so gut wie sicher erscheinen, dass er Österreicher war. Textvergleiche mit anderen, zeitlich genau einstufbaren Werken mittelalterlicher Dichtkunst geben die Gewissheit, dass er sein Werk zwischen 1200 und 1204 geschrieben hat.

Zu den Dichtern, die in den ehrenvollen Verdacht der Autorenschaft gerieten, gehörten Wolfram von Eschenbach, Heinrich von Ofterdingen, Walther von der Vogelweide und der von mir ins Spiel gebrachte Konrad von Fussesbrunnen. Er ist Verfasser der »Kindheit Jesu«, eines geistlichen Epos. Und das hat er zwischen 1195 und 1200 geschrieben. Konrad stammte aus Fussesbrunnen, einem nahe von Traismauer an der Donau gelegenen Ort, der in den Passauer Güterlisten dokumentiert ist. Mithin stand der Dichter im Einfluss und Abhängigkeitsbereich des Passauer Bischofs Wolfger!

Der Onkel Konrads von Fussesbrunnen, Albert von Pfaffstetten, war ein Ministeriale, also einer der höchsten Gefolgsmänner am Babenberger Hof. Es ist also sehr wahrscheinlich, dass Konrad als einer seiner engsten Verwandten zur Hochzeit des Babenberger Herzogs Leopold VI. mit der byzantinischen Königstochter Theodora eingeladen war.

Meine mit vielen Indizien untermauerte Hypothese von der Autorenschaft Konrads von Fussesbrunnen erregte die Aufmerksamkeit der Wissenschaft. Zwei international geschätzte Germanisten, Hans Fromm von der Münchner Universität und Michael Curschmann von der Princeton-Universtät, USA, veranlassten weitere Untersuchungen, die einige zusätzliche Indizien erbrachten. Beweise waren nach so vielen Jahrhunderten natürlich keine zu finden. Es bleibt also bei einer Hypothese, für die es allerdings bis heute noch keine Gegenargumente gibt.

Interessant ist in diesem Zusammenhang, dass der Dichter ganz offensichtlich sich selbst in der Gestalt des Spielmanns Volker porträtiert hat. Das heißt: Mit Volker hat sich der Dichter gewissermaßen ein eigenes literarisches Denkmal gesetzt.

III.

Vielfältig waren die Einflüsse, für die der Dichter sich als empfänglich erwies: Er bezog Mythen und Märchenmotive, Sagen und Legenden, christliche und heidnische Vorstellungen, Draufgängermentalität und Treuebegriffe des vergangenen Germanentums auf die Problematik seiner Zeit, als Gewalt, Verrat, politische Intrigen und die verheerenden Machtansprüche rivalisierender Dynastien in groteskem Gegensatz zu Zucht, Glanz und Ehrbegriffen des höfischen

Zeremoniells standen. Solchermaßen von einer Vielfalt archetypischer Elemente aufgeladen, geriet das Nibelungenlied zu einem Werk, das im Mittelalter als aktuell empfunden wurde – und zwar als eine Mahnung zum Frieden! Der Dichter, so die heute weitgehend gesicherte Lehrmeinung, wollte den für Chaos seiner Zeit verantwortlichen Fürsten in seinem Werk verständlich machen, was er ihnen direkt nicht sagen durfte: dass Mord, Verrat, Raub, Rache und Treuebrüche zum Untergang führen müssen und dass es höchste Zeit ist, Frieden zu schließen im damalsaktuellen Kampf zwischen Staufern und Welfen.

IV.

Verständlich, dass die Stoffgeschichte eines inhaltlich und stilistisch so vielfältig zerpflückbaren Epos höchst kompliziert ist und bis heute noch nicht gänzlich geklärt werden konnte. Will man alle bisherigen Erkenntnisse auf einen Nenner bringen – ohne dass hier auf die Vielschichtigkeit des Themas detailliert eingegangen werden kann –, so schälen sich zwei voneinander völlig unabhängige Sagenkreise als stoffgeschichtliche Säulen des Nibelungenliedes heraus:

Der erste Sagenkreis befasst sich mit Siegfried, seinem Drachenkampf, dem Gewinn des fluchbeladenen Hortes, der betrügerischen Brautwerbung um die Walküre Brünhild, dem Streit der Königinnen und seiner Ermordung. Diese stark mythisch beeinflussten Sagen sind zum größten Teil in einigen Liedern der Edda überliefert und wurden später vom Isländer Snorri Sturluson (1179–1241) in der Prosa-Edda zusammengefasst.

Der zweite Sagenkreis wurzelt in zwei historisch überlieferten Daten: Im Jahre 437 wurde das mittelrheinische Burgundenreich unter König Gundahari von einem hunnischen Hilfsheer vernichtend geschlagen, und im Jahre 453 starb der Hunnenkönig Attila (Etzel).

Sagendichter machten schon im fünften Jahrhundert mit viel Phantasie aus dem natürlichen Tod Attilas – er starb an einem Blutsturz in der Hochzeitsnacht – einen Mord. Um ein Motiv für die Tat anbieten zu können, stellten die Sagendichter Attilas germanische Gemahlin Hildico als burgundische Rächerin hin.

Der Dichter des Nibelungenliedes unternahm die Verknüpfung beider Sagenkreise, indem er den Untergang der Burgunden als Racheaktion für Siegfrieds Tod gestaltete, ausgeführt von Kriemhild, die sich im Verlauf des Epos vom »edel Mägdelein« des ersten Abenteuers zum »Teufelsweib« der Schlussszene wandelt. Durch diesen Geniestreich ließen sich alle stoffgeschichtlichen und stilistischen Elemente – so widersprüchlich sie bei detaillierter Betrachtung auch sein mögen – zu einer menschlich motivierten Tragödie verschmelzen, zu einem

Werk, das freilich ein Höchstmaß an Dichtkunst verlangte, um schließlich wie aus einem Guss zu wirken.

V.

Heute würde man das Nibelungenlied als einen Bestseller bezeichnen. Es wurde jahrhundertelang an Höfen vorgetragen, lange nach dem Tode des Dichters noch, bis etwa ins 16. Jahrhundert hinein, als es dann allmählich in Vergessenheit geriet. Die Spielleute und fahrenden Sänger stützten beim Vortrag ihr Gedächtnis auf Abschriften, die sich mit einigen Änderungen, Weglassungen und Hinzufügungen direkt oder indirekt aufs Original bezogen. Der Urtext des Dichters ist nicht erhalten.Die Wissenschaft hat jedoch Rückschlüsse aufs Original gezogen und dabei von insgesamt vierunddreißig teils bruchstückhaften Handschriften vier in die engere Wahl genommen:

- *die »Hohenems-Münchener Handschrift« A mit 2316 Strophen;*
- *die »St. Gallener Handschrift« B mit 2376 Strophen;*
- *die »Donaueschinger Handschrift« C mit 2442 Strophen;*
- *die »Ambraser Handschrift« D mit 2071 Strophen und fehlendem Schluss.*

VI.

Wer heute eine Vorstellung vom Originaltext beschwören will, hat zwei Möglichkeiten:

Entweder er wählt eine Handschrift aus, von der er glaubt, dass sie dem Urtext am nächsten kommt – in diesem Fall ist die Handschrift B vorzuziehen –, oder er versucht mit philologischen Auswahlkriterien, Textvergleichen und eigenem dichterischem Instinkt aus mehreren wichtigen Handschriften den wahrscheinlichen Urtext zu gewinnen.

Bei der zweiten Methode hatte der Germanist und Dichter Karl Simrock (1802–1876) zweifellos die glücklichste Hand. Seine Rekonstruktion und seine Übersetzung gelten bis heute als »klassische« und haben seit ihrem ersten Erscheinen im Jahre 1827 viel dazu beigetragen, das Nibelungenlied der Vergessenheit zu entreißen und einem breiten Publikum zugänglich zu machen.

Allerdings: Die Aufbereitung des Nibelungenliedes für den heutigen Leser ist ein heikles Unterfangen. Das Nibelungenlied wurde zum Vortragen und Zuhören gedichtet, und zwar in der rhythmisch leicht ins Ohr gehenden, jedoch nicht einfach lesbaren »Nibelungenstrophe«. Das heißt, jede Strophe setzt sich aus vier paarweise reimenden Langzeilen mit je zwei durch einen Einschnitt getrennte Kurzzeilen zusammen. Die vorderen Kurzzeilen sind vierhebig; die ersten drei hinteren dreihebig, die letzte Kurzzeile verklingt mit starker Betonung in vier Hebungen.

Wer den Text lesen will, muss sich anfangs auf den ungewöhnlichen Rhythmus einstellen.

Eine weitere Schwierigkeit ist die Übersetzung des mittelhochdeutschen Textes ins Neuhochdeutsche. Viele Versuche scheiterten, einige brachten passable Lösungen, wenige können als gelungen gelten. Karl Simrocks vielgerühmte Übertragung wird als »klassische« bezeichnet, weil sein neuhochdeutscher Text dem Leser die Illusion vermittelt, das mittelhochdeutsche Original dargeboten zu bekommen.

Simrock hat seine eigene Übersetzung vielfach korrigiert, bis ihm schließlich mit der »28. verbesserten Auflage von 1874« der für ihn beste Wurf gelang.

Auf diese Ausgabe stützt sich das vorliegende Buch. Einige Textstellen mussten, dem Stand der heutigen Forschung entsprechend, geringfügig verändert werden, und Informationen, die dem Verständnis dienen, wurden nicht in die Wüste der Anhangseiten verbannt, wo sie erst nach langem Hinund-her-Blättern gefunden werden, sondern direkt neben die Strophen gestellt.

Diese Bearbeitung dient dem Ziel, auch in unserer Zeit die ursprüngliche Absicht des Dichters zu verwirklichen: dass sein Nibelungenlied der Unterhaltung diene.

Walter Hansen

Anmerkung für den Leser:

Alle Originaltexte und Randbemerkungen des Herausgebers sind in normaler Schrift, alle Erklärungen des Herausgebers zu Beginn der Kapitel sind kursiv gesetzt. In den Randbemerkungen sind Wörter aus dem mittelhochdeutschen Text durch Anführungszeichen gekennzeichnet.

Erstes Abenteuer

WIE KRIEMHILDEN TRÄUMTE

Der Dichter stellt am Anfang eine Reihe von Hauptfiguren vor: die Mitglieder der burgundischen Königsfamilie – Kriemhild, Gunther, Gernot, Giselher – und einige ihrer Lehensmänner, unter ihnen Hagen von Tronje, dessen Bruder Dankwart und den Spielmann Volker von Alzey.

Das zentrale Thema des ersten Abenteuers ist ein unheilvoller Traum und dessen Deutung: Kriemhild träumt, dass ihr Falke von zwei Adlern gerissen werde. Ihre Mutter Ute sieht darin die drohende Gefahr für einen edlen Mann, der in Kriemhilds zukünftigem Leben noch eine Rolle spielen würde. Doch Kriemhild versichert, dass sie, um sich Leid zu ersparen, immer allein zu bleiben gedenke. Das Gespräch über die Traumdeutung spitzt sich zum Leitmotiv des Nibelungenliedes zu: »... dass Freude mit Leide am Ende wird gelohnt«.

Es fällt auf, dass der Dichter wiederholt zukünftige Ereignisse vorwegnimmt. Diese sogenannte »epische Prolepsis« – ein Kunstgriff, der die Zuhörer in Spannung versetzen soll – wird auch später immer wieder angewandt und gilt als charakteristisches Stilmerkmal des Nibelungenliedes.

Mären (maeren): Erzählungen, Geschichten, Überlieferungen

Recken: fahrende Ritter

Viel Wunderdinge melden   die Mären alter Zeit
von hochgerühmten Helden,   von großer Kühnheit,
von Freud und Festlichkeiten,   von Weinen und von Klagen,
von kühner Recken Streiten   mögt ihr nun Wunder hören sagen.

Mägdelein (magedîn): Verkleinerungsform von »maget«, Jungfrau

Es wuchs in Burgunden   solch adlig Mägdelein,
dass in allen Landen   nichts Schönres mochte sein.
Kriemhild war sie geheißen   und ward ein schönes Weib,
um die viel Degen mussten   verlieren Leben und Leib.

Degen (degene): ältere Bezeichnung für Ritter

Die Schöne zu verehren   brachte keinem Scham.
Viel Recken um sie warben,   niemand war ihr gram.
Schön über alle Maßen   war die edle Maid.
Der Jungfrau hohe Tugend   wär eine Zierde für jedes Weib.

pflegen (pflâgen): Vormundschaft. Kriemhilds Vater war tot. Die Brüder waren die Beschützer.

Es pflegten sie drei Könige,   edel und reich,
Gunther und Gernot,   die Recken ohnegleich,
und Giselher der junge,   ein auserwählter Degen,
sie war ihre Schwester,   die Fürsten hatten sie zu pflegen.

Die Herren waren milde, dazu von hohem Stamm,
unmaßen kühn von Kräften, die Recken lobesam.
Nach den Burgunden war ihr Land genannt.
Sie schufen starke Wunder noch seitdem in Etzels Land.

Zu Worms am Rheine wohnten die Herren mit ihrer Kraft.
In ihren Landen diente viel stolze Ritterschaft
mit rühmlichen Ehren all ihres Lebens Zeit,
bis jämmerlich sie starben durch zweier edlen Frauen Streit.

Ute hieß ihre Mutter, die reiche Königin,
und Dankrat der Vater, der ihnen zum Gewinn
das Erbe ließ im Tode. Er war ein starker Mann,
der auch in seiner Jugend großer Ehren viel gewann.

Die drei Könige waren, wie ich kundgetan,
stark und hohes Mutes; ihnen waren untertan
auch die besten Recken, davon man hat gesagt,
von großer Kraft und Kühnheit, in allen Streiten unverzagt.

Das war von Tronje Hagen und der Bruder sein,
Dankwart der schnelle; von Metz Herr Ortewein;
die beiden Markgrafen Gere und Eckewart,
Volker von Alzey; an allen Kräften wohlbewahrt.

Rumold, der Küchenmeister, ein auserwählter Degen;
Sindold und Hunold: die Herren mussten pflegen
des Hofes und der Ehren, den Kön'gen untertan.
Noch hatten sie viel Recken, die ich nicht alle nennen kann.

Dankwart war Marschall; so war der Neffe sein
Truchsess des Königs von Metz Herr Ortewein.
Sindold war Schenke, ein auserwählter Degen,
und Kämmerer Hunold. Sie konnten hoher Ehren pflegen.

Von des Hofes Ehre, von ihrer weiten Kraft,
von ihrer hohen Würdigkeit und von der Ritterschaft,
wie sie die Herren übten mit Freuden all ihr Leben,
davon weiß wahrlich niemand euch volle Kunde zu geben.

milde (milte): freigebig

Etzel: Sagengestalt, dem Hunnenkönig Attila (gestorben 453) nachempfunden.

Kraft: In diesem Zusammenhang ist Streitmacht gemeint.

dienen: im Sinne von Lehensdienst leisten

Markgraf: Verwalter eines Grenzlandes (marke).

Küchenmeister: eines der ehrenvollen Hofämter (Rittersmann).

Marschall: Stallmeister

Truchsess: Vorsteher des Gesindes.

Schenke: verantwortlich für Keller und Weinberge.

Kämmerer: verantwortlich für Schatz, Gewand und Waffenkammer.

Falke (valke): symbolisierte im Minnesang den Geliebten.

In ihren hohen Ehren träumte Kriemhilden,
sie zög einen Falken, stark, schön und wilden;
den griffen ihr zwei Aare. Dass sie das musste sehn!
Ihr konnte auf dieser Erde größer Leid nicht geschehn.

Sie sagte den Traum ihrer Mutter, Frau Uten.
Die wusst ihn nicht zu deuten als so der guten:
»Der Falke, den du ziehest, das ist ein edler Mann.
Ihn wolle Gott behüten, sonst ist es bald um ihn getan.«

»Was sagt Ihr mir vom Manne, vielliebe Mutter mein?
Ohne Reckenminne will ich immer sein;
so schön will ich verbleiben bis an meinen Tod,
dass ich von Mannes Minne nie gewinnen möge Not.«

so schön (sus schoene): im Sinne von »so jungfräulich«

»Verred es nicht so völlig«, die Mutter sprach da so;
»sollst du je auf Erden von Herzen werden froh,
so geschieht's von Mannesminne! Du wirst ein schönes Weib,
will Gott dir noch vergönnen eines guten Ritters Leib.«

»Die Rede lasst bleiben, vielliebe Mutter mein.
Es hat an manchen Weiben gelehrt der Augenschein,
dass Freude mit Leide am Ende wird gelohnt.
Ich will sie meiden beide, so bleib ich sicher verschont.«

Kriemhild in ihrem Mute hielt sich von Minne frei.
So ging im Lauf der Jahre manch lieber Tag vorbei,
ohne dass sie einen Recken sah, der ihr gefiel zum Mann,
bis sie doch mit Ehren einen werten Helden gewann.

Mute (muote): ein vielfältig anwendbares Wort, hier im Sinne von Absicht

Das war derselbe Falke, den jener Traum ihr bot.
Die Mutter hat's gedeutet: bald war der Recke tot.
Die ihn getötet hatten, bekamen blutigen Lohn.
Durch dieses einen Sterben starb noch mancher Mutter Sohn.

Zweites Abenteuer

VON SIEGFRIEDEN

Eine weitere Hauptfigur wird eingeführt: der Königssohn Siegfried aus Xanten.

Der Dichter gibt in diesem Zusammenhang erste Einblicke ins höfische Leben. Er schildert die Erziehung Siegfrieds zum Ritter, eine Schwertleite, ein Turnier, die Auftritte des fahrenden Gauklergesindes, und er berichtet von zwei fürstlichen Verpflichtungen: von Gastfreundschaft und Freigebigkeit.

Da wuchs im Niederlande   eines edlen Königs Kind,
Siegmund hieß sein Vater,   die Mutter Siegelind,
in einer mächt'gen Feste,   weithin wohlbekannt,
unten am Rheine;   Xanten war sie genannt.

Ich sag euch von dem Degen,   wie so schön er ward.
Er war von allen Schanden   immer wohl bewahrt.
Stark und hohen Namens   ward bald der kühne Mann.
Hei! Was er großer Ehren   auf dieser Erde gewann!

Siegfried war geheißen   der edle Degen gut.
Er erprobte viel der Recken   in hochbeherztem Mut.
Seine Stärke führt ihn   in manches fremde Land.
Hei! Was er schneller Degen   bei den Burgunden fand!

Bevor der kühne Degen   voll erwuchs zum Mann,
da hat er solche Wunder   mit seiner Hand getan,
davon man immer wieder   singen mag und sagen.
Wir müssen viel verschweigen   von ihm in heutigen Tagen.

In seinen besten Zeiten,   bei seinen jungen Tagen
mochte man viel Wunder   von Siegfrieden sagen,
wie Ehr an ihm erblühte   und wie schön er war zu schaun.
Drum dachten sein in Minne   viel der waidlichen Fraun.

waidlich (waetlich): schön, stattlich

Man erzog ihn mit der Sorgfalt,   die seinem Stand zukam.
Zucht und Sitte hatte   auch selbst der junge Mann.
So ward er eine Zierde   für seines Vaters Land,
dass man zu allen Dingen   ihn so recht herrlich befand.

Hofgelag (hôchgezîte): Gemeint ist eine Schwertleite, bei der Knappen das Ritterschwert erhielten und Ritter wurden. Die Knappen waren meist im 21. Lebensjahr und mussten adliger Abstammung sein.

Borten: mit Gold und Edelsteinen besetzte Bänder

Wirt: der Gastgeber, in diesem Fall der König

Er war nun so erwachsen, mit an den Hof zu gehn.
Die Leute sahn ihn gerne; viel Fraun und Mädchen schön
wünschten wohl, er käme dahin doch immerdar;
hold waren ihm gar viele, des ward der Degen wohl gewahr.

Selten ohne Hüter man reiten ließ das Kind.
Mit Kleidern hieß ihn zieren seine Mutter Siegelind;
auch pflegten sein die Weisen, denen Ehre war bekannt.
Drum mocht er wohl gewinnen so die Leute wie das Land.

Nun war er in der Stärke, dass er wohl Waffen trug.
Wes er dazu bedurfte, des gab man ihm genug.
Schon sann er zu werben um manches schöne Kind;
die hätten wohl mit Ehren den schönen Siegfried geminnt.

Da ließ sein Vater Siegmund kundtun seinem Lehn:
mit lieben Freunden wollt er ein Hofgelag begehn.
Da brachte man die Märe in andrer Kön'ge Land.
Den Heimischen und Gästen gab er Ross und Gewand.

Wen man finden mochte, der nach der Eltern Art
Ritter werden sollte, die edlen Knappen zart,
lud man nach dem Lande zu der Lustbarkeit,
wo sie das Schwert empfingen mit Siegfried zu gleicher Zeit.

Man mochte Wunder sagen von dem Hofgelag.
Siegmund und Siegelind gewannen an dem Tag
viel Ehre durch die Gaben, die spendet ihre Hand.
Drum sah man viel der Fremden zu ihnen reiten in das Land.

Vierhundert Schwertdegen sollten gekleidet sein
prächtig fürs Hofgelag. Manch schönes Mägdelein
sah man am Werk geschäftig; ihm waren alle hold.
Viel edle Steine legten die Frauen da in das Gold.

Die wollten sie mit Borten auf die Kleider nähn
den jungen stolzen Recken; das musste so ergehn.
Der Wirt ließ Sitze bauen für manchen kühnen Mann
zu der Sonnenwende, wo Siegfried Rittersstand gewann.

Da ging zu einem Münster   mancher reiche Knecht
und viel der edlen Ritter.   Die Alten taten recht,
dass sie den Jungen dienten,   wie ihnen war geschehn.
Sie hatten Kurzweile und   freuten sich, es zu sehn.

Als man da Gott zu Ehren   eine Messe sang,
da hub sich von den Leuten   ein gewalt'ger Drang,
da sie zu Rittern wurden   dem Ritterbrauch gemäß
mit also hohen Ehren,   so leicht nicht wieder geschäh's.

Sie eilten, wo sie fanden   geschirrter Rosse viel.
Da ward in Siegmunds Hofe   so laut das Ritterspiel,
dass man ertosen hörte   Palas und Saal.
Die hochbeherzten Degen   begannen fröhlichen Schall.

Von Alten und von Jungen   mancher Stoß erklang,
dass der Schäfte Brechen   in die Lüfte drang.
Die Splitter sah man fliegen   bis zum Saal hinan.
Die Kurzweile sahen   die Fraun und Männer mit an.

Der Wirt bat aufzuhören.   Man zog die Rosse fort;
wohl sah man auch zerbrochen   viel starke Schilde dort,
und viel der edlen Steine   auf das Gras gefällt
von des lichten Schildes Spangen: die hatten Stöße zerschellt.

Da setzten sich die Gäste   müde hin zum Mahl.
Der besten Speisen gab es   vom Wirte allzumal.
Und Wein, den allerbesten,   den man in Fülle trug.
Den Heimischen und Fremden   bot man Ehren da genug.

So viel sie Kurzweile   gefunden all den Tag,
das fahrende Gesinde   noch nicht in Ruhe lag.
Sie dienten um die Gabe,   die man da reichlich fand;
ihr Lob ward zur Zierde   König Siegmunds ganzem Land.

Da ließ der Fürst verleihen   Siegfried, dem jungen Mann,
das Land und die Burgen,   wie einst ihm selbst getan.
Seinen Schwertgenossen   gab er mit milder Hand.
So freute sie die Reise,   die sie geführt in das Land.

Kurzweile (kurzwîle oder kurzewîle): ein vielfältig anwendbares Wort, hier im Sinne von Unterhaltung

Palas (palas): zentrales Hauptgebäude einer Burg

Schäfte (schefte): Lanzenschäfte

Schildes Spangen: mit Edelsteinen besetzter Schildbelag aus Metall

fahrendes Gesinde: Gaukler

Schwertgenossen (swertgenôzen): Knappen, die mit Siegfried Ritter wurden

Das Hofgelage währte bis an den siebten Tag.
Sieglind die reiche der alten Sitte pflag,
dass sie dem Sohn zur Liebe verteilte rotes Gold.
Sie konnt es wohl verdienen, dass ihm die Leute waren hold.

Da blieb zuletzt kein armer Fahrender mehr im Land.
Noch nie erlebte Ingesind so gabenfrohe Hand.
Kleider und Rosse hatten die Fürsten dort gegeben,
so viel, als hätten sie nur einen Tag noch zu leben.

Mit preiswerten Ehren verging die Lustbarkeit.
Man hörte wohl die Reichen sagen nach der Zeit,
dass sie dem jungen Siegfried gern wären untertan.
Das begehrte nicht Siegfried, dieser waidliche Mann.

Solange sie noch lebten, Siegmund und Siegelind,
wollte nicht Krone tragen der beiden liebes Kind;
doch wollt er herrlich wenden alle die Gewalt,
die das Land bedrohte, der Degen kühn und wohlgestalt.

Ihn durfte niemand schelten; seit er die Waffen nahm,
die Ruh genoss nur selten der Recke lobesam.
Er suchte nur zu streiten, und seine starke Hand
macht ihn zu allen Zeiten in fremden Reichen wohlbekannt.

Drittes Abenteuer

WIE SIEGFRIED NACH WORMS KAM

Siegfried hört von der schönen Kriemhild und zieht zur Brautwerbung aus. Als er im Land der gefürchteten Burgundenkönige eintrifft, fügt der Dichter eine Rückblende ein: Er lässt Hagen erzählen, wie Siegfried im Nibelungenland den fluchbeladenen Nibelungenhort, das Schwert Balmung und die Tarnkappe erbeutete und schließlich beim Bad im Drachenblut eines erschlagenen Lindwurms seine sagenhafte Hornhaut erhielt. Da Siegfried solchermaßen als unbesiegbar gilt, nehmen ihn die Burgunden – trotz seines aggressiven Auftretens – freundschaftlich als Gast auf.

Wo der Dichter sich das von Siegfried eroberte Nibelungenland vorstellt, ist unklar. Es wird einmal in der Nähe Islands beschrieben, dann nach Norwegen verlegt, dann wieder scheint es mit den Niederlanden identisch zu sein.

Den Herrn quälte selten   irgendein Herzeleid.
Er hörte Kunde sagen,   wie eine schöne Maid
bei den Burgunden wäre,   nach Wünschen wohlgetan,
von der er bald viel Freuden   und auch viel Leides gewann.

Von ihrer hohen Schönheit   vernahm man weit und breit,
und auch ihr Hochgemüte   ward zur selben Zeit
an allen Fürstenhöfen   den Helden gut bekannt.
Das lockte der Gäste   viel in König Gunthers Land.

So viel um ihre Minne   man Werbende sah,
Kriemhild in ihrem Sinne   sprach dazu nicht ja.
Sie wollte vorerst keinen   zum geliebten Mann.
Und der war ihr noch fremde,   dem sie bald war untertan.

untertan (undertân): im Sinne von verheiratet

Da sann auf hohe Minne   Sieglindens Kind.
All der andern Werben   war wider ihn wie Wind.
Er mochte wohl verdienen   ein Weib so auserwählt.
Bald war die edle Kriemhild   dem kühnen Siegfried vermählt.

die in seinem Lehn: seine Lehnsmänner

Ihm rieten seine Freunde   und die in seinem Lehn:
hab er stete Minne   sich zum Ziel ersehn,
so soll er werben, dass er sich   der Wahl nicht dürfe schämen.
Da sprach der edle Siegfried: »So will ich Kriemhilden nehmen,

stete Minne (staete minne): treue Liebe

die edle Königstochter von Burgundenland
um ihrer Schönheit willen. Es ist mir wohlbekannt:
Kein Kaiser ist so mächtig und von so stolzem Sinn,
dass ihn nicht zur Ehr gereichte diese reiche Königin.«

Von solcher Märe hörte der König Siegmund.
Die Leute sprachen drüber; also ward ihm kund
seines Sohnes Wille. Es war ihm bitterleid,
dass Siegfried werben wolle um dieses herrliche Weib.

So erfuhr es auch die Königin, die edle Siegelind.
Die musste große Sorge tragen um ihr Kind,
weil sie wohl Gunthern kannte und seinen Heeresbann.
Die Werbung man dem Degen sehr zu verleiden begann.

Da sprach der kühne Siegfried: »Viellieber Vater mein,
ohn' edler Frauen Minne wollt ich immer sein,
wenn ich nicht werben dürfte nach Herzensliebe frei,
was immer man auch redet, ich bleibe doch dabei.«

»Ist dir nicht abzuraten«, der König sprach da so,
»so bin ich deines Willens von ganzem Herzen froh,
und will dir's fügen helfen, so gut ich immer kann;
doch hat der König Gunther manchen hochfährt'gen Mann!

Und wär es anders niemand als Hagen, der Degen,
der kann im Übermute wohl der Hochfahrt pflegen,
so dass ich sehr befürchte, es mög uns werden leid,
wenn wir werben wollen um diese herrliche Maid.«

»Was mag uns gefährden?«, hub da Siegfried an.
»Was ich mir im Guten da nicht erbitten kann,
mag ich schon sonst erwerben mit meiner starken Hand.
Ich will von ihm erzwingen so die Leute wie das Land.«

»Leid ist mir deine Rede«, sprach König Siegmund,
»denn würde diese Märe dort am Rheine kund,
du dürftest nicht betreten des König Gunthers Land.
Gunther und Gernot, die sind mir lange bekannt.

Mit Gewalt erwerben kann niemand die Magd«,
fuhr König Siegmund fort, »das hat man mir gesagt.
Willst du jedoch mit Recken reiten in das Land,
die Freunde, die wir haben, die werden eilends besandt.«

»So ist mir nicht zu Mute«, fiel ihm Siegfried ein,
»dass mir Recken sollten folgen an den Rhein
um einer Heerfahrt willen. Das wäre mir wohl leid,
sollt ich damit erzwingen diese herrliche Maid.

Ich will sie schon erwerben allein mit meiner Hand.
Ich will mit zwölf Gesellen in König Gunthers Land;
dazu sollt Ihr mir helfen, Vater Siegmund.«
Da gab man seinen Degen, die Kleider grau und auch bunt.

Da vernahm auch diese Märe seine Mutter Siegelind;
sie begann zu trauern um ihr liebes Kind:
Sie bangt es zu verlieren durch die in Gunthers Heer.
Die edle Königstochter weinte darüber sehr.

Siegfried, der Degen, ging hin, wo er sie sah.
Und zu seiner Mutter gütlich sprach er da:
»Frau, Ihr sollt nicht weinen um den Willen mein:
Wohl will ich ohne Sorgen vor allen Weiganden sein.

Nun helft mir zu der Reise nach Burgundenland,
dass mich und meine Recken ziere solch Gewand,
wie so stolze Degen mit Ehren mögen tragen.
Dafür will ich immer den Dank von Herzen sagen.«

»Ist dir nicht abzuraten«, sprach Frau Siegelind,
»so helf ich dir zur Reise, mein einziges Kind,
mit den besten Kleidern, die je ein Ritter trug,
dir und deinen Degen: ihr sollt der haben genug.«

Da neigte sich ihr dankend Siegfried, der junge Mann.
Er sprach: »Nicht mehr Gesellen nehm ich zur Fahrt mir an
als der Recken zwölfe: verseht die mit Gewand.
Ich möchte gern erfahren, wie's um Kriemhild sei bewandt.«

besandt *(besant): von Boten zur Mitreise aufgefordert*

grau und bunt *(grâ unde bunt): graue Reisekleider, bunte Festtagskleider. Mit grâ kann auch Grauwerk (Pelz) gemeint sein.*

Weigand *(wîganden): ältere Bezeichnung für Ritter*

Staat: Kleiderstaat

aufsäumen: Saumtiere beladen

Not: im Sinne von Kummer

Strand: Rheinufer

Da saßen schöne Frauen über Nacht und Tag,
dass ihrer selten eine der Muße eher pflag,
bis sie gefertigt hatten Siegfriedens Staat.
Er wollt für seine Reise entbehren jeden weitren Rat.

Sein Vater hieß ihn zieren sein ritterlich Gewand,
womit er ziehen wollte in König Gunthers Land.
Ihre lichten Panzer, die wurden auch bereit,
und ihre festen Helme, ihre Schilde schön und breit.

Nun sahen sie die Reise zu den Burgunden nahn.
Um sie begannen zu sorgen beides, Weib und Mann,
ob sie je wiederkommen würden in das Land.
Sie geboten aufzusäumen die Waffen und das Gewand.

Schön waren ihre Rosse, das Reitzeug und die Decken,
nie hat man je gesehen so prächtige Recken
wie den Degen Siegfried und die ihm untertan.
Nun hielt er um Urlaub zu den Burgunden an.

Den gaben ihm mit Trauern König und Königin.
Er tröstete sie beide mit minniglichem Sinn
und sprach: »Ihr sollt nicht weinen um den Willen mein:
Immer ohne Sorgen mögt Ihr um mein Leben sein.«

Es war leid den Recken, auch weinte manche Maid:
Sie ahnten wohl im Herzen, dass nach einiger Zeit
viele der Verwandten erleiden würden den Tod.
Sie hatten Grund zu klagen, es schuf ihnen wahrlich Not.

Am siebenten Morgen zu Worms an den Strand
ritten schon die Kühnen, all ihr Gewand
war von rotem Golde, ihr Reitzeug gut und schön.
Auch hat man nie zuvor Rosse ruhiger traben gesehen.

Neu waren ihre Schilde, licht dazu und breit,
und schön ihre Helme, als mit dem Geleit
Siegfried der kühne ritt in Gunthers Land.
Man ersah an Helden nie mehr so herrlich Gewand.

Die Schwerterspitzen reichten   nieder zu den Sporen.
Scharfe Speere führten   die Ritter auserkoren.
Von zweiter Spannen Breite   war, welchen Siegfried trug;
der hat an seinen Schneiden   grimmer Schärfe genug.

Spanne: die Entfernung zwischen den Spitzen von Daumen und Mittelfinger

Goldfarbne Zäume   führten sie an der Hand;
der Brustriem war von Seide: so kamen sie ins Land.
Da gafften sie die Leute   allenthalben an:
Gunthers Mannen liefen   sie zu empfangen heran.

Die hochbeherzten Recken,   Ritter so wie Knecht,
liefen den Herrn entgegen,   so war es Fug und Recht,
und begrüßten diese Gäste   in ihrer Herren Land;
die Pferde nahm man ihnen   und die Schilde von der Hand.

Man wollte ihre Rosse   ziehn hin zur Rast;
da sprach aber Siegfried   alsbald, der kühne Gast:
»Lasst uns noch die Pferde   stehen kurze Zeit;
wir reiten bald von hinnen;   dazu bin ich ganz bereit.

Siegfried gab vor, nur kurze Zeit zu bleiben, damit er und seine Begleiter sich nicht von Pferden und Waffen trennen mussten.

Man soll uns auch die Schilde   nicht von dannen tragen;
wo ich den König finde,   kann mir das jemand sagen,
Gunther den reichen   aus Burgundenland?«
Da sagt es ihm einer,   dem es wohl war bekannt:

»Wollt Ihr den König finden,   das mag gar leicht geschehn:
in jenem weiten Saale   hab ich ihn gesehn
unter seinen Helden: da geht zu ihm hinan,
so mögt Ihr bei ihm finden   manchen herrlichen Mann.«

Nun waren auch die Mären   dem König schon gesagt,
dass auf dem Hofe wären   Ritter unverzagt:
Sie führten lichte Panzer   und herrlich Gewand;
sie erkenne niemand   in der Burgunden Land.

Den König nahm es wunder,   woher gekommen sei'n
die herrlichen Recken   im Kleid von lichtem Schein,
und mit so guten Schilden,   so neu und so breit.
Dass ihm das niemand sagte,   das war König Gunthern leid.

Oheim: Ortwein ist der Sohn von Hagens Schwester.

Zur Antwort gab dem König von Metz Herr Ortewein;
stark und kühnes Mutes mocht er wohl sein:
»Da wir sie nicht erkennen, so heißt jemand gehn
nach meinem Oheim Hagen: dem sollt Ihr sie lassen sehn.

Ihm sind wohl kund die Reiche und alles fremde Land:
Erkennt er die Herren, dann macht er's uns bekannt.«
Der König ließ ihn holen und die in seinem Lehn:
Da sah man ihn herrlich mit Recken hin zu Hofe gehn.

Da sagte ihm der König, warum er nach ihm geschickt:
»Es werden fremde Degen in meinem Haus erblickt,
die niemand mag erkennen. Habt Ihr in fernem Land
sie wohl schon gesehen? Dann macht mir's, Hagen, bekannt.«

»Das will ich«, sprach Hagen. Zum Fenster schritt er drauf:
Da ließ er nach den Gästen den Augen freien Lauf.
Wohl gefiel ihm ihr Gerät und all ihr Gewand;
doch waren sie ihm fremde in der Burgunden Land.

Er sprach: »Woher die Recken auch kämen an den Rhein,
es möchten selber Fürsten oder Fürstenboten sein.
Schön sind ihre Rosse, und ihr Gewand ist gut:
Von wannen sie auch ritten, es sind Helden hochgemut.«

Und weiter sprach da Hagen: »So viel ich mag verstehn,
obgleich ich im Leben Siegfrieden nie gesehn,
so will ich doch wohl glauben, wie es damit auch steht,
dass er es sei, der Degen, der so herrlich dorten geht.

Schilbung und Nibelung: Söhne des Sagenkönigs Nibelung, dem Besitzer des Nibelungenschatzes. Nach der Erbeutung des Schatzes hieß Siegfried »von Nibelungen Land«. Als nach Siegfrieds Tod die Burgunden den Schatz in Besitz nahmen, ging der Name auf sie über.

Er bringt neue Mären her in dieses Land:
Die kühnen Nibelungen schlug des Helden Hand,
die reichen Königssöhne Schilbung und Nibelung;
er wirkte große Wunder mit des starken Armes Schwung.

Als Siegfried ganz alleine ritt, aller Hilfe bar,
sah er an einem Berge, so hört ich immerdar,
bei König Nibelungs Horte manchen kühnen Mann;
sie waren ihm gar fremde, bevor er ihre Bekanntschaft gewann.

Der Hort König Nibelungs   ward hervorgetragen
aus einem hohlen Berge.   Nun hört Wunder sagen,
wie ihn teilen wollten   die Nibelungen dann.
Als er den Schatz ersah,   Siegfried sich zu wundern begann.

So nah kam er ihnen,   dass er die Helden sah
und ihn die Degen wieder.   Der eine sagte da:
›Hier kommt der starke Siegfried,   der Held aus Niederland!‹
Seltsame Abenteuer   er bei den Nibelungen fand.

Siegfried freundlich empfingen   Schilbung und Nibelung.
Einhellig baten   die edlen Fürsten jung,
dass ihnen teilen möchte   den Schatz der kühne Mann.
Das begehrten sie, bis endlich   er's zu geloben begann.

Er sah so viel Gesteines,   wie wir hören sagen,
hundert Leiterwagen,   die möchten es nicht tragen.
Noch mehr des roten Goldes   von Nibelungenland.
Das alles sollte teilen   des kühnen Siegfrieds Hand.

Sie gaben ihm zum Lohne   König Nibelungs Schwert.
Da wurden sie des Dienstes   gar übel gewährt,
den ihnen leisten sollte   Siegfried, der Degen gut:
Er konnt's ihnen nicht recht machen,   darob hatten sie zornigen Mut.

So musste er lassen   die Schätze ungeteilt.
Da kamen fremde Recken   zum Angriff gegen ihn geeilt,
doch mit dem neuen Schwerte,   das Balmung war genannt,
stritt Siegfried ihnen ab   den Hort und das Nibelungenland.

Balmung: König Nibelungs Schwert, das Siegfried soeben erhalten hat

Da holten Nibelungs Söhne   zwölf kühne Männer noch,
die starke Riesen waren.   Sie griffen an. – Jedoch
erschlug sie Siegfried   mit seiner starken Hand
und dazu noch siebenhundert   weitere Recken aus dem Nibelungenland.

Er tat es mit dem Schwerte,   das Balmung war genannt.
Da wurden seine Feinde   vom Schrecken übermannt.
Sie fürchteten das Schwert   und auch den kühnen Mann.
Das Land mit den Burgen   machten sie ihm untertan.

Alberich: zwergenhafter Beschützer des Schatzes

Auch die reichen Könige schlug Siegfried beide tot.
Er kam durch Alberich darauf in große Not:
Der wollte seine Herren rächen allzuhand,
ob er die große Stärke noch an Siegfried erkannt.

Tarnkappe (tarnkappen): Kapuzenmantel, der unsichtbar machen konnte

Mit Streit bestehen konnt ihn da nicht der starke Zwerg.
Wie die wilden Leuen liefen sie an den Berg,
wo er die Tarnkappe Albrichen abgewann:
Da war der Herr des Hortes Siegfried, dieser kühne Mann.

Kämmerer: Alberich wurde von Siegfried wieder als Wächter des Schatzes eingesetzt.

Die sich getraut zu fechten, die lagen all erschlagen.
Den Schatz ließ er wieder nach dem Berge tragen,
wo ihn entnommen hatten, die Nibelung untertan.
Alberich der starke das Amt des Kämmerers gewann.

Er musst ihm Eide schwören, er dien ihm als sein Knecht;
zu aller Art Diensten ward er ihm gerecht.
So geht die Mär vom Horte, so hat's der Held getan;
einen größern Schatz nie mehr ein Recke gewann.

Linddrachen (lintrachen): Schlangendrachen, Lindwurm (lint = Schlange). Durch das Bad im Blut bekam Siegfried seine Hornhaut.

Noch ein Abenteuer ist mir von ihm bekannt:
Einen Linddrachen schlug des Helden Hand;
als er im Blut sich badete, ward hörnern seine Haut.
So versehrt ihn keine Waffe: das hat man oft an ihm geschaut.

Man soll ihn wohl empfangen, der beste Rat ist das,
damit wir nicht verdienen des schnellen Recken Hass.
Er ist so kühnen Sinnes, man seh ihn freundlich an:
Er hat mit seinen Kräften so manche Wunder getan.«

nicht kleine Märe (niht kleiniu maere): hier im Sinne von »kein geringer Anlass«

Da sprach der mächt'ge König: »Gewiss, du redest wahr:
Nun sieh, wie stolz er dasteht vor des Streits Gefahr,
dieser kühne Degen, und die in seinem Lehn!
Wir wollen ihm entgegen hinab zu dem Recken gehn.«

»Das mögt Ihr«, sprach da Hagen, »mit allen Ehren schon:
Er ist von edlem Stamme, eines reichen Königs Sohn;
auch steht er da, mich dünkt, beim Herren Christ,
als sei's nicht kleine Märe, um die er hergeritten ist.«

Da sprach der Herr des Landes: »Nun sei er uns willkommen.
Er ist kühn und edel, das hab ich wohl vernommen;
des soll er auch genießen in Burgundenland.«
Da ging der König Gunther hin, wo er Siegfrieden fand.

Der Wirt und seine Recken empfingen so den Gast,
wie es die Höflichkeit gebot. Sie baten ihn zur Rast.
Des neigte sich vor ihnen der Degen ausersehn.
In großer Würde sah man ihn mit seinen Recken stehn.

Wirt:
Gastgeber, in diesem Fall König Gunther

»Ich wüsste gern die Märe«, sprach der Wirt zuhand,
»von wannen, edler Siegfried, Ihr kamt in dieses Land,
oder was Ihr wollet suchen zu Worms an dem Rhein?«
Da sprach der Gast zum König: »Das soll Euch unverhohlen sein:

Ich habe sagen hören in meines Vaters Land,
an Euerm Hofe wären – das hätt ich gern erkannt –
die allerkühnsten Recken – so hab ich oft vernommen –,
die je gewann ein König: darum bin ich hierhergekommen.

Auch höre ich davon, dass man Euch Kühnheit zugesteht.
Man habe keinen König noch je so kühn erlebt:
das rühmen oft die Leute in all diesem Land;
nun will ich nicht eher ruhen, bis ich die Wahrheit befand.

Ich bin auch ein Recke und soll die Krone tragen:
Ich möcht es gerne fügen, dass sie von mir sagen,
dass ich mit Recht besäße die Leute wie das Land.
Mein Haupt und meine Ehre setz ich dawider zu Pfand.

Wenn Ihr denn so kühn seid, wie Euch die Sage zeiht,
so frag ich nicht, ist's jemand lieb oder leid:
Ich will von Euch erzwingen, was Euch angehört,
das Land und die Burgen unterwerf ich meinem Schwert.«

Der König war verwundert und all sein Volk umher,
als sie vernahmen sein seltsam Begehr,
dass er ihm zu nehmen gedächte Leut und Land.
Das hörten seine Degen, die wurden zornig zuhand.

»Wie sollt ich das verdienen«, sprach Gunther, der Degen,
»wes mein Vater lange mit Ehren durfte pflegen,
dass wir das verlören durch eines andern Kraft.
Wir würden damit eingestehen, dass wir nicht pflegen Ritterschaft!«

»Ich will davon nicht lassen«, fiel ihm der Kühne drein:
»dein Land, des soll von mir verwaltet sein.
Ich setze jetzt dagegen das ganze Erbe mein,
erwirbst du es durch Stärke, es soll dir untertänig sein.

Dein Erbe wie das meine, wir schlagen gleich sie an,
und wer von uns den andern überwinden kann,
dem soll es alles dienen, die Leute wie das Land.«
Dem widersprach da Hagen und mit ihm Gernot zuhand.

»Es stehn uns nicht die Sinne«, sprach da Gernot,
»nach neuen Lands Gewinne. Auch sollte niemand tot
vor Heideshänden liegen. Reich ist unser Land,
das uns zu Rechten dienet, und niemand andern zugewandt.«

In grimmigem Mute standen da die Freunde sein.
Da war auch darunter von Metz Herr Ortewein.
Der sprach: »Diese Schmach ist mir von Herzen leid:
Euch ruft der starke Siegfried ohn' allen Grund in den Streit.

Wenn Ihr und Eure Brüder ihm auch nicht steht zur Wehr,
und ob er bei sich führte ein ganzes Königsheer,
so wollt ich's doch erstreiten, dass der starke Held
solch hohen Übermut wohl mit Recht beiseitestellt.«

Darüber zürnte mächtig der Held von Niederland:
»Nicht wider mich vermessen darf sich deine Hand:
Ich bin ein reicher König, du bist in Königs Lehn;
deiner zwölfe dürften mich nicht im Streite bestehn.«

in Königs Lehn: In der höfischen Hierarchie war Ortwein als Lehensmann König Gunthers dem Fürstensohn Siegfried nicht ebenbürtig.

Nach Schwertern rief da heftig von Metz Herr Ortewein:
Er durfte Hagens Schwestersohn von Tronje wahrlich sein.
Dass der so lang geschwiegen, das war dem König leid.
Da sprach zum Frieden Gernot, ein Ritter kühn und allbereit:

»Lasst Euer Zürnen bleiben«, hub er zu Ortwein an:
»Uns hat der edle Siegfried noch keine Schmach getan.
Wir schlichten es in Güte wohl noch, das rat ich sehr,
und haben ihn zum Freunde; es geziemt uns wahrlich mehr.«

Da sprach der starke Hagen: »Uns ist billig leid,
und all euren Degen, dass er je zum Streit
kam an den Rhein geritten: was ließ er das nicht sein?
So übel nie begegnet wären ihm die Herren mein.«

Da antwortete Siegfried, der kraftvolle Held:
»Wenn Euch, was ich gesprochen, Herr Hagen, missfällt,
so will ich Euch nun zeigen, wie diese Hände mein
gedenken so gewaltig bei den Burgunden zu sein.«

»Das hoff ich noch zu wenden«, sprach da Gernot.
Allen seinen Degen zu reden er verbot
in ihrem Übermute, was ihm wäre leid.
Da gedacht auch Siegfried an die vielherrliche Maid.

»Was ziemt es uns zu streiten?«, sprach weiter Gernot.
»Wie viel dabei der Helden auch fielen in den Tod,
wenig Ehre brächt uns so ungleicher Streit.«
Die Antwort hielt da Siegfried, König Siegmunds Sohn, bereit:

»Warum zögert Hagen und auch Ortewein,
dass er nicht zum Streite eilt mit den Freunden sein,
deren er so manchen bei den Burgunden hat?«
Sie blieben Antwort schuldig, das war Gernotens Rat.

»Ihr sollt uns willkommen sein«, sprach Giselher, das Kind,
»und Eure Heergesellen, die hier bei Euch sind:
Wir wollen gern Euch dienen, ich und die Freunde mein.«
Da hieß man den Gästen schenken König Gunthers Wein.

Kind (kint):
im Sinne von der jüngste der drei Königssöhne

Da sprach der Wirt des Landes: »Alles, was uns gehört,
verlangt Ihr es in Ehren, das sei Euch unverwehrt;
wir wollen mit Euch teilen unser Gut und Blut.«
Da ward dem Degen Siegfried ein wenig sanfter zumut.

Da ließ man sie behalten all ihr Wehrgewand;
man suchte Herbergen, die besten, die man fand:
Siegfriedens Knappen schuf man gut Gemach.
Man sah den Fremdling gerne in Burgundenland hernach.

Man bot ihm große Ehre darauf in manchen Tagen,
mehr zu tausend Malen, als ich euch könnte sagen;
das hatte seine Kühnheit verdient, das glaubt fürwahr.
Ihn sah wohl selten jemand, der ihm nicht gewogen war.

Wenn sie Kurzweil trieben, die Kön'ge und ihr Lehn,
so war er stets der Beste, was man auch ließ geschehn.
Es konnt ihm niemand folgen, so groß war seine Kraft,
ob sie den Stein warfen oder schossen den Schaft.

Kurzweil: hier im Sinne von ritterlichem Kampfspiel

Lehn: Lehnsleute

Schaft: Speer

Nach höf'scher Sitte ließen sich auch von den Fraun
der Kurzweile pflegend die kühnen Ritter schaun:
Da sah man stets den Helden gern von Niederland;
er hat auf hohe Minne seine Sinne gewandt.

Kurzweile: hier im Sinne von Zeitvertreib

Die schönen Fraun am Hofe erfragten Märe,
wer der stolze fremde Recke wohl wäre.
»Er ist so schön gewachsen, so reich ist sein Gewand!«
Da sprachen ihrer viele: »Das ist der Held von Niederland.«

Was man beginnen wollte, er war dazu bereit;
er trug seinem Sinne eine minnigliche Maid,
auch sie war ihm gewogen, die er noch niemals sah
und die doch sehr viel Gutes von ihm schon heimlich sprach.

Kurzweil: hier im Sinne von Unterhaltung

Wenn man auf dem Hofe das Waffenspiel begann,
Ritter so wie Knappen, immer sah es an
Kriemhild aus den Fenstern, die Königstochter hehr;
keiner andern Kurzweil hinfort bedurfte sie mehr.

Kurzweil: hier im Sinne von Freude

Und wüsste er, dass ihn sähe, die er im Herzen trug,
davon hätt er Kurzweil immerdar genug.
Dürfte er sie sehen, ich glaube sicherlich,
keine andere Freude hier auf Erden wünscht er sich.

Wenn er bei den Recken auf dem Hofe stand,
und Kurzweil trieb wie üblich im Land,
da stand dann so minniglich das Sieglinden-Kind,
dass manche Frau ihm heimlich war von Herzen hold gesinnt.

Er gedacht auch manchmal: Wie soll das geschehn,
dass ich das edle Mägdlein mit Augen möge sehn,
die ich von Herzen minne, wie ich schon längst getan?
Die ist mir noch gar fremde; mit Trauern denk ich daran.

Sooft die reichen Könige ritten in ihr Land,
da mussten auch die Recken mit ihnen all zur Hand.
Auch Siegfried ritt mit ihnen; das war Kriemhilden leid.
Auch er litt durch die Minne viel Kummer zu dieser Zeit.

So wohnt er bei den Herren, das ist alles wahr,
in König Gunthers Lande völliglich ein Jahr.
In all der Zeit hat er sie nie gesehen,
durch die ihm noch sollte viel Liebes und Leides geschehn.

Viertes Abenteuer

WIE SIEGFRIED MIT DEN SACHSEN STRITT

Der Kampf gegen die Könige Lüdeger und Lüdegast, für den Handlungsablauf des Nibelungenliedes bedeutungslos, wird vom Dichter wohl deshalb so ausgemalt, um eine Ritterschlacht in aller Farbenpracht darzustellen und Siegfried als Heldengestalt noch deutlicher herauszuarbeiten.

Da kamen fremde Mären in König Gunthers Land
durch Boten, aus der Ferne ihnen zugesandt
von unbekannten Recken, die ihnen trugen Hass.
Als sie die Rede hörten, gar sehr betrübte sie das.

Gast: Kriegsteilnehmer

Die will ich euch nennen: es war Lüdeger
aus der Sachsen Lande, ein mächt'ger König hehr;
dazu vom Dänenlande der König Lüdegast.
Die gewannen zu dem Kriege gar manchen herrlichen Gast.

Der Bericht der Boten war eine formelle Kriegserklärung.

Ihre Boten kamen in König Gunthers Land,
die seine Widersacher hatten hingesandt.
Da frug man um die Märe die Unbekannten gleich,
und führte bald die Boten zu Hofe vor den König reich.

Schön grüßte sie der König und sprach: »Seid willkommen.
Wer euch hierher gesendet, hab ich noch nicht vernommen.
Das sollt ihr hören lassen«, sprach der König gut.
Da bangten sie gewaltig vor des grimmen Gunther Mut.

»Wollt Ihr uns, Herr, erlauben, dass wir Euch Bericht
von unsrer Märe sagen, wir hehlen sie Euch nicht.
Wir nennen Euch die Herren, die uns hierher gesandt:
Lüdegast und Lüdeger, die suchen heim Euer Land.

Ihren Zorn habt Ihr verdienet. Wir vernahmen das
gar wohl, die Herren tragen gegen Euch großen Hass.
Sie wollen heerfahrten gen Worms an den Rhein!
Ihnen helfen viel der Degen: lasst Euch das zur Warnung sein.

Binnen zwölf Wochen wird ihre Fahrt geschehn;
habt Ihr nun gute Freunde, so lasst es bald ersehn,
ob die Euch befrieden helfen die Burgen und das Land.
Unsere Herren werden verhauen manchen Helm und Schildesrand.

Schildesrand (schiltes rant): gebräuchliches Wort für Schild. Der Rand des Schildes war metallbeschlagen.

Oder wollt Ihr unterhandeln, so macht es offenbar;
dann rückt auch nicht zu nahe unserer Herren Schar.
Dann braucht Ihr nicht zu leiden bitteres Herzeleid,
davon verderben müssen viel der Ritter kühn im Streit.«

»Nun harrt eine Weile – ich künd euch meinen Mut –,
bis ich mich recht bedachte«, sprach der König gut.
»Hab ich noch Getreue, denen will ich's sagen.
Diese schwere Botschaft muss ich meinen Freunden klagen.«

Mut: hier im Sinne von Entschluss

Dem mächtigen Gunther war es leid genug;
den Botenspruch er heimlich in seinem Herzen trug.
Er hieß berufen Hagen und andr' in seinem Lehn,
und hieß auch geschwinde zu Hof nach Gernoten gehn.

Da kamen ihm die Besten, so viel man deren fand.
Er sprach: »Die Feinde wollen heimsuchen unser Land
mit starken Heerfahrten; das sei Euch geklagt.
Es ist gar unverschuldet, dass sie uns haben widersagt.«

widersagen: Krieg erklären

»Dem wehren wir mit Schwertern«, sprach da Gernot,
»es stirbt, wem's vorbeschieden, den lasset liegen tot.
Ich werde nicht vergessen darum der Ehre mein.
Unsre Widersacher sollen uns willkommen sein.«

Da sprach von Tronje Hagen: »Das dünkt mich nicht gut;
Lüdegast und Lüdeger sind voll Übermut.
Kein Heer können wir sammeln in so kurzen Tagen.
Doch hab ich einen Rat: Ihr sollt es Siegfrieden sagen.«

Da gab man den Boten Herbergen in der Stadt.
Wie feind sie ihnen waren, sie gut zu pflegen bat
Gunther der reiche: das war wohlgetan;
bis gefragt die Freunde, ob sie zu Hilfe kämen heran.

Herbergen: Boten feindlicher Fürsten hatten Anspruch auf Gastfreundschaft.

Der König trug im Herzen   Sorge doch und Leid.
Da sah ihn also trauern   Siegfried allbereit,
der nicht wissen konnte,   was Gunther war geschehn:
Da bat er den König,   ihm den Grund zu gestehn:

»Mich nimmt höchlich wunder«,   sprach da Siegfried,
»wie die frohe Weise   so völlig von Euch schied,
deren Ihr so lange   mit uns mochtet pflegen.«
Zur Antwort gab ihm Gunther,   dieser stattliche Degen:

»Wohl mag ich allen Leuten   nicht von dem Leide sagen,
das ich muss verborgen   in meinem Herzen tragen.
Steten Freunden klagen   soll man des Herzens Not.«
Siegfriedens Farbe   ward da bleich und wieder rot.

Er sprach zu dem Könige: »Was blieb Euch je versagt?
Ich will Euch wenden helfen   das Leid, das Ihr klagt.
Wollt Ihr Freunde suchen,   so   will ich einer sein,
und getrau es zu vollbringen   mit Ehren bis ans Ende mein.«

»Nun lohnt Euch Gott, Herr Siegfried,   die Rede dünkt mich gut;
und kann mir auch nicht helfen   Eure Kraft und Euer Mut,
so freut mich doch die Märe,   dass Ihr so hold mir seid:
Leb ich noch eine Weile,   ich vergelt es mit der Zeit.

Ich will Euch hören lassen,   was mich traurig macht:
Von Boten meiner Feinde   ward mir hinterbracht,
mit Heerfahrten kämen   sie mich zu suchen hie.
Das geschah uns von Degen   in diesen Landen noch nie.«

»Das lasst Euch nicht betrüben«,   sprach da Siegfried,
»Sänftet Eu'r Gemüt   und tut, wie ich Euch riet:
Lasst mich Euch erwerben   Ehre so wie Frommen,
bevor Eure Feinde   her zu diesen Landen kommen.

Und hätten dreißigtausend   Helfer sich ersehn
Eure starken Feinde,   ich wollt sie doch bestehn,
hätt ich auch selbst nur tausend: habt nur Vertraun zu mir.«
Da sprach der König Gunther: »Das werd ich immer danken dir.«

»So lasst mir unterstellen tausend Eurer Mann,
da ich von den meinen nicht mehr hier stellen kann
als der Recken zwölfe; so wehr ich Euer Land.
Immer soll getreulich Euch dienen Siegfriedens Hand.

Dazu soll Hagen helfen und auch Ortewein,
Dankwart und Sindold, die lieben Recken dein,
auch soll da mit uns reiten Volker, der kühne Held.
Der soll die Fahne führen: kein Besserer wär dazu auserwählt.

Und lasst die Boten reiten heim in ihrer Herren Land;
dass sie uns bald da sehen, macht ihnen das bekannt,
so dass unsre Burgen befriedet mögen sein.«
Der König hieß besenden Freund und Mannen insgemein.

besenden:
durch Boten zur Heerfahrt auffordern

Zu Hofe gingen wieder, die Lüdeger gesandt;
sie freuten sich der Reise zurück ins Heimatland.
Ihnen bot reiche Gaben Gunther, der König gut,
und sicheres Geleite; des waren sie wohlgemut.

Mit den reichen Gaben zeigte Gunther, dass ihm die Gastfreundschaft – auch Feinden gegenüber – Verpflichtung war.

»Nun sagt«, sprach da Gunther, »meinen starken Feinden an,
ihre Reise bliebe besser ungetan;
doch wollten sie mich suchen hier in meinem Land,
und bleiben die Freunde mir treu, dann wird ihnen Not bekannt.«

Den Boten reiche Gaben man da zur Stelle trug:
deren hatte Gunther zu geben genug.
Das durften nicht verschmähen, die Lüdeger gesandt.
Sie baten um Urlaub und räumten fröhlich das Land.

Als die Boten waren gen Dänemark gekommen
und der König Lüdegast den Bericht vernommen,
was sie am Rhein geredet, als das ihm ward gesagt,
seine übermütige Botschaft ward da bereut und beklagt.

Sie sagten: »Wir haben gar manchen Recken dort gesehen.
Darunter sahn wir einen vor König Gunthern stehn,
der war geheißen Siegfried, ein Held aus Niederland.«
Leid war's Lüdegasten, als er die Dinge so befand.

Als die vom Dänenlande hörten diese Mär,
da eilten sie, der Helfer zu gewinnen desto mehr,
bis der König Lüdegast zwanzigtausend Mann
seiner kühnen Degen zu seiner Heerfahrt gewann.

Da sammelte in Sachsen auch König Lüdeger,
bis sie vierzigtausend hatten und wohl mehr,
die mit ihnen ritten gen Burgundenland.
Da hat auch schon zu Hause der König Gunther gesandt

zu seinen nächsten Freunden und seiner Brüder Mannen,
und auch zu Hagens Recken. So wollten sie von dannen
gegen die Feinde reiten. Das brachte manchem Not.
Darum mussten Degen bald erschauen den Tod.

Sie schickten sich zur Reise: sie wollten nun hindann.
Die Fahne musste tragen Volker, der kühne Mann,
da sie reiten wollten von Worms übern Rhein;
Hagen von Tronje, der musste Scharmeister sein.

Scharmeister: Heerführer

Mit ihnen ritt auch Sindold und der kühne Hunold,
die wohl verdienen konnten reicher Kön'ge Gold.
Dankwart, Hagens Bruder und auch Ortewein,
die mochten wohl mit Ehren bei dem Heerzuge sein.

»Herr König«, sprach da Siegfried, »bleibet Ihr zu Haus,
wenn mir Eure Degen folgen zu dem Strauß,
so weilt bei den Frauen und tragt hohen Mut:
Ich will Euch wohl behüten die Ehre so wie das Gut.

Die Euch heimsuchen wollten zu Worms an den Rhein,
will ich daran hindern, dass sie Euch schädlich sei'n:
Wir wollen ihnen reiten so nah ins eigne Land,
dass ihnen bald in Sorge der Übermut wird gewandt.«

Vom Rheine sie durch Hessen mit ihren Helden ritten
nach dem Sachsenlande; da wurde bald gestritten.
Mit Raub und mit Brande verheerten sie das Land,
dass bald den Fürsten beiden ward Not und Sorge bekannt.

Sie kamen an die Marke; die Knechte rückten an.
Siegfried der starke zu fragen da begann:
»Wer soll nun der Hüter des Gesindes sein?
Wohl konnte nie den Sachsen ein Heerzug übler gedeihn.«

Marke (marke): Landesgrenze

Sie sprachen: »Lasst die Knappen ab jetzt behütet sein
vom kühnen Dankwart, dem schnellen Degen fein.
Wir werden desto weniger Verluste dann erleiden,
lasst ihn mit Ortewein hier bei der Nachhut bleiben.«

»So will ich selber reiten«, sprach Siegfried, der Degen,
»den Feinden gegenüber der Warte zu pflegen,
bis ich recht erkunde, wo die Recken sind.«
Da stand bald in den Waffen der schönen Sieglinde Kind.

Warte pflegen: einen Erkundigungsritt unternehmen

Das Volk befahl er – als er zog von dannen –
Hagen und Gernot, diesen kühnen Mannen.
So ritt er hin alleine in der Sachsen Land,
wo die rechte Märe wohl bald mit Ehren er fand:

Er sah ein großes Heer, das auf dem Felde zog,
und die Kraft der seinen gewaltig überwog:
Es waren vierzigtausend oder wohl noch mehr.
Siegfried in hohem Mute sah gar fröhlich das Heer.

Da hatte sich ein Recke auch aus der Feinde Schar
begeben auf die Warte, der wohl gewappnet war:
den sah der Degen Siegfried, und ihn der kühne Mann;
jedweder auf den andern mit Zorn zu blicken begann.

Ich sag euch, wer der wäre, der hier der Warte pflag;
ein lichter Schild von Golde ihm vor der Linken lag;
er war der König Lüdegast, der hütete sein Heer.
Der edle Fremdling sprengte herrlich wider ihn einher.

Nun hatt auch Herr Lüdegast ihn feindlich sich erkoren.
Ihre Rosse reizten beide zur Seite mit den Sporen;
sie neigten auf die Schilde mit aller Macht den Schaft:
Da ward der hehre König in große Sorge gebracht.

Sie wandten ihre Pferde, um den Kampf mit Schwertern fortzusetzen, nachdem das Lanzenstechen keine Entscheidung gebracht hatte.

Bei dem Lanzenstechen trugen die Rosse geschwind
die Könige zusammen, als wehte sie der Wind;
dann mit den Zäumen wandten sie ritterlich zurück:
Die grimmen zwei versuchten da mit dem Schwerte das Glück.

Da schlug der Degen Siegfried, das Feld erscholl umher.
Aus dem Helme stoben, als ob's von Bränden wär,
die feuerroten Funken von des Helden Hand;
da stritt mit großen Kräften der kühne Fürst von Niederland.

Auch ihm schlug Herr Lüdegast manchen grimmen Schlag;
jedweder auf dem Schilde mit ganzer Stärke lag.
Da hatten es wohl dreißig erspäht aus seiner Schar:
Eh die ihm Hilfe brachten, der Sieg schon Siegfrieden war.

Drei starke Wunden waren es, die er dem König schlug,
obwohl dessen Harnisch galt als stark genug.
Das Schwert mit seiner Schärfe entlockte Wunden Blut:
Da musste König Lüdegast verlieren seinen Mut.

Er bat ihn um sein Leben und bot ihm all sein Land,
und sagt ihm, er wäre Lüdegast genannt.
Da kamen seine Recken: die hatten wohl gesehn,
was da von ihnen beiden auf der Warte war geschehn.

Er führte ihn von dannen. Da ward er angerannt
von dreißig Mannen; doch verteidigte seine Hand
die edle Geisel mit ungestümen Schlägen.
Bald tat noch größern Schaden dieser herrliche Degen.

Die dreißig zu Tode wahrlich er erschlug.
Nur einen ließ er leben: der ritt da schnell genug
und brachte hin die Märe von dem, was hier geschehn;
auch konnte man die Wahrheit an seinem roten Helme sehn.

Gar leid war's den Recken aus dem Dänenland,
als ihres Herrn Gefängnis ihnen ward bekannt.
Man sagt es seinem Bruder; der fing zu toben an
in ungestümen Zorne: ihm war gar wehe getan.

Lüdegast, der König, war hinweggebracht
zu Gunthers Ingesinde durch Siegfrieds Übermacht.
Er übergab ihn Hagen: der kühne Recke gut,
als er vernahm die Märe, da gewann er fröhlichen Mut.

Man gebot den Burgunden: »Die Fahnen bindet an.«
»Wohlauf«, sprach da Siegfried, »hier wird noch mehr getan
vor Abendzeit. Verlier ich Leben nicht und Leib,
soll trauern im Sachsenlande noch manches waidliche Weib.

Mit aufgezogenen Fahnen wurde das Angriffssignal gegeben.

Ihr Helden vom Rheine, bleibt mir immer nah,
ich kann Euch wohl geleiten zu Lüdegers Schar.
Da werden Helme zerhauen von guter Helden Hand.
Eh wir wieder umkehrn, wird ihnen Sorge bekannt.«

Zu den Rossen sprangen Gernot und die ihm untertan.
Die Heerfahne fasste der kühne Spielmann.
Volker, der Degen, und ritt der Schar vorauf.
Da war auch das Gesinde zum Streite mutig und wohlauf.

Sie hatten der Degen nicht mehr als tausend Mann,
dazu zwölf Recken. Zu stieben da begann
der Staub auf ihrem Wege. Sie ritten über Land
man sah in ihrer Schar scheinen manchen Schildesrand.

Nun waren auch die Sachsen gekommen und ihr Heer,
mit Schwertern wohlgewachsen: die Klingen schnitten sehr,
das hab ich wohl vernommen, in guter Helden Hand.
Da wollten sie die Gäste vertreiben von Burgen und Land.

Der Könige Scharmeister führten das Volk heran.
Da war auch Siegfried kommen mit den zwölf Mann,
die er mit sich führte aus dem Niederland.
Man sah an diesem Tage viel Blut an mancher Hand.

Sindold und Hunold und auch Gernot,
die schlugen in dem Streite viel der Helden tot.
Eh sie der Kühnheit selber mochten traun.
Das mussten bald beweinen gar viel der waidlichen Fraun.

Fibel aus Xanten

Volker und Hagen   und auch Ortwein
löschten in dem Streite   manches Helmes Schein
mit fließendem Blute.   Sie waren kühn in der Schlacht.
Von Dankwarten wurden   viel große Wunder vollbracht.

Auch die Dänen waren   tapfer bei der Hand,
von Stößen laut erschallte   mancher Schildesrand
und von den scharfen Schwertern,   womit man Wunden schlug;
die streitkühnen Sachsen   taten Schadens auch genug.

Als die Burgunden   drangen in den Streit,
von ihnen ward gehauen   manche Wunde weit.
Über die Sättel fließen   sah man das Blut;
so warben um die Ehre   diese Ritter kühn und gut.

Man hörte laut erhallen   den Helden an der Hand
ihre scharfen Waffen,   als die von Niederland
ihrem Herrn nachdrangen   in die dichten Reihn:
Die zwölfe kamen ritterlich   zugleich mit Siegfried hinein.

Denen vom Rheine   keiner folgte nach.
Man konnte fließen sehen   den blutroten Bach
durch die lichten Helme.   Von Siegfriedens Hand
waren viel erschlagen,   eh er den starken Lüdeger erkannt.

Wiederkehre (widerkêre): Fachausdruck. Gemeint ist, dass ein Ritter ins gegnerische Heer bis zur letzten Reihe eindrang und dann wieder zur eigenen Mannschaft zurückkehrte.

Drei Wiederkehren   war'n ihm schon gelungen
bis an des Heeres Ende;   da war auch Hagen kommen:
Der half ihm wohl vollbringen   im Kampfe seinen Mut.
Da musste bald ersterben   vor ihnen mancher Ritter gut.

Balmung: Siegfrieds Schwert, früher im Besitz des Königs Nibelung

Als der starke Lüdeger   Siegfrieden fand,
wie er so erhaben   trug   in seiner Hand
Balmung den guten   und da so manchen schlug,
darüber ward der Kühne   vor Zorn ingrimmig genug.

Da gab es stark Gedränge   und lauten Schwerterklang,
wo ihr Ingesinde   aufeinander drang,
bis beider Scharen wichen.   Die Fürsten sahen das,
sie blieben und sie kämpften   Mann gegen Mann voll Hass.

Dem Fürst vom Sachsenlande war es wohl bekannt,
sein Bruder sei gefangen: drum war er zornentbrannt;
nicht wusst er: Der's vollbrachte, sei der Sieglinden-Sohn.
Man zeihte des Gernoten; doch bald erfuhr er es schon.

Da schlug so starke Schläge Lüdegers Schwert,
dass Siegfried unterm Sattel niedersank das Pferd;
doch bald erhob sich's wieder. Der kühne Siegfried
im Sattel blieb und desto tapfrer weiter stritt.

Dabei half ihm Hagen wohl und Gernot,
Dankwart und Volker. Da lagen viele tot.
Sindold und Hunold und Ortwein, der Degen,
die konnten in dem Streite zum Tode manchen niederlegen.

Untrennbar im Kampfe waren die Fürsten hehr.
Über die Helme fliegen sah man manchen Speer
durch die lichten Schilde von der Helden Hand;
auch ward von Blut gerötet manch herrlicher Schildesrand.

In dem starken Sturme stieg da mancher Mann
von den Rossen nieder. Einander rannten an
Siegfried der kühne und König Lüdeger.
Man sah da Schäfte fliegen und manchen schneidscharfen Speer.

Der Schildbeschlag des Königs zerstob vor Siegfrieds Hand:
Sieg zu erwerben, dachte der Held von Niederland
an den kühnen Sachsen; die litten Ungemach.
Hei! Was da lichte Panzer der kühne Dankwart zerbrach!

Da hatte König Lüdeger auf einem Schild erkannt
eine gemalte Krone vor Siegfriedens Hand:
Da wusste er wohl, es wäre der kraftreiche Mann.
Laut auf zu seinen Freunden der Held zu rufen begann:

»Höret auf zu kämpfen, ihr all mir untertan!
Den Sohn König Siegmunds traf ich hier an,
Siegfried den starken hab ich hier erkannt:
Den hat der üble Teufel her zu den Sachsen gesandt.«

Fahnen senken: übliches Zeichen, dass man sich ergeben wollte

Er gebot die Fahnen zu senken in dem Streit.
Friedens er begehrte: der ward ihm nach der Zeit;
doch musst er Geisel werden in König Gunthers Land:
Das hat an ihm erzwungen des kühnen Siegfrieds Hand.

Nach allgemeinem Rate ließ man ab vom Streit.
Viel zerschlagner Helme und der Schilde breit
legten sie aus Händen; so viel man deren fand,
die waren blutgerötet von der Burgunden Hand.

Wunden bahren (wunden bâren): die Verletzten auf Tragbahren legen

Sie fingen, wen sie wollten. Sie hatten volle Macht.
Gernot und Hagen, die Kühnen, hatten acht,
dass man die Wunden bahrte; da führten sie hindann
gefangen nach dem Rheine der Kühnen fünfhundert Mann.

Die sieglosen Recken zum Dänenlande ritten,
da hatten auch die Sachsen so tapfer nicht gestritten,
dass man sie loben sollte. Das war den Helden leid.
Da beklagten ihre Freunde die Gefallnen in dem Streit.

aufsäumen (soumen): auf Saumtiere verpacken

Sie ließen ihre Waffen aufsäumen nach dem Rhein.
Es hatt den Sieg errungen mit den Gefährten sein
Siegfried der starke, und hatt es gut vollbracht.
Das musst ihm zugestehen König Gunthers ganze Macht.

Gen Worms sandte Boten der König Gernot:
Daheim in seinem Lande den Freunden er entbot,
wie ihm gelungen wäre und all seinem Lehn.
Es war da von den Kühnen nach allen Ehren geschehn.

Die Botenknaben liefen. Zu Haus haben sie gesagt,
wie die Burgunden siegten. Die eben noch Leid geklagt,
erfreuten sich der Märe, die ihnen war gekommen.
Da ward von edlen Frauen großes Fragen vernommen,

wie es den Herrn gelungen wär in des Königs Heer?
Man rief der Boten einen zu Kriemhilden her.
Das geschah verstohlen, sie durft es wohl nicht laut,
denn einer war darunter, dem sie längst ihr Herz vertraut.

Als sie zur Kemenate den Boten kommen sah,
Kriemhild die schöne, gar gütlich sprach sie da:
»Nun sag mir liebe Märe, so geb ich dir mein Gold,
und tust du's ohne Trügen, will ich dir immer bleiben hold.

Wie schied aus dem Streite mein Bruder Gernot
und meine andern Freunde? Blieb uns nicht mancher tot?
Wer tat da das Beste? Das sollst du mir sagen.«
Da sprach der biedre Bote: »Wir hatten nirgend einen Zagen.

Zuvorderst in dem Streite ritt niemand so wohl,
hehre Königstochter, wenn ich es sagen soll,
als der edle Fremdling aus dem Niederland:
Da wirkte große Wunder des kühnen Siegfrieds Hand.

Was von den Recken allen im.Streit da geschehn,
Dankwart und Hagen und des Königs ganzem Lehn,
wie wehrlich sie auch stritten, das war doch wie ein Wind
nur gegen Siegfrieden, König Siegmundens Kind.

Sie haben in dem Sturme der Helden viel erschlagen;
doch könnte Euch die Wunder niemand vollends sagen,
die da Siegfried wirkte, ritt er in den Streit.
Den Fraun unsrer Feinde tat er mächtiges Leid.

Auch musste vor ihm fallen der Geliebte mancher Braut.
Seine Schläge schollen auf Helmen also laut,
dass aus vielen Wunden floss das rote Blut.
Er ist in allen Dingen ein Ritter kühn und auch gut.

Da hat auch viel begangen von Metz Herr Ortewein:
Was er nur mocht erlangen mit dem Schwerte sein,
das fiel vor ihm verwundet oder meistens tot.
Doch schuf erst Euer Bruder die allergrößte Not,

die jemals in Stürmen mochte sein geschehn;
man muss dem Auserwählten die Wahrheit zugestehn.
Die stolzen Burgunden bestanden so die Fahrt,
dass sie vor allen Schanden die Ehre haben wohl bewahrt.

***Kemenate** (kemenâte):* *heizbares Frauengemach einer Burg*

Zagen: *Feigling, Verzagten*

Man sah von ihren Händen der Sättel viel geleert,
als so laut das Feld erhallte von manchem lichten Schwert.
Die Recken vom Rheine, die ritten allezeit,
so dass die Feinde besser vermieden hätten den Streit.

die Tronjer: Hagen von Tronjes Leute

Auch die kühnen Tronjer schufen großes Leid,
als mit Volkskräften das Heer sich traf im Streit.
Da schlug so manchen nieder des kühnen Hagen Hand,
es wäre viel zu sagen davon in der Burgunden Land.

Sindold und Hunold in Gernotens Heer
und Rumold der kühne schufen so viel Beschwer.
König Lüd'ger mag es beklagen allezeit,
dass er meine Herren am Rhein gefordert hat zum Streit.

Der allergrößte Kampf indes, der irgendwo geschah,
vom Ersten bis zum Letzten, den jemand nur sah,
hat Siegfried gefochten mit wehrlicher Hand:
Er bringt reiche Geisel her in König Gunthers Land.

Die zwang mit seinen Kräften der streitbare Held,
wovon der König Lüdegast den Schaden nun behält,
und vom Sachsenlande sein Bruder Lüdeger.
Nun hört meine Märe, vieledle Königin hehr!

Gefangen hat sie beide Siegfriedens Hand.
Nie so viele Geiseln kamen in dieses Land,
als nun seine Kühnheit bringt an den Rhein.«
Ihr konnten diese Mären nicht willkommner sein.

»Man führt der Gesunden fünfhundert oder mehr,
und der zum Sterben Wunden, wisst, Königin hehr,
wohl achtzig blut'ge Bahren her in unser Land:
Die hat zumeist verhauen des kühnen Siegfrieds Hand.

widersagten: Krieg erklärten

Die uns im Übermute widersagten hier am Rhein,
die müssen nun Gefangene König Gunthers sein;
die bringt man mit Freuden her in dieses Land.«
Ihre lichte Farb erblühte, als ihr die Märe ward bekannt.

Ihr schönes Antlitz wurde vor Freuden rosenrot,
da lebend war geschieden aus so großer Not
der waidliche Recke, Siegfried, der junge Mann.
Sie war auch froh der Freunde und tat wohlweislich daran.

Die Schöne sprach: »Du machtest mir frohe Mär bekannt:
Ich lasse dir zum Lohne geben reich Gewand,
und zehn Mark von Golde heiß ich dir tragen.«
Drum mag man solche Botschaft reichen Frauen gerne sagen.

Mark (*marc*): *ein Goldgewicht von etwa 210 Gramm*

Man gab ihm zum Lohne das Gold und auch das Kleid.
Da trat an die Fenster manche schöne Maid
und schaute nach der Straße, wo man kommen fand
viel hocherz'ge Degen in der Burgunden Land.

Da kamen die Gesunden, der Wunden Schar auch kam.
Sie ließen sich begrüßen von Freunden ohne Scham.
Der Wirt ritt seinen Gästen entgegen hocherfreut:
Mit Freuden war beendet all sein mächtiges Leid.

Da empfing er wohl die Seinen, die Fremden auch zugleich,
wie es nicht anders ziemte dem Könige reich.
Er dankte denen gütlich, die da waren kommen,
dass sie den Sieg mit Ehren im Sturme hatten genommen.

Gürtelbeschlag, merowingisch

Herr Gunther ließ sich Kunde von seinen Freunden sagen,
wer ihm auf der Reise zu Tode wär erschlagen.
Da hat er nicht verloren mehr als sechzig Mann;
die musste man beklagen, wie man es immer schon getan.

Da brachten die Gesunden zerhauen manchen Rand
und viel zerschlagner Helme in König Gunthers Land.
Sie sprangen von den Rossen vor des Königs Saal;
zu liebem Empfange vernahm man fröhlichen Schall.

Da gab man Herbergen den Recken in der Stadt.
Der König seine Gäste wohl zu verpflegen bat;
die Wunden ließ er hüten und warten fleißiglich.
Wohl zeigte seine Milde auch an seinen Feinden sich.

Er sprach zu Lüdegasten: »Nun seid mir willkommen!
Ich bin zu großem Schaden durch Eure Schuld gekommen.
Der wird mir nun vergolten, da ich es fordern kann.
Gott lohne meinen Freunden: sie haben wohl an mir getan.«

»Wohl mögt Ihr ihnen danken«, sprach da Herr Lüdeger,
»solche hohe Geisel gewann kein König mehr.
Um ritterlich Gewahrsam bieten wir großes Gut
und bitten, dass Ihr gnädiglich an Euern Widersachern tut.«

»Ich will Euch«, sprach er, »beide ledig lassen gehn;
nur dass meine Feinde hier bei mir bestehn,
dafür verlang ich Bürgschaft, damit sie nicht mein Land
räumen ohne Frieden.« Darauf boten sie die Hand.

Man brachte sie zur Ruhe, wo man sie wohl verpflag,
und bald auf guten Betten mancher Wunde lag.
Man schenkte den Gesunden Met und guten Wein;
da konnte das Gesinde nicht wohl fröhlicher sein.

Die zerhaunen Schilde man zur Aufbewahrung trug;
blutgefärbter Sättel sah man da genug:
Die ließ man verbergen, so weinten nicht die Fraun.
Da waren reisemüde viel gute Ritter zu schaun.

Seiner Gäste pflegen hieß der König wohl;
von Heimischen und Fremden lag das Land ihm voll
Er ließ die Schwerverletzten gütlich verpflegen;
wie hart war darnieder nun ihr Übermut gelegen!

Wer um Arzneikunst wusste, dem bot man reichen Sold,
Silber ungewogen, dazu das lichte Gold,
wenn sie die Helden heilten nach des Streites Not.
Dazu viel große Gaben der König seinen Gästen bot.

Wer wieder heimzureisen sann in seinem Mut,
den bat man noch zu bleiben, wie man mit Freunden tut.
Der König ging zu Rate, wie er lohne seinem Lehn:
Durch sie war sein Wille nach allen Ehren geschehn.

Da sprach der König Gernot: »Lasst sie jetzt hindann.
Über sechs Wochen, das kündigt ihnen an,
sollten sie wiederkehren zu einem Hofgelag.
Heil ist dann wohl mancher, der jetzt schwer verwundet lag.«

Da bat auch um Urlaub Siegfried von Niederland.
Als dem König Gunther sein Wille ward bekannt,
bat er ihn gar freundlich, noch bei ihm zu bestehn;
wär's nicht um Kriemhild willen, so wär es nimmer geschehn.

Dazu war er zu mächtig, dass man ihm böte Sold,
sosehr er es verdiente. Der König war ihm hold
und all seine Freunde, die das mit angesehn,
was da von seinen Händen war im Streite geschehn.

Er dachte noch zu bleiben wegen der schönen Maid;
vielleicht, dass er sie sähe. Das geschah auch nach ein'ger Zeit:
Wohl nach seinem Wunsche ward sie ihm dann bekannt.
Dann erst ritt er heim in seines Vaters Land.

Der Wirt bat alle Tage, des Ritterspiels zu pflegen;
das tat mit gutem Willen mancher junge Degen.
Auch ließ er Bänke bauen vor Worms an dem Strand
für Gäste, die erwartet waren in der Burgunden Land.

Nun hatt auch in den Tagen, als sie sollten kommen,
Kriemhild die schöne die Märe wohl vernommen,
dass er ein Hofgelag mit Freunden stelle an.
Da dachten schöne Frauen mit großem Fleiße daran,

Gewand und Band zu suchen, das sie da wollten tragen.
Ute die reiche vernahm die Mären sagen
von den stolzen Recken, die da sollten kommen:
Da wurden aus Einschlagtüchern viel reiche Kleider genommen.

Ihren Kindern zuliebe ließ sie nähen manches Kleid,
womit sich da zierten viel Fraun und manche Maid
und viel der jungen Recken aus Burgundenland.
Sie ließ auch manchem Fremden bereiten herrlich Gewand.

Einschlagtücher (valde): Die Festgewänder waren in Einschlagtüchern verwahrt.

Fünftes Abenteuer

WIE SIEGFRIED KRIEMHILDEN ZUM ERSTEN MALE SAH

Von der Schlacht heimgekehrt, darf Siegfried die bisher in ihrer Kemenate verborgene Kriemhild zum ersten Mal sehen.

In dieser Szene klingen stilistisch deutliche Einflüsse des Minnesangs durch. Zudem lassen sich besonders hier Formulierungen heraushören, die nach Auffassung einiger Germanisten den Dichter des Nibelungenliedes als einen der Ahnen des späteren Volksliedstils ausweisen.

Man sah die Helden täglich nun reiten an den Rhein,
die bei dem Hofgelage gerne wollten sein
und bei den Königen zuliebe kamen in das Land.
Man gab auch manchem Rosse und herrliches Gewand.

Es war auch das Gestühle allen schon bereit,
den höchsten und den besten, so hörten wir Bescheid.
Zweiunddreißig Fürsten kamen zu dem Hofgelag;
da zierten um die Wette sich die Frauen für den Tag.

Gar geschäftig sah man Giselher, das Kind.
Die Heimischen und Fremden empfing er holdgesinnt
mit Gernot, seinem Bruder, und beider Mannen da.
Wohl grüßten sie die Degen, wie es nach Ehren geschah.

goldrote Sättel: Die Sattelverzierungen waren vielfach aus Gold gefertigt.

Viel goldroter Sättel führten sie ins Land,
zierliche Schilde und herrlich Gewand
brachten sie zum Rheine bei dem Hofgelag.
Mancher Verwundete hing der Freude wieder nach.

Die wund zu Bette liegend vordem gelitten Not,
die durften nun vergessen, wie bitter sei der Tod;
die Siechen und die Kranken vergaß man zu beklagen.
Es freute sich ein jeder entgegen festlichen Tagen.

Wie sie da leben wollten   in gastlichem Genuss!
Wonnen ohne Maßen,   der Freuden Überfluss
hatten alle Leute,   so viel man immer fand.
Da hub sich große Wonne   über Gunthers ganzes Land.

An einem Pfingstmorgen   sah man sie alle gehn
wonniglich gekleidet,   viel Degen ausersehn,
fünftausend oder drüber,   dem Hofgelag entgegen.
Da hob um die Wette   sich viel Kurzweil allerwegen.

Der Wirt hatt im Sinne,   was er schon längst erkannt:
wie von ganzem Herzen   der Held von Niederland
seine Schwester liebe.   Doch hat er sie noch nie gesehen,
der man das Lob der Schönheit   vor allen Jungfrauen gegeben.

Er sprach: »Nun ratet alle,   Freund oder Untertan,
wie wir das Hofgelage   am besten stellen an,
so dass man uns nicht schelte   darum nach dieser Zeit.
Von dieser Festlichkeit   soll man erzählen im ganzen Lande weit.«

Da sprach zu dem Könige   von Metz Herr Ortewein:
»Soll dies ein Hofgelage   mit vollen Ehren sein,
so lasst Eure Gäste   die schönen Mädchen sehen,
denen so viel Ehren   in Burgundenland geschehn.

Was wäre Mannes Wonne,   was freut er sich zu schaun,
wenn nicht schöne Mägdelein   und herrliche Fraun?
Drum lasst Eure Schwester   vor die Gäste gehn.«
Der Rat war manchem Helden   zu hoher Freude geschehn.

»Dem will ich gerne folgen«,   der König sprach da so.
Alle, die's erfuhren,   waren darüber froh.
Er entbot es Frau Uten   und ihrer Tochter schön,
dass sie mit ihren Maiden   hin zu Hofe sollten gehn.

Da ward aus den Schreinen   gesucht gut Gewand,
soviel man eingeschlagen   der lichten Kleider fand,
der Borten und der Spangen;   des lag genug bereit.
Da zierte sich gar minniglich   manche waidliche Maid.

Mancher junge Recke wünschte heut so sehr,
dass er bei den Frauen gern gesehen wär,
er wollt dafür selbst geben eines reichen Königs Land.
Sie sahen die Frauen gerne, die sie nie zuvor gekannt.

Da ließ der reiche König tapfre Männer ausersehen
und hundert seiner Recken mit seiner Schwester gehen
und mit ihrer Mutter, die Schwerter in der Hand:
Das war das Hofgesinde in den Burgunden Land.

Schmuck, merowingisch

Ute die reiche sah man mit ihr kommen.
Die hatte schöner Frauen sich zum Geleit genommen
hundert oder darüber, geschmückt mit reichem Kleid;
auch folgte Kriemhilden manche waidliche Maid.

Aus einer Kemenate sah man sie alle gehn;
da musste heftig Drängen von Helden bald geschehn,
die alle harrend standen, ob es möchte sein,
dass sie da fröhlich sähen dieses edle Mägdelein.

Nun kam die Minnigliche, wie das Morgenrot
tritt aus trüben Wolken. Da schied von seiner Not,
der sie im Herzen hegte und so lange nicht gesehn.
Er sah die Minnigliche nun gar herrlich vor sich stehn.

Von ihrem Kleide leuchtete mancher edle Stein;
ihre rosenrote Farbe gab wonniglichen Schein.
Was immer jemand wünscht, er musste doch gestehn,
dass er hier auf Erden noch nicht so Schönes gesehn.

Wie der lichte Vollmond vor den Sternen schwebt,
des Schein so hell und lauter sich aus den Wolken hebt,
so glänzte sie in Wahrheit vor andern Frauen gut.
Das mochte wohl erhöhen den stattlichen Helden den Mut.

Die reichen Kämmerlinge schritten vor ihr her;
die hochgemuten Degen warteten nicht mehr:
Sie drängten, dass sie sähen die minnigliche Maid.
Siegfried, dem Degen, war es lieb und wieder leid.

Er sann in seinem Sinne: Wie dacht ich je daran,
dass ich dich minnen sollte? Das ist ein eitler Wahn;
soll ich dich aber meiden, so wär ich lieber tot.
Er ward von Gedanken oft bleich und oft wieder rot.

Da sah man den Sieglinden-Sohn so minniglich da stehn,
als wär er entworfen auf einem Pergament
von guten Meisters Händen; gern man ihm zugestand,
dass man nie im Leben so schönen Helden noch fand.

Die mit Kriemhilden gingen, die hießen aus den Wegen
die Männer weichen. Dem folgte mancher Degen.
Die hochgetragnen Herzen freute man sich zu schaun.
Man sah in Züchten schreiten viel der herrlichen Fraun.

Da sprach von Burgunden der König Gernot:
»Dem Helden, der so gütlich Euch seine Dienst bot,
Gunther, lieber Bruder, den solltet Ihr hier loben
vor allen diesen Recken; meinem Rat zeigt Euch bitte gewogen.

Heißet Siegfrieden zu meiner Schwester kommen,
dass ihn das Mägdlein grüße: das bringt uns immer Frommen.
Die niemals Recken grüßte, soll sein mit Grüßen pflegen,
dass wir uns so gewinnen diesen tapferen Degen.«

Des Wirtes Freunde gingen dahin, wo man ihn fand;
sie sprachen zu dem Recken aus dem Niederland:
»Der König will erlauben, Ihr sollt zu Hofe gehn:
Seine Schwester soll Euch grüßen! Die Ehre soll Euch geschehn.«

Der Rede war der Degen in seinem Mut erfreut,
Er trug in seinem Herzen Freude sondern Leid,
dass er der schönen Ute Tochter sollte sehn.
In minniglichen Züchten empfing sie Siegfrieden schön.

Als sie den Hochgemuten vor sich stehen sah,
ihre Farbe ward entzündet; die Schöne sagte da:
»Willkommen, Herr Siegfried, ein edler Ritter gut.«
Da ward ihm von dem Gruße gar wohl erhoben der Mut.

Hand in Hand zu gehen entsprach der Etikette.

Er neigte sich ihr züchtig, die Hände fanden sich.
Sie schritten dann nebeneinander minniglich.
Mit lieben Blick der Augen sahn einander an
der Held und auch das Mägdelein; das ward indes heimlich getan.

Ward da mit sanftem Druck liebkost die weiße Hand
in herzlicher Minne? Das ist mir unbekannt!
Doch kann ich auch nicht glauben, sie hätten's nicht getan.
Liebebedürft'ge Herzen täten Unrecht daran.

Zu des Sommers Zeiten und in des Maien Tagen
durft er in seinem Herzen nimmer wieder tragen
so viel hoher Wonne, als er da gewann,
als die ihm an der Hand ging, die der Held zu minnen sann.

Da gedachte mancher Recke: Hei! Wär mir so geschehn,
dass ich so bei ihr ginge, wie ich ihn gesehn,
oder bei ihr läge: das nähm ich willig hin.
Es diente nie ein Recke so gut noch einer Königin.

Aus welchen Königs Landen ein Gast gekommen war,
er nahm im ganzen Saale nur diese beiden wahr.
Ihr ward erlaubt zu küssen den waidlichen Mann:
Ihm ward in seinem Leben nie so Liebes getan.

erlaubt zu küssen (erlaubet küssen): Mit Erlaubnis des Familienoberhauptes durfte eine Frau den Begrüßungskuss geben, allerdings nur Gleichgestellten oder Höhergestellten.

Von Dänemark der König hub an und sprach zur Stund:
»Um dieses Grußes willen liegt gar mancher wund,
wie ich wohl hier gewahre, von Siegfriedens Hand.
Gott lass ihn nimmer wieder kommen in der Dänen Land!«

Da hieß man das Volk weichen von den Wegen
Kriemhild der schönen. Mancher kühne Degen
sah man wohlgezogen mit ihr zur Kirche gehn.
Dort ward von ihr geschieden dieser Degen ausersehn.

geschieden (gescheiden): Männer und Frauen mussten in der Kirche getrennt sitzen.

Da gingen sie zu dem Münster und mit ihr viel der Fraun.
Da war in solcher Zierde die Königin zu schaun.
Dass von hohen Wünschen mancher ward verloren;
sie war zur Augenweide viel der Recken auserkoren.

Kaum erharrte Siegfried, bis schloss der Messgesang;
er mochte seinem Glück immer sagen Dank,
dass ihm so gewogen war, die er im Herzen trug.
Auch schien er der Schönen nach Verdiensten hold genug.

Als sie aus dem Münster nach der Messe kam,
lud man ihn wieder zu ihr, den Helden lobesam.
Da begann ihm erst zu danken die minnigliche Maid,
dass er vor allen Recken so kühn gefochten im Streit.

»Nun lohn Euch Gott, Herr Siegfried«, sprach das schöne Kind,
»Ihr habt das wohl verdienet, dass Euch die Recken sind
so hold mit ganzer Treue, wie sie zumal gestehn.«
Da begann er Frau Kriemhilden minniglich anzusehn.

»Immer will ich ihnen dienen«, sprach Siegfried, der Degen,
»und will mein Haupt nicht eher zur Ruhe niederlegen,
bis ihr Wunsch geschehen, so lang mein Leben währt:
Das tu ich, Frau Kriemhild, dass Ihr mir Eure Huld gewährt.«

Innerhalb zwölf Tagen, so oft es neu getagt,
sah man bei dem Degen die wonnigliche Magd,
so sie zu Hofe sollte zu den Freunden gehn.
Der Dienst war dem Recken aus großer Liebe geschehn.

Freude und Wonne und lauten Schwerterschall
vernahm man alle Tage vor König Gunthers Saal,
davor und darinnen, von manchem kühnen Mann.
Von Ortwein und Hagen wurden viel Wunder getan.

Was man zu üben wünschte, dazu sah man bereit
in völligem Maße die Degen kühn im Streit.
Da machten vor den Gästen die Recken sich bekannt;
es war eine Zierde König Gunthers ganzem Land.

Die lange wund gelegen, wagten sich an den Wind:
Sie wollten kurzweilen mit des Königs Ingesind,
schirmen mit den Schilden und schießen manchen Schaft.
Des halfen ihnen viele; so kamen sie wieder zu Kraft.

Bei dem Hofgelage   ließ sie der Wirt verpflegen
mit der besten Speise;   es durfte sich nicht regen
nur der kleinste Tadel,   der Fürsten mag entstehn;
man sah ihn jetzo freundlich   hin zu seinen Gästen gehn.

Er sprach: »Ihr guten Recken,   bevor ihr reitet hin,
so nehmt meine Gaben: also steht mein Sinn,
ich will euch immer danken;   verschmäht nicht mein Gut.
Es unter euch zu teilen,   hab ich willigen Mut.«

Die von Dänenlande   sprachen gleich zur Hand:
»Bevor wir wieder reiten   heim in unser Land,
gewährt uns steten Frieden: das ist uns Recken not.
Uns sind von Euern Degen   viel der lieben Freunde tot.«

Genesen von den Wunden   war Lüdegast derweil;
der Fürst des Sachsenlandes   war bald vom Kampfe heil.
Etliche Tote   ließen sie im Land.
Da ging der König Gunther   hin, wo er Siegfried fand.

Er sprach zu dem Recken: »Nun rat mir, wie ich tu.
Unsre Gäste wollen   reiten morgen fruh
und gehn um stete Sühne   mich und die Meinen an:
nun rat, kühner Degen,   was dich dünke wohlgetan.

Was mir die Herren bieten,   das will ich dir sagen:
Was fünfhundert Mähren   an Gold mögen tragen,
das bieten sie mir gerne   für ihre Freiheit an.«
Da sprach aber Siegfried: »Das wär übel getan.

Ihr sollt sie beide ledig   von hinnen lassen ziehn;
nur dass die edlen Recken   sich hüten fürderhin
vor feindlichem Reiten   her in Euer Land,
lasst Euch zu Pfande geben   der beiden Könige Hand.«

»Dem Rat will ich folgen.«   So gingen sie hindann.
Seinen Widersachern   ward es kundgetan:
Des Golds begehre niemand,   das sie geboten eh.
Daheim indes erwartete man   die heermüden Männer mit Weh.

Viel Schilde schatzbeladen trug man da herbei:
Das teilt er ungewogen seinen Freunden frei,
an fünfhundert Marken und manchen wohl noch mehr.
Gernot riet es Gunthern, dieser Degen kühn und her.

Um Urlaub baten alle, sie wollten nun hindann.
Es traten die Gäste vor Kriemhild sodann
und vor ihre Mutter Ute, der stolzen Königin.
Es zogen nie mehr Degen so wohl beurlaubt dahin.

Die Herbergen leerten sich, als sie von dannen ritten.
Doch verblieben im Lande mit herrlichen Sitten
der König mit den Seinen und mancher edle Mann.
Sie gingen alle Tage zu Frau Kriemhild heran.

Da wollt auch Urlaub nehmen Siegfried, der stolze Mann,
er glaubt nicht zu erreichen, dass er Kriemhild noch gewann.
Der König hörte sagen, er wolle nunmehr fort.
Giselher der junge bat ihn zu bleiben noch dort:

»Wohin, edler Siegfried, wohin reitet Ihr?
Hört meine Bitte, bleibt bei den Recken hier,
bei Gunther, dem König, und bei seinem Lehn.
Hier sind viel schöne Frauen, die lässt man Euch gerne sehn.«

Da sprach der starke Siegfried: »So lass die Rosse stehn.
Von hinnen wollt ich reiten, das lass ich mir vergehn.
Tragt auch hinweg die Schilde; wohl wollt ich in mein Land.
Von dieser Absicht hat Herr Giselher mich abgewandt.«

So verblieb der Kühne dem Freund zuliebe dort.
Auch wär ihm in den Landen an keinem andern Ort
so wohl als hier geworden. Daher es nun geschah,
dass er alle Tage die schöne Kriemhild ersah.

Ihrer hohen Schönheit willen der Degen da verblieb.
Mit mancher Kurzweile man nun die Zeit vertrieb;
dass er erzwang die Minne, das schuf ihm später Not.
Darum hernach der Kühne lag zu großem Jammer tot.

Die Schildwölbung als Hohlmaß für Schätze zu verwenden entsprach altgermanischem Brauch und galt als besonders großzügig.

beurlaubt *(geurloubet): im Sinne von ehrenvoll verabschiedet*

Sechstes Abenteuer

WIE GUNTHER GEN ISLAND ZU BRÜNHILD FUHR

König Gunther hört von der schönen Königin Brünhild aus Island, die jeden Brautwerber zu drei Kampfspielen fordert. Wer siegt, darf sie als Gemahlin heimführen, wer unterliegt, verliert sein Leben. Siegfried will Gunther helfen, Brünhild zu gewinnen, allerdings unter der Bedingung, dass er dafür Kriemhild als Gemahlin bekommt. Der König – als Vormund seiner Schwester – sagt zu. Mit Hagen und Dankwart ziehen sie gegen Island.

Siegfried kündigt an, dass er sich am Hofe Brünhilds als Lehensmann des Burgundenkönigs ausgeben werde. Seine Absicht: Er will – wegen angeblich mangelnder »Ebenbürtigkeit« – als Freier der Königin ausscheiden und Gunthers Chancen erhöhen.

Diese Vorsichtsmaßnahme scheint besonders dann sinnvoll, wenn man die nordische Variante des Sagenkreises bedenkt: In der Edda – der Sammlung nordischer Götterund Heldensagen – ist nämlich überliefert, dass Siegfried bereits eine Begegnung mit Brünhild hatte. Demnach erwartete Brünhild, dass Siegfried wiederkommen werde, um sie zu freien. Sie umgab sich in der Zwischenzeit mit einer ringförmigen Waberlohe zum Schutz vor anderen Freiern, denn sie glaubte, dass nur einer den Flammenring zu überspringen imstande sei: Siegfried.

*Wie weit der Dichter des Nibelungenliedes diese nordische Vorgeschichte einbezieht oder als bekannt voraussetzt, ist unklar. Jedenfalls enthalten seine Strophen im sechsten und auch im siebenten Abenteuer mehrmals Hinweise darauf, dass Siegfried Island, den Weg dorthin und Brünhild bereits kennt.**

Wieder neue Märe erhob sich übern Rhein:
Es ward gesagt, da wäre manch schönes Mägdelein.
Sich eins davon zu werben, sann König Gunthers Mut;
das empfanden die Recken und die Herren alle gut.

* In der nordischen Variante sind die Namen etwas anders: Nibelungen = Niflungen. Siegfried = Sigurd. Gunther = Gunnar. Brünhild = Brynhild. Die drei eigentlich nur für einen Recken vom Schlage Siegfrieds erfüllbaren Wettkampfbedingungen können mit der mythischen Waberlohe verglichen werden. Siehe dazu die Seiten 71 bis 76 in: »Die Edda. Die germanischen Göttersagen«. Nach der Übersetzung von Karl Simrock neu herausgegeben, bearbeitet und kommentiert von Walter Hansen. Regionalia Verlag.

Es war eine Königin,   die hofhielt über Meer,
ihr zu vergleichen   war keine andre mehr.
Schön war sie aus der Maßen   und groß ihre Kraft;
sie schoss mit schnellen Degen   um ihre Minne den Schaft.

Den Stein warf sie ferne,   nach dem sie weiterhin sprang;
wer ihrer Minne gehrte,   der musste sonder Wank
drei Spiel' ihr abgewinnen,   der Fürstin hochgeboren.
Verlor er eins der Spiele,   so war das Haupt ihm verloren.

Die Königstocher hatte   das manches Mal getan.
Das erfuhr am Rheine   ein Ritter wohlgetan,
der seine Sinne wandte   auf das schöne Weib.
Drum mussten bald viel Degen   verlieren Leben und Leib.

Da sprach der Fürst vom Rheine: »Ich will über die See
hin zu Brünhilden,   was immer nur gescheh,
um ihre Minne wag ich   Leben und Leib,
die will ich verlieren,   gewinn ich nicht sie zum Weib.«

»Das möcht ich widerraten«,   sprach Siegfried wider ihn:
»Gefährlich ist die Bedingung   der schönen Königin.
Wer um sie wirbt,   dem kommt es hoch zu stehn.
Drum mögt Ihr's wohl entraten,   auf diese Reise zu gehn.«

Da sprach der König Gunther: »Ein Weib ward noch nie
so stark und kühn geboren,   im Streit wollt ich sie
leichtlich überwinden   allein mit meiner Hand.«
»Schweigt«, sprach da Siegfried,   »sie ist Euch noch unbekannt.

Und wären Eurer viere,   die könnten nicht gedeihn
von ihrem grimmen Zorne.   Drum lass den Willen sein,
das rat ich Euch in Treuen: entgeht Ihr gern dem Tod,
so macht um ihre Minne   Euch nicht vergeblich Not.«

»Sei sie, so stark sie wolle,   die Reise muss ergehn
hin zu Brünhilden,   mag mir, was will, geschehn.
Ihrer hohen Schönheit willen   gewagt muss es sein:
Vielleicht, dass Gott mir füget,   dass sie uns folgt an den Rhein.«

Mit ***drei Spiel*** *(driu spil) sind drei altgermanische Wettkampfdisziplinen gemeint: Speerwurf, Steinwurf und Weitspringen nach dem geworfenen Stein.*

ein Ritter: *König Gunther*

»So will ich Euch raten«, begann da Hagen,
»bittet Siegfrieden, mit Euch zu tragen
die Last dieser Sorge; das ist der beste Rat,
weil er von Brünhilden so gute Kunde doch hat.«

Er sprach: »Vieledler Siegfried, willst du mir Helfer sein,
zu werben um die Schöne? Erfüllst du mir die Bitte mein
und gewinn ich mir zur Trauten das herrliche Weib,
so wag auch ich deinetwillen Ehre, Leben und Leib.«

Zur Antwort gab ihm Siegfried, König Siegmunds Sohn:
»Ich will es tun, versprichst du die Schwester mir zum Lohn,
Kriemhild die schöne, eine Königin hehr;
sonst keines Lohns begehr ich nach meiner Hilfe dann mehr.«

»Das gelob ich«, sprach Gunther, »Siegfried, dir an die Hand.
Wenn kommt die schöne Brünhild her in dieses Land,
so will ich dir zum Weibe meine Schwester geben.
So magst du mit der Schönen immer in Freuden leben.«

Sie schworen darauf Eide, diese Recken hehr.
Das schuf ihnen beiden viel Müh und Beschwer.
Eh sie die Wohlgetane brachten an den Rhein,
mussten die Kühnen noch viel in großen Sorgen sein.

Die Tarnkappe nahm Siegfried mit sodann,
die der kühne Degen mit Sorgen einst gewann
von einem Gezwerge mit Namen Alberich.
Da schickten sich zur Reise Recken kühn und ritterlich.

Wenn der starke Siegfried die Tarnkappe trug,
so gewann er drinnen der Kräfte genug,
zwölf Männer Stärke; so wird uns gesagt.
Er erwarb mit großen Listen diese herrliche Magd.

Auch war so beschaffen die Tarnkappe gut,
dass jeder mochte drinnen tun nach seinem Mut,
was er immer wollte, ohne dass ihn jemand sah.
Damit gewann er Brünhild, durch die ihm bald viel Leid geschah.

»Nun sage mir, Siegfried, eh unsre Fahrt gescheh,
wie wir mit vollen Ehren kommen über See?
Sollen wir Ritter führen in Brünhildens Land?
Dreißigtausend Degen, die werden eilends besandt.«

»Wie viel wir Volkes auch führten«, sprach Siegfried wider ihn,
»so grimmiger Sitte pflegt die Königin,
dass wir zu Grunde gingen vor ihrem Übermut.
Ich will Euch besser raten, hört mir nur zu jetzt gut:

In Reckenweise fahren lass uns zu Tal den Rhein.
Die will ich Euch nennen, die das sollen sein:
Zu uns zwein noch zweie und niemand anders mehr,
dass wir die Frau erwerben, was auch geschehe nachher.

Der Gesellen bin ich einer, du sollst der andre sein,
und Hagen der dritte. Wir mögen wohl gedeihn.
Der vierte, das sei Dankwart, dieser kühne Mann.
Es dürfen andrer tausend zum Streite nimmer uns nahn.«

Gezwerge (getwerge): Zwerg

Reckenweise (recken wîse): nach Art der fahrenden und abenteuernden Ritter

zu Tal: flussabwärts in Richtung Meer

»Die Märe wüsst ich gerne«, der König sprach da so,
»eh wir von hinnen führen, des wär ich herzlich froh:
Was wir für Kleider sollten vor Brünhilden tragen,
die uns geziemen möchten: Siegfried, das sollst du mir sagen.«

»Gewand das allerbeste, das man irgend fand,
trägt man zu allen Zeiten in Brünhildens Land.
Drum lass uns reiche Kleider vor der Fürstin tragen,
dass wir keine Schande haben, hört man künftig von uns sagen.«

Da sprach der gute Degen: »So will ich selber gehn
zu meiner lieben Mutter, ob es nicht mag geschehn,
dass ihre schönen Mägde uns schaffen solch Gewand,
dass wir mit Ehren tragen in der hehren Jungfrau Land.«

Gewand: Die siebzehn folgenden Strophen werden »Kleider- oder Schneiderstrophen« genannt. Für den Gang der Handlung bedeutungslos, dienen sie der Darstellung höfischer Lebensart.

Da sprach von Tronje Hagen mit herrlichen Sitten:
»Was wollt Ihr Eure Mutter um solche Dienste bitten?
Lass Eure Schwester hören Euern Sinn und Mut;
die ist so kunstreich, unsre Kleider werden gut.«

Da entbot er seiner Schwester, er wünsche sie zu sehn,
und auch der Degen Siegfried. Eh sie das ließ geschehn,
da hatte sich die Schöne geschmückt mit reichem Kleid.
Dass die Herren kamen, war ihr sicherlich nicht leid.

Da war auch ihr Gesinde herrlich angetan,
als sie vernommen hatte von der Fürsten Nahn,
da hob sie sich vom Sitze, wie höfisch sie da ging,
als sie den edlen Fremdling und ihren Bruder empfing!

»Willkommen sei mein Bruder und der Geselle sein.
Nun möcht ich gerne wissen«, sprach das Mägdelein,
»was Ihr Herrn begehret, dass Ihr zu Hofe kommt.
Lass mich doch hören, was Euch edlen Recken frommt.«

Frau (frouwe) ist die der Etikette entsprechende Anrede höherer Damen, auch unter Verwandten.

Da sprach König Gunther: »Frau, ich will's Euch sagen.
Wir müssen große Sorge bei hohem Mute tragen;
wir wollen werben reiten fern in fremdes Land,
und hätten zu der Reise gern herrliches Gewand.«

»Nun sitzt, lieber Bruder«, sprach das Königskind,
»und lass mich erst erfahren, wer die Frauen sind,
die Ihr begehrt zu minnen in fremder Kön'ge Land.«
Die Auserwählten beide nahm das Mägdlein bei der Hand.

Hin ging sie mit den beiden, wo sie gesessen war
auf prächt'gen Ruhebetten, das glaubt mir fürwahr,
mit eingewirkten Bildern, in Gold wohl erhaben.
Sie mochten bei der Frauen gute Kurzweile haben.

Freundliche Blicke und gütliches Sehn,
des mochte von den beiden da wohl viel geschehn.
Er trug sie in dem Herzen, sie war ihm wie sein Leben.
Er dachte, dass sie bald zum Weibe ihm werde gegeben.

Da sprach der edle König: »Vielliebe Schwester mein,
ohne deine Hilfe kann es nimmer sein.
Wir wollen abenteuern in Brünhildens Land;
da müssen wir vor Frauen tragen herrlich Gewand.«

Da sprach die Königstocher: »Viellieber Bruder mein,
kann Euch an meiner Hilfe dabei gelegen sein,
so werde ich Euch helfen, ich bin dazu bereit;
versagte sie ein andrer Euch, das wäre Kriemhilden leid.

Ihr sollt mich, edler Ritter, nicht in Sorgen bitten,
Ihr sollt mir gebieten mit herrlichen Sitten:
Was Euch gefallen möge, dazu bin ich bereit
und tu's mit gutem Willen«, sprach die wonnigliche Maid.

»Wir wollen, liebe Schwester, tragen gut Gewand:
das soll bereiten helfen Eure weiße Hand.
Lass Eure Mägdlein sorgen, dass es uns herrlich steht,
da man uns diese Reise doch vergebens widerrät.«

Da begann die Jungfrau: »Nun hört, was ich sage.
Wir haben selber Seide: befehlt, dass man uns trage
Gestein auf den Schilden, so schaffen wir das Kleid,
das Ihr mit Ehren traget vor der herrlichen Maid.«

»Wer sind die Gesellen«, sprach die Königin,
»die mit Euch gekleidet zu Hofe sollen ziehn?«
»Wir sind zu viert. Noch zwei aus meinen Lehn,
Dankwart und Hagen, sollen mit uns zu Hofe gehn.

Nun merkt, liebe Schwester, wohl, was wir Euch sagen:
Sorgt, dass wir vier Gesellen zu vier Tagen tragen
je der Kleider dreierlei, und also gut Gewand,
dass wir ohne Schande wiederkehren aus Brünhildens Land.«

Das gelobte sie den Recken: Die Herren schieden alsdann,
und Kriemhild rief sorglich dreißig Mägdlein heran,
die sinnreich und mit flinken Händen
auf schönes Gewand und Kunsthandwerk sich verständen.

Zazamanc: rätselhafte Ortsbezeichnung, die auch in einem anderen Epos aus etwa der gleichen Zeit vorkommt: im »Parzifal« des Wolfram von Eschenbach (1170–1220)

In arabischer Seide, so weiß wie der Schnee,
aus dem Lande Zazamanc, so grün wie der Klee,
legten sie Gesteine: das gab ein gut Gewand;
Kriemhild die schöne schnitt's mit eigener Hand.

Fische (vische) Möglicherweise sind Fischotter gemeint.

Von seltner Fische Häuten wurde genäht sodann
der schönste Futterbezug. So viel man davon gewann,
bedeckte man mit Seide: darauf ward Gold getragen.
Man mochte große Wunder von den lichten Kleidern sagen.

Aus dem Land Marokko und auch von Libya
der allerbesten Seide, die man jemals sah
Königskinder tragen, der hatten sie genug.
Wohl zeigte ihnen Kriemhild, wie sie Liebe für sie trug.

Da sie so teure Kleider zu ihrer Fahrt begehrt,
schien selbst der Hermelin ihnen zu wenig wert.
Kohlenschwarze Seide noch auf dem Pelze lag,
wie es Helden ziemte bei solch edlem Hofgelag.

Aus arabischem Golde glänzte mancher Stein;
die Emsigkeit der Frauen war sicher nicht zu klein.
Sie schufen die Gewande in sieben Wochen Zeit;
da waren auch die Waffen den guten Degen bereit.

Als sie gerüstet standen,   sah man auf dem Rhein
mit Fleiß gezimmert   ein starkes Schifflein,
das sie da tragen sollte   hernieder an die See.
Den edlen Jungfrauen   war von Arbeiten weh.

Da sagte man den Recken,   es sei für sie zur Hand,
das sie tragen sollten,   das herrliche Gewand.
Was sie erbeten hatten,   das   war nun geschehn:
Da wollten sie nicht länger   mehr am Rheine bestehn.

Zu den Heergesellen   ein Bote ward gesandt,
ob sie schauen wollten   ihr neues Gewand,
ob es den Helden wäre   zu kurz oder zu lang.
Es war von rechtem Maße;   des sagten sie den Frauen Dank.

Vor wen sie immer kamen,   die mussten all gestehn,
sie hätten nie auf Erden   schönres Gewand gesehn.
Drum mochten sie es gerne   da zu Hofe tragen.
Von bessrem Ritterstaate   wusste niemand mehr zu sagen.

Den edlen Maiden wurde   höchlich Dank gesagt.
Da baten um Urlaub   die   Recken unverzagt;
in ritterlichen Züchten   taten die Herren das.
Da wurden lichte Augen   getrübt von Tränen nass.

Sie sprach: »Viellieber Bruder,   Ihr bliebet besser hier
und würbt andre Frauen,   klüger schien es mir,
wo Ihr nicht wagen müsstet   Leben und Leib.
Ihr fändet auch in der Nähe   wohl ein so hochgeboren Weib.«

Sie ahnten wohl im Herzen   ihr künftig Ungemach:
Sie mussten alle weinen,   was da auch einer sprach.
Das Gold vor ihren Brüsten   ward von Tränen fahl:
Die fielen ihnen dichte   von den Augen zu Tal.

Da sprach sie: »Herr Siegfried,   lasst Euch befohlen sein
auf Treu und auf Gnade   den lieben Bruder mein,
dass ihn nichts gefährde   in Brünhildens Land.«
Das versprach der Kühne   Frau Kriemhilden in die Hand.

Schmuck, burgundisch

Da sprach der edle Degen: »Solang mein Leben währt,
so bleibt von allen Sorgen,   Herrin, unbeschwert.
Ich bring ihn Euch geborgen   wieder an den Rhein,
das glaubt bei Leib und Leben.«   Da dankt ihm das schön das Mägdelein.

Die goldroten Schilde   trug man an den Strand,
und schaffte zu dem Schiffe   all ihr Rüstgewand;
ihre Rosse ließ man bringen: sie wollten nun hindann.
Wie da von schönen Frauen   so großes Weinen begann!

Da stellte sich ins Fenster   manch minnigliches Kind.
Das Schiff mit seinem Segel   ergriff ein hoher Wind.
Die stolzen Heergesellen   saßen auf dem Rhein;
da sprach der König Gunther: »Wer soll nun Schiffmeister sein?«

»Das will ich!«, sprach Siegfried.   »Ich kann Euch auf der Flut
wohl von hinnen führen,   das wisst Ihr Helden gut;
die rechten Wasserstraßen   sind mir wohlbekannt.«
So schieden sie mit Freuden   aus der Burgunden Land.

***Ruderstange** (scalten): Stange zum Abstoßen.*

***Ruder** (ruoder): Ruder im üblichen Sinn*

Eine Ruderstange   Siegfried ergriff:
Vom Gestade schob er   kräftig das Schiff.
Gunther der kühne   ein Ruder selber nahm.
Da huben sich vom Lande   die schnellen Ritter lobesam.

Sie führten reichlich Speise,   dazu guten Wein,
den besten, den sie finden   mochten um den Rhein.
Ihre Rosse standen   still in guter Ruh;
das Schiff ging so eben,   kein Ungemach stieß ihnen zu.

Ihre starken Segelseile   streckte die Luft mit Macht.
Sie fuhren zwanzig Meilen,   eh niedersank die Nacht,
mit günstigem Winde   nieder nach der See.
Der Eifer bei der Reise   brachte später den Hochgemuten Weh.

An dem zwölften Morgen,   wie wir hören sagen,
da hatten sie die Winde   weit hinweggetragen
nach Isenstein, der Feste   in Brünhildens Land.
Das war ihrer keinem   außer Siegfried bekannt.

Als der König Gunther so viel der Burgen sah
und auch der weiten Marken, wie bald sprach er da:
»Nun sagt mir, Freund Siegfried, ist Euch das bekannt?
Wem sind diese Burgen und wem das herrliche Land?

Ich hab all mein Leben, das muss ich wohl gestehn,
so wohlgebauter Burgen nie so viel gesehn
irgend in den Landen, als wir hier ersahn.
Der sie erbauen konnte, war wohl ein mächtiger Mann.«

Zur Antwort gab ihm Siegfried: »Das ist mir wohlbekannt.
Brünhilden sind sie, die Burgen wie das Land,
und Isenstein, die Feste, glaubt mir fürwahr:
Da mögt Ihr heute schauen schöner Frauen große Schar.

Ich will Euch Helden raten: seit all von einem Mut
und sprecht in gleichem Sinne, so dünkt es mich gut.
Denn wenn wir heute vor Brünhilden gehn,
so müssen wir in Sorgen vor der Königstochter stehn.

Wenn wir die Minnigliche bei ihren Leuten sehn,
sollt Ihr, erlauchte Helden, nur einer Rede stehn:
Gunther sei mein Lehnsherr und ich sein Lehnsmann,
so wird ihm sein Verlangen nach seinem Wunsche getan.«

Sie waren all willfährig zu tun, wie er sie hieß:
und keiner der andern Recken es unterließ
zu sprechen, wie er wollte; wohl frommt es ihnen da,
als der König Gunther die schöne Brünhild ersah.

»Wohl tu ich's nicht so gerne dir zu lieb allein
als um deine Schwester, das schöne Mägdelein.
Die ist mir wie die Seele und wie mein eigner Leib;
ich will es gern verdienen, dass sie werde mein Weib.«

Siebentes Abenteuer

WIE GUNTHER BRÜNHILDEN GEWANN

Bei der Ankunft in Island kommt es zur sogenannten »Steigbügelszene«: Siegfried steht neben dem Steigbügel und hilft – indem er das Pferd »bei dem Zaume« hält – Gunther in den Sattel. Damit demonstriert er den Dienst eines Untergebenen, um seine Rolle als Gunthers Lehnsmann glaubhaft zu machen.

Als Brünhild zunächst Siegfried als Freier erwartet, klärt er sie darüber auf, dass er nur ein Begleiter seines – angeblichen – Lehnsherrn Gunther sei. Enttäuscht nimmt sie nun die Herausforderung des gesellschaftlich ebenbürtigen Burgundenkönigs an. Siegfried schlüpft indes unter die Tarnkappe und besiegt – unsichtbar und mit zwölffacher Kraft ausgestattet – die übermächtig starke Königin, während Gunther gewissermaßen als Marionette nur die Gesten der Wettkämpfe mitmacht.

Brünhild – nicht ahnend, dass sie überlistet wurde – erklärt sich für geschlagen, anerkennt Gunther als Gemahl, trommelt aber unter einem Vorwand ihre Mannschaften zusammen. Die vier Männer aus dem Burgundenland wittern Verrat. Siegfried eilt deshalb in sein nahe gelegenes Nibelungenland, um dort Verstärkung herbeizuführen.

In der nordischen Variante tauschte Siegfried (Sigurd) mit Gunther (Gunnar) Gestalt und Namen und übersprang auf seinem Ross Grani die Waberlohe, um Brünhild (Brynhild) zu freien.

Ihr Schifflein unterdessen war auf dem Meer
zur Burg herangeflossen: da sah der König hehr
oben in den Fenstern manche schöne Maid.
Dass er keine erkannte, das war in Wahrheit ihm leid.

Er fragte Siegfrieden, den Gesellen sein:
»Hättet Ihr wohl Kunde um diese Mägdelein,
die dort herniederschauen nach uns auf die Flut?
Wie ihr Herr auch heiße, so sind sie hochgemut.«

hochgemut *(hôhe gemout): im Sinne von edler Gesinnung*

Da sprach der kühne Siegfried: »Nun sollt Ihr heimlich spähn
nach den Jungfrauen, und sollt mir dann gestehn,
welche Ihr nehmen wolltet, wär Euch die Wahl verliehn.«
»Das will ich«, sprach Gunther, dieser Ritter schnell und kühn.

»So schau ich ihrer eine in jenem Fenster an,
im schneeweißen Kleide, die ist so wohlgetan:
die wählen meine Augen; so schön ist sie von Leib.
Wenn ich gebieten dürfte, sie müsste werden mein Weib.«

»Dir hat recht erkoren deiner Augen Schein:
Es ist die edle Brünhild, das schöne Mägdelein,
nach der das Herz dir ringet, der Sinn und auch der Mut.«
All ihr Gebaren deuchte König Gunthern gut.

Da hieß die Königstochter von den Fenstern gehn
die minniglichen Maiden: sie sollten da nicht stehn
zum Anblick für die Fremden; sie folgten unverwandt.
Was da die Frauen taten, das ist uns auch wohl bekannt:

Sie schmückten und sie putzten sich für die fremden Herrn,
wie immer taten schöne Frauen gern.
Dann an die engen Fenster traten sie heran,
wo sie die Helden sahen: das ward aus Neugier getan.

engen Fenster (*engen venster*): *Gemeint sind Schießscharten.*

Nur ihrer viere waren, die kamen in das Land.
Siegfried der kühne ein Ross zog auf den Strand.
Das sahen durch die Fenster die schönen Frauen an;
große Ehre war damit dem König Gunther getan.

Er hielt ihm bei dem Zaume das stattliche Ross,
das war gut und stattlich, stark dazu und groß,
bis der König Gunther fest im Sattel saß.
Also dient ihm Siegfried, was er hernach doch ganz vergaß.

Dann zog er auch das seine aus dem Schiff heran;
er hatte solche Dienste niemals sonst getan,
dass er am Steigbügel unten gestanden wär.
Das sahen durch die Fenster diese schönen Frauen hehr.

Es war in gleicher Farbe den Degen allbereit
von schneeblanker Farbe das Ross und auch das Kleid
dem einen wie dem andern; und schön der Schilde Rand:
Die warfen hellen Schimmer an der edlen Recken Hand.

wohlgesteinet (wol gesteinet): mit Edelsteinen besetzt

Ihre Sättel wohlgesteinet, die Brustriemen schmal:
So ritten sie herrlich vor Brünhildens Saal;
daran hingen Schellen von lichtem Golde rot.
Sie kamen zu dem Lande, wie ihr Hochsinn gebot.

Mit Speeren neu geschliffen, mit wohlgeschaffnem Schwert,
das bis auf die Sporen ging den Helden wert;
die Wohlgemuten führten es scharf genug und breit.
Das alles sah Brünhild, diese herrliche Maid.

Mit ihnen kam auch Dankwart und sein Bruder Hagen:
Diese beiden trugen, wie wir hören sagen,
von rabenschwarzer Farbe reichgewirktes Kleid;
neu waren ihre Schilde, gut, dazu auch lang und breit.

Von Indien, dem Lande, trugen sie Gestein,
das warf an ihrem Kleide auf und ab den Schein.
Sie ließen unbehütet das Schifflein bei der Flut;
so ritten nach der Feste diese Helden kühn und gut.

Sechsundachtzig Türme sahn sie darin zumal,
drei Palasse und einen schönen Saal
von edlem Marmelsteine, so grün wie das Gras,
darin die Königstochter mit ihrem Ingesinde saß.

Die Burg war aufgeschlossen und weithin aufgetan.
Brünhildens Mannen liefen alsbald heran
und empfingen die Gäste in ihrer Herrin Land.
Die Rosse nahm man ihnen und die Schilde von der Hand.

Da sprach der Kämmrer einer: »Gebt uns Euer Schwert
und die lichten Panzer.« »Das wird euch nicht gewährt«,
sprach Hagen von Tronje; »wir wollen selber tragen.«
Da begann ihm Siegfried von des Hofs Gebrauch zu sagen:

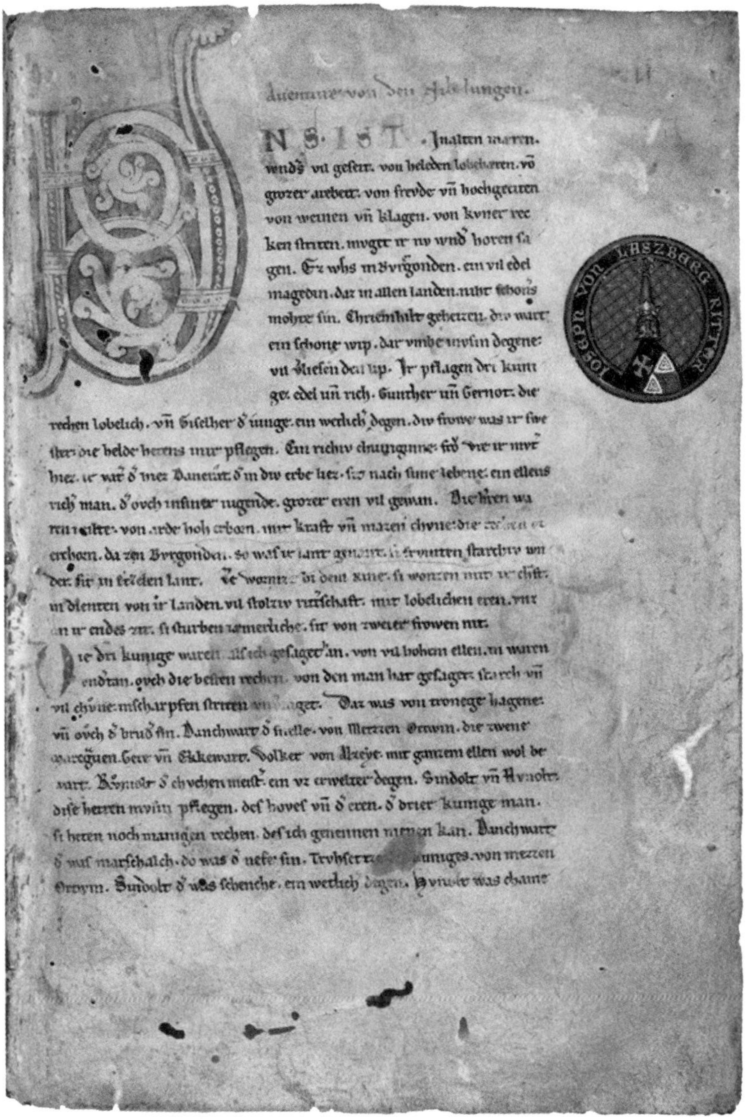

1) Nibelungenlied, Die erste Seite der Handschrift C, 1220–1250. Badische Landesbibliothek, Karlsruhe

Gunther 14

2) Bis Bildtafel 10: Farbillustrationen, aus Friedrich Heinrich von der Hagen, Heldenbilder. Breslau 1821

◇ Chrimhild * Hagen 13

3

◇ Siegfried 12

4

5

◆ Volker 11.

◆ Ekewart 10

◆ Gernot 9

◆ Gieseler 8

6

◆ Dancwart 7

◆ Ortwein 6

◆ Gere 4

◆ Ruomolt 3

7

Huonolt 2

Widolt 15

Alberich 5

8

♠ Etzel 14

9

♤ Helke * Rüdiger 13.

♤ Dietrich 12

♤ Wolfhardt 11

♤ Hildebrant 9

10

11) Wie Jung-Siegfried gen Isenland fährt.
Zeichnungen von Hermann Vogel, 1881.

12) Siegfried im Kampf mit dem Drachen.
Zeichnungen von Hermann Vogel, 1881.

13) Siegfrieds Ermordung.
Zeichnungen von Hermann Vogel, 1881.

14) Hagen an der Leiche Siegfrieds.
Zeichnungen von Hermann Vogel, 1881.

15) Hagen wirft den Priester über Bord.
Zeichnungen von Hermann Vogel, 1881.

16) Gunthers und Hagens Ende.
Zeichnungen von Hermann Vogel, 1881.

»In dieser Burg ist Sitte, das will ich Euch sagen,
keine Waffen dürfen da die Gäste tragen.
Lasst sie von hinnen bringen, das ist wohlgetan.«
Ihm folgte wider Willen Hagen, König Gunthers Mann.

Man ließ den Gästen schenken und schaffen gute Ruh.
Manchen schnellen Recken sah man dem Hofe zu
allenthalben eilen in fürstlichem Gewand;
doch wurden nach den vieren allein die Blicke gesandt.

Nun wurden auch Brünhilden gesagt die Mären,
dass unbekannte Recken gekommen wären
in herrlichem Gewande heute mit der Flut.
Da begann zu fragen diese Jungfrau schön und gut:

»Ihr sollt mich hören lassen«, sprach das Mägdelein,
»wer die unbekannten Recken mögen sein,
die ich dort stehen sehe in meiner Burg so hehr,
und wem zulieb die Helden wohl gefahren sind hierher.«

Des Gesindes sprach da einer: »Frau, ich muss gestehn,
dass ich ihrer keinen je zuvor gesehn;
doch einer steht darunter, der Siegfrieds Äußres hat.
Den sollt Ihr wohl empfangen, das ist in Treuen mein Rat.

Der andre der Gesellen, gar löblich dünkt er mich;
Wenn er die Macht besäße, zum König ziemt er sich
über weite Fürstenlanden. Man hat ihn gesehen
bei den anderen Gefährten so recht herrlich da stehn.

Der dritte der Gesellen, der hat herben Sinn,
doch schönen Wuchs nicht minder, reiche Königin.
Die Blicke sind gewaltig, deren so viel er tut.
Er trägt in seinem Sinne, wähn ich, grimmigen Mut.

Der jüngste darunter, gar löblich dünkt er mich:
Man sieht den reichen Degen so jung und frisch
in wohlerzogner Sitte und edler Haltung stehn.
Doch müssten wir ihn fürchten, würde ein Leid ihm hier geschehn.

So freundlich er auch sei, so wohlgetan sein Leib,
er brächte doch zum Weinen manch waidliches Weib,
wenn er zürnen sollte; sein Wuchs ist wohl so gut,
er ist an allen Tugenden ein Degen kühn und wohlgemut.«

Gewand (gewant): Hier ist die Rüstung gemeint, das Kampfgewand.

Da sprach die Königstochter: »Nun bringt mir mein Gewand:
Und ist der starke Siegfried gekommen in mein Land
um meiner Minne willen, so geht's ihm an den Leib:
Ich fürcht ihn nicht so sehr, dass ich kampflos würd sein Weib.«

Brünhild die schöne trug bald erlesen Kleid.
Auch gab ihr Geleite manche schöne Maid,
wohl hundert oder drüber, sie all in reicher Zier.
Um die Gäste zu schauen, kam manches edle Weib mit ihr.

Mit ihnen gingen Degen aus Island,
Brünhildens Recken, die Schwerter in der Hand,
fünfhundert oder drüber; das war den Gästen leid.
Sich hoben von den Sitzen die kühnen Helden allbereit.

Als das Königskind Siegfrieden sah,
wohlgezogen sprach sie zu dem Gaste da:
»Seid willkommen, Siegfried, hier in diesem Land.
Warum seid Ihr hier? Das macht mir, bitt ich, bekannt.«

»Viel Dank lasst Euch sagen, Frau Brünhild,
dass Ihr mich geruht zu grüßen, Fürstentochter mild,
vor diesem edlen Recken, meinen Lehensherrn,
der vor mir steht. Ich verzicht auf solche Ehren gern.

Er ist am Rheine König; was soll ich sagen mehr?
Nur um deinetwillen fuhren wir hierher.
Er will dich gerne minnen, was ihm geschehen mag.
Nun bedenke dich beizeiten: mein Herr lässt nimmermehr nach.

Er ist geheißen Gunther, ein König reich und hehr.
Er will deine Minne, nicht mehr in sein Begehr.
Deswegen mit ihm tat ich diese Fahrt;
wenn er mein Herr nicht wäre, ich hätt es sicher gespart.«

Sie sprach: »Wenn er dein Herr ist und du in seinem Lehn,
soll er alleine meine Spiele dann bestehn,
und bleibt er darin Meister, so werd ich sein Weib;
doch ist's, dass ich gewinne, es geht Euch allen an den Leib.«

Da sprach von Tronje Hagen: »So zeigt uns, Königin,
was Ihr für Spiel erteilet. Wenn Euch den Gewinn
mein Herr Gunther ließe, so müsst es schlimm schon sein.
Er vermag schon zu erwerben ein so schönes Mägdelein.«

»Den Stein soll er werfen und springen darnach,
den Speer mit mir schießen. Drum entschließt Euch nicht zu jach.
Ihr verliert hier mit der Ehre Leben leicht und Leib.
Daran sollt Ihr denken«, sprach das minnigliche Weib.

zu jach (ze gâch): zu schnell

Siegfried der schnelle ging zu dem König hin
und bat ihn, frei zu reden mit der Königin
ganz nach seinem Willen; angstlos soll er sein:
»Ich will dich wohl behüten vor ihr mit den Listen mein.«

Da sprach der König Gunther: »Königstochter hehr,
erteilt mir, was Ihr wollet, und wär es auch noch mehr:
Eurer Schönheit willen bestünd ich alles gern.
Mein Haupt will ich verlieren, gewinnt Ihr mich nicht zum Herrn.«

Als die Königin hörte dieses Wort,
ließ mit dem Spiel beginnen sie sofort.
Sie ließ sich zum Streite bringen ihr Gewand,
eine Brünne roten Goldes und einen guten Schildesrand.

Ein seiden Waffenhemde zog sich an die Maid,
das ihr keine Waffe verletzen konnt im Streit,
von Stoffen wohlgeschaffen aus Libya, dem Land:
lichtgewirkte Borten erglänzten rings an dem Rand.

Das Waffenhemd (wâfenhemde) wurde unter der Rüstung getragen.

lichtgewirkt (lieht gewürhet): mit Goldfäden gewirkt

Derweil hatt ihr Übermut die Gäste ernst gestimmt.
Dankwart und Hagen, die waren sehr verstimmt.
Wie es dem Herrn erginge, sorgte sich ihr Mut.
Sie dachten: Unsre Reise bekommt uns Recken nicht gut.

Derweile ging Siegfried, der listige Mann,
eh es wer bemerkte, an das Schiff heran,
wo die Tarnkappe verborgen war gelegen,
in die er hurtig schlüpfte: da ward er von niemand gesehen.

Er eilte schnell zurück und fand hier Recken viel.
Die Königin erteilte da ihr hohes Spiel.
Da ging er hin verstohlen, so dass niemand sah
von allen, die da waren, was durch Zauber bald geschah.

Es war ein Ring gezogen, wo das Spiel geschehn
vor kühnen Recken sollte, die es wollten sehn.
Wohl siebenhundert sah man Waffen tragen.
Wer das Spiel gewänne, das sollten sie als Zeugen sagen.

Da war gekommen Brünhild, die man gewaffnet fand,
als ob sie streiten wolle um aller Kön'ge Land.
Wohl trug sie auf der Seide viel goldne Spangen fein,
ihre minnigliche Farbe gab darunter holden Schein.

Nun kam ihr Gesinde, das trug herbei zuhand
aus allrotem Golde einen Schildesrand
mit hartem Stahlbeschlage, mächtig groß und breit.
Er sollt zum Wettkampf dienen der minniglichen Maid.

An einer edlen Borte ward der Schild getragen,
auf der Edelsteine, grasgrüne, lagen;
die tauschten mannigfaltig Gefunkel mit dem Gold.
Kühn musste sein der Recke, der sie besiegen wollt.

Der Schild war unterm Buckel, so ward uns gesagt,
von dreier Spannen Dicke; den trug hernach die Magd.
An Stahl und auch an Golde erwies er sich so schwer,
dass ihn ihre Kämmerer zu viert kaum trugen her.

Buckel: Der Metallbeschlag auf der Schildmitte war so dick, dass sich ein »Buckel« bildete.

Als der starke Hagen den Schild hertragen sah,
in großem Unmute sprach der Tronjer da:
»Wie nun, König Gunther? An Leben geht's und Leib!
Die Ihr begehrt zu minnen, die ist wahrhaft des Teufels Weib.«

Hört noch von ihren Kleidern: deren hatte sie genug.
Von Azagoucer Seide einen Waffenrock sie trug,
der kostbar war und edel: daran warf hellen Schein
von der Königstochter gar mancher herrliche Stein.

Da brachten sie der Brünhild mächtig und breit
einen scharfen Wurfspieß; den verschoss sie allezeit,
stark und ungefüge, groß dazu und schwer.
An seinen beiden Seiten schnitt gar grimmig der Speer.

Von des Spießes Schwere höret Wunder sagen:
Mit vierthalb Messe war er beschlagen,
ihn trugen mühsam dreie von Brünhildens Heer:
Gunther der edle rang mit Sorgen da schwer.

Er dacht in seinem Sinne: Was soll das sein hier?
Der Teufel aus der Hölle, wie schützt er sich vor ihr?
Wär ich mit meinem Leben wieder an dem Rhein,
sie dürfte hier wohl lange meiner Minne ledig sein.

Er trug in seinen Sorgen, das wisset, Leid genug.
All seine Rüstung man ihm zur Stelle trug.
Gewappnet stand der reiche König bald darin.
Vor Leid hätte Hagen schier gar verwandelt den Sinn.

Da sprach Hagens Bruder, der kühne Dankwart:
»Mich reut in der Seele zu diesem Hof die Fahrt.
Man nannte uns stets Recken! Wie verlieren wir den Leib!
Soll uns in diesem Lande nun verderben ein Weib?

Des muss mich sehr verdrießen, dass ich kam in dieses Land.
Hätte mein Bruder Hagen sein Schwert an der Hand
und auch ich das meine, so wäre Brünhilds Mannen
zu Boden schon der Übermut wohl vergangen.

Sie sollten sich bescheiden, das glaubet mir nur.
Hätt ich den Frieden tausendmal bestärkt mit einem Schwur,
bevor ich sterben sähe den lieben Herren mein,
das Leben müsste lassen dieses schöne Mägdelein.«

Azagouc:
rätselhafte Ortsbezeichnung, die – wie Zazamanc – auch im »Parzifal« vorkommt

Waffenrock (wäfenroc):
ein prächtiges Gewand, wurde über der Rüstung getragen

Messe:
eine Metallmischung von heute nicht mehr genau bestimmbarem Gewicht

»Wir möchten ungefangen wohl räumen dieses Land«,
sprach sein Bruder Hagen, »hätten wir das Gewand,
des wir zum Streit bedürfen, und die Schwerter gut,
so sollte sich wohl sänften der schönen Fraue Übermut.«

Wohl hörte, was er sagte, die Fraue wohlgetan;
über die Achsel sah sie ihn lächelnd an:
»Da er so kühn sich dünket, so bringt doch ihr Gewand,
ihre scharfen Waffen gebt den Helden an die Hand.«

Als man die Waffen brachte, wie die Maid gebot,
Dankwart der kühne ward vor Freuden rot.
»Nun spielt, was ihr wollet«, sprach der Degen wert,
»Gunther ist unbezwungen: wir haben wieder unser Schwert.«

Brünhildens Stärke zeigte sich nicht klein:
Man trug ihr zu dem Kreise einen runden Stein
groß und ungefüge, rund dabei und schwer.
Ihn trugen kaum zwölfe dieser Degen zur Fürstin her.

Den pflegte sie zu werfen, wenn sie den Speer verschoss.
Darüber war die Sorge der Burgunden groß.
»Wen will der König werben?«, sprach da Hagen laut:
»Wär sie in der Hölle doch des üblen Teufels Braut!«

An ihre weißen Arme sie die Ärmel wand,
sie schickte sich und fasste den Schild an die Hand,
sie schwang den Spieß zur Höhe: Das war des Kampfs Beginn.
Gunther und Siegfried bangten vor Brünhildens grimmem Sinn.

Und wär ihm da Siegfried zu Hilfe nicht gekommen,
so hätte sie dem König das Leben wohl genommen.
Siegfried trat hinzu verstohlen und rührte Gunthers Hand;
doch König Gunther solche Zauberkunst schrecklich empfand.

Als Zauberkunst empfand Gunther die Berührung, weil er den in die Tarnkappe gehüllten Siegfried nicht sehen konnte.

Wer war's, der mich berührte?, dachte der kühne Mann,
und wie er um sich blickte, da traf er niemand an.
Er sprach: »Ich bin es, Siegfried, der Geselle dein:
Du sollst ganz ohne Sorge vor der Königin sein.

Gib aus den Händen den Schild, lass mich ihn tragen,
und behalt im Sinne, was du mich hörest sagen:
Du habe die Gebärde, ich will das Werk begehn.«
Als er die Stimm erkannte, da ward ihm Trost geschehen.

»Verschweig du meine Künste, dann ist uns beiden gut.
So mag die Königstochter den hohen Übermut
nicht an dir vollbringen, wie sie gesonnen ist.
Nun sieh doch, welcher Kühnheit sie wider dich sich vermisst.«

Da schoss mit ganzen Kräften die herrliche Maid
den Speer nach dem Schilde, mächtig und breit:
Den trug an der Linken Sieglindens Kind.
Das Feuer sprang vom Stahle, als ob es wehte der Wind.

Des starken Spießes Schneide den Schild ganz durchdrang,
dass das Feuer lohend aus den Ringen sprang.
Von dem Schusse fielen die kraftvollen Degen:
Wär nicht die Tarnkappe, sie wären beide da erlegen.

Siegfried dem kühnen vom Munde brach das Blut.
Bald sprang er auf die Füße: da nahm der Degen gut
den Speer, den sie geschossen ihm hatte durch den Rand,
den warf ihr jetzt zurücke Siegfried mit kraftvoller Hand.

Er dacht: Ich will nicht schießen das Mägdlein wonniglich.
Des Spießes Schneide kehrt er hinter den Rücken sich:
Mit der Speerstange schoss er auf die Maid,
dass der Aufprall laut erklang und weit.

Das Feuer stob vom Panzer, als trieb es der Wind.
Es hatte wohl geschossen der Sieglinde Kind:
Sie vermochte mit den Kräften dem Schusse nicht zu stehn;
das wär von König Gunthern in Wahrheit nimmer geschehn.

Brünhild die schöne bald auf die Füße sprang:
»Gunther, edler Ritter, des Schusses habe Dank!«
Sie wähnt, er hätt es selber mit seiner Kraft getan.
Nein, zu Boden warf sie ein viel stärkerer Mann!

__Ringe:__ Panzerringe

Die __Tarnkappe__ verlieh zwölffache Männerkraft (siehe 6. Abenteuer).

__Rand__ (rant): der Schild, dessen Rand metallbeschlagen war (schiltes rant).

Klafter: die Entfernung zwischen den Fingerspitzen der ausgestreckten Arme

Da ging sie hin geschwinde,   zornig war ihr Mut,
Den Stein hoch erhub sie,   die edle Jungfrau gut;
sie schwang ihn mit Kräften   weithin von der Hand,
dann sprang sie nach dem Wurfe,   dass laut erklang ihr Gewand.

Der Stein fiel zu Boden   von ihr zwölf Klafter weit:
Den Wurf überholte   im Sprung die edle Maid.
Hin ging der schnelle Siegfried   und hob den Stein.
Gunther berührte ihn nur,   werfen tat ihn Siegfried allein.

Siegfried war kräftig,   kühn und auch lang:
Den Stein warf er ferne,   dazu er weiter sprang.
Die Tarnkappe gab   Kraft ihm genug,
so dass in dem Sprunge   den König Gunther er noch trug.

Der Sprung war vollführt,   am Boden lag der Stein;
Gunther war's, der Degen,   den man sah allein.
Brünhild die schöne ward   vor Zorne rot;
gewendet hatte Siegfried   von König Gunther den Tod.

Zu ihrem Ingesinde   sprach die Königin da,
als sie gesund den Helden   im Ringe stehen sah:
»Ihr meine Freund und Mannen,   tretet gleich heran:
Ihr sollt dem König Gunther   alle werden untertan.«

Da legten die Kühnen   die Waffen von der Hand,
es beugte sich zu Füßen   dem neuen Herrn im Land,
Gunther dem reichen,   so mancher kühne Mann:
Sie wähnten, die Spiele   hätt er mit eigner Kraft getan.

Er grüßte sie gar minniglich: denn er trug höf'schen Sinn.
Da nahm ihn bei der Rechten   die schöne Königin:
Sie erlaubt ihm zu gebieten   in ihrem ganzen Land.
Des freute sich da Hagen,   der Degen kühn und gewandt.

Sie bat den edlen Ritter,   mit ihr zurückzugehn
zu dem weiten Saale,   wo mancher Mann zu sehn,
der den fremden Degen   seine Dienste bot.
Siegfrieds Kräfte hatten   sie entledigt aller Not.

Siegfried der schnelle   war wohl schlau genug,
dass er die Tarnkappe   aufzubewahren trug.
Dann ging er zu dem Saale,   wo manche Fraue saß;
er sprach zu dem König,   gar listiglich tat er das:

»Was säumt Ihr, mein Herr,   und beginnt die Spiele nicht,
die Euch aufzugeben   die Königin verspricht?
Lasst uns doch bald erschauen,   wie es damit bestellt.«
Als wüsst er nichts von allem,   so tat der listige Held.

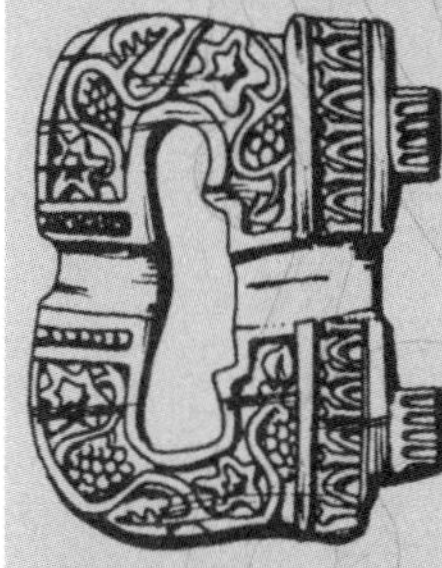

Beinschnallenbügel, merowingisch

Da sprach die Königstochter: »Wie konnte das geschehn,
dass Ihr nicht die Spiele,   Herr Siegfried, habt gesehn,
worin hier Sieg errungen hat   König Gunthers Hand?«
Zur Antwort gab ihr Hagen   aus der Burgunden Land:

Er sprach: »Als Ihr uns, Königin,   betrübet habt den Mut,
da war bei dem Schiffe   Siegfried, der Degen gut,
als der Fürst vom Rheine   das Spiel Euch abgewann;
drum ist es ihm unkundig«,   sprach da Gunthers Untertan.

»Ich freu mich dieser Märe«,   sprach Siegfried, der Held,
»dass hier der Fürstin Hochmut   also ward gefällt.
Und jemand lebt, der Euer   Meister möge sein.
Nun sollt Ihr, edle Jungfrau,   uns hinnen folgen an den Rhein.«

Da sprach die Wohlgetane: »Das mag noch nicht geschehn,
Erst frag ich Verwandte   und die in meinem Lehn.
Ich darf ja nicht so leichthin   räumen dies mein Land.
Meine höchsten Freunde,   die werden erst noch besandt.«

Da ließ sie ihre Boten   nach allen Seiten gehn:
Sie besandte ihre Freunde   und die in ihrem Lehn,
dass sie zum Isensteine   kämen unverwandt;
einem jeden ließ sie geben   reiches, herrliches Gewand.

Da ritten alle Tage   ohne Rast und Ruh
der Feste Brünhildens   die Recken scharweis zu.
»Jârâjâ«, sprach da Hagen,   »was haben wir getan!
Wir sehen uns zum Schaden   der Brünhild beste Freunde nahn.

»Jârâjâ«: Ausruf der Überraschung

Sie kommen doch in Scharen alle in das Land.
Der Königin Gedanken, die sind uns unbekannt.
Wie, wenn sie uns zürnte, dass alle wir verloren?
Dann wär das edle Mägdlein uns zu großen Sorgen geboren!«

Da sprach der starke Siegfried: »Dem will ich widerstehn.
Was Euch da Sorge schaffet, das lass ich nicht geschehn.
Ich will Euch Hilfe bringen her in dieses Land
durch auserwählte Degen: die sind Euch noch unbekannt.

Ihr sollt nach mir nicht fragen, ich will von hinnen fahren;
Gott mög Eure Ehre derweil wohl bewahren.
Ich komme bald zurück und bring Euch tausend Mann
der allerbesten Degen, deren jemand Kunde gewann.«

»So bleibt nur nicht zu lange«, der König sprach da so,
»wir sind Eurer Hilfe nicht unbillig froh.«
Er sprach: »Ich komme wieder gewiss in wenig Tagen.
Ihr hättet mich versendet, sollt Ihr der Königin sagen.«

Achtes Abenteuer

WIE SIEGFRIED ZU DEN NIBELUNGEN FUHR

In seinem Nibelungenland prüft Siegfried unerkannt die Achtsamkeit zweier Wächter: eines Riesen und des Zwergs Alberich. Dann kehrt er mit tausend Recken nach Island zurück. Dort wird schließlich zur Heimfahrt aufgebrochen.

Dieses Abenteuer, für den Handlungsablauf bedeutungslos, ist vom Dichter wohl als Retardation eingebaut: als eine bewusste Verzögerung im Entwicklungsgang der Geschichte, mit dem Ziel, die Spannung vor einem dramatischen Höhepunkt zu steigern.

Von dannen ging da Siegfried zum Hafen an den Strand
in seiner Tarnkappe, wo er ein Schifflein fand.
Darin stand verborgen König Siegmunds Kind:
Er führt es bald von dannen, als ob es wehte der Wind.

Den Steuermann sah niemand, wie schnell das Schifflein floss
von Siegfriedens Kräften, die waren also groß.
Da wähnten sie, es trieb es ein eigner starker Wind:
Nein! Es führt es Siegfried, der schönen Sieglinde Kind.

Nach des Tags Verlaufe und in der einen Nacht
kam er zu einem Lande von gewalt'ger Macht:
Es war wohl hundert Rasten und noch darüber lang,
das Land der Nibelungen, wo er den großen Schatz errang.

Der Held fuhr alleine nach einem Werder breit:
Sein Schiff band er feste, der Ritter allbereit.
Er fand auf einem Berge eine Burg gelegen,
und suchte Herberge, wie die Wegemüden pflegen.

Werder: Insel

Da kam er vor die Pforte, die ihm verschlossen stand:
Sie bewachten ihre Ehre wie Sitte noch im Land.
Ans Tor begann zu klopfen der unbekannte Mann:
Das wurde wohlbehütet; da traf er innerhalben an

einen Ungefügen (ungefuegen): Gemeint ist ein Riese.

einen Ungefügen, der da der Wache pflag,
bei dem zu allen Zeiten sein Gewaffen lag.
Der sprach: »Wer pocht so heftig da draußen an das Tor?«
Da verstellte die Stimme der kühne Siegfried davor

und sprach: »Ich bin ein Recke: Tut mir auf alsbald,
sonst erzürn ich manchen heut noch mit Gewalt,
der gern der Ruhe pflege in seinem Gemach.«
Das verdross den Pförtner, als da Siegfried also sprach.

Der kühne Riese hatte die Rüstung angetan,
den Helm aufs Haupt gehoben, der gewalt'ge Mann,
den Schild alsbald ergriffen, und schwang nun auf das Tor.
Wie griff er Siegfrieden da so grimmig an davor!

Wie er zu wecken wage so manchen kühnen Mann?
Da wurden schnelle Schläge von seiner Hand getan.
Der edle Fremdling schirmte sich vor manchem Schlag;
doch hieb ihm der Pförtner in Stücke seines Schilds Beschlag

mit einer Eisenstange: so litt der Degen Not.
Schier begann zu fürchten der Held den grimmen Tod,
als der Türhüter so mächtig auf ihn schlug.
Dafür war ihm gewogen sein Herre Siegfried genug.

Sie stritten so gewaltig, die Burg gab Widerhall;
man hörte fern das Tosen in König Niblungs Saal.
Siegfried dann den Kampf gewann und den Pförtner band.
Kund ward diese Märe in allem Nibelungenland.

der Berg, in dem der Nibelungenschatz verborgen war.

Das Streiten hatte ferne gehört durch den Berg
Alberich der kühne, jener wilde Zwerg.
Er waffnete sich balde und lief hin, wo er fand
diesen edlen Fremdling, der den Riesen eben band.

Wild (wilde) bedeutet in diesem Zusammenhang: außerirdisch, dämonisch, unheimlich.

Alberich war mutig, dazu auch stark genug.
Helm und Panzerringe er am Leibe trug
und eine schwere Geisel von Gold an seiner Hand.
Da lief er hin geschwinde, wo er Siegfrieden fand.

Sieben schwere Köpfe gingen vorn daran,
mit denen er voll Zorn den Schild dem kühnen Mann
so bitterlich geschlagen, dass er bald zerschellt.
In Sorgen um sein Leben geriet der herrliche Held.

Den Schild er ganz zerbrochen seiner Hand entschwang
und stieß in die Scheide seine Waffe, die war lang.
Seinen Kämmerer wollt er nicht schlagen tot:
er schonte seiner Leute, wie ihn die Treue gebot.

Mit den starken Händen Alberichen lief er an,
er fasste bei dem Barte den altgreisen Mann.
Und zerrte kurz daran; der Zwerg schrie auf vor Schmerz.
Des jungen Helden Züchtigung ging Alberichen ans Herz.

altgreis (altgris): uralt

Laut rief der Kühne: »Nun lasst mir das Leben:
Und hätt ich einem Helden mich nicht schon ergeben,
dem ich schwören musste, ich wär ihm untertan,
ich dient Euch, bis ich stürbe«, so sprach der listige Mann.

Er band auch Alberichen wie den Riesen eh:
Siegfriedens Kräfte taten ihm gar weh.
Der Zwerg begann zu fragen: »Wie seid Ihr genannt?«
Er sprach: »Ich heiße Siegfried; ich wähnt, ich wär Euch bekannt.«

»Gern hör ich diese Kunde«, sprach da Alberich,
»an Euern Heldenwerken spürt ich nun sicherlich,
dass Ihr's wohl verdientet, des Landes Herr zu sein.
Ich tu, was Ihr gebietet, lasst Ihr nur mich gedeihn.«

Da sprach der Degen Siegfried: »So macht Euch auf geschwind
und bringt mir her der Besten, die in der Feste sind,
tausend Nibelungen; die will ich vor mir sehn.
So wird Euch kein Leides an Euerm Leben geschehn.«

Alberichen und den Riesen löst er von dem Band.
Hin lief der Zwerg geschwinde, wo er die Recken fand.
Ängstlich erweckt er die in Nibelungs Lehn,
und sprach: »Wohlauf, ihr Helden, ihr sollt zu Siegfrieden gehn.«

Sie sprangen von den Betten und waren gleich bereit.
Tausend schnelle Ritter standen im Eisenkleid.
Er brachte sie zur Stelle, wo er Siegfried fand;
der grüßte schön die Degen und gab manchem die Hand.

Viel Kerzen ließ man zünden; man schenkt ihm lautern Trank.
Dass sie so bald gekommen, des sagt er allen Dank.
Er sprach: »Ich sollt von hinnen mir folgen über Flut.«
Dazu fand er willig diese Helden kühn und gut.

Wohl dreißighundert Recken kamen ungezählt:
von denen wurden tausend der besten ausgewählt.
Man brachte ihre Helme und ander Rüstgewand,
da er sie führen wollte hin zu Brünhildens Land.

Er sprach: »Ihr guten Ritter, eins lasst euch sagen:
Ihr sollt reiche Kleider dort am Hofe tragen;
denn uns wird da schauen manch minnigliches Weib:
Darum sollt ihr zieren mit guten Kleidern den Leib.«

Früh am nächsten Morgen   begannen sie die Fahrt:
Was schneller Mannen hatte   da Siegfried sich geschart!
Sie führten gute Rosse   und herrlich Gewand:
Sie kamen stolz gezogen   hin zu Brünhildens Land.

Da stand in den Zinnen   manch minnigliches Kind.
Da sprach die Königstochter: »Weiß jemand, wer die sind,
die ich dort fließen sehe   so fern auf der See?
Sie führen reiche Segel,   die sind noch weißer als der Schnee.«

Da sprach der Fürst vom Rheine: »Es ist mein Heergeleit,
das ich auf der Reise   zurückgelassen gar nicht weit.
Ich habe sie besendet: nun sind sie, Frau, gekommen.«
Die herrlichen Gäste wurden   mit Neugier allseits wahrgenommen.

Da sah man Siegfrieden   im Schiffe stehn voran
in herrlichem Gewande   mit manchem andern Mann.
Da sprach die Königstochter: »Herr König, Ihr sollt sagen:
Soll ich die Gäste grüßen   oder ihnen den Gruß versagen?«

Er sprach: »Ihr sollt entgegen   ihnen vor den Palas gehn,
als ob Ihr sie gerne sehet,   dass sie das wohl verstehn.«
Da tat die Königstochter,   wie ihr der König riet:
Siegfrieden mit dem Gruße   sie von den andern unterschied.

Herberge gab man ihnen   und verwahrte ihr Gewand.
Da waren so viele Gäste   gekommen in das Land,
dass sie zusammengedrängt   überall in Scharen waren.
Da wollten heim die Kühnen   zu den Burgunden fahren.

Da sprach die Königstochter: »Dem blieb ich immer hold,
der gerecht verteilte   mein Silber und mein Gold
meinen Gästen und des Königs.   Ich hab genug daran.«
Zur Antwort gab ihr Dankwart,   des Giselhers Lehensmann:

»Vieledle Königstochter,   lasst mich der Schlüssel pflegen:
Ich will's gerecht verteilen«,   sprach der kühne Degen,
»wenn ich mir Schand' erwerbe,   die treffe mich allein.«
Dass er milde wäre,   das leuchtete da wohl ein.

der Schlüssel pflegen *(der slüzzel pflegen): das Amt des Schatzkämmerers übernehmen*

Als sich Hagens Bruder der Schlüssel unterwand,
so manche reiche Gabe bot des Helden Hand:
Wer einer Mark begehrte, dem ward so viel gegeben,
dass die Armen alle da in Freuden mochten leben.

Wohl mit hundert Pfunden gab er ohne Wahl.
Da ging in reichem Kleide mancher aus dem Saal,
der nie zuvor im Leben so hehr Gewand noch trug.
Die Königin erfuhr es: da war es ihr leid genug.

Sie sprach zu dem König: »Jetzt hätt ich gerne Rat,
wie man verhindern könnte, dass all mein Kleiderstaat
verschwendet werden würde und dazu noch mein Gold.
Wer dem noch widerstände, dem wollt ich immer bleiben hold.

Er gibt so reiche Gaben: der Degen wähnet eben,
ich hätte vor zu sterben, dabei will ich noch leben
und kann wohl selbst verschwenden meines Vaters Gut.«
Nie noch war ein Kämmerer von solch großzügigem Mut.

Da sprach von Tronje Hagen: »Frau, Euch sei bekannt:
der König vom Rheine hat Gold und Gewand
zu geben solche Fülle, dass es nicht not ihm tut,
von hier hinweg zu führen einen Teil von Brünhilds Gut.«

»Nein, lasst doch mir zuliebe«, sprach die Fürstin schnell,
»zwanzig Reiseschreine füllen auf der Stell.
Mit Gold und mit Seide: das soll meine Hand
verteilen, so wir kommen heim in der Burgunden Land.«

Giselhers Untertan: Dankwart

Da lud man ihr die Kisten mit edlem Gestein.
Ihre eigenen Kämmerlinge mussten zugegen sein:
Sie wollt es nicht vertrauen Giselhers Untertan.
Gunther wie Hagen darob zu lachen begann.

Vogt (voget): Landverweser, Schutzherr (vom Lateinischen advocatus)

Da sprach die Königstochter: »Wem lass ich nun mein Land?
Das soll hier erst bestimmen meine und Eure Hand.«
Da sprach der edle König: »So rufet den herbei,
der Euch dazu gefallen, dass er zum Vogt beordert sei.«

Ihrer nächsten Freunde einen die Jungfrau bei sich sah,
es war ihr Mutterbruder; zu dem begann sie da:
»Nun lasst Euch sein befohlen die Burgen und das Land,
bis hier das Recht ausübt des König Gunthers Hand.«

Aus dem Gesinde wählte sie zweitausend Mann,
die mit ihr fahren sollten gen Burgund hindann
mit jenen tausend Recken aus Nibelungenland.
Sie schickten sich zur Reise; man sah sie reiten nach dem Strand.

Sie führte mit von dannen sechsundachtzig Fraun,
dazu wohl hundert Mägdelein, die waren schön zu schaun.
Sie säumten sich nicht länger, sie eilten nun hindann;
die sie zu Hause ließen: wie hoben die zu weinen an!

In höfischen Züchten räumte die Frau ihr Land,
die nächsten Freunde küssend, die sie bei sich fand.
Nach diesem guten Abschied kamen sie aufs Meer;
ihres Vaters Lande sah die Jungfrau nimmermehr.

Auf ihrer Fahrt ertönte vielfältig Freudenspiel;
aller Kurzweile hatten sie da viel.
Auch hob sich zu der Reise der rechte Wasserwind.
Sie fuhren ab vom Lande: das beweinte mancher Mutter Kind.

Kurzweil:
hier im Sinne von
Unterhaltungsspiel

Doch wollte sie den König nicht minnen auf der Fahrt:
Ihre Kurzweil wurde bis in sein Haus gespart
zu Worms in der Feste, zu einem Hofgelag,
dahin mit ihren Helden sie fröhlich kamen hernach.

Kurzweil:
hier im Sinne von
Beilager

Neuntes Abenteuer

WIE SIEGFRIED NACH WORMS GESANDT WARD

Siegfried eilt als Bote voraus, um am Burgundenhof die Kunde von der erfolgreichen Brautwerbung zu überbringen. Für den Handlungsablauf bedeutungslos, dient auch diese Episode dem Dichter in erster Linie zur Verzögerung des kommenden Höhepunktes.

Goldschmuck, awarisch

Da sie gefahren waren   volle neun Tage,
da sprach von Tronje Hagen: »Nun hört, was ich sage:
Wir säumen mit der Kunde   nach Worms an den Rhein.
Eure Boten sollten   schon bei den Burgunden sein.«

Da sprach König   Gunther: »Ihr redet recht daran;
auch hätt uns wohl niemand   die Fahrt so gern getan
als Ihr selbst, Freund Hagen.   Nun reitet in mein Land!
Unsre Hofreise   macht niemand besser da bekannt.«

»Nun wisst, lieber Herre,   ich bin kein Bote gut;
lasst mich der Kammer pflegen   und bleiben auf der Flut.
Ich will hier bei den Frauen   behüten ihr Gewand,
bis dass wir sie bringen   in der Burgunden Land.

Nein, bittet Siegfrieden   um die Botschaft dahin:
Der mag sie wohl verrichten   mit zuchtreichem Sinn.
Versagt er Euch die Reise,   Ihr sollt mit guten Sitten
bei Eurer Schwester Liebe   um die Fahrt ihn freundlich bitten.«

Er sandte nach dem Recken: der kam, als man ihn fand.
Er sprach zu ihm: »Wir nahen   uns schon meinem Land;
da sollt ich Boten senden   der lieben Schwester mein,
und auch meiner Mutter,   dass wir kommen an den Rhein.

So bitt ich Euch, Herr Siegfried,   dass Ihr die Reise tut;
ich will's Euch immer danken«,   so sprach der Degen gut.
Da weigerte sich Siegfried,   dieser kühne Mann,
bis ihn König Gunther   sehr zu flehen begann.

Er sprach: »Ihr sollt reiten um den Willen mein,
und auch Kriemhild zuliebe, dem schönen Mägdelein,
damit wir's dir vergelten, ich und die Maid.«
Als Siegfried das erhörte, da war der Recke bald bereit:

»Sagt mir, was Ihr wollet, es soll gemeldet sein:
Ich will es gern bestellen um das schöne Mägdelein.
Was Ihr auch immer wünschet, abschlagen könnt ich's nie.
Leisten will ich alles, was Ihr gebietet, um sie.«

»So sagt meiner Mutter Ute, der Königin,
dass wir nach dieser Reise in hohem Mute sind.
Wie wir geworben haben, sagt meinen Brüdern an;
auch unsern Freunden werde diese Märe kundgetan.

in hohem Mute (*in hohem muote*): *voll Hochgefühl*

Ihr sollt auch nichts verschweigen der schönen Schwester mein:
Ich will ihr mit Brünhild stets zu Diensten sein;
so sagt auch dem Gesinde und wer mir untertan,
was je mein Herz sich wünschte, dass ich das alles gewann.

Und saget Ortweinen, dem lieben Neffen mein,
dass er Gestuhl errichten lasse bei dem Rhein;
den Mannen auch und Freunden sei es kundgetan,
ich stelle mit Brünhilden eine große Hochzeit an.

Neffe (*neve*): *auch allgemeine Bezeichnung für einen jüngeren, entfernten Verwandten. Ortwein ist nicht der Geschwistersohn Gunthers.*

Und bittet meine Schwester, werd ihr das bekannt,
dass ich mit meinen Gästen gekommen sei ins Land,
dass sie dann wohl empfange die liebe Traute mein.
So will ich Kriemhilden stets zu Dienst erbötig sein.«

Da bat bei Brünhilden und ihrem Ingesind
alsbald um den Urlaub Siegfried, Siegmunds Kind,
wie es ihm geziemte. Da ritt er an den Rhein.
Er konnt in allen Landen ein bessrer Bote nicht sein.

Mit vierundzwanzig Recken zu Worms kam er an;
ohne den König kam er, das wurde kundgetan.
Da hatt das Hofgesinde Jammer und auch Not.
Sie sorgten, dass der König gefunden habe den Tod.

Abstiegen da die Boten   und trugen hohen Mut.
Da kam alsbald Herr Giselher,   der junge König gut,
und Gernot, sein Bruder: wie hurtig sprach er da,
als er den König Gunther   nicht bei Siegfrieden sah:

»Willkommen, Herr Siegfried: ich bitte, sagt mir an,
wo habt Ihr meinen Bruder,   den König, hingetan?
Brünhildens Stärke   hat ihn uns wohl genommen;
so wär uns sehr zu Schaden   ihre hohe Minne gekommen.«

»Die Sorge lasst fahren: Euch und den Freunden sein
lässt einen Gruß entbieten   der Heergeselle mein.
Ich verließ ihn wohlgeboren: er hat mich Euch gesandt,
dass ich sein Bote würde,   mit Mären her in Eurer Land.

Nun helft mir es fügen,   wie es auch gescheh,
dass ich die Königin Ute   und Eure Schwester seh:
Die soll ich hören lassen,   was auszurichten wär.
Gunther und Frau Brünhild; von denen gibt es gute Mär.«

Da sprach der junge Giselher: »So sprecht bei ihnen an;
da habt Ihr meiner Schwester   einen Liebesdienst getan.
Sie trägt noch große Sorge   um den Bruder mein;
die Maid sieht Euch gerne: dafür will ich Euch Bürge sein.«

Da sprach der Degen Siegfried: »Wo ich ihr dienen kann,
das soll immer treulich   und willig sein getan.
Wer sagt nun, dass ich komme,   den beiden Frauen an?«
Da sagt es ihnen Giselher,   dieser waidliche Mann.

Giselher der junge   sprach zu der Mutter da,
und auch zu seiner Schwester,   als er die beiden sah:
»Uns ist gekommen Siegfried,   der Held aus Niederland;
ihn hat mein Bruder Gunther   her zum Rheine gesandt.

Er bringt uns die Kunde,   wie's um den König steht:
Nun sollt Ihr ihm erlauben,   dass er zu Hofe geht.
Er bringt die rechten Mären   uns her von Isenland.«
Noch war den edlen Frauen   große Sorge nicht gewandt.

Sie sprangen nach dem Staate   und kleideten sich drein
und luden Siegfrieden   nach Hof zu kommen ein.
Das tat der Degen williglich,   weil er sie gerne sah.
Kriemhild die edle   sprach zu ihm in Güte da:

»Willkommen, Herr Siegfried,   ein Ritter ohnegleich.
Wo blieb mein Bruder Gunther,   der edle König reich?
Durch Brünhilds Stärke, fürcht ich,   ging er uns verloren:
O weh mir armem Mägdelein,   dass ich je ward geboren!«

Da sprach der kühne Ritter: »Nun gebt mir Botenbrot:
Ihr zwei schönen Frauen   weinet ohne Not.
Ich verließ ihn wohlgeborgen,   das tu ich Euch bekannt:
Sie haben mich Euch beiden   mit der Märe hergesandt.

Botenbrot (*botenbrôt*): *Botenlohn. Siegfried verhieß mit dieser Redewendung eine gute Nachricht. Ernstlich konnte er als Fürst kein Botenbrot verlangen.*

Mit freundlicher Liebe,   vieledle Herrin mein,
entbiet Euch seine Dienste   er und die Traute sein.
Nun lasst Euer Weinen: Sie wollen balde kommen.«
Sie hatte lange Tage   so liebe Märe nicht vernommen.

Mit schneeweißem Kleide   aus Augen wohlgetan
wischte sie die Tränen: zu danken hub sie an
dem Boten dieser Märe,   die ihr war gekommen.
Ihr war die große Trauer   und auch ihr Weinen benommen.

Sie hieß den Boten sitzen: des war er gern bereit.
Da sprach die Minnigliche: »Es wäre mir nicht leid,
wenn ich Euch geben dürfte   zu Botenlohn mein Gold.
Dazu seid Ihr zu vornehm: so bleib ich sonst denn Euch hold.«

»Und würden dreißig Lande«,   sprach er, »mein genannt,
so empfing ich Gabe   doch gern aus Eurer Hand.«
Da sprach die Wohlerzogene: »Wohlan, es soll geschehn.«
Da hieß sie ihren Kämmerer   nach dem Botenlohne gehn.

Vierundzwanzig Spangen   mit Edelsteinen gut
gab sie ihm zum Lohne.   So stand des Helden Mut:
Er wollt es nicht behalten: er gab es unverwandt
ihren schönen Maiden,   die er in der Kammer fand.

Ihre Dienste bot ihm die Mutter gütlich an.
»Ich soll Euch ferner sagen«, sprach der kühne Mann,
»um was der König bittet, gelangt er an den Rhein.
Wenn Ihr das, Fraue, leistet, er will Euch stets gewogen sein:

Gestad: Rheinufer

Seine reichen Gäste, das ist sein Begehr,
sollt Ihr wohl empfangen; auch bittet er Euch sehr,
entgegen ihm zu reiten vor Worms ans Gestad.
Das ist's, worum der König Euch in Treu'n gebeten hat.«

»Das will ich gern vollbringen«, sprach die schöne Magd:
»Worin ich ihm kann dienen, das ist ihm unversagt.
Mit freundlicher Treue wird all sein Wunsch getan.«
Da mehrte sich die Farbe, die sie vor Freude gewann.

Nie sah man Fürstenboten besser wohl empfahn:
Wenn sie ihn küssen dürfte, sie hätt es gern getan.
Recht herzlich er dann von den Frauen schied.
Da taten die Burgunden, wie da Siegfried ihnen riet.

Unmuße (unmuoze): Emsigkeit

Sindold und Hunold und Rumold, der Degen,
großer Unmuße mussten sie da pflegen,
als sie die Sitze richteten vor Worms an dem Strand:
Die Hofmeister des Königs man sehr beflissen da fand.

Ortwein und Gere säumten auch nicht mehr,
sie sandten nach den Freunden allwärts umher,
die Hochzeit anzusagen, die da sollte sein;
der zierten sich entgegen viel der schönen Mägdelein.

Der Saal und die Wände waren allzumal
verziert der Gäste wegen; König Gunthers Saal
ward herrlich ausgerüstet für manchen fremden Mann.
Das große Hofgelage mit hohen Freunden begann.

Da ritten allenthalben die Wege durch das Land
der Könige Verwandten, die hatte man besandt,
die Gäste zu empfangen: die da sollten kommen.
Da wurden aus dem Einschlag viel reicher Kleider genommen.

Bald brachte man die Kunde, dass man schon reiten sah
Brünhilds Gefolge: Gedränge gab es da
von des Volkes Menge in Burgundenland.
Hei! Was man kühner Degen da zu beiden Seiten fand!

Da sprach die schöne Kriemhild: »All meine Mägdelein,
die bei dem Empfange mit mir wollen sein,
die suchen aus den Kisten ihr allerbest Gewand:
So wird uns Lob und Ehre von den Gästen zuerkannt.«

Da kamen auch die Recken. Sie ließen bringen her
die schönsten Sättel von rotem Golde schwer,
dass drauf die Frauen ritten von Worms an den Rhein.
Bessres Reitzeug konnte wohl nimmer sein.

Wie warf da von den Mähren den Schein das lichte Gold!
Viel Edelsteine glänzten von den Zäumen hold.
Man stellte goldne Schemel auf Seidendecken gut
für die edlen Frauen: sie hatten fröhlichen Mut.

Die goldenen Schemel (guldînen schemele) dienten den Frauen zum Aufsitzen auf die Pferde.

Die Frauenpferde standen auf dem Hof bereit,
wie gemeldet wurde, für manche edle Maid.
Die schmalen Brustriemen sah man die Mähren tragen
von der besten Seide, davon man je hörte sagen.

Sechsundachtzig Frauen traten da heraus,
die Kopfgebinde trugen; zu Kriemhild vor das Haus
zogen die Schönen jetzt in reichem Kleid;
da kam von vollem Schmucke auch manche waidliche Maid,

fünfzig und viere von Burgundenland;
es waren auch die besten, die man irgend fand.
Man sah sie gelblockig unter lichten Borten gehn.
Was sich bedingt der König, das sah er fleißig geschehn.

Von kostbaren Stoffen, den besten, die man fand,
trugen sie vor den Gästen manch herrlich Gewand.
Zu ihrer schönen Farbe stand es ihnen gut:
Wem sie nicht gefallen hätten, der wäre wohl in schwachem Mut.

in schwachem Mut (in swachem muote): bei schwachem Verstand

Von Hermelin und Zobel viel Kleider man da fand.
Da schmückte sich gar manche den Arm und auch die Hand
mit Spangen auf der Seide, die sie sollten tragen.
Wie sich die Frauen schmückten, könnt keiner ausführlich genug sagen.

Ferrans: seidenhaltiges Stoffgemisch

Viel Gürtel kunstgeschaffen, kostbar und lang,
über lichte Kleider die Hand der Frauen schwang
um edle Ferransröcke von arabischem Tuch.
Die edlen Jungfrauen waren fröhlich genug.

Die lichte Farbe (liehtiu varwe) der persönlichen Ausstrahlung sollte – höfischem Schönheitsideal entsprechend – nicht vom Glanz der Kleidung überboten werden.

Man sah in Brustgeschmeide manch schöne Maid
minniglich sich schnüren. Die mochte tragen Leid,
deren lichte Farbe nicht überstrahlte das Gewand.
So schönes Ingesinde gibt's nimmermehr in eines Königs Land.

Als die Minniglichen nun trugen ihr Gewand.
Da waren hochgemute Recken bei der Hand,
zu geben das Geleit im Schutz der Heldenkraft.
Sie trugen ihre Schilde und so manchen Lanzenschaft.

Zehntes Abenteuer

WIE GUNTHER MIT BRÜNHILD HOCHZEIT HIELT

Zunächst schildert der Dichter farbenprächtig einen höfischen Empfang und das Zeremoniell der Verlobung von Siegfried und Kriemhild.

Dann kommt er auf eine fürs Verständnis der weiteren Handlung wichtige Szene: Brünhild wundert sich, dass die Königstochter Kriemhild dem angeblichen Lehnsmann Siegfried – einem mithin gesellschaftlich nicht ebenbürtigen Partner – zur Gemahlin gegeben wird. Nach den Gesetzen der höfischen Etikette wäre eine solche Verbindung für Kriemhild und ihre gesamte Verwandtschaft erniedrigend. Gunther indes bezeichnet Siegfried rätselvoll als »einen reichen König« und verheißt spätere Aufklärung.

Da er diese Aufklärung nicht gibt, verweigert Brünhild ihm das Beilager. Gunther versucht ihren Widerstand mit Gewalt zu brechen, doch nun zeigt sich, dass Brünhild stärker ist. Sie fesselt ihn und hängt ihn an einen Nagel.

Am nächsten Tage beklagt Gunther sich bei Siegfried, der seinerseits mit Kriemhild die Nacht »herrlich und gut« verbracht hat. Siegfried erklärt sich bereit, Gunther nochmals gegen Brünhild beizustehen: Er tauscht – unsichtbar unter der Tarnkappe – mit Gunther den Platz im nächtlichen Schlafgemach und bricht Brünhilds Widerstand mit Gewalt. Bevor er geht und Gunther die besiegte Königin überlässt, raubt er ihr Ring und Gürtel, die er später Kriemhild schenkt.

Jenseits des Rheins sah man dem Gestad
mit allen seinen Gästen den König schon genaht.
Da sah man auch am Zaume leiten manche Maid:
Die sie empfangen sollten, die waren alle bereit.

am Zaume leiten (bî zounte leiten): Die Ritter, selbst in Sätteln sitzend, führten die Pferde der Frauen an den Zügeln.

Als bei den Schiffen ankam von Isenland die Schar,
und die der Nibelungen, die Siegfried eigen war,
sie eilten an das Ufer; und eifrig mit der Hand
ruderten sie dann hinüber zum andren Strand.

Nun hört auch die Märe von der Königin,
Ute der reichen, wie sie die Mägdlein hin
brachte von der Feste und selber ritt zum Strand.
Da wurden miteinander viel Maid' und Ritter bekannt.

Der Markgraf Gere führte am Zaum Kriemhildens Pferd
bis vor das Tor der Feste; Siegfried, der Degen wert,
durft ihr dann dienen; sie war so schön und hehr.
Das ward ihm wohl vergolten von der Jungfrau nachher.

Ortwein der kühne führte Ute, die Königin,
und so ritt mancher Ritter neben den Frauen hin.
Zu festlichem Empfange, das mag man wohl gestehn,
wurden nie der Frauen so viel beisammen gesehn.

Viel hohe Ritterspiele wurden da getrieben
von preiswerten Helden – wie wäre es unterblieben? –
vor Kriemhild der schönen, die zu den Schiffen kam.
Da hob man von den Mähren viel der Frauen lobesam.

Buckeln: Schildbuckeln

Der König war gelandet mit fremder Ritterschaft.
Wie brach da vor den Frauen mancher starke Schaft!
Man hört auf den Schilden erklingen Stoß auf Stoß.
Hei! Reicher Buckeln Schallen ward im Gedränge da groß!

Vor dem Ufer standen die Frauen minniglich;
Gunther mit seinen Gästen hub von den Schiffen sich.
Er führte Brünhilden selber an der Hand.
Widereinander leuchtete schön Gestein und licht Gewand.

In höfischen Züchten hin Frau Kriemhild ging,
wo sie Frau Brünhilden und ihr Gesind empfing.
Man konnte lichte Hände am Kopfputz rücken sehn,
als sich die beiden küssten; das war aus Liebe geschehn.

Da sprach wohlgezogen Kriemhild, das Mägdelein:
»Ihr sollt uns willkommen in diesem Lande sein,
mir und meiner Mutter, und allen, die uns treu
von Mannen und von Freunden.« Da verneigten sich die zwei.

Oftmals mit den Armen umfingen sich die Fraun.
Solch minniglich Empfangen war nimmer noch zu schaun,
als die Frauen beide der Braut da taten kund,
Frau Ute mit der Tochter; sie küssten oft den süßen Mund.

Da Brünhilds Frauen alle nur standen auf dem Strand,
von waidlichen Recken wurden bei der Hand
freundlich genommen viel Frauen ausersehn.
Man sah die edlen Maiden vor Frau Brünhilden stehn.

Bis der Empfang vorüber war, das währte lange Zeit;
manch rosigem Munde war da ein Kuss bereit.
Noch standen beieinander die Königinnen reich:
Des freuten sich zu schauen viel der Recken ohnegleich.

Jetzt spähten mit den Augen, die oft gehört vorher,
man hab also Schönes gesehen nimmermehr
als die Frauen beide; das fand man ohne Lug.
Man sah an ihrer Schöne auch nicht den mindesten Trug.

Wer Frauen schätzen konnte und minniglichen Leib,
der pries um ihre Schönheit König Gunthers Weib;
doch sprachen da die Kenner, die es recht besehn,
man müsste vor Brünhilden den Preis Kriemhilden zugestehn.

Nun gingen zueinander Mägdelein und Fraun;
es war in hoher Zierde manch schönes Weib zu schaun.
Da standen seidne Hütten und manches reiche Zelt,
womit man erfüllt sah hier vor Worms das ganze Feld.

Des Königs Freunde drängten sich, um sie zu sehn.
Da hieß man Brünhilden und Kriemhilden gehn,
und all die Fraun mit ihnen hin, wo sich Schatten fand;
es führten sie die Degen aus der Burgunden Land.

Nun waren auch die Gäste zu Ross gesessen all;
da gab's beim Lanzenbrechen durch Schilde lauten Schall.
Das Feld begann zu stäuben, als ob das ganze Land
entbrannt wär in der Lohe: so machten Helden sich bekannt.

Was da die Recken taten, sah manche Maid mit an.
Wohl ritt mit seinen Degen Siegfried, der kühne Mann,
besonders oft und gerne vorbei an dem Gezelt.
Tausend Nibelungen führte mit sich dieser Held.

Da kam von Tronje Hagen, vom König hergesandt.
Er sollt die Ritterspiele beenden auf dem Strand,
dass sie nicht bestaubten die schönen Mägdelein,
Da mochten ihm die Gäste gerne wohl gehorsam sein.

Da sprach der edle Gernot: »Die Rosse lasst stehn,
bis es beginnt zu kühlen, dass wir die Frauen schön
mit unserem Dienst geleiten bis vor den weiten Saal;
will dann der König reiten, find er euch bereit zumal.«

Das Kampfspiel war vergangen über all dem Feld:
Da gingen kurzweilen in manches hohe Zelt
die Ritter zu den Frauen um hoher Freuden Gewinn.
Da vertrieben sie die Stunden, bis sie weiter sollten ziehn.

Dann zur Dämmerstunde, als sank der Sonne Licht
und es begann zu kühlen, wartete man länger nicht:
Zu der Burg begaben Fraun und Ritter sich.
Mit Augen ward geliebkost mancher der Schönen minniglich.

Von guten Helden wurde manches Gewand zerritten
vor den Hochgemuten nach des Landes Sitten,
bis vor dem Saale abstieg der König wert.
Da diente man den Frauen und hob sie nieder vom Pferd.

Da wurden auch geschieden die Königinnen reich.
Hin ging Frau Ute und Kriemhild zugleich
mit ihrem Ingesinde in ein weites Haus.
Da brach von allen Seiten festlicher Lärm nun aus.

Man richtete die Stühle: der König wollte gehn
zu Tisch mit den Gästen. Da sah man bei ihm stehn
Brünhild, die Schöne, die da die Krone trug
in des Königs Lande. Sie erschien wohl reich genug.

Da sah man schöne Sitze und gute Tafeln breit,
mit Speisen beladen, so hörten wir Bescheid.
Was sie da haben sollten, wie wenig fehlte dran!
Da sah man bei dem König gar manchen herrlichen Mann.

Des Wirtes Kämmerlinge in Becken goldesrot
reichten ihnen Wasser. Das wär wahrlich nicht not,
dass wer erzählt: Man hätt je fleiß'gern Dienst getan
bei eines Fürsten Hochzeit. Ich glaubte schwerlich dran!

das Wasser zum Händewaschen

Eh der Fürst am Rheine hier das Wasser nahm,
zu Gunthern trat da Siegfried, er durft es ohne Scham,
und mahnt ihn ans Versprechen, das er ihm gab zu Pfand,
bevor er Brünhilden daheim gesehn in Isenland.

Er sprach zu ihm: »Gedenket, mir schwur Eure Hand,
wenn wir Frau Brünhild brächten in dies Land,
Ihr gäbt mir Eure Schwester: wo blieb nur der Eid?
Ihr wisst, bei Eurer Reise war keine Mühe mir leid.«

Da sprach der Wirt zum Gaste: »Recht, dass Ihr mich mahnt:
Ich will den Eid nicht brechen, den ich schwur mit Mund und Hand.
Ich helf es Euch fügen, so gut es mag geschehn.«
Da hieß man Kriemhilden zu Hof vor den König gehn.

Mit ihren schönen Maiden kam sie vor den Saal.
Da sprang von einer Stiege Giselher zu Tal:
»Nun heißt sie umkehren, diese Mägdelein:
Meine Schwester soll alleine hier bei dem Kön'ge sein.«

Stille stehen sollten sie, um Zeugen einer Rechtshandlung zu sein.

Hin brachten sie Kriemhilden, wo man den König fand:
Da standen edle Ritter von mancher Fürsten Land.
In dem weiten Saale hieß man sie stille stehn,
Frau Brünhilden sah man eben auch zu Tische gehn.

Da sprach der König Gunther: »Schwester, edle Maid,
bei deiner Zucht und Güte, löse meinen Eid.
Ich schwur dich einem Recken, und nimmst du ihn zum Mann,
so hast du meinen Willen mit großen Treuen getan.«

Die edle Maid versetzte: »Lieber Bruder mein,
Ihr sollt mich nicht flehen, ich will gehorsam sein.
Wie Ihr mir gebietet, so soll es sein getan:
Dem will ich mich verloben, den Ihr, Herr, mir gebt zum Mann.«

Was in einem Kreis (rinc) umstehender Zeugen geschah – im sogenannten »Umstand« – war rechtsverbindlich.

Von liebem Blicke ward Siegfrieds Farbe rot:
Zu Diensten sich der Recke Frau Kriemhilden bot.
Man ließ sie miteinander in einem Kreise stehn
und fragte, ob sie wolle diesen Recken ausersehn.

Scheu, wie Mädchen pflegen, schämte sie sich dann;
jedoch war Siegfrieden ein so stattlicher Mann,
dass sie nicht verschmähen wollte seine Hand.
Auch versprach sich ihr zum Manne der edle Held von Niederland.

Da er sich ihr verlobte und sich ihm die Maid,
da war der Degen Siegfried gleich darauf bereit,
herzlich zu umarmen das schöne Mägdlein zart:
Die edle Königin küsst er in der Helden Gegenwart.

Als Ehrenplatz galt der dem König gegenüberliegende Sitz (gegensidele).

Dann teilt sich das Gesinde. Als das geschah,
auf dem Ehrenplatze man Siegfried jetzt sah
mit Kriemhilden sitzen; da dient ihm mancher Mann.
Man sah die Nibelungen sich alle Siegfried nahn.

Der König saß zu Tische bei Brünhild, der Maid.
Da sah sie Kriemhilden (nichts war ihr je so leid)
bei Siegfrieden sitzen: zu weinen hub sie an,
dass ihr manch heiße Träne über lichte Wangen rann.

Da sprach der Wirt des Landes: »Was ist Euch, Fraue mein,
dass Ihr so trüben lasset lichter Augen Schein?
Ihr solltet recht Euch freuen: Euch ist untertan
mein Land und reiche Burgen und mancher waidliche Mann.«

»Ich hab wohl Grund zu weinen«, sprach die schöne Maid,
»deiner Schwester wegen trag ich Herzeleid.
Ich seh sie sitzen neben dem Eigenholden dein:
Wohl muss ich immer weinen, soll sie so erniedrigt sein.«

Da sprach der König Gunther: »Schweigt davon jetzt still,
da ich Euch ein andermal die Kunde sagen will,
warum meine Schwester Siegfrieden ward gegeben.
Wohl mag sie mit dem Recken allezeit in Frieden leben.«

Sie sprach: »Mich jammern immer ihre Schönheit, ihre Zucht;
wüsst ich, wohin ich sollte, ich nähme gern die Flucht
und wollt Euch nimmer eher nahe liegen bei,
bis ich wüsste, weshalb Kriemhild die Braut von Siegfrieden sei.«

Da sprach König Gunther: »Ich mach es Euch bekannt:
Er hat selber Burgen wie ich und weites Land.
Das dürft Ihr sicher glauben, er ist ein König reich.
Drum gönn ich ihm zum Weibe die schöne Magd ohngleich.«

Was ihr der König sagte, traurig blieb ihr Mut.
Da eilte von den Tischen mancher Ritter gut:
Das Kampfspiel ward so heftig, dass rings die Burg erklang.
Dem Wirt bei seinen Gästen ward die Weile viel zu lang.

Er dacht: Ich läge lieber der schönen Frau jetzt bei.
Er wurde des Gedankens nicht mehr im Herzen frei,
dass ihm von ihrer Minne viel Liebes müsst geschehn.
Da begann er freundlich Frau Brünhilden anzusehn.

Eigenhold: Leibeigener. Brünhild glaubte noch immer, dass Siegfried – seiner listigen Rolle in Island entsprechend – ein Lehensmann König Gunthers sei. Der von ihr gewählte Ausdruck »Eigenhold« für einen Lehnsmann war allerdings auf gehässige Weise übertrieben. Indem der Dichter ihr dieses Wort in den Mund legte, wollte er möglicherweise andeuten, dass Brünhild eifersüchtig sei.

Vom Ritterspiel die Gäste bat man abzustehn:
mit seinem Weibe wollte zu Bett der König gehn.
Vor des Saales Stiege begegneten da
sich Kriemhild und Brünhild; noch in Güte das geschah.

Da kam ihr Ingesinde; sie säumten länger nicht.
Ihre reichen Kämmerlinge brachten ihnen Licht.
es teilten sich die Recken in beider Kön'ge Lehn.
Da sah man viel der Degen hinweg mit Siegfrieden gehn.

Die Helden kamen beide hin, wo sie sollen liegen.
Da dachte jedweder mit Minnen obzusiegen
den minniglichen Frauen: des freute sich ihr Mut.
Siegfriedens Kurzweil, die wurde herrlich und gut.

Als Siegfried, der Degen, bei Kriemhilden lag
und er da der Jungfrau so minniglich pflag
mit seinem edlen Minnen, da wurden sie ein Leib.
Er hätt nicht für tausend andre gegeben dieses eine Weib.

Ich sag euch nicht weiter, wie er der Kriemhild pflag.
Nun hört diese Märe, wie König Gunther lag
bei Brünhild, der Frau. Der schöne Degen
hatte sanfter schon bei anderen Frauen gelegen.

Das Volk hatt ihn verlassen, Frau sowohl als Mann,
da ward die Kemenate balde zugetan.
Er wähnt, er solle kosen ihren minniglichen Leib.
Doch währte es noch lange, bevor sie wurde sein Weib.

Im weißen Linnenhemde ging sie ins Bett hinein.
Der edle Ritter dachte: Nun ist das alles mein,
wes mich je verlangte in allen meinen Tagen.
Sie musst ob ihrer Schönheit mit großem Recht ihm behagen.

Das Licht begann zu bergen des edlen Königs Hand.
Hin ging der kühne Degen, wo er die Jungfrau fand.
Er legte sich ihr nahe. Seine Freude, die war groß,
als die Minnigliche der Held mit Armen umschloss.

Minnigliches Kosen würd er wohl viel begehn,
ließe das willig die edle Frau geschehn;
doch zürnte sie gewaltig: den Herrn betrübte das.
er wähnt, er fände Freude, da fand er feindlichen Hass.

Sie sprach: »Edler Ritter, lasst Euch das vergehn:
Was Ihr da habt im Sinne, das kann nicht geschehn.
Ich will noch Jungfrau bleiben, Herr König, merkt Euch das,
bis ich die Mär erfahre.« Da packte Gunther der Hass.

die Mär über Siegfrieds und Kriemhilds Ehe

Er rang nach ihrer Minne und zerrauft ihr Kleid.
Da griff nach einem Gürtel die herrliche Maid,
einer starken Borte, die sie um sich trug:
Da tat sie dem König großen Leides genug.

Die Füß' und die Hände sie ihm zusammenband,
zu einem Nagel trug sie ihn und hing ihn an die Wand.
Als er im Schlaf sie störte, sein Minnen sie verbot.
Von ihrer Stärke hätt er beinah gewonnen den Tod.

Da begann zu flehen, der ihr Gebieter sollte sein:
»Nun löst mir die Bande, vieledle Fraue mein.
Ich wag es nimmer, Euch, Herrin, zu besiegen.
Und will auch wahrlich niemals so nah bei Euch wieder liegen.«

Sie fragt nicht, wie ihm wäre, da sie in Ruhe lag.
Dort musst er hangen bleiben die Nacht bis an den Tag,
bis der lichte Morgen durchs Fenster warf den Schein.
Hatt er je Kraft besessen, so war sie jetzt geworden klein.

»Nun sagt mir, Herr Gunther, ist Euch das etwa leid,
wenn Euch gebunden finden«, sprach die schöne Maid,
»Eure Kämmerlinge von einer Frauen Hand?«
Da sprach der edle Ritter: »Zum Schaden würd's Euch gewandt.

Auch wär mir's wenig Ehre«, sprach der edle Mann.
»Bei Eurer Zucht und Güte, lasst mich an Euch heran.
Und ist Euch meine Minne gar so mächtig leid,
so will ich nie berühren mit meiner Hand Euer Kleid.«

Bronzeschmuck, burgundisch

Da löste sie den König, dass er nicht länger hing;
wieder an das Bette er zu der Fraue ging.
Er legte sich so ferne, dass er ihr Hemde fein
nicht einmal berührte; auch wollte sie in Ruh gelassen sein.

Da kam auch ihr Gesinde, das brachte neu Gewand:
Des war heute Morgen genug für sie zur Hand.
Alle waren heiter, doch traurig war genug
der edle Wirt des Landes, obwohl er tagsüber die Krone trug.

Nach des Landes Sitte, die zu begehen Pflicht,
unterließ es Gunther mit Brünhild länger nicht
zu schreiten nach dem Münster, wo man die Messe sang.
Dahin auch kam Herr Siegfried; da war groß des Volkes Drang.

An königlichen Ehren war dort für sie bereit,
was sie haben sollten, die Krone wie das Kleid.
Da ließen sie sich weihen; als das war geschehn,
da sah man alle viere unter der Krone herrlich stehn.

Das Schwert empfingen Knappen, sechshundert oder mehr,
den Königen zu Ehren auf meines Worts Gewähr.
Da hob sich große Freude in Burgundenland;
man hörte Schäfte brechen in der Schwertdegen Hand.

Da saßen in den Fenstern die schönen Mägdelein
und sahen vor sich leuchten manchen Schildes Schein.
Der König hatte sich entfernt von der Schar,
ein jeder konnte sehen, wie traurig zumute ihm war.

Ihm und Siegfrieden war ungleich zumut.
Wohl ahnte sein Betrübnis der edle Ritter gut.
Da ging er zu dem König; zu fragen er begann:
»Wie ist Euch gelungen die Nacht? Das saget mir an.«

Da sprach der Wirt zum Gaste: »Den Schimpf und den Schaden
hab ich mit diesem Weibe in mein Haus geladen.
Ich wähnte sie zu minnen, wie schnell sie mich da band!
Zu einem Nagel trug sie mich und hing mich hoch an die Wand.

Da hing ich sehr in Ängsten die Nacht bis an den Tag,
eh sie mich wieder löste. Sie aber sanft da lag.
Das sei dir in der Stille geklagt in Freundlichkeit.«
Da sprach der starke Siegfried: »Das ist in Wahrheit mir leid.

Das will ich Euch beweisen, verschmerzt Ihr den Verdruss:
Ich schaffe, dass sie heute Nacht so nah Euch liegen muss,
dass sie Euch ihre Minne nicht länger vorenthält.«
Die Rede hörte gerne nach seinem Leide der Held.

»Nun schau meine Hände, wie die geschwollen sind.
Die drückte sie so mächtig, als wär ich ein Kind,
dass Blut mir allenthalben aus den Nägeln sprang;
ich hegte keinen Zweifel, mein Leben währe nicht lang.«

Da sprach der starke Siegfried: »Es wird noch alles gut.
Uns beiden war wohl ungleich heute Nacht zumut.
Mir ist deine Schwester wie Leben lieb und Leib!
So muss nun auch Brünhild noch heute werden dein Weib.

Ich komme heute Abend zu deinem Kämmerlein
also wohl verborgen in der Tarnkappe mein,
dass sich meiner Künste niemand mag versehn.
Lass dann die Kämmerlinge zu ihren Herbergen gehn.

So lösch ich den Knappen die Lichter in der Hand:
Bei diesem Wahrzeichen sei dir bekannt,
dass ich hereingetreten. Wohl zwing ich dir dein Weib,
dass du sie heute minnest, ich verlör denn Leben und Leib.«

»Du darfst sie nur nicht minnen«, der König sprach da so,
»meine liebe Fraue: des andern bin ich froh,
und nähmst du ihr auch das Leben und den Leib,
des wollt ich dir verzeihen. Sie ist ein schreckliches Weib.«

verzeihen (verkiesen): Gunther konnte als Landesherr Straffreiheit zusichern.

»Das nehm ich«, sprach da Siegfried, »auf die Treue mein,
dass ich sie nicht berühre. Die liebe Schwester dein
geht mir über alle, die ich jemals sah.«
Wohl glaubte König Gunther der Rede Siegfriedens da.

Buhurt: ritterliches Kampfspiel im Rahmen eines Turniers. Dabei ritten zwei Mannschaften mit eingelegten Lanzen gegeneinander, um sich aus den Sätteln zu stoßen – im Gegensatz zur Tjost, bei dem nur zwei Gegner kämpften.

Da gab's bei Ritterspielen Freude auch und Not:
Den Buhurt und das Lärmen man schließlich dann verbot.
Als die Frauen sollten nach dem Saale gehn,
geboten Kämmerlinge den Leuten, nicht im Wege zu stehn.

Von Rossen und von Leuten räumte man den Hof,
der Frauen jedwede führt ein Bischof,
als sie vor den Königen zu Tische sollten gehn.
Ihnen folgten zu den Stühlen viel der Degen ausersehn.

Bei seinem Weib der König in froher Hoffnung saß:
Was Siegfried ihm verheißen, im Sinne lag ihm das.
Der eine Tag ihn deuchte wohl dreißig Tage lang,
vor Brünhildens Minne war ihm nun nicht mehr bang.

Er konnt es kaum erwarten, bis vorbei das Mahl.
Brünhild die schöne rief man aus dem Saal
und auch Kriemhilden: sie sollten schlafen gehn;
hei! Was man kühner Degen sah vor den Königinnen stehn!

Siegfried, der Herre, gar minniglich saß
bei seinem schönen Weibe mit Freuden ohne Hass.
Sie koste seine Hände mit ihrer weißen Hand,
bis er ihr vor den Augen, sie wusste nicht wie, verschwand.

Da sie an ihrer Seite Siegfrieden nicht mehr sah,
zu seinem Ingesinde sprach die Königin da:
»Mich wundert sehr, wo ist doch der König hingekommen?
Wer hat seine Hände mir aus den meinen genommen?«

Sie ließ die Rede bleiben. Da eilt er hinzugehn,
wo er die Kämmerlinge fand mit Lichtern stehn:
Die löscht er unversehens den Knappen an der Hand;
dass es Siegfried wäre, das war da Gunthern bekannt.

König Gunther sogleich hieß sie von dannen gehen
die Mägdelein und Frauen. Als das war geschehn,
der edle König selber verschloss der Kammer Tür:
Starker Riegel zweie, die warf er eilends dafür.

Hinterm Bettvorhange barg er der Kerzen Licht.
Ein Spiel sogleich begannen, vermeiden ließ sich's nicht,
Siegfried der starke und die schöne Maid:
Das war dem König Gunther beides lieb und auch leid.

Da legte sich Siegfried der Königin bei.
Sie sprach: »Nun lasst es, Gunther, wie lieb es Euch auch sei,
dass ihr nicht Not erleidet heute so wie eh,
oder Euch geschieht hier von meinen Händen wieder weh.«

Er hehlte seine Stimme, kein Wörtlein sprach er da.
Wohl hörte König Gunther, obgleich er sie nicht sah,
dass heimliche Minne wohl kaum geschehen sei.
Denn Bequemlichkeit im Bette fanden mitnichten die zwei.

Siegfried tat, als wär er Gunther, der König reich;
er umschloss mit Armen das Mägdlein ohnegleich.
Sie warf ihn aus dem Bette dabei auf eine Bank,
dass laut an einem Schemel ihm das Haupt davon erklang.

Wieder auf mit Kräften sprang der kühne Mann,
es besser zu versuchen: wie er das begann,
dass er sie zwingen wollte, da widerfuhr ihm Weh.
Ich glaube nicht, dass solche Wehr von Fraun je wieder gescheh.

Da er's nicht lassen wollte, die Jungfrau jählings aufsprang:
»Euch ziemt nicht zu zerraufen mein Hemd also blank.
Ihr seid ungezogen! Das wird Euch noch leid.
Euch werd ich schon noch zeigen«, sprach die waidliche Maid.

Sie umschloss mit den Armen den teuerlichen Degen,
und wollt ihn auch in Bande wie den König legen,
damit sie schlafen könne mit Gemächlichkeit.
Wie grimmig sie das rächte, dass er zerzerret ihr Kleid!

Was half ihm alle Stärke und seine große Kraft?
Sie erzeigte wohl dem Degen ihres Leibes Meisterschaft:
Sie trug ihn übermächtig, ihre Kraft war nicht klein,
und drückt ihn ungefüge zwischen die Wand und einen Schrein.

O weh, gedacht er, soll ich Leben nun und Leib
von einer Maid verlieren, so mag jedes Weib
in allen künft'gen Zeiten tragen Frevelmut.
So wird's versuchen manche, die es sonst wohl nimmer tut.

Der König hörte alles; er bangte für den Mann.
Da schämte sich Siegfried, zu zürnen fing er an;
mit ungefügen Kräften ihr widersetzt er sich,
und versuchte seine Stärke an Brünhilden ängstiglich.

Sosehr sie ihn niederdrückte – sein Zorn erzwang es noch
und seine starken Kräfte, dass er sich endlich doch
aufrichten konnte; seine Angst war groß.
Sie gaben in der Kammer sich her und hin manchen Stoß.

Auch litt König Gunther Sorgen und Beschwer:
Er musste manchmal flüchten vor ihnen hin und her.
Sie rangen so gewaltig, dass es wundernahm,
wie eins vor dem andern mit dem Leben noch entkam.

Den König Gunther ängstigte beiderseits die Not;
doch fürchtet er am meisten Siegfriedens Tod.
Wohl hätte sie dem Degen das Leben schier benommen;
durft er nur, er wär ihm gern zu Hilfe gekommen.

Gar lange zwischen beiden dauerte der Streit;
da bracht er an das Bette zuletzt zurück die Maid;
wie sehr sie sich auch wehrte, sie wurde endlich schwach.
Gunther in seinen Sorgen hing mancherlei Gedanken nach.

Dem König währt es lange, bis er sie bezwang.
Sie drückte seine Hände, dass aus den Nägeln sprang
das Blut von ihren Kräften; das war dem Helden leid:
Da zwang er zu verleugnen diese herrliche Maid

den ungestümen Willen, den sie erst dargetan.
Alles vernahm der König, doch hört er's schweigend an,
wie Siegfried sie ans Bett drückte, so dass sie aufschrie laut.
Des starken Mannes Kräfte schmerzten übel die Braut.

Da griff sie nach der Hüfte, wo sie den Gürtel fand,
und dacht ihn zu binden; doch wehrt es seine Hand,
dass ihr die Glieder krachten, dazu der ganze Leib.
Da war der Streit zu Ende: da wurde sie Gunthers Weib.

Sie sprach: »Edler König, nimm mir das Leben nicht:
Was ich dir tat zuleide, vergüt ich dir nach Pflicht.
Ich wehre mich nicht wieder der edlen Minne dein.
Ich hab es wohl erfahren, dass du kannst Frauen Meister sein.«

Siegfried trat zur Seite – liegen blieb die Maid –,
als dächt er abzuwerfen eben nur das Kleid.
Er zog ihr vom Finger ein Ringlein von Gold,
dass es nicht gewahrte die edle Königin hold.

Auch nahm er ihren Gürtel, eine Borte gut;
ich weiß nicht, ob es geschah aus hohem Mut.
Er gab ihn seinem Weibe: das ward ihm später leid.
Inzwischen lagen beinander König Gunther und die schöne Maid.

»hoher Mut«: könnte in diesem Zusammenhang ironisch gemeint sein.

Er pflag der Fraue minniglich, wie es ziemend war.
Scham und Zorn verschmerzen musste sie da gar.
Von seiner Liebe ihre lichte Farb erblich.
Hei! Wie von der Minne die große Kraft ihr entwich!

Diese und die folgende Strophe lassen den Schluss zu, dass Brünhilds übermenschliche Kräfte von ihrer Jungfräulichkeit abhängig waren: eine archetypische Vorstellung, die in Märchen und Sagen wiederholt auftaucht. Möglich, dass Brünhilds Gürtel, den Siegfried unbemerkt genommen hatte, als Symbol ihrer Jungfräulichkeit aufzufassen ist.

Da war auch sie nicht stärker als ein ander Weib.
Minniglich umfing er ihren schönen Leib;
wollt sie noch widerstehn, was sollte es ihr frommen?
Mit seinem Minnen hat Gunther ihr die Kraft genommen.

Wie minniglich der Degen da bei den Frauen lag
in freundlicher Liebe bis an den lichten Tag!
Inzwischen war Herr Siegfried längst schon hindann:
Da ward er wohl empfangen von seiner Frau wohlgetan.

Er schwieg zu allen Fragen, die sie sich ausgedacht,
und hehlt ihr noch lange, was er mitgebracht,
bis er daheim das Kleinod ihr doch am Ende gab:
Das brachte viel der Degen mit ihm selber ins Grab.

Dem Wirt am andern Morgen viel höher stand der Mut
als am ersten Tage. Da ward die Freude gut
in allen seinen Landen bei manchem edlen Mann.
Die er zu Hof geladen, denen ward viel Gefälligkeit getan.

Bis zum vierzehnten Tage währte die Lustbarkeit,
dass sich der Schall nicht legte in so langer Zeit
von aller Lust und Kurzweil, die man erdenken mag.
Wohl verwandte hohe Kosten der König bei dem Hofgelag.

Des edlen Wirts Verwandte, wie es der Herr gewollt,
verschenkten ihm zu Ehren Kleider und rotes Gold,
Silber auch und Rosse an manchen fremden Mann.
Die gerne Gaben nahmen, die schieden fröhlich hindann.

Auch der kühne Siegfried aus dem Niederland
und seine tausend Mannen verschenkten das Gewand,
das sie gebracht zum Rheine. Dann wurden auch gegeben
schöne Ross und Sättel. Sie wussten freigebig zu leben.

Bevor die reichen Gaben noch alle war'n verteilt,
da wäre wohl so mancher heimwärts schon geeilt.
Nie zuvor tat man Gastfreundschaft so pflegen.
So endete die Hochzeit: So wollt es König Gunther, der Degen.

Elftes Abenteuer

WIE SIEGFRIED MIT SEINEM WEIBE HEIMKEHRTE

Als Siegfried mit seiner Gemahlin zum elterlichen Königshof heimzureisen beschließt, fordert Kriemhild zunächst ihren vermögensrechtlichen Erbteil von den Brüdern in Form einer Landabtretung. Doch Siegfried verzichtet darauf. Danach macht sie lehensrechtliche Ansprüche geltend: Sie will Hagen von Tronje und dessen Neffen Ortewein von Metz als Lehensmänner mitnehmen. Doch Hagen lehnt mit einem stolzen Treuebekenntnis zu den burgundischen Königen ab.

Schließlich zieht sie mit einem »Hausgesinde« von zweiunddreißig Mädchen und fünfhundert burgundischen Recken an der Seite Siegfrieds nach Xanten, wo sie von König Siegmund und dessen Gemahlin Siegelind in allen Ehren empfangen wird. Siegmund übergibt dem Sohn Siegfried »Krone mit Gericht und Land«. Siegfried erweist sich im Laufe der nächsten Jahre als gerechter und beliebter König.

Schmuck, merowingisch

Als die Gäste waren   gefahren all davon,
da sprach zu dem Gesinde   König Siegmunds Sohn:
»Wir wollen auch uns rüsten   zur Fahrt in unser Land.«
Lieb ward es seinem Weibe,   als ihr die Märe ward bekannt.

Sie sprach zu ihrem Manne: »Wann sollen wir nun fahren?
So sehr damit zu eilen,   will ich mich bewahren:
Erst sollen mit mir teilen   meine Brüder dieses Land.«
Leid war es Siegfrieden,   als er solchen Sinn bei ihr erkannt.

Die Fürsten gingen zu ihm   und sprachen alle drei:
»Wisst nun, Herr Siegfried,   dass Euch immer sei
unser Dienst mit Treue   bereit bis in den Tod.«
Er neigte sich den Herren,   da man's so wohl ihm erbot.

»Wir wolln auch mit Euch teilen«,   sprach Giselher, das Kind,
»das Land und die Burgen,   die unser Eigen sind,
und was der weiten Reiche   uns ist untertan:
Ihr empfangt mit Kriemhild   Euer volles Teil daran.«

Der Sohn König Siegmunds sprach zu den Fürsten da,
als er den guten Willen der Herren hört und sah:
»Gott lass Euch Euer Erbe gesegnet immer sein,
und auch die Leute drinnen: es mag die liebe Fraue mein

des Teiles wohl entraten, den Ihr ihr wolltet geben.
Dort, wo sie Krone trägt – solang ich werde leben –,
da muss sie reicher werden als sonst wer auf der Welt.
Und wenn Ihr's wünscht, bin immer ich zur Stell.«

Da sprach aber Kriemhild: »Ihr mögt aufs Land verzichten,
doch die Burgunder Recken sollt Ihr verschmähn mitnichten.
Die mag ein König gerne führen in sein Land:
Wohl soll sie mit mir teilen meiner lieben Brüder Hand.«

Da sprach König Gernot: »Nimm, wen du willst, mit dir.
Die gerne mit dir reiten, du findest viele hier.
Von dreißighundert Recken nimm dir tausend Mann
zu deinem Hausgesinde.« Kriemhild zu senden begann

zorniges Leben (zornegl̂îches leben): Gemeint ist von Zorn erfüllt. Damit deutet der Dichter zum ersten Mal die Spannung zwischen Hagen und Kriemhild an.

nach Hagen von Tronje und nach Ortewein,
ob sie und die Verwandten Kriemhildens wollten sein?
Da gewann darüber Hagen ein zorniges Leben:
Er sprach: »Uns kann Gunther in der Welt an niemand vergeben.

Ander Ingesinde nehmt zu Eurer Fahrt;
Ihr werdet ja wohl kennen deren von Tronje Art:
Wir müssen bei den Königen am Hofe hier bestehn,
und denen immer dienen, deren Dienst wir stets versehn.«

Sie ließen es bewenden und machten sich bereit.
Ihres edlen Ingesindes nahm Kriemhild zum Geleit,
zweiunddreißig Mägdelein und fünfhundert Mann;
Eckewart, der Markgraf, zog mit Kriemhild hindann.

Da nahmen alle Urlaub, Ritter so wie Knecht,
Mägdelein und Frauen: So war es Fug und Recht.
Unter Küssen scheiden sah man sie unverwandt,
und jene räumten fröhlich dem König Gunther das Land.

Da begleiteten die Freunde so fern auf ihren Wegen.
Allenthalben ließ man ihnen Nachtherbergen legen,
wo sie die nehmen wollten in der Kön'ge Land.
Da wurden bald auch Boten dem König Siegmund gesandt,

damit er wissen sollte und auch Frau Siegelind,
sein Sohn solle kommen mit Frau Utens Kind,
Kriemhild der schönen, von Worms übern Rhein.
Diese Mären konnten ihnen nimmer lieber sein.

»Wohl mir«, sprach da Siegmund, »dass ich den Tag soll sehn,
da hier die schöne Kriemhild gekrönet werde gehn;
das erhöht die Ehre in dem Lande mein,
mein Sohn Siegfried soll nun selbst hier König sein.«

Da gab ihnen Sieglind fürstlich Botenbrot:
schweres Gold und Silber und Kleider sammetrot.
Sie freute sich der Märe und mit ihr mancher Mann.
All ihr Ingesinde sich mit Fleiß zu kleiden begann.

Man sagt ihr, wer da käme mit Siegfried in das Land.
Dort hieß sie Gestühle errichten gleich zur Hand,
wo bei der Krönung Siegfried sollte stehn.
Entgegen ritten ihnen die in König Siegmunds Lehn.

Empfing man je wen besser – mir wär es unbekannt –
als die kühnen Helden in Siegfrieds großem Land?
Sieglinde, seine Mutter, Kriemhild entgegenritt
mit viel der schönen Frauen. Kühne Ritter zogen mit

wohl eine Tagesreise, bis man die Gäste sah.
Die Heimischen und Fremden waren recht müde da.
Sie ritten dann zu einer Feste weit,
Xanten geheißen, dort war die Krönung in nächster Zeit.

Mit lachendem Munde Siegmund und Siegelind
küssten Kriemhild, Utens schönes Kind,
und Siegfried, den Degen; ihnen war ihr Leid benommen.
All ihr Ingesinde hieß man fröhlich willkommen.

Schwerttragebügel

Da brachten sie die Gäste   vor König Siegmunds Saal.
Die schönen Jungfrauen   hub man allzumal
von den Mären nieder;   da war mancher Mann,
der den schönen Frauen   mit Fleiß zu dienen begann.

So prächtig ihre Hochzeit   am Rhein auch war bekannt,
so gab man hier den Helden   noch köstlicher Gewand,
als sie all ihr Leben   je zuvor getragen.
Man mochte große Wunder   von ihrem Reichtume sagen.

So saßen sie in Ehren   und hatten wohl genug.
Wie schön waren die Kleider,   die ihr Gesinde trug.
Edel Gestein und Borten   sah man gewirkt darin.
So freigiebig war   Sieglind, die edle Königin.

Da sprach vor seinen Freunden   der König Siegmund:
»Allen meinen Freunden   tu ich's heute kund,
dass Siegfried meine Krone   hier hinfort soll tragen.«
Die Märe hörten gerne   die von den Niederlanden sagen.

Er befahl ihm seine Krone   mit Gericht und Land:
Da war er Herr und König.   Wie er Gerechtigkeit fand
und Übeltäter strafte,   das wurde so getan,
dass man wohl fürchten durfte   der schönen Kriemhilde Mann.

In diesen hohen Ehren   lebt er, das ist wahr,
und richtete auch als   König.   Als dann im zehnten Jahr
die schöne Königin   einen Sohn gewann,
da war alles   nach der Familie Wunsch getan.

Alsbald ließ man ihn taufen   und einen Namen geben:
Nach seinem Oheim Gunther,   des durft er sich nicht schämen.
Geriet er nach dem Oheim,   er würd ein kühner Mann.
Man erzog ihn sorgsam;   sie taten auch recht daran.

In denselben Zeiten   starb Frau Siegelind:
Da nahm die volle Herrschaft   der edlen Ute Kind,
wie es Kriemhilden   geziemte wohl im Land.
Es ward genug betrauert,   dass der Tod sie hatt entwandt.

Nun hatt auch dort am Rheine, wie wir hören sagen,
die schöne Brünhild einen Sohn getragen.
Viel Freunde herrschte dort im Burgundenland,
dem Helden zuliebe ward er Siegfried genannt.

Mit welchen Sorgen immer man ihn hüten hieß!
Gunther von Erziehern ihn unterrichten ließ,
damit er nichts entbehrte, erwüchs er einst zum Mann.
Ach, wie viel Verwandte das Schicksal noch von ihm nahm!

Zu allen Zeiten Märe ward so viel gesagt,
wie doch so herrlich die Degen unverzagt
zu allen Stunden lebten in Siegmundens Land;
so lebt auch König Gunther mit seinen Freunden wohlbekannt.

Das Land der Nibelungen war Siegfried untertan
(keiner seiner Freunde je größern Schatz gewann)
mit Schilbungens Recken und der beiden Gut.
Darüber trug der Kühne desto höher den Mut.

der beiden Gut (Ir beder guot): Gemeint ist der Besitz von Schilbung und Nibelung (siehe 3. Abenteuer).

Den allergrößten Hort, den je ein Held gewann
– sieht man die ersten Herren ab –, besaß der stolze Mann.
Den hatt der kühne Held erworben einst im Streit.
Er schlug darum zu Tode manchen Ritter allbereit.

Sein war die höchste Ehre. Und hätt er auch des Horts entbehrt,
so musste man doch zugestehn dem edlen Recken wert,
er sei der Besten einer, der je auf Rossen saß;
man scheute seine Stärke, mit allem Grunde tat man das.

Zwölftes Abenteuer

WIE GUNTHER SIEGFRIEDEN ZUM HOFGELAGE LUD

Brünhild ist noch immer der Meinung, dass Siegfried ein Lehensmann der Burgundenkönige sei. Sie macht sich Gedanken darüber, warum er keinen Lehnsdienst und keine Abgaben leistet.

Als sie den Wunsch äußert, Siegfried und Kriemhild wieder einmal am Hof zu sehen, befürchtet Gunther aufgrund dieses Missverständnisses eine peinliche Konfrontation. Er lehnt zunächst ab, lässt sich dann aber doch überreden, Siegfried, Kriemhild und Siegmund einzuladen. Die Einladung wird angenommen.

Irritierend ist, dass der Dichter die Nibelungenburg diesmal an Norwegens Grenze verlegt. Wie bereits erwähnt, finden sich im Nibelungenlied widersprüchliche Angaben über die Lage des Nibelungenlandes.

Da dacht auch alle Tage Brünhild, die Königin:
Wie trägt nur Frau Kriemhild so übermüt'gen Sinn!
Nun ist doch unser Eigen Siegfried, ihr Mann:
Der hat uns nun schon lange wenig Dienste getan.

Da sie Siegfried als Lehnsmann wähnte, durfte sie erwarten, dass er Lehensdienste und Abgaben leistete.

Das trug sie im Herzen in großer Heimlichkeit;
dass sie so gerne blieben, das war der Fraue leid,
und dass sie keinen Dienst empfing aus Siegfriedens Land.
Woher das wohl käme, das hätte sie gern erkannt.

Sie versucht es bei dem König, ob es nicht geschehn
möchte, dass sie Kriemhild bald wollte wiedersehn.
Sie vertraut ihm heimlich, worauf ihr sann der Mut;
da deuchte den König der Frauen Rede nicht gut.

listigen Sitten: mit viel Geschick

»Wie könnten wir sie bringen«, sprach der König hehr,
»her zu diesem Lande? Das fügt sich nimmermehr.
Sie wohnen uns so ferne: ich darf sie nicht drum bitten.«
Da gab ihm Brünhild Antwort mit gar listigen Sitten:

»Und wäre noch so mächtig   eines Königs Mann,
was ihm sein Herr gebietet,   das muss doch sein getan.«
Lächeln musste Gunther   ihrer Rede da:
Er nahm es nicht als Dienst an,   wenn er Siegfrieden sah.

Sie sprach: »Lieber Herre,   bei der Liebe mein,
hilf mir, dass Siegfried   und die Schwester dein
zu diesem Lande kommen   und wir sie hier ersehn:
So könnte mir auf Erden   nimmer lieber geschehn.

Deiner Schwester Güte,   ihr wohlgezogner Mut,
wenn ich daran gedenke   – wie wohl's mir jetzt noch tut! –,
wie wir beisammensaßen,   als ich dir ward vermählt!
Welch herrliches Weib   hat Siegfried sich da erwählt.«

Da bat sie ihn so lange,   bis der König sprach:
»Nun wisst, dass ich Gäste   nicht lieber sehen mag.
Ihr mögt mich leicht erbitten: ich will die Boten mein
zu ihnen beiden senden,   dass sie kommen an den Rhein.«

Da sprach die Königstochter: »So sollt Ihr mir sagen,
wann Ihr sie wollt besenden,   oder zu welchen Tagen
die lieben Freunde sollen   kommen in dies Land.
Die Ihr dahin wollt senden,   die macht zuvor mir bekannt.«

»Das will ich«, sprach der König: »Dreißig aus meinem Lehn
lass ich zu ihnen reiten.«   Die hieß er vor sich gehn:
Durch sie entbot er Märe   in Siegfriedens Land.
Da beschenkte sie Frau Brünhild   mit manchem reichen Gewand.

Der König sprach: »Ihr Recken   sollt von mir sagen,
und nichts von dem verschweigen,   was ich Euch aufgetragen,
Siegfried dem starken   und der Schwester mein,
dass mir auf dieser Welt   niemand lieber könnte sein.

Und bittet, dass sie beide   uns kommen an den Rhein:
Dafür will ich und Brünhild   ihnen stets gewogen sein.
Zu dieser Sonnenwende   soll er hier manchen sehn,
er und seine Mannen,   die ihm Ehre lassen geschehn.

Vermeldet auch dem König Siegmund die Grüße mein,
dass ich und meine Freunde ihm stets gewogen sei'n;
und bittet meine Schwester, dass sie's nicht unterlässt
und zu den Freunden reitet: nie ziemt ihr so ein Freudenfest.«

Brünhild und Ute und was man Frauen fand,
ließen Grüße senden in Siegfriedens Land
den minniglichen Frauen und manchem kühnen Mann.
Nach Wunsch des Königs hoben die Boten sich bald hindann.

Bronzefibel

Sie standen reisefertig. Ihr Ross und ihr Gewand
war für sie bereit. Da räumten sie das Land,
sie eilten zu dem Ziele, dahin sie wollten fahren.
Der König hieß die Boten durch Geleite wohl bewahren.

Sie kamen nach drei Wochen geritten in das Land,
zur Nibelungenburg, wohin man sie gesandt.
An Norwegens Grenze fanden sie den Degen:
Ross und Leute waren müde von den langen Wegen.

Siegfried und Kriemhilden ward eilends hinterbracht,
dass Ritter kommen wären, die hätten solche Tracht
wie bei den Burgunden man trug der Sitte nach.
Sie sprang von einem Bette, darauf sie ruhend lag.

Zu einem Fenster ließ sie eins ihrer Mägdlein gehn:
Die sah den kühnen Gere auf dem Hofe stehn,
ihn und die Gefährten, die man dahin gesandt.
Statt Heimweh sie nun große Freude empfand.

Sie sprach zu dem Könige: »Seht Ihr, wie sie stehn,
die mit dem starken Gere auf dem Hofe gehn,
die uns mein Bruder Gunther hergeschickt vom Rhein?«
Da sprach der starke Siegfried: »Die sollen uns willkommen sein.«

All ihr Ingesinde lief hin, wo man sie sah.
Ein jeder von ihnen sagte freundlich da
das Beste, was er konnte, zu den Boten hehr.
Ihres Kommens freute der König Siegmund sich sehr.

Herbergen ließ man Geren   und die ihm untertan,
und ihrer Rosse warten.   Die Boten brachte man
dahin, wo Herr Siegfried   bei Kriemhilden saß.
Die Boten aus Burgund,   gar gerne taten sie das.

Der Wirt mit seinem Weibe   erhob sich gleich zur Hand.
Wohl ward empfangen Gere   aus Burgundenland
mit seinen Fahrtgenossen   in König Gunthers Lehn.
Den Markgrafen Gere   bat man nicht länger zu stehn.

»Erlaubt uns die Botschaft,   eh wir uns setzen gehn;
uns wegemüde Gäste,   lasst uns so lange stehn,
so melden wir die Märe,   die Euch zu wissen tut
Gunther mit Brünhilden: es geht ihnen beiden gut;

und was Euch Frau Ute,   Eure Mutter, her entbot,
Giselher der junge   und auch Herr Gernot
und Eure nächsten Freunde: die haben uns gesandt,
und entbieten Euch viel Grüße   aus der Burgunden Land.«

»Lohn ihnen Gott«, sprach Siegfried;   »ich versah zu ihnen wohl
mich aller Lieb und Treue,   wie man zu Freunden soll.
So tut auch ihre Schwester;   Ihr sollt uns ferner sagen,
ob unsre lieben Freunde   hohen Mut daheim noch tragen?

Hat ihnen, seit wir schieden,   jemand ein Leid getan,
meiner Fraue Brüdern?   Das saget mir an.
Ich wollt es ihnen immer   mit Treue helfen tragen,
bis ihre Widersacher   meine Dienste müssten beklagen.«

Zur Antwort gab da Markgraf   Gere, der Ritter gut:
»Sie sind in allen Tugenden   so richtig hochgemut.
Zum Hofgelage laden   sie Euch an den Rhein
sie sähn Euch gar gerne,   des könnt Ihr außer Zweifel sein.

Sie bitten die Fürstin   auch mit Euch zu kommen.
Wenn nun der Winter   ein Ende hat genommen,
vor dieser Sonnenwende,   da möchten sie Euch sehn.«
Da sprach der starke Siegfried: »Das könnte schwerlich geschehn.«

eh wir uns setzen gehn *(ê das wir sitzen gen): Dem Zeremoniell entsprechend muss eine Botschaft stehend überbracht werden. Danach werden Boten als Gäste betrachtet, sie dürfen sich setzen.*

Da sprach wieder Gere von Burgundenland:
»Eure Mutter Ute hat Euch sehr gemahnt,
mit Gernot und Giselher, Ihr sollt es nicht versagen.
Dass Ihr so ferne wohnet, hör ich sie täglich beklagen.

Brünhild, meine Herrin, und ihre Mägdelein
freuen sich der Kunde, und könnt es jemals sein,
dass sie Euch wiedersähen, das gäb ihnen hohen Mut.«
Da deuchten diese Mären die schöne Kriemhilde gut.

Gere war verwandt mit ihr. Der Wirt ihn sitzen hieß;
die Gäste man nicht länger ohne Weine ließ.
Da kam dazu auch Siegmund. Als der die Boten sah,
freundlich sprach der König zu den Burgunden da:

»Willkommen uns, ihr Recken, in König Gunthers Lehn.
Da sich Kriemhilden zum Weibe hat ersehn
mein Sohn Siegfried, man sollt euch öfter schaun
in diesem Lande, dürften wir bei euch auf Freundschaft vertraun.«

Sie sprachen: Wenn er wolle, würden sie wiederkommen.
Ihnen ward mit Freuden die Müdigkeit genommen.
Man hieß die Boten sitzen; Speise man ihnen trug:
Siegfried ließ geben den lieben Gästen genug.

Sie mussten da verweilen volle neun Tage.
Darob erhuben endlich die schnellen Ritter Klage,
dass sie nicht wieder reiten durften in ihr Land.
Da hatt auch König Siegfried zu seinen Freunden gesandt.

Er fragte, was sie rieten. Er solle nach dem Rhein:
»Es ließ mich entbieten Gunther, der Schwager mein,
er und seine Brüder, zu einer Lustbarkeit:
Ich möcht ihm gerne kommen, liegt gleich sein Land mir so weit.

Sie bitten Kriemhilden, mit mir zu ziehn.
Nun ratet, liebe Freunde, wie soll sie kommen hin?
Wenn Heerfahrt gefordert wäre durch dreißig Herren Land,
gern dienstbereit erwiese sich ihnen Siegfriedens Hand.«

Da sprachen seine Recken: »Steht Euch zur Fahrt der Mut
nach dem Hofgelage, wir raten, was Ihr tut:
Ihr sollt mit tausend Recken reiten an den Rhein;
So mögt Ihr wohl mit Ehren bei den Burgunden sein.«

Da sprach von Niederlanden der König Siegmund:
»Wollt Ihr zum Hofgelage, was tut Ihr mir's nicht kund?
Ich will mit Euch reiten, wenn Ihr's zufrieden seid:
Hundert Degen führ ich, damit mehr ich Eu'r Geleit.«

»Wollt Ihr mit uns reiten, lieber Vater mein«,
sprach der kühne Siegfried, »des will ich fröhlich sein.
Binnen zwölf Tagen räum ich unser Land.«
Die sie begleiten sollten, denen gab man Ross und Gewand.

Als dem edlen König zur Reise stand der Mut,
da ließ man wieder reiten die schnellen Boten gut,
seiner Fraue Brüdern entbot er an den Rhein,
dass er gerne wolle bei ihrem Hofgelage sein.

Siegfried und Kriemhild, so hörten wir sagen,
beschenkten so die Boten, dass es nicht konnten tragen
ihre Pferde nach der Heimat: er war ein reicher Mann.
Sie bekamen noch Saumtiere, dann erst traten sie die Reise an.

Das Gefolge gekleidet wurde von Siegfried und Siegmund.
Eckewart, der Markgraf, ließ da gleich zur Stund
Frauenkleider suchen, die besten, die man fand
und die man konnt erwerben in Siegfriedens ganzem Land.

Die Sättel und Schilde machte man bereit.
Den Rittern und den Frauen von des Königs Geleit
gab man, was sie wollten; nichts gebrach daran.
Sie sahen herrlich aus: König Siegfrieds tausend Mann.

Indessen ritten die Boten zurück und eilten sehr.
Als zu den Burgunden kam Gere, der Degen hehr,
da ward er schön empfangen: sie schwangen sich zu Tal
von Rossen und von Mären dort vor König Gunthers Saal.

Die Jungen und die Alten kamen, wie man tut,
und fragten nach der Märe. Da sprach der Ritter gut:
»Wenn ich's beim König sage, wird es auch euch bekannt.«
Er ging mit den Gesellen dahin, wo er Gunthern fand.

Der König vor Freude von dem Sessel sprang;
dass sie so bald gekommen, sagt ihnen Dank
Brünhild die schöne. Zu den Boten sprach er da:
»Wie gehabt sich Siegfried, von dem mir Liebe viel geschah?«

Da sprach der kühne Gere: »Er ward vor Freuden rot,
er und Eure Schwester. So holde Mär entbot
seinen Freunden nimmer noch zuvor ein Mann,
als Euch der edle Siegfried und sein Vater hat getan.«

Da sprach zum Markgrafen des reichen Königs Weib:
»Nun sagt mir, kommt uns Kriemhild? Hat noch ihr schöner Leib
die stolze Art behalten, deren sie mochte pflegen?«
Er sprach: »Sie kommen beide; mit ihnen mancher kühne Degen.«

Ute ließ die Boten alsbald vor sich gehn.
Da war's an ihren Fragen leichtlich zu verstehn,
was sie zu wissen wünsche: »War Kriemhild noch wohlauf?«
Er gab Bescheid; sie käm auch nach kurzer Tage Verlauf.

Da blieb auch nicht verhohlen am Hof der Botensold,
den ihnen Siegfried schenkte, die Kleider und das Gold:
Die ließ man alle schauen in der drei Fürsten Lehn.
Da mussten sie ihm Ehre für solche Geschenke wohl zugestehn.

»Er mag«, sprach da Hagen, »mit vollen Händen geben:
Er könnt es nicht verschwenden, und sollt er ewig leben.
Der Hort der Nibelungen bewacht des Königs Hand.
Hei! Dass der jemals käme her in der Burgunden Land!«

Da freuten sich die Degen am Hof im Voraus,
dass sie kommen sollten. Beflissen überaus
sah man spät und frühe die in der Kön'ge Lehn.
Welch herrlich Gestühle ließ man vor der Burg erstehn!

Hunold der kühne und Sindold, der Degen,
hatten wenig Muße. Des Amtes musste pflegen
Truchsess auch und Schenke und richten manche Bank;
auch Ortwein war behilflich; des sagt ihnen Gunther Dank.

Rumold, der Küchenmeister, wie herrscht er in der Zeit
über seine Untertanen: Gar manchem Kessel weit,
Häfen und Pfannen. Hei! Was man deren fand!
Speisen schuf man für die, die da kamen in das Land.

*Als seine **Untertanen** (undertânen) werden hier spaßhalber »kezzel«, »häven« und »pfannen« bezeichnet.*

Dreizehntes Abenteuer

WIE SIEGFRIED MIT SEINER GEMAHLIN ZUM HOFGELAGE FUHR

Der Dichter schildert detailliert und malerisch den Empfang der Gäste in Worms und vermittelt ein Bild von höfischem Zeremoniell. Für den Lauf der Handlung ist dieses Abenteuer unwichtig.

All ihr Bemühen lassen wir nun sein
und sagen euch, wie Kriemhild und ihre Mägdelein
hin zum Rheine fuhren vom Nibelungenland.
Niemals trugen Rosse so viel herrlich Gewand.

Saumschreine (soumschrîne): Reisetruhen, die von Saumtieren getragen wurden

Viel Saumschreine wurden versendet auf den Wegen.
Da ritt mit seinen Freunden Siegfried, der Degen,
und die Königstochter in hoher Freuden Wahn;
da war es ihnen allen zu großem Leide getan.

Sie ließen in der Heimat Siegfrieds Kindelein
und Kriemhildens bleiben; das musste wohl so sein.
Nach ihrer Hofreise gab es viel Beschwer.
Seinen Vater, seine Mutter ersah das Kindlein nimmermehr.

Mit ihnen ritt von dannen Siegmund, der König hehr.
Hätt er ahnen können, wie es ihm nachher
beim Hofgelag erginge, er hätt's lieber nicht gesehen.
Ihm war in seinem Leben größer Leid nicht geschehn.

Vorausgesandte Boten verhießen sie beizeit.
Entgegen ritten ihnen in herrlichem Geleit
von Utens Freunde viele und König Gunthers Lehn.
Der Wirt ließ großen Eifer für die lieben Gäste sehn.

Er ging zu Brünhilden, wo er sie sitzen fand:
»Wie empfing Euch meine Schwester, da Ihr kamet in dies Land?
So will ich, dass Ihr Siegfrieds Gemahl empfangen sollt.«
»Das tu ich«, sprach sie, »gerne: Ich bin ihr wirklich hold.«

Da sprach der mächt'ge König: »Sie kommen morgen früh;
wollt Ihr sie empfangen, so greift nur bald dazu,
dass sie uns in der Feste nicht überraschen hie:
Mir sind so liebe Gäste noch nie gekommen wie sie.«

Ihre Mägdelein und Frauen ließ sie da zur Hand
gute Kleider suchen, die besten, die man fand,
die ihr Ingesinde vor Gästen mochte tragen.
Das taten sie doch gerne: Das mag man in Wahrheit sagen.

Sie zu empfangen, eilten auch die in Gunthers Lehn:
All seine Recken hieß er mit sich gehn.
Da ritt die Königin hinweg in stolzem Zug.
Die lieben Gäste grüßte sie alle freudig genug.

Mit welcher großen Freude empfing sodann man sie,
man meinte, dass Frau Kriemhild Brünhilden nie
so wohl empfangen habe einst im Burgundenland.
Wer nie Kriemhild gesehen, hat jetzt ihren hohen Mut erkannt.

Nun war auch Siegfried kommen mit seiner Leute Heer.
Da sah man die Helden sich wenden hin und her
im Feld allenthalben mit ungezählten Scharen.
Vor Staub und Drängen konnte sich da niemand bewahren.

Als der Wirt des Landes Siegfrieden sah
und Siegmund, den König, wie gütlich sprach er da:
»Nun seid mir hochwillkommen und all den Freunden mein;
wir wollen hohen Mutes ob Eurer Hofreise sein.«

»Nun lohn Euch Gott«, sprach Siegmund, der ehrbegier'ge Mann.
»Seit mein Sohn Siegfried Euch zum Freund gewann,
riet mir all mein Sinnen, dass ich Euch möchte sehn.«
Da sprach König Gunther: »Nun freut mich, dass es geschehn.«

Siegfried ward empfangen, wie es ihm zukam,
mit viel großen Ehren; niemand war ihm gram.
Mit Rittersitten halfen Gernot und Giselher;
man grüßte liebe Gäste so freundlich wohl nimmermehr.

Nun konnten einander die Königinnen schaun.
Aus den Satteln wurden viel schöne Frauen
von der Helden Händen gehoben auf das Gras.
Wer gerne Frauen diente, wie wenig der da müßig saß!

Da gingen zueinander die Frauen minniglich.
Darüber höchlich freuten viel der Ritter sich,
dass ihrer beider Grüßen so freundlich war geschehen,
man sah da manchen Recken bei den Frauen stehen.

Das herrliche Gesinde nahm sich bei der Hand;
züchtiglich Verneigen man allerorten fand
und liebevolles Küssen von Frauen wohlgetan.
Das sahen gerne Gunthers und Siegfrieds Mannen mit an.

Sie säumten da nicht länger und ritten nach der Stadt.
Der Wirt seinen Gästen wohl schon bewiesen hat,
dass man sie gerne sähe in der Burgunden Land.
Manches schöne Kampfspiel man vor den Jungfrauen fand.

wie gewaltig sie sei'n (daz si gewaltec waeren): Hier wird die Macht deutlich, die Hagen und Ortwin am Hofe haben.

Hagen von Tronje und auch Ortewein
konnten jetzt zeigen, wie gewaltig sie sei'n:
Was sie gebieten mochten, das ward alsbald getan.
Man sah die lieben Gäste viel Dienst von ihnen empfahn.

Man hörte Schilde hallen vor der Feste Tor
von Stichen und von Stößen. Lange hielt davor
der Wirt mit seinen Gästen, bis alle waren drin.
In mancher Kurzweil gingen ihnen schnell die Stunden hin.

Vor den weiten Palas sie nun in Freuden ritten.
Viel kunstvolle Decken, reich und wohlgeschnitten,
sah man von den Sätteln der Frauen wohlgetan
allenthalben hangen; da kamen Gunthers Leute heran.

Sie führten in Gemächer die edlen Gäste da.
Hin und wieder blicken man Brünhilden sah
nach Kriemhild, der Fraue: schön war sie und hold.
Ihres Gesichtes Farbe war strahlender als das Gold.

Da vernahm man allenthalben   zu Worms in der Stadt
den Jubel des Gesindes.   König Gunther bat
Dankwart, seinen Marschall,   des Gesindes zu pflegen.
Da ließ er die Gäste   in gute Herbergen legen.

Draußen und darinnen   beköstigte man sie;
so wohl gewartet wurde   fremder Gäste nie.
Was einer wünschen mochte,   das war ihm gern gewährt.
So reich war der König,   es blieb keinem was verwehrt.

Man dient ihnen freundlich   und ohn' allen Hass.
Der König zu Tische   mit seinen Gästen saß;
Siegfrieden ließ man sitzen,   wo er früher schon getan.
Mit ihm ging zu Tische   gar mancher waidliche Mann.

Wie früher durfte er sich dem König gegenüber auf den Ehrenplatz setzen.

Zwölfhundert Recken   setzten sich im Ring
mit ihm an der Tafel.   Brünhild, die Königin,
dachte: Mächt'ger könne   ein Eigenhold wohl nimmer sein.
Noch war sie Siegfried günstig,   sie ließ ihn gerne gedeihn.

An diesem Abend,   da so der König saß,
wurden schöne Kleider   von dem Weine nass.
Von Tisch zu Tisch   mussten die Schenken gehn
ihr Dienen sah man   mit großem Fleiße geschehn.

Wie bei Hofgelagen   Sitte mochte sein,
ließ man zur Ruh geleiten   Fraun und Mägdelein.
Wer immer auch gekommen,   der Wirt ihm Sorge trug;
in gütlichen Ehren   gab man allen genug.

Die Nacht war zu Ende,   sich hob des Tages Schein,
auf gutem Kleid erglänzte   mancher Edelstein.
Es ward herausgenommen   von schöner Frauenhand
aus den Saumschreinen   so manch herrliches Gewand.

Eh es noch völlig tagte,   kamen vor den Saal
Ritter viel und Knechte.   Da hob sich wieder Schall
vor der Frühmess noch,   die man dem König sang.
So ritten junge Helden,   dass der König ihnen sagte Dank.

Da erklang recht kräftig mancher Posaunenstoß
von Flöten und Trompeten ward der Schall so groß,
dass Worms, die weite Feste, gab lauten Widerhall.
Auf die Rosse sprangen die kühnen Helden überall.

Da hob sich in dem Lande ein hohes Ritterspiel
von manchem guten Recken: man fand ihrer viel,
deren junge Herzen füllte froher Mut.
Unter Schilden sah man manchen stolzen Ritter gut.

Da ließen in den Fenstern die herrlichen Fraun
und viel der schönen Maide sich im Schmucke schaun.
Sie sahen kurzweilen manchen kühnen Mann.
Der Wirt mit seinen Freunden zu reiten selber begann.

So vertrieben sie die Weile, die deuchte sie nicht lang.
Da lud zu dem Dome mancher Glocke Klang.
Den Frauen kamen Rosse, da ritten sie hindann;
den edlen Königinnen folgte mancher kühne Mann.

Sie stiegen vor dem Münster nieder auf das Gras.
Noch hegte zu den Gästen Brünhild keinen Hass.
Sie gingen unter Krone in das Münster weit;
bald schied sich diese Liebe: das führte zu grimmigem Neid.

Als Messe war gesungen, sah man sie weiterziehn
unter hohen Ehren. Sie gingen heiter hin
zu des Königs Tischen. Ihre Freude nicht erlag
bei diesen Lustbarkeiten bis gegen den elften Tag.

Die Königin gedachte: Ich will's nicht länger tragen.
Wie ich es fügen möge, Kriemhild muss mir sagen,
warum uns so lange den Dienst versagt ihr Mann.
Der ist doch unser Eigen! Auf diese Frag ich nicht verzichten kann.

Riemenbeschlag, hunnisch

So harrte sie der Stunde, bis es der Teufel riet,
dass sie das Hofgelage und die Lust mit Leide schied.
Was ihr lag am Herzen, zu Lichte musst es kommen:
Drum ward in manchen Landen durch sie viel Jammer vernommen.

Vierzehntes Abenteuer

WIE DIE KÖNIGINNEN EINANDER SCHALTEN

Das Missverständnis spitzt sich zu: Brünhild bezeichnet Kriemhild gegenüber Siegfried als Eigenhold der burgundischen Könige, da er sich selbst damals in Island als Lehensmann Gunthers vorgestellt habe. Kriemhild widerspricht und kündigt an, dass sie beim abendlichen Kirchgang vor Brünhild das Münster betreten werde, um damit ihre gehobene gesellschaftliche Stellung allgemein zu demonstrieren.

Als die Königinnen um das Recht des Vortritts streiten, verrät Kriemhild voll Zorn die Rolle Siegfrieds als Stellvertreter Gunthers in der Hochzeitsnacht. Sie bezeichnet Brünhild als Siegfrieds Kebse. Mit Ring und Gürtel – die Siegfried einst Brünhild raubte – erhärtet sie ihre Behauptung. König Gunther befragt Siegfried, ob er sich solcher Beziehung zu Brünhild gerühmt habe. Siegfrieds Ehrenerklärung wird von Gunther angenommen, befriedigt aber nicht Brünhild und die burgundischen Lehnsmänner. Hagen von Tronje beweist nun, dass sein stolz verkündetes Treuebekenntnis zu den Burgundenkönigen – und damit auch zu Gunthers Gemahlin – kein leeres Gerede war. Er sinnt auf Rache und beginnt Siegfrieds Tod zu planen.

Zu diesem Zweck muss er in Erfahrung bringen, wo sich die einzige verwundbare Stelle an Siegfrieds hornhautgeschütztem Körper befindet.

Dass Siegfrieds Hornhaut beim Bad im Drachenblut (drittes Abenteuer) an einer Stelle lückenhaft blieb, wird erst jetzt angedeutet. Möglich, dass der Dichter diese Kenntnis vorher bei seinen Zuhörern voraussetzte.

Es war vor der Vesperzeit, als man den Schall vernahm,
der von manchen Recken auf dem Hofe kam:
Sie stellten Ritterspiele der Kurzweil Willen an.
Da eilten es zu schauen Frauen viel und mancher Mann.

Vesperzeit (vesperzîte): Mitte des Nachmittags

Da saßen beisammen die Königinnen reich
und gedachten zweier Recken, die waren ohnegleich.
Da sprach die schöne Kriemhild: »Ich hab einen Mann,
dem wären diese Reiche wohl am besten untertan.«

Da sprach zu ihr Frau Brünhild: »Wie könnte das wohl sein?
Wenn niemand anderer lebte als du und er allein,
so möchten ihm die Reiche wohl zu Geboten stehn:
Solange Gunther lebte, so könnt es nimmer geschehn.«

Da sprach Kriemhild wieder: »Siehst du, wie er steht,
wie er da so herrlich vor allen Recken geht,
wie der lichte Vollmond vor den Sternen tut!
Darob mag ich wohl immer tragen fröhlichen Mut.«

Da sprach wieder Brünhild: »Wie stattlich sei dein Mann,
wie schön und wie tapfer, so steht ihm doch voran
Gunther, der Recke, der edle Bruder dein!
Glaub mir's: Er muss bedeutender als alle Könige sein.«

Genoss (genôz): Ebenbürtiger

Da sprach Kriemhild wieder: »So wert ist mein Mann,
dass er ohne Grund nicht solch Lob von mir gewann.
An gar manchen Dingen ist seine Ehre groß.
Glaubst du das, Brünhild? Er ist wohl Gunthers Genoss!«

»Du sollst mich, Kriemhild, nicht übel verstehen.
Es ist auch meine Rede nicht ohne Grund geschehn.
Ich hört es beide sagen, als ich zuerst sie sah,
und als des Königs Willen in meinen Spielen geschah.

Als Gunther meine Minne so ritterlich gewann,
da sagt es Siegfried selber, er sei des Königs Mann:
Drum halt ich ihn für eigen: Ich hört es ihn gestehn.«
Da sprach die schöne Kriemhild: »So wär mir übel geschehn.

Wie hätten so entschieden die edlen Brüder mein,
dass ich ihres Eigenmannes Gemahlin sollte sein,
darum will ich, Brünhild, gar freundlich dich bitten:
Lass mir zulieb die Rede hinfort mit gütlichen Sitten.«

Die Königin versetzte: »Sie lassen mag ich nicht:
Wie tät ich auf so manchen Ritter wohl Verzicht,
der uns mit dem Degen zu Dienst ist untertan?«
Kriemhild die schöne hub da sehr zu zürnen an:

»Dem musst du wohl entsagen, dass er in der Welt
dir irgend Dienste leiste. Er ist sogar höhergestellt
als mein Bruder Gunther, der Degen unverzagt.
Erspar mir fürderhin, was du mir jetzo gesagt.

Bedenke doch: Wenn er dein Lehnsmann ist
und du die Frau des Lehnsherrn bist –
warum er dir wohl keinen Dienst geleistet hat?
Deines Übermutes bin ich nun gänzlich satt.«

»Du willst dich überheben«, sprach da die Königin.
»Wohlan, ich will doch schauen, ob man dich fürderhin
so hoch in Ehren halte, als man mich selber tut.«
Die Frauen waren beide in sehr zornigem Mut.

Da sprach wieder Kriemhild: »Das wird dir wohl bekannt:
Da du meinen Siegfried dein Eigen hast genannt,
so sollen heut die Degen der beiden Kön'ge sehn,
ob ich vor der Königin wohl zur Kirche dürfe gehn.

Ich lasse dich wohl schauen, dass ich edel bin und frei
und dass mein Mann viel werter als der deine sei.
Ich will damit auch selber nicht bescholten sein:
Du sollst noch heute sehen, wie die Eigenholde dein

zu Hof geht vor den Helden in deinem eignen Land.
Ich will höher gelten, als man je gekannt
irgendeine Königin, die eine Krone trug.«
Unter den Frauen hob sich der Hass da grimm genug.

Da sprach Brünhild wieder: »Willst du nicht eigen sein,
so musst du dich scheiden mit den Frauen dein
von meinem Gefolge, wenn wir zum Münster gehn.«
»In Treuen«, sprach da Kriemhild, »also soll es geschehn.«

»Nun kleidet euch, ihr Maiden«, hub da Kriemhild an:
»damit ich diese Schande von mir weisen kann,
zeigt euch heute in eurem reichsten Staat,
sie soll es noch verleugnen, was ihr Mund gesprochen hat.«

Sie taten es mit Freude, sie suchten reich Gewand.
Wie bald man da im Schmucke viel Fraun und Maiden fand!
Da kam mit dem Gesinde des edlen Wirtes Weib,
geschmückt und wohlgekleidet ward auch Kriemhildens holder Leib.

Die dreiundvierzig Maiden, die sie zum Rhein gebracht,
die trugen lichte Zeuge, in Arabien gemacht.
So kamen zu dem Münster die Mägdlein wohlgetan.
Ihrer harrten vor dem Hause, die Siegfrieden untertan.

Die Leute nahm es wunder, warum das geschah,
dass man die Königinnen so geschieden sah
und dass sie beieinander nicht gingen so wie eh.
Das geriet noch manchen Degen zu Sorgen und großem Weh.

Nun stand vor dem Münster König Gunthers Weib.
Da fanden viel der Ritter genehmen Zeitvertreib
bei den schönen Frauen, die sie da nahmen wahr.
Da kam die edle Kriemhild mit ihrer herrlichen Schar.

Was Kleider je getragen eines edlen Ritters Kind,
gegen ihr Gesinde war alles nur wie Wind.
Sie war so reich, dass dreißig Königfraun
die Pracht nicht zeigen könnten, die Kriemhild ließ da schauen.

Was man auch wünschen mochte, niemand konnte sagen,
dass er so reiche Kleider je gesehen tragen,
als da zur Stunde trugen ihre Mägdlein wohlgetan.
Brünhilden war's zuleide, sonst hätt es Kriemhild nicht getan.

Nun kamen sie zusammen vor dem Münster weit.
Die Hausfrau des Königs aus ingrimmem Neid
ließ da Kriemhilden unwirsch stille stehn:
»Es soll vor Königsweibe die Eigenholde nicht gehn.«

Kebse: Nebenfrau, Geliebte

Da sprach die schöne Kriemhild, zornig war ihr Mut:
»Hättest du noch geschwiegen, das wär dir wohl gut.
Du hast geschändet selber deinen schönen Leib:
Wie konnt eines Lehnsmanns Kebse je werden eines Königs Weib!«

»Wen nennst du eine Kebse?«, sprach des Königs Weib.
»Das tu ich«, sprach Kriemhild, »weil deinen schönen Leib
hat Siegfried erst geminnet, mein geliebter Mann.
Wohl war es nicht mein Bruder, der dir das Magdtum abgewann!

Wo blieb denn dein Verstand? Es war doch arge List:
Was ließest du ihn minnen, wenn er nicht ebenbürtig ist?
Ich höre dich«, sprach Kriemhild, »ohn' alle Ursach klagen.«
»Meiner Treu«, sprach Brünhild, »das will ich doch Gunthern sagen.«

»Wie mag mich das gefährden? Dein Übermut hat betrogen dich,
als deine Leibeigne bezeichnetest du mich!
Das wisse du in Treuen, es ist mir immer leid:
Zu trauter Freundschaft bin ich dir nimmer wieder bereit.«

Brünhild begann zu weinen; Kriemhild ließ weitre Worte sein.
Vor des Königs Weibe trat sie ins Münster ein
mit ihrem Ingesinde. Das ergab viel Hass;
manch Auge wurde später sehr getrübt davon und nass.

Wie man da Gott auch diente oder jemand sang,
Brünhilden währte die Weile viel zu lang.
Ihr war allzu trübe der Sinn und auch der Mut:
Des musste bald entgelten mancher Degen kühn und gut.

Dass Brünhild ihn minnen ließ, ist eine ungerechtfertigte Unterstellung Kriemhilds. Brünhild wusste nichts von diesem Ränkespiel.

Brünhild mit ihren Frauen   ging vor das Münster dann
und dacht: Von Kriemhild   genaue Auskunft ich verlang,
wes mich so laut hier zeihte   das wortscharfe Weib:
Wenn Siegfried sich's gerühmt hat,   geht's ihm an Leben und Leib!

Nun kam die edle Kriemhild   mit manchem kühnen Mann.
Da begann Frau Brünhild: »Haltet hier noch an.
Ihr habt genannt mich Kebse.   Ich will Beweise sehn.
Mir ist von Euren Reden,   das wisset, übel geschehn.«

Golde: Goldring

Da sprach die schöne Kriemhild: »Was lasst Ihr mich nicht gehn?
Ich bezeug es mit dem Golde,   an meiner Hand zu sehn.
Das brachte mir Siegfried,   nachdem er bei Euch lag.«
Nie erlebte Brünhild   wohl einen leidigem Tag.

Sie sprach: »Dies Gold, das   edle,   das ward mir gestohlen
und blieb mir lange Jahre   übel verhohlen:
Ich komme nun dahinter,   wer mir es hat genommen.«
Die Frauen waren beide   in großen Unmut gekommen.

»dein Mann« in des Wortes doppelsinniger Bedeutung: dein Geliebter und dein (vermeintlicher) Lehensmann

Da sprach wieder Kriemhild: »Nenn mich nur keinen Dieb.
Du hättest schweigen sollen,   wär dir die Ehre lieb.
Ich bezeug's auch mit dem Gürtel,   den ich umgetan,
ich habe nicht gelogen: Wohl wurde Siegfried dein Mann ...«

Von Niniveer Seide   sie einen Gürtel trug
mit edlem Gesteine,   der war wohl schön genug.
Als Brünhild ihn erblickte,   zu weinen hub sie an.
Bald wird es Gunther wissen   und alle, die ihm untertan.

Da sprach des Landes Königin: »Sendet her zu mir
den König vom Rheine: hören soll er hier,
wie schwer seine Schwester   schändet meinen Leib:
Sie sagt vor allen Leuten,   ich sei Siegfriedens Weib.«

Der König kam mit Recken.   Als er weinen sah
Brünhild, seine Traute,   gütlich sprach er da:
»Von wem, liebe Fraue,   ist Euch ein Leid geschehn?«
Sie sprach zu dem König: »Unglücklich muss ich hier stehn.

Aller meiner Ehren hat die Schwester dein
mich berauben wollen. Das muss geklagt dir sein.
Sie sagt, ich sei die Kebse von Siegfried, ihrem Mann.«
Da sprach König Gunther: »So hat sie übel getan.«

»Sie trägt hier meinen Gürtel, den ich längst verloren,
und mein Gold, das rote. Dass ich je ward geboren,
des muss mich sehr gereuen: Befreist du, Herr, mich nicht
solcher großen Schande, ich minne nie wieder dich.«

Da sprach König Gunther: »So ruft ihn herbei:
Hat er sich's gerühmet, das gesteh er frei,
er woll es denn leugnen, der Held von Niederland.«
Da ward der kühne Siegfried bald hin zu ihnen gesandt.

Bemerkenswert, dass es nur um den Vorwurf der Indiskretion ging, nicht um die Frage, ob etwas Wahres dahintersteckte.

Als Siegfried, der Degen, die Unmutvollen sah
und den Grund nicht wusste, balde sprach er da:
»Was weinen diese Fraun? Das macht mir bekannt.
Und wessentwegen wurde hier nach mir gesandt?«

Da sprach König Gunther: »Groß Herzleid find ich hier.
Eine Märe sagte mein Weib Brünhilde mir:
Du habest dich gerühmet, du wärst ihr erster Mann.
So spricht dein Weib! Sag, Degen, hast du das getan?«

»Niemals«, sprach da Siegfried; »und hat sie das gesagt,
nicht eher will ich ruhen, bis sie es beklagt,
und will davon mich reinigen vor deinem ganzen Heer
mit meinen hohen Eiden, ich sagte solches nimmermehr.«

Da sprach der Fürst vom Rheine: »Wohlan, das zeige mir.
Der Eid, den du geboten, geschieht der allhier,
aller falschen Dinge lass ich dich ledig gehn.«
Man ließ in einem Ringe die stolzen Burgunden stehn.

Da bot der kühne Siegfried zum Eide hin die Hand.
Da sprach der reiche König: »Jetzt hab ich wohl erkannt,
Ihr seid hieran unschuldig, könnt unbescholten gehn.
Des Euch Kriemhild zeihte, das ist nicht von Euch geschehn.«

Fraglich ist, ob der Eid von Siegfried geleistet wurde oder ob Gunther in letzter Sekunde darauf verzichtet hat

Da sprach wieder Siegfried: »Von Kriemhild war's nicht gut,
dass sie deinem schönen Weibe so betrübt den Mut,
das ist mir wahrlich über die Maßen leid.«
Da blickten zueinander die Ritter kühn und allbereit.

»Man soll so Frauen ziehen«, sprach Siegfried, der Degen,
»dass sie üpp'ge Reden lassen unterwegen.
Verbiet es deinem Weibe, ich will es meinem tun.
Solchen Übermutes in Wahrheit schäm ich mich nun.«

Brünhild war von der Ehrenerklärung Siegfrieds nicht befriedigt. Denn er hat – ob mit oder ohne Eid – nur seine Verschwiegenheit versichert, nicht die Tat bestritten. Die Diskretion allein war ihm durchaus zu glauben. Kriemhild konnte auf eine Beziehung zwischen Siegfried und Brünhild aus dem Raub von Ring und Gürtel – zwei erotischen Symbolen – geschlossen haben.

Die beiden Königsfrauen blieben dann entzweit,
und Brünhild zeigte solche Traurigkeit,
dass es erbarmen musste die in Gunthers Lehn.
Von Tronje Hagen sah man zu der Königin gehn.

Er fragte, was ihr wäre, da er sie weinend fand.
Sie sagt ihm die Märe. Er gelobt ihr gleich zur Hand,
dass Siegfried, der Degen, es büßen sollte,
ansonsten er, Hagen, nie mehr fröhlich sein wollte.

Zu dem Gespräche kamen Ortwein und Gernot,
allda die Helden rieten zu Siegfriedens Tod.
Dazu kam auch Giselher, der schönen Ute Kind;
als er die Rede hörte, sprach der Getreue geschwind:

»O weh, Ihr guten Recken, warum tut ihr das?
Siegfried verdiente ja niemals solchen Hass,
dass er darum verlieren Leben sollt und Leib;
es sind unwichtig Dinge, um die wohl zürnet ein Weib.«

Gauch (gouch): Kuckuck. Anspielung darauf, dass der Kukkuck einem in fremde Nester gelegten Ei entschlüpft

»Sollen wir Gauche ziehen?«, sprach Hagen entgegen:
»Das brächte wenig Ehre solchen guten Degen.
Dass er sich rühmen durfte der lieben Fraue mein,
dafür muss er sterben, oder ich will selbst des Todes sein!«

Da sprach der König selber: »Er hat uns nichts getan
als Liebes und Gutes: leb er denn fortan!
Was sollt ich dem Recken hegen solchen Hass?
Er bewies uns immer Treue, gar williglich tat er das.«

Da begann der Degen von Metz Herr Ortewein:
»Wohl kann ihm nicht mehr helfen die große Stärke sein.
Will es mein Herr erlauben, ich tu ihm alles Leid.«
Da waren ihm die Helden ohne Grund zu schaden bereit.

Dem folgte doch niemand, außer dass Hagen
alle Tage pflegte zu Gunthern zu sagen:
Wenn Siegfried nicht mehr lebte, ihm würden untertan
viele Königreiche; König Gunther unsicher zu werden begann.

Man ließ es jetzt bewenden und ging dem Kampfspiel nach.
Hei! Was man starker Schäfte vor dem Münster brach
– vor Siegfrieden Weibe – bis hinan zum Saal.
Mit Unmut sah es mancher, dem König Gunther befahl.

Der König sprach: »Lasst fahren den mordlichen Zorn.
Er ist uns zu Ehren und zum Heil gebor'n;
auch ist so grimmer Stärke der wunderkühne Mann,
wenn er's merken würde, so dürfte niemand mehr ihm nahn.«

»Nicht doch«, sprach da Hagen, »da dürft Ihr ruhig sein:
Wir leiten in der Stille alles sorglich ein.
Brünhildens Weinen soll ihm werden leid.
Immer sei ihm Hagen zu Hass und Schaden bereit.«

Da sprach der König Gunther: »Wie möcht es geschehn?«
Zur Antwort gab ihm Hagen: »Das sollt Ihr bald verstehn:
Wir lassen Boten reiten her in dieses Land,
uns offnen Krieg zu künden. – Die Boten aber sind niemand bekannt.

Dann sagt Ihr vor den Gästen, Ihr wollt mit Eurem Lehn
Euch zur Heerfahrt rüsten. Sieht er das geschehn,
so verspricht er, Euch zu helfen: dann geht's ihm an den Leib,
erfahr ich nur die Märe von des kühnen Recken Weib.«

die Märe: *das Geheimnis von Siegfrieds verwundbarer Stelle*

Der König folgte leider seines Lehnsmanns Rat.
So huben an zu sinnen auf Untreu und Verrat,
eh es wer erkannte, die Ritter auserkoren.
Durch zweier Frauen Streiten ging da mancher Held verloren.

Fünfzehntes Abenteuer

WIE SIEGFRIED VERRATEN WARD

Durch eine erfundene Kriegserklärung, überbracht von falschen Boten, gelingt es Hagen, die Sorge Kriemhilds um Siegfried zu wecken und gleichzeitig ihr Vertrauen zu missbrauchen: Er erfährt von ihr, dass Siegfried beim Bad im Drachenblut wegen eines versehentlich herabgefallenen Lindenblatts zwischen den Schulterblättern keine Hornhaut habe.

Kriemhild will diese Stelle auf Siegfrieds Gewand mit einem Kreuzchen erkennbar machen. Sie glaubt damit Hagen Gelegenheit zu geben, die verwundbare Stelle ihres Gemahls besonders zu beschirmen – tatsächlich kennzeichnet sie ahnungslos das Ziel für eine Mordwaffe. Nachdem Hagen das Geheimnis erfahren hat, lässt er die fälschlich inszenierte Kriegserklärung wieder zurückziehen. Statt zum Kriegszug brechen die Recken nun zur Jagd auf.

Man sah am vierten Morgen   zweiunddreißig Mann
hin zu Hofe reiten: da ward es kundgetan
Gunther dem reichen,   es droh ihm neuer Streit.
Die Lüge schuf den Frauen   das allergrößte Leid.

Gestattet ward es ihnen,   an den Hof zu gehn.
Da sagten sie, sie ständen   in Lüdegers Lehn,
den einst bezwungen hatte   Siegfriedens Hand
und ihn als Geisel brachte   König Gunthern in das Land.

Gunther grüßte die Boten   und hieß sie zu sitzen gehn.
Einer sprach darunter: »Herr König, lasst uns stehn,
dass wir die Mären sagen,   die Euch entboten sind.
Wohl habt Ihr zu Feinden,   das wisst Ihr, mancher Mutter Kind.

Krieg erklärt Euch Lüdegast   und König Lüdeger:
Denen schuft Ihr weiland   grimmige Beschwer:
Nun wollen sie mit Heereskraft   reiten in dies Land.«
Gunther begann zu zürnen,   als wär es ihm bekannt.

Man ließ die falschen Boten   zu den Herbergen gehn.
Wie mochte da Siegfried   der Tücke sich versehn,
er oder anders jemand,   die man so listig spann?
Doch war es ihnen selber   zu großem Leide getan.

Der König mit den Freunden   ging raunend ab und zu:
Hagen von Tronje   ließ ihm keine Ruh.
Noch wollt es mancher wenden   in des Königs Lehn;
doch nicht vermocht er Hagen   von seinen Plänen abzustehn.

Eines Tages Siegfried   die Degen raunend fand.
Da begann zu fragen   der Held von Niederland:
»Wie traurig geht der König   und die ihm untertan?
Das helf ich immer rächen,   hat ihnen wer ein Leid getan.«

Da sprach König Gunther: »Wohl hab ich Herzeleid:
Lüdegast und Lüdeger   drohn mir wieder Streit.
Mit Heerfahrten wollen sie   reiten in mein Land.«
Da sprach der kühne Degen: »Dem soll Siegfriedens Hand

nach allen Euren Ehren   mit Kräften widerstehn;
von mir geschieht den Degen,   was ihnen einst geschehn.
Ihre Burgen leg ich wüste   und dazu ihr Land,
ehe ich ablasse: des sei mein Haupt Euer Pfand.

Ihr mit Euren Mannen   nehmt der Heimat wahr;
lasst mich zu ihnen reiten   mit meiner Leute Schar.
Dass ich Euch gerne diene,   lass ich Euch wohl sehn:
Von mir soll Euren Feinden,   das wisset, übel geschehn.«

»Nun wohl mit dieser Märe!«   Der König sprach da so,
als wär er seiner Hilfe   allen Ernstes froh.
Tief neigte sich in Falschheit   der ungetreue Mann.
Da sprach der edle Siegfried: »Lasst Euch keine Sorge nahn.«

Sie schickten mit den Knechten   zu der Fahrt sich an:
Siegfrieden und den Seinen   ward es zum Schein getan.
Da hieß er sich rüsten   die von Niederland:
Siegfriedens Recken   suchten ihr Streitgewand.

Da sprach der starke Siegfried: »Mein Vater Siegmund,
bleibt Ihr hier im Lande: Wir kehren bald gesund,
will Gott uns Glück verleihen,   wieder an den Rhein.
Ihr sollt bei dem König   unterdessen fröhlich sein.«

Da wollten sie von dannen. Die Fähnlein band man an.
Umher standen viele, die Gunthern untertan,
und hatten nicht erfahren, wie es damit bewandt.
Groß Heergesinde war es, das da bei Siegfrieden stand.

Die Panzer und die Helme man auf die Rosse lud;
aus dem Lande wollten viel starke Recken gut.
Da ging von Tronje Hagen hin, wo er Kriemhild fand;
er bat sie um Urlaub: Sie wollten räumen das Land.

»Nun wohl mir«, sprach Kriemhild, »dass ich den Mann gewann,
der die Verwandten mein so wohl beschützen kann,
wie hier mein Herr Siegfried an meinen Brüdern tut:
Darum trag ich«, sprach die Königin, »immer fröhlichen Mut.

Lieber Freund Hagen, nun hoff ich, Ihr gedenkt
dass ich Euch gerne mag; ich hab Euch nie gekränkt.
Das komme mir zugute an meinem lieben Mann.
Lasst es ihn nicht entgelten, was ich Brünhilden getan!

Des hat mich schon gereut«, sprach das edle Weib;
»auch hat er so zerbleuet zur Strafe mir den Leib,
dass ich je beschwerte mit Reden ihr den Mut,
er hat es wohl gerächt, dieser Degen kühn und gut.«

Da sprach er: »Ihr versöhnt Euch wohl in wenig Tagen.
Kriemhild, liebe Herrin, nun sollt Ihr mir sagen,
wie ich Euch dienen möge an Siegfried, Eurem Herrn.
Ich gönn es niemand besser und tu es, Königin, gern.«

»Ich wär ohn' alle Sorge«, sprach da das edle Weib,
»dass man ihm im Kampfe Leben nähm und Leib,
wenn er nicht folgen wollte seinen Übermut;
so wär immer sicher dieser Degen kühn und gut.«

Übermut:
hier im Sinne von übermäßigem Mut, Tollkühnheit

»Fürchtet Ihr, Herrin«, Hagen da begann,
»dass er verwundet wird, so vertraut mir an,
wie soll ich's beginnen, dem zu widerstehn?
Zu seinem Schutze will ich bei ihm reiten und gehn.«

»Du bist verwandt zu mir, so will ich dir es sein:
Ich befehle dir auf Treue den holden Gatten mein,
dass du mir behütest den geliebten Mann.«
Was besser wär verschwiegen, vertraute da sie ihm an.

Sie sprach: »Mein Mann ist tapfer, dazu auch stark genug.
Als er den Linddrachen an dem Berge schlug,
da badet in dem Blute der Degen allbereit,
daher ihn keine Waffe je versehren mocht im Streit.

Jedoch bin ich in Sorgen, wenn er im Kampfe steht
und aus der Helden Hände mancher Speerwurf geht,
dass ich da verliere meinen lieben Mann.
Ach, was hab ich um ihn mir Sorgen schon angetan!

Im Originaltext heißt es: »zwischen di herte« (zwischen die Schulterblätter).

Mein lieber Freund, ich sag es im Vertrauen dir,
dass du deine Treue bewähren mögst an mir,
wo man mag verwunden meinen lieben Mann.
Da sollst du nun vernehmen: es ist im Vertrauen getan.

Als von des Drachen Wunden floss das heiße Blut
und sich darinnen badete der kühne Recke gut,
da fiel ihm auf den Rücken ein Lindenblatt so breit:
Dort kann man ihn verwunden; das schafft mir Sorgen und Leid.«

Da sprach von Tronje Hagen: »So näht auf sein Gewand
mir ein kleines Zeichen mit eigener Hand.
Wo ich ihn schirmen müsse, mag ich daran ersehn.«
So glaubt sie ihn beschützt, doch zum Verderben war's ihm geschehn.

Sie sprach: »Mit feiner Seide näh ich auf sein Gewand
insgeheim ein Kreuzchen: da soll, Held, deine Hand
mir den Mann behüten, wenn's ins Gedränge geht
und er von seinen Feinden in den starken Stürmen steht.«

»Das tu ich«, sprach da Hagen, »vielliebe Herrin mein.«
Wohl wähnte da die Gute, sein Frommen sollt es sein:
Da war hiermit verraten der Kriemhilde Mann.
Abschied nahm Hagen, dann ging er fröhlich hindann.

Was er erfahren hätte, bat ihn sein Herr zu sagen.
»Könnt Ihr die Heerfahrt wenden, so lasst uns lieber jagen.
Ich weiß nun wohl die Kunde, wie ich ihn töten soll.
Wollt Ihr die Jagd bestellen?« – »Das tu ich«, sprach der König, »wohl.«

Das Dienstgefolg des Königs war froh und wohlgemut.
Ich glaub, dass solche Bosheit kein Recke wieder tut
in so verräterischer Weise, wie Hagen es bewies,
als sich auf seine Treue die schöne Königin verließ.

Früh des andern Morgens mit wohl tausend Mann
ritt Siegfried, der Degen, mit frohen Mut hindann:
Er wähnt, er solle rächen seiner Freunde Leid.
So nah ritt ihm Hagen, dass er beschaute sein Kleid.

Als er ersah das Zeichen,   da schickt er ungesehn,
andre Mär zu bringen,   zwei aus Gunthers Lehn:
In Frieden, sagten sie,   sollte bleiben das Land,
es habe sie Herr Lüdeger   zu dem König gesandt.

Wie ungerne Siegfried   abließ vom Streit,
da er nicht rächen durfte   seiner Freunde Leid!
Kaum hielten ihn zurück,   die Gunthern untertan.
Da ritt er zu dem König,   der ihm zu danken begann:

»Nun lohn Euch Gott, Freund Siegfried,   den willigen Sinn,
dass Ihr so gerne tatet,   was mir vonnöten schien:
Das will ich Euch vergelten,   wie ich billig soll.
Vor allen meinen Freunden   vertrau ich Euch immer wohl.

Da wir uns der Heerfahrt   so entledigt sehn,
so lasst uns nun Bären   und Schweine jagen gehn
nach dem Odenwalde,   wie ich oft getan.«
Geraten hatte Hagen das,   dieser ungetreue Mann.

»Allen meinen Gästen   soll man das nun sagen,
ich denke früh zu reiten: Die mit mir wollen jagen,
die lasst sich fertig halten.   Die aber hier bestehn,
kurzweilen mit den Frauen: So soll es morgen geschehn.«

In aller Höflichkeit   sprach da Siegfried:
»Wenn Ihr jagen reitet,   da will ich gerne mit.
So sollt Ihr mir leihen   einen Jägersmann
mit etlichen Bracken: So reit ich mit Euch in den Tann.«

»Wollt Ihr nur einen?«,   frug Gunther zuhand.
»Ich leih Euch, wollt Ihr, viere,   denen wohl bekannt
der Wald ist und die Steige,   wo viel Wildes ist,
dass Ihr, des Wegs unkundig,   nicht ohne Beute heimwärts müsst.«

Da ritt zu seinem Weibe   der Degen unverzagt.
Derweil es hatte Hagen   dem Könige gesagt,
wie er verderben wolle   den herrlichen Degen.
So großer Untreue   sollt ein Mann nimmer pflegen.

Statt Odenwald steht im Originaltext »Waskenwalde« (Vogesen). Da es sich offensichtlich um eine Verwechslung handelt und der Odenwald gemeint sein muss, hat diese Korrektur sich in den meisten Textübertragungen durchgesetzt.

Bracke: *Jagdhundrasse*

Sechzehntes Abenteuer

WIE SIEGFRIED ERSCHLAGEN WARD

Zu Beginn ein typisch altgermanisches Erzählmotiv: die Vorahnung eines Unheils durch düstere Träume. Kriemhild versucht Siegfried unter Berufung auf solche Träume von der Jagd abzuhalten, fordert aber nur freundlichen Spott heraus. Als Siegfried zur Jagd aufbricht, trägt er – ahnungslos – auf seinem Gewand das von Kriemhild fürsorglich eingestickte Kreuzchen.

Nach ausführlich dargestellten Jagdszenen steigert der Dichter die Handlung zum tragischen Höhepunkt. Mit List gelingt es Hagen, Siegfried plangemäß von der Jagdgesellschaft abzusondern und zu einem Wettlauf mit Gunther zu bewegen. Ziel ist eine abgelegene Quelle: der von Hagen vorgesehene Tatort, wo Siegfried beim Trinken hinterrücks durch einen Speerstoß getötet werden soll.

Siegfried kommt mit so großem Vorsprung an, dass er sein Leben retten könnte, wenn er sogleich – vor dem Eintreffen Hagens – trinken würde. Doch die höfische Etikette, vom Dichter des Nibelungenliedes so oft ins Spiel gebracht, wird Siegfried hier zum tödlichen Verhängnis. Da er dem königlichen Jagdherrn Gunther den Vortritt lässt, hat Hagen genug Zeit, um zur Stelle zu sein. Und als Siegfried sich schließlich zum Trinken niederbückt, schleudert Hagen ihm den Speer in die verwundbare Stelle am Rücken.

In der Sterbeszene wird eine im Mittelalter allgemein übliche Auffassung beschworen: dass ein Fluch auf alle Nachkommen der Mörder lasten würde und dass selbst die Verwandten davon betroffen seien. Deshalb sorgt Siegfried sich vor seinem Tode noch um Kriemhild und um seinen Sohn. Sie sind ja beide Verwandte von Gunther, dessen Mittäterschaft er durchschaut hat.

Als nach dem Tode Siegfrieds die anderen Jagdteilnehmer hinzukommen, schlagen sie vor, die Tat als Raubmord unbekannter Schächer hinzustellen. Hagen indes gibt zu erkennen, dass er sich im Recht fühlt, weil Kriemhild seiner Lehensherrin »den Mut betrübet hat«.

Gunther und Hagen,   die Recken wohlgetan,
verkündeten voll Tücke   ein Pirschen in den Tann.
Mit ihren scharfen Spießen   wollten sie jagen Schwein
und Bären und Wisente: Was mochte Kühneres sein?

Brunnen (brunnen): Gemeint ist eine Quelle.

Da ritt auch mit ihnen   Siegfried mit stolzem Sinn.
Man bracht ihnen Speise   aller Art dahin.
An einem kühlen Brunnen   ließ er da das Leben.
Den Auftrag hatte Brünhild,   König Gunthers Weib, gegeben.

Da ging der kühne Degen hin, wo er Kriemhild fand.
Schon war aufgeladen das edle Pirschgewand
ihm und den Gefährten: Sie wollten übern Rhein.
Da konnte Kriemhilden nicht leider zumute sein.

Seine liebe Traute küsst er auf den Mund:
»Gott lasse mich dich, Liebe, noch wiedersehn gesund,
und deine Augen mich auch; mit holden Freunden dein
kürze dir die Stunden: Ich kann nun nicht bei dir sein.«

Da gedachte sie der Märe, die sie Hagen hat gesagt,
doch sie verschwieg's. Da hat sie denn geklagt,
die edle Königstochter, dass sie je geboren ward.
Ohne Maßen weinte die wunderschöne Fraue zart.

Märe:
Hier ist die Geschichte von der verwundbaren Stelle gemeint.

Sie sprach zu dem Recken: »Lasst Euer Jagen sein:
Mir träumt heut Nacht von Leide, wie Euch zwei wilde Schwein'
über die Heide jagten: da wurden Blumen rot.
Dass ich so bitter weine, das tut mir armem Weibe not.

Wohl muss ich fürchten etlichen Verrat,
wenn man den und jenen vielleicht beleidigt hat,
der uns verfolgen könnte mit feindlichem Hass.
Bleibt hier, lieber Herre, mit Treuen rat ich Euch das.«

Er sprach: »Liebe Traute, ich komm in kurzer Zeit;
ich glaub nicht, dass hier jemand mir Hass trüg oder Neid.
Alle deine Freunde sind insgemein mir hold;
auch verdient ich von den Degen wohl nicht anderlei Sold.«

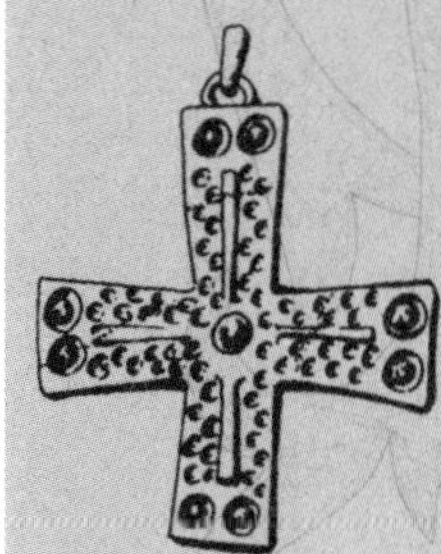

Goldblattkreuz

»Ach nein, lieber Siegfried: Wohl fürcht ich deinen Fall.
Mir träumt heut Nacht vom Leide, wie über dir zu Tal
fielen zwei Berge, dass ich dich nie mehr sah:
Und willst du von mir scheiden, das geht mir inniglich nah.«

Er umfing mit Armen das zuchtreiche Weib,
mit holden Küssen herzt er ihr den schönen Leib.
Dann nahm er Urlaub und schied in kurzer Stund;
sie ersah ihn leider darnach nimmermehr gesund.

Da ritten sie von dannen   in einen tiefen Tann
der Kurzweile willen;   manch kühner Rittersmann
ritt mit dem König.   Hinausgesendet ward
auch viel der edlen Speise,   die sie brauchten zu der Fahrt.

Manch Saumross zog beladen   vor ihnen übern Rhein,
das den Jagdgesellen   das Brot trug und den Wein,
das Fleisch mit den Fischen   und Vorrat aller Art,
wie sie ein reicher König   wohl haben mag auf der Fahrt.

Da ließ man herbergen   bei dem Walde grün
vor des Wildes Wechsel   die stolzen Jäger kühn,
wo sie da jagen wollten   auf breitem Angergrund.
Auch Siegfried war gekommen: das ward dem Könige kund.

Warte: Anstände

Von den Jagdgesellen   ward umhergestellt
die Wart an allen Enden: Da sprach der kühne Held,
Siegfried der starke: »Wer soll uns in den Wald
nach dem Wilde weisen,   Ihr Degen kühn und Wohlgestalt?«

»Wir wollen uns trennen«,   hub da Hagen an,
»eh wir beginnen   zu jagen hier im Tann,
so mögen wir erkennen,   ich und der Herre mein,
wer die besten Jäger   bei diesem Jagdzug sei'n.

Leute so wie Hunde,   wir teilen uns darein:
Dann geht, wohin ihn lüstet,   jeglicher allein,
und wer das Beste jagte,   dem sagen wir den Dank.«
Da weilten die Jäger   beieinander nicht mehr lang.

Da sprach der edle Siegfried: »Viel Hunde brauch ich nicht.
Nur einen Bracken,   der so ist abgericht',
dass er die Fährte spüre   der Tiere durch den Tann,
dann mache ich wohl Beute«,   sprach der Kriemhilde Mann.

Da nahm ein alter Jäger   einen Spürhund mit sich
und brachte Siegfried,   eh lange Zeit verstrich,
wo sie viel Wildes fanden: Was dort erstöbert ward,
das erjagten die Gesellen,   wie heut noch guter Jäger Art.

Was da der Brack ersprengte, das schlug mit seiner Hand
Siegfried der kühne, der Held von Niederland.
Sein Ross lief so geschwinde, dass ihm nicht viel entrann:
Das Lob er bei dem Jagen vor ihnen allen gewann.

Er war in allen Dingen mannhaft genug.
Das erste der Tiere, die er zu Tode schlug,
war ein junges Wildschwein, das traf des Helden Hand;
nicht lang darauf der Degen einen grimmigen Löwen fand.

Der Löwe (lewe) könnte der allgemeinen Kreuzzug-Begeisterung zur Zeit des Nibelungenliedes entsprungen sein.

Als den der Hund ersprengte, schoss er ihn mit dem Bogen
und dem scharfen Pfeile, den er darauf gezogen;
der Leu lief nach dem Schusse nur dreier Sprünge lang.
Seine Jagdgesellen, die sagten Siegfrieden Dank.

Einen Wisent schlug er, darnach einen Elch,
auch vier starke Auer und einen grimmen Schelk.
Sein Pferd trug ihn so schnelle, dass ihm nichts entsprang:
Hinden und Hirsche wurden viele sein Fang.

Schelk: ausgestorbener Riesenhirsch

Einen großen Eber trieb der Spürhund auf.
Als der flüchtig wurde, da kam in schnellem Lauf
der waidgerechte Jäger und nahm zum Ziel ihn gleich.
Anlief das Schwein im Zorne diesen Helden tugendreich.

Da schlug es mit dem Schwerte Kriemhildes Mann:
Das hätt ein andrer Jäger nicht so geschickt getan.
Als es nun gefällt lag, fing man den Fährtenhund.
Da wurde Siegfrieds Beute den Burgunden allen kund.

Goldschmuck, awarisch

Da sprachen seine Jäger: »Kann es füglich sein,
so lasst uns, Herr Siegfried, des Wilds ein Teil gedeihn:
Ihr wollt uns heute leeren den Berg und auch den Tann.«
Darob begann zu lächeln der Degen kühn und wohlgetan.

Man vernahm dann allenthalben Lärmen und Getos.
Von Leuten und von Hunden ward der Schall so groß,
man hörte widerhallen den Berg und auch den Tann.
Vierundzwanzig Meuten hatten die Jäger losgetan.

Da wurde viel des Wildes dort vom Tod ereilt.
Da glaubte mancher Jäger, dass ihm würd zugeteilt
der Preis der Jagd. – Jedoch: das konnte nicht geschehn,
als bei der Feuerstätte der starke Siegfried ward gesehn.

Die Jagd war zu Ende, doch nicht so ganz und gar.
Zu der Feuerstelle brachte der Jäger Schar
Häute mancher Tiere und des Wilds genug.
Hei! Was da zur Küche des Königs Ingesinde trug!

Da ließ der König künden den Jägern wohlgebor'n,
dass er zum Imbiss wolle; da wurde laut ins Horn
einmal gestoßen: So machten sie bekannt,
dass man den edlen Fürsten nun bei dem Rastplatz fand.

Da sprach ein Jäger Siegfrieds: »Mit eines Hornes Schall
ward uns kundgegeben, Herr, dass wir nun all
zum Rastplatz sollen: Ich geb jetzt Antwort drauf.«
Die Jäger alle strebten zum Rastplatz zuhauf.

Da sprach der edle Siegfried: »Nun räumen wir den Wald.«
Er ritt auf seinem Rosse. Die andern folgten bald.
Aufschreckte da vom Hufgeschall ein Waldtier grimmiglich:
Es war ein wilder Bär. Da sprach der Degen hinter sich:

»Ich schaff uns Jagdgesellen eine Kurzweil.
Da seh ich einen Bären; den Bracken löst vom Seil.
Zu dem Rastplatz soll mit uns der Bär:
Er kann uns nicht entrinnen, und versuchte er's auch noch so sehr.«

Da lösten sie den Bracken; der Bär sprang hindann.
Da wollt ihn erreiten der Kriemhilde Mann.
Er kam in eine Bergschlucht: da konnt er ihm nicht bei;
das starke Tier wähnte von den Jägern schon sich frei.

Da sprang von seinem Rosse der kühne Rittersmann
und begann ihm nachzulaufen. Das Tier, es war sodann
nicht mehr auf der Hut. – Er fing es allzuhand.
Ohn' es zu verwunden, der Held das Raubtier band.

Kratzen oder beißen   konnt es nicht den Mann;
er band es an den Sattel;   auf saß der Schnelle dann
und bracht es an die Feuerstatt   in seinem hohen Mut
zu einer Kurzweile,   dieser Degen kühn und gut.

Er ritt zum Rastplatz   in welcher Herrlichkeit!
Sein Speer war gewaltig,   stark dazu und breit:
Eine schmucke Waffe hing ihm   herab bis auf den Sporn;
von rotem Golde führte   der Held ein herrliches Horn.

Von bessrem Pirschgewande   hört ich niemals sagen.
Einen Rock von schwarzem Zeuge   sah man ihn tragen
und einen Hut von Zobel,   der reich war genug.
Hei! Was edler Borten   er an seinem Köcher trug!

Ein Vlies von einem Panther   war darauf gezogen
des Wohlgeruches wegen.   Auch trug er einen Bogen:
Mit einer Winde   musst ihn ziehen an,
wer ihn spannen wollte.   Er selbst es mit seinen Händen kann.

Der Wohlgeruch des Panthers (pantel) wird in mittelalterlichen Tierbüchern vielfach beschrieben.

Vom Pelz des Otters   war all sein Gewand,
das man von Kopf zu Füßen   bunt überhangen fand.
Aus dem lichten Pelzwerk   zu beiden Seiten hold
an dem kühnen Jägersmann   sah man das Glitzern von Gold.

Auch führt er Balmung,   das   breite schmucke Schwert:
Es war von solcher Schärfe,   dass nichts blieb unversehrt,
wenn man es schlug auf Helme;   seine Schneiden waren gut.
Der herrliche Jäger   trug gar hoch seinen Mut.

Wenn ich euch der Märe   ganz berichten soll:
So war sein edler Köcher   guter Pfeile voll
mit goldenen Röhren,   die Eisen händebreit,
was er traf mit Schießen,   dem war das Ende nicht weit.

Da ritt der edle Ritter   stattlich aus dem Tann;
Gunthers Leute sahen,   wie er ritt heran.
Sie liefen ihm entgegen   und hielten ihm das Ross:
Da trug er an dem Sattel   einen Bären stark und groß.

Als er vom Ross gestiegen, löst er dem Bär das Band
vom Mund und von den Füßen. Die Hunde gleich zur Hand
begannen laut zu heulen, als sie den Bären sahn.
Das Tier zu Walde wollte. Das erschreckte manchen Mann.

Sodann der wilde Bär zur Kochstelle geriet.
Hei! Was er Küchenknechte da vom Feuer trieb,
gestürzt ward mancher Kessel, verschleudert mancher Brand:
Hei! Was man guter Speisen in der Asche liegen fand!

Da sprang von den Sitzen Herr und Knecht zumal.
Der Bär begann zu zürnen; der König gleich befahl
der Hunde Schar zu lösen, die an den Seilen lag.
Hätt alles gut geendet, es wär gewesen ein fröhlicher Tag.

Mit Bogen und mit Spießen, man säumte sich nicht mehr,
liefen sie alle hinter dem Bären her.
Doch wollte niemand schießen, von Hunden war's zu voll.
So laut war das Getöse, dass rings der Bergwald erscholl.

Der Bär begann zu fliehen vor der Hunde Zahl;
ihm konnte niemand folgen als Kriemhilds Gemahl.
Mit seinem scharfen Schwerte zu Tod er ihn erschlug.
Das Gesinde dann den Bären zum Feuer trug.

Da sprachen die Freunde alle, er wär ein starker Mann.
Die stolzen Jagdgesellen rief man zu Tisch heran.
Auf schönem Anger saßen der Helden da genug.
Hei! Was man Ritterspeise vor die stolzen Jäger trug!

Die Schenken waren säumig, sie brachten nicht den Wein;
trotzdem konnten Recken nicht besser bewirtet sein.
Wären manche darunter nicht so falsch dabei,
so wären wohl die Degen aller Schanden los und frei.

Da sprach der edle Siegfried: »Mich verwundert sehr,
man trägt uns aus der Küche doch so viel daher,
was bringen uns die Schenken nicht dazu den Wein?
Pflegt man so der Jäger, will ich nicht Jagdgeselle sein.

Ich möcht es doch verdienen, bedächte man mich gut.«
Von seinem Tisch der König sprach mit falschem Mut:
»Wir büßen Euch ein andermal, was heut uns muss entgehn:
Die Schuld liegt an Hagen, der will uns verdursten sehn.«

Da sprach von Tronje Hagen: »Lieber Herre mein,
ich wähnte, das Pirschen sollte heute sein
im Spessartwald. – Den Wein hinsandt ich dort.
Heute gibt es nichts zu trinken, doch vermeid ich es hinfort.«

Da sprach der edle Siegfried: »Dem weiß ich wenig Dank:
Man hätte sieben Saumtiere mit Met und Lautertrank
hierher senden sollen. Konnte das nicht sein,
so sollte man uns näher gesiedelt haben dem Rhein.«

Da sprach von Tronje Hagen: »Ihr edlen Ritter schnell,
ich weiß hier in der Nähe einen kühlen Quell:
Damit Ihr mir nicht zürnet, rat Ich Euch hinzugehn.«
Der Rat war manchem Degen zu großem Leide geschehn.

Siegfried, den Recken, zwang des Durstes Not;
den Tisch hinwegzurücken der Held alsbald gebot:
Er wollte vor die Berge zu dem Brunnen gehn.
Hagen hatte den Rat in tückischer Absicht gegeben.

Man hieß das Wild auf Wagen führen in das Land,
das da erlegt hatte Siegfriedens Hand.
Wer es auch sehen mochte, sprach großen Ruhm ihm nach;
Hagen seine Treue schmählich an Siegfried brach.

Als sie von dannen wollten zu der Linde breit,
da sprach von Tronje Hagen: »Ich hörte jederzeit,
es könnte niemand folgen Kriemhilds Gemahl,
wenn er rennen wolle: Hei! Schauten wir das einmal!«

Da sprach von Niederlanden der Degen kühn und gut:
»Das mögt Ihr wohl sehen, wenn Ihr mit mir tut
einen Wettlauf nach dem Brunnen. Soll das geschehn,
so habe der gewonnen, den wir den vordersten sehn.«

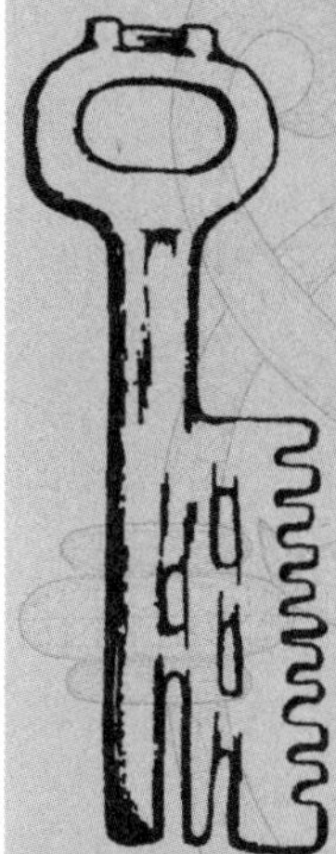

Bronzeschmuck, burgundisch

Lindenast:
Die Linde ist beliebter Schauplatz dramatischer Geschehnisse in Lyrik und Epik des Mittelalters.

»Wohl, lasst es uns versuchen«, sprach Hagen, der Degen.
Da sprach der starke Siegfried: »So will ich mich legen,
wenn ihr schon lauft, nieder doch ins Gras.«
Als er das erhörte, wie lieb war König Gunthern das!

Da sprach der kühne Degen: »Noch mehr will ich Euch sagen:
Gewand und Gewaffen will ich bei mir tragen,
den Wurfspieß samt dem Schilde und all mein Pirschgewand.«
Das Schwert und den Köcher um seinen Leib der Kühne band.

Die Kleider vom Leibe zogen die andern da:
In zwei weißen Hemden man beide stehen sah.
Wie zwei wilde Panther liefen sie durch den Klee;
doch sah man bei den Brunnen den schnellen Siegfried doch eh.

Den Preis man gleich dem schnellen Siegfried gab.
Das Schwert und auch den Köcher legt er ab,
den starken Spieß lehnt er an den Lindenast:
Bei des Brunnens Flusse stand der herrliche Gast.

Als gut erzogen erwies sich Siegfried dann.
Den Schild legt er nieder, wo der Brunnen rann;
wie sehr ihn auch dürstete, der Held nicht eher trank,
bis der König getrunken; dafür gewann er üblen Dank.

Der Brunnen war lauter, kühl und auch gut:
Da neigte sich Gunther hernieder zu der Flut.
Als er getrunken hatte, erhob er sich hindann:
Also hätt gerne nun auch Siegfried getan.

Er bückte sich und trank. Den Bogen und das Schwert
trug beiseite Hagen, von Siegfried unbemerkt.
Dann sprang er zurück, wo er den Wurfspieß fand,
und sah nach einem Zeichen an des Kühnen Gewand.

Als der edle Siegfried aus dem Brunnen trank,
schoss er ihm durchs Zeichen, dass aus der Wunde sprang
das Blut von seinem Herzen an Hagens Kleid.
Eine solche Untat begeht kein Held mehr zu unserer Zeit.

Den Speer im Herzen, ließ er ihn stecken tief.
Wie im Fliehen Hagen da so grimmig lief,
so lief er wohl auf Erden nie vor einem Mann!
Als Siegfrieds Blut nun aus dem Rücken rann,

der Degen tobend auf vom Brunnen sprang;
ihm ragte aus dem Rücken die Speerstange lang.
Er glaubte nun zu finden Bogen oder Schwert,
dann hätte er Hagen den verdienten Lohn gewährt.

Als der Todwunde da sein Schwert nicht fand,
da blieb ihm nichts weiter als der Schildesrand.
Den rafft er von dem Brunnen und rannte Hagen an:
da konnt ihm nicht entrinnen der verräterische Mann.

So todwund er auch war, so kräftig er doch schlug
den Schild auf Hagen, dass niederwirbelte genug
des edlen Gesteines; der Schild zerbrach auch fast:
Es hätte so gerne gerächt sich der herrliche Gast.

Da musste Hagen fallen von seiner Hand zu Tal;
der Anger von den Schlägen erscholl im Wiederhall.
Hätt er sein Schwert in Händen, so wär es Hagens Tod.
Sehr zürnte der Verletzte. Es zwang ihn wahrhafte Not.

Seine Farbe war erblichen; er konnte nicht mehr stehn.
Seines Leibes Stärke musste ganz zergehn,
da er des Todes Zeichen in bleicher Farbe trug.
Er ward hernach betrauert von schönen Frauen genug.

Da fiel in die Blumen der Kriemhilde Mann.
Das Blut von seiner Wunde stromweis niederrann.
Da begann er zu schelten, in seiner Todesnot,
die Verräter all, die ihm gebracht den Tod.

Da sprach der Todwunde: »Weh, Ihr bösen Zagen,
ich war stets Euer Freund, und Ihr habt mich erschlagen,
ich war Euch stets gewogen und sterbe nun daran.
Ihr habt an Eurem Freunde leider übel getan.

Zagen: Feiglinge

Alle sind verflucht, die Euch werden gebor'n
nach diesem Tage. Ihr habt Euren Zorn
allzu sehr gerächet an dem Leben mein.
Mit Schanden geschieden sollt Ihr von guten Recken sein.«

Hin liefen all die Ritter, wo er erschlagen lag.
Es war ihrer vielen ein freudeloser Tag.
Wer Treue kannt und Ehre, der hat ihn beklagt:
Das hat auch wohl verdient dieser Degen unverzagt.

Der König der Burgunden klagt auch seinen Tod.
Da sprach der Todwunde: »Das tut nimmer not,
dass der beweint den Schaden, den er gerichtet an.
Er verdient groß Schelten: Er hätt es besser nicht getan.«

Da sprach der grimme Hagen: »Ich weiß nicht, was Euch reut.
Nun hat doch gar ein Ende, was uns je gedräut.
Es gibt nun keinen mehr, der uns darf bestehn;
wohl mir, dass seiner Herrschaft durch mich ein End ist geschehn.«

»Ihr mögt Euch leichtlich rühmen«, sprach der von Niederland.
»Hätt ich die mörderische Weis an Euch erkannt,
vor Euch behütet hätt ich Leben wohl und Leib.
Mich dauert nichts auf Erden als Frau Kriemhild, mein Weib.

Nun mög es Gott erbarmen, dass ich gewann den Sohn,
der jetzt auf alle Zeiten den Vorwurf hat davon,
dass seine Verwandten den Vater haben erschlagen.
Hätt ich Zeit zu leben, das müsst ich billig beklagen.

Wohl nimmer hat begangen so großen Mord ein Mann«,
sprach er zu dem König, »als Ihr an mir getan.
Ich habe Euch geholfen in großer Angst und Not;
Ihr habt mir schlimm vergolten, dass ich Euch meine Freundschaft bot.«

Da sprach voll Trauer weiter der todwunde Held:
»Wollt Ihr, edler König, noch auf dieser Welt
an jemand Treue pflegen, so lasst befohlen sein
auf Treu und Gnaden die liebe Kriemhild mein.

Es komm ihr zugute, dass sie Eure Schwester ist:
Bei aller Fürsten Tugend helft ihr zu jeder Frist!
Mein müssen lange warten mein Vater und mein Lehn.
Meinem Weibe ist viel bitterlich Leide geschehen.«

Die Blumen allenthalben waren vom Blute nass.
Da rang er mit dem Tode, nicht lange tat er das.
Des Todes Waffe: sie schnitt ihn allzu sehr.
Da konnte nicht mehr reden dieser Degen kühn und hehr.

Als die Herren sahen den edlen Helden tot,
sie legten ihn auf einen Schild, der war von Golde rot;
da gingen sie zu Rate, wie sie es stellten an,
dass es verhohlen bliebe, Hagen habe es getan.

Da sprachen ihrer viele: »Ein Unfall ist geschehn;
alle sollen schweigen, einer nur darf Rede stehn:
Als er allein ritt jagen, der Kriemhilde Mann,
erschlugen ihn Schächer, als er zog durch den Tann.«

Schächer (schachaere):
Räuber

Da sprach von Tronje Hagen: »Ich bring ihn heim ins Land.
Soll's doch Kriemhild werden wohl bekannt!
Sie hat betrübet meiner Herrin Mut,
deshalb acht ich's geringe, wenn sie auch weinen tut.«

Siebzehntes Abenteuer

WIE SIEGFRIED BEKLAGT UND BEGRABEN WARD

Hagen lässt den toten Siegfried vor Kriemhilds Kemenate legen. Kriemhild ahnt sogleich Anstifter und Täter: »Brünhild hat's geraten, und Hagen hat es getan.« Mit Mühe verhindert sie eine angesichts der burgundischen Übermacht aussichtslose Racheaktion von Siegfrieds Anhängern. Sie deutet an, dass sie bei günstigerer Gelegenheit Rache üben werde, vorausgesetzt, sie gewinne Gewissheit über die Identität des Mörders.

Gewissheit bekommt sie durch die im Mittelalter als Beweis anerkannte Bahrprobe: Als Hagen an die Totenbahre tritt, beginnt Siegfrieds Wunde erneut zu bluten. Damit ist er als Mörder entlarvt. Gunther versucht ihn mit falscher Zeugenaussage in Schutz zu nehmen und gerät gerade deshalb in den Verdacht der Mittäterschaft.

Abschließend schildert der Dichter ausführlich das übliche christliche Trauerzeremoniell für einen verstorbenen Fürsten: Totenwache, Gottesdienst und prunkvolles Begräbnis.

Da harrten sie des Abends   und fuhren übern Rhein;
es mochte nie von Helden   ein schlimmer Jagen sein.
Ihr Beutewild beweinte   noch manches edle Weib.
Die Tat sollte bald kosten   viel Ritter das Leben und den Leib.

Von großem Übermute   mögt ihr nun hören sagen
und schrecklicher Rache: Bringen ließ Hagen
den erschlagnen Siegfried   von Nibelungenland
vor eine Kemenate,   darin sich Kriemhild befand.

Er ließ ihn ihr verstohlen   legen vor die Tür,
dass sie ihn finden müsse,   wenn morgen sie herfür
zu der Mette ginge.   Sie versäumte nie
den morgendlichen Weg   zum Münster in aller Früh.

Da hörte man wie immer   vom Münster das Geläut:
Kriemhild die schöne   weckte manche Maid.
Ein Licht ließ sie sich bringen,   dazu auch ihr Gewand.
Da kam der Kämmrer einer   hin, wo er Siegfrieden fand.

Er sah, wie rot von Blute   all sein Gewand war nass:
dass sein Herr es wäre,   mitnichten wusst er das.
Da ging er in die Kammer,   das Licht in seiner Hand.
Durch ihn wurde   die traurige Märe bekannt.

Als Kriemhild mit den Frauen   zum Münster wollte gehn,
»Frau«, sprach der Kämmerer,   »wollt noch stille stehn:
Es liegt vor dem Gemache   ein Ritter totgeschlagen.«
Da begann Kriemhild   laut und maßlos zu klagen.

Ohne ihn zu sehen,   dachte sie an ihren Mann.
An die Frage Hagens   hub sie zu denken an:
Wie er ihn schützen möchte.   Da ahnte sie ihr Leid.
Mit seinem Tod entsagte   sie nun aller Fröhlichkeit.

Da sank sie zur Erden,   kein Wort mehr sprach sie da;
die schöne Freudenlose   man da liegen sah.
Kriemhildens Jammer   wurde groß und voll;
dann schrie sie,   dass all die Kammer erscholl.

Da sprach ihr Gesinde: »Es kann ein Fremder sein.«
Das Blut ihr aus dem Munde   brach vor Herzenspein.
»Nein, es ist Siegfried,   mein geliebter Mann:
Brünhild hat's geraten,   und Hagen hat es getan!«

Sie ließ sich hingeleiten,   wo sie den Helden fand:
Sein schönes Haupt erhob sie   mit ihrer weißen Hand.
So rot er war von Blute,   sie hatt ihn gleich erkannt:
Da lag zu ihrem Schmerze   der Held von Nibelungenland.

Da rief in Jammerlauten   die Königin mild:
»O weh mir dieses Leides!   Es ist dein Schild
mit Schwertern nicht verhauen!   Dich fällte Meuchelmord!
Und wüsst ich, wer der Täter wär,   ich wollte wahrlich rächen deinen Tod.«

All ihr Ingesinde   klagte laut und schrie
mit ihrer lieben Herrin.   Heftig schmerzte sie
ihr edler Herr und König,   den sie da sahn verlor'n.
Gar übel hatte Hagen   gerächt der Brünhilden Zorn.

Da sprach die Unglückliche: »Nun soll einer gehn
und mir in Eile wecken die in Siegfrieds Lehn,
und soll auch Siegmunden meinen Jammer sagen,
ob er mir helfen wolle, den kühnen Siegfried beklagen.«

Da lief dahin ein Bote, wo er sie liegen fand,
Siegfriedens Helden von Nibelungenland.
Mit den leiden Mären die Freud er ihnen nahm;
sie wollten es nicht glauben, bis man das Weinen vernahm.

Auch kam dahin der Bote, wo der König lag.
Siegmund, der Herre, keines Schlafes pflag,
als ob das Herz ihm sagte, was ihm wär geschehn:
Er sollte seinen lieben Sohn lebend nimmer wiedersehn.

»Wacht auf, König Siegmund: Mich hieß nach Euch gehn
Kriemhild, meine Herrin; der ist ein Leid geschehn,
das ihr vor allem Leide wohl das Herz versehrt;
das sollt Ihr klagen helfen, da es auch Euch widerfährt.«

Auf richtete sich Siegmund und sprach: »Was beklagt
denn die schöne Kriemhild, wie du mir hast gesagt?«
Der Bote sprach mit Weinen: »Sie hat wohl Grund zu klagen:
Es liegt von Niederlanden der kühne Siegfried erschlagen.«

Da sprach König Siegmund: »Lasst das Scherzen sein
mit so böser Märe von dem Sohne mein,
und sagt es niemand wieder, dass er sei erschlagen,
denn ich könnt ihn nie genug bis an mein Ende beklagen.«

»Und wollt Ihr nicht glauben, was Ihr mich höret sagen,
so vernehmet selber Kriemhilden klagen
und all ihr Ingesinde um Siegfriedens Tod.«
Wie erschrak da Siegmund! Es schuf ihm wahrhafte Not.

Er und sein Gefolge jählings auf da sprang.
Da zuckten ihre Hände zu scharfen Waffen lang,
sie liefen zu dem Wehruf trauervoll heran,
es kamen tausend Recken, dem kühnen Siegfried untertan.

Als sie so jämmerlich die Frauen hörten klagen,
da kam vielen erst in Sinn, sie müssten Kleider tragen.
Sie mochten wohl im ersten Schmerz daran gedacht nicht haben.
Es lag in ihrem Herzen große Schwere begraben.

Da kam der König Siegmund hin, wo er Kriemhild fand.
Er sprach: »O weh der Reise hierher in dieses Land!
Wer hat Euch Euren Gatten, wer hat mir mein Kind
so mordlich entrissen, da wir bei guten Freunden sind?«

»Ach, wollt ich ihn nur kennen«, sagte die Königin,
»so käme mir die Rache noch in meinen Sinn!
Ich würde Leid ihm zufügen, dass all die Freunde sein
mit Jammer weinen müssten über die Rachetaten mein!«

Siegmund mit Armen den Fürsten umschloss;
da ward von seinen Freunden der Jammer also groß,
dass von dem lauten Wehruf Palas und Saal
und Worms, die weite Feste, rings erscholl im Widerhall.

Da konnte niemand trösten Siegfriedens Weib.
Man zog aus den Kleidern seinen schönen Leib,
wusch ihm seine Wunde und legt ihn auf die Bahr.
Allen seinen Leuten weh vor großem Jammer da war!

Es sprachen seine Recken aus Nibelungenland:
»Immer ihn zu rächen bereit ist unsre Hand.
Er ist in diesem Hause, von dem der Mord geschehn.«
Da eilten sich zu waffnen die Degen in Siegfrieds Lehn.

Schmuck, merowingisch

Es eilten dann herbei in ihrer Schilde Wehr
elfhundert Recken. Die hatt in seinem Heer
Siegmund, der König. Seines Sohnes Tod
hätt er gern gerächt, wie ihm die Treue gebot.

Sie wussten nicht, wen sollten sie im Streit bestehn,
wenn es nicht Gunther wäre und die in seinem Lehn,
die zur Jagd mit Siegfried geritten jenen Tag.
Kriemhild sah sie gewaffnet; das schuf ihr großes Ungemach.

Wie stark auch ihr Jammer, so groß war ihre Not:
Denn sie befürchtete der Nibelungen Tod
von ihrer Brüder Mannen. Sie warnte vor den Mut,
der jetzt verderblich wär, wie immer Freund und Freunden tut.

Da sprach die Jammerreiche: »Herr König Siegmund,
was wollt Ihr beginnen? Euch ist wohl nicht kund:
Es hat der König Gunther so manchen kühnen Mann!
Ihr wollt Euch all verderben, greift Ihr solche Recken an.«

Mit erhobnen Schildern wollten sie kämpfen allzumal;
die edle Königstochter bat und befahl,
dass es meiden sollten die Recken allbereit.
Dass sie's nicht lassen wollten, war Kriemhild wahrlich leid.

Sie sprach: »Herr König Siegmund, steht damit noch an,
bis es sich besser fügte: So will ich meinen Mann
Euch immer rächen helfen. Der mir ihn hat genommen,
wird es mir beweisen, es muss ihm noch zu Schaden kommen.

Es sind der Übermütigen hier am Rhein so viel,
dass ich Euch zum Streite jetzt nicht raten will:
Sie haben wider einen immer dreißig Mann;
lass es Gott vergelten, was sie uns haben angetan.

besargen (besarken): in den Sarg legen

Bleibt hier im Hause und tragt mit mir das Leid,
wenn es beginnt zu tagen, ihr Helden allbereit:
Dann helft ihr mir besargen meinen lieben Mann.«
Da sprachen die Degen: »Liebe Frau, das sei getan.«

Es könnte keiner euch so genau sagen,
wie Ritter und Frauen begannen da zu klagen.
Als man des Wehrufs ward in der Stadt gewahr,
die edlen Bürger kamen daher in eilender Schar.

Sie klagten mit den Gästen, sie schmerzte der Verlust.
Was Siegfried verschulde, war ihnen unbewusst,
weshalb der edle Recke Leben ließ und Leib.
Da weinte mit den Frauen manchen guten Bürgers Weib.

Schmiede hieß man eilen und werken einen Sarg
von Silber und von Golde, mächtig und stark,
und ließ ihn wohl beschlagen mit Stahl, der war gut.
Da war allen Leuten das Herz beschwert und der Mut.

Die Nacht war vergangen: Man sagt, es wolle tagen.
Da ließ die edle Königin hin zum Münster tragen
diesen edlen Toten, ihren lieben Mann.
Mit ihr gingen weinend Siegfrieds beste Freunde alsdann.

Da sie zum Münster kamen, wie manche Glocke klang!
Allenthalben hörte man der Geistlichen Gesang.
Da kam der König Gunther hinzu mit seinem Lehn
und auch der grimme Hagen; es wäre klüger nicht geschehn.

Er sprach: »Liebe Schwester, o weh des Leides dein;
dass wir nicht ledig mochten so großen Schadens sein!
Wir müssen immer klagen um Siegfriedens Tod.«
»Daran tut ihr unrecht«, sprach die Frau in Jammersnot.

»Wenn euch das betrübte, so wär es nicht geschehn.
Ihr hattet mein vergessen, das muss ich wohl gestehn,
als ich so geschieden ward von meinem lieben Mann.
Wollte Gott vom Himmel, mir selber wär es getan.«

Da leugneten sie alle. Da hub Kriemhild an:
»Wer unschuldig sein will, leicht ist es dargetan:
Er darf nur zu der Bahre hier vor dem Volke gehn:
Da mag man gleich zur Stelle sich der Wahrheit versehn.«

Das ist ein großes Wunder, wie es noch oft geschieht:
Wenn man den Mordbefleckten bei den Toten sieht,
so bluten ihm die Wunden, wie es auch hier geschah!
Hagen war schuldig! Jedermann es an den Wunden sah.

Der Dichter schildert hier eine »Bahrprobe«, der man die Bedeutung eines »Gottesurteils« zumaß.

Die Wunden flossen wieder so stark als je vorher.
Die erst schon heftig klagten, die weinten nun noch mehr.
Da sprach König Gunther: »Nun hört die Wahrheit an:
Ihn erschlugen Schacher: Hagen hat es nicht getan.«

Obgleich Hagen durch die Bahrprobe als überführt galt, hatte er eine Verurteilung nicht zu fürchten. Denn die Rechtsprechung oblag dem Landesherrn Gunther, und der deckte ihn mit falscher Zeugenaussage.

Sie sprach: »Diese Schächer sind mir wohlbekannt:
Nun lass es Gott noch rächen von seiner Freunde Hand!
Gunther und Hagen, ja, ihr habt es getan.«
Da wollten wieder kämpfen, die Siegfrieden untertan.

Da sprach aber Kriemhild: »Ertragt mit mir die Not.«
Da kamen auch die beiden, wo sie ihn fanden tot,
Gernot, ihr Bruder, und Giselher, das Kind.
Sie beklagten ihn in Treuen; ihre Augen wurden tränenblind.

Sie weinten von Herzen um Kriemhildens Mann.
Man wollte Messe singen: Zum Münster heran
sah man allenthalben Frauen und Männer ziehn:
Auch die ihn kaum gekannt, weinten alle jetzt um ihn.

Giselher und Gernot sprachen: »Schwester mein,
nun tröste dich des Todes, es muss wohl also sein.
Wir werden dir wohl helfen, solange wir leben.«
Da wusst ihr auf Erden niemand noch Trost zu geben.

Sein Sarg war geschmiedet wohl um den hohen Tag:
Der tote Recke Siegfried noch auf der Bahre lag.
Da wollt ihn noch die Königin nicht lassen begraben:
Es mussten alle Leute große Mühsal erst haben.

In kostbare Zeuge man den Toten wand.
Gewiss, dass man da niemand ohne Weinen fand.
Aus ganzem Herzen klagte Ute, das edle Weib,
und all ihr Ingesinde um Siegfrieds herrlichen Leib.

Als die Leute hörten, dass man im Münster sang
und er im Sarg nun lag, die Menge in die Kirche drang.
Um seiner Seele willen was man da Opfer trug!
Er hatt im Land Mörder, doch guter Freunde genug.

Kriemhild die arme zu den Kämmerlingen sprach:
»Wer mir zuliebe jetzt bleibt zur Totenwach
und meinem Manne auch jetzt noch zeigt sich hold:
Um Siegfriedens Seele verteilt an diese sein Gold.«

Da war kein Kind so kleine, mocht es Verstand nur haben,
das nicht zum Opfer ginge, eh er ward begraben.
Wohl an hundert Messen man des Tages sang.
Von Siegfriedens Freunden kamen da viele heran.

Als man gesungen hatte, verlief die Menge sich.
Da sprach wieder Kriemhild: »Nicht einsam sollt ihr mich
nachts bewachen lassen den auserwählten Degen:
Es ist an seinem Leibe all meine Freude gelegen.

Drei Tage und drei Nächte will ich verwachen dran,
bis ich mich trenne dann von meinem lieben Mann.
Vielleicht, dass Gott gebietet, dass mich auch nimmt der Tod:
So wäre wohl beendet der armen Kriemhilde Not.«

Zur Herberge gingen die Leute von der Stadt.
Die Priester und die Mönche sie zu verweilen bat
und all seine Ingesinde. Sie sollten halten Wacht.
Betrüblich waren die Tage und traurig so manche Nacht.

Ohne Trank und Speise verblieb da mancher Mann.
Wer's nicht gern entbehrte, dem ward kundgetan,
man gäb ihm gern die Fülle: Das schuf Herr Siegemund.
Da ward den Nibelungen große Beschwerde kund.

Goldring, burgundisch

Wer im Münster sang, so hören wir sagen,
musste mit Kriemhilden viel Mühsal ertragen.
Zu jedem der Sänger man reiche Gaben trug.
Und wer eben arm gewesen, der wurde nun reich genug.

Ertrag aus Grund und Boden verteilte sie im Land,
so viel man der Klöster und kranker Leute fand.
Silber gab man und Gewand den Armen auch genug.
Sie ließ es wohl erkennen, wie holde Liebe sie ihm trug.

An dem dritten Morgen zur rechten Messezeit
sah man bei dem Münster den ganzen Kirchhof weit
von weinenden und schmerzerfüllten Leuten voll.
Sie dienten ihm im Tode, wie man einem lieben Freunde soll.

In diesen wen'gen Tagen – so hört ich immer das –
wohl an dreißigtausend Mark oder mehr noch gar
ward um seine Seele den Armen hingegeben.
Ach, es war zerronnen seine Schönheit und sein Leben.

Als vom Gottesdienste verhallt war der Gesang,
mit schmerzlichem Gefühl des Volkes Menge rang.
Man ließ ihn aus dem Münster zu dem Grabe tragen.
Da hörte man auch anders nichts als Weinen und Klagen.

Das Volk mit lautem Wehruf schloss im Zug sich an:
Froh war da niemand, weder Weib noch Mann.
Eh er bestattet wurde, las und sang man da;
viele gute Priester man bei seiner Bestattung sah!

Bevor da zu dem Grabe kam das getreue Weib,
ergriff sie solcher Jammer und solches grimme Leid,
dass man sie mit Wasser vom Brunnen oft begoss:
Ihres Herzens Kummer war über die Maßen groß.

Es war ein großes Wunder, dass sie zu Kräften kam.
Es halfen ihr mit Klagen viel Frauen lobesam.
»Ihr, meines Siegfrieds Mannen«, sprach die Königin,
»erweist mir eine Gnade aus erbarmendem Sinn:

Lasst mir nach meinem Leide die kleine Gunst geschehn,
dass ich sein schönes Angesicht noch einmal dürfe sehn.«
Da bat sie im Jammer so lang und so stark,
dass man zerbrechen musste den schön geschmiedeten Sarg.

Hin brachte man die Königin, wo sie ihn liegen fand.
Sein schönes Haupt erhob sie mit ihrer weißen Hand,
und küsste so den Toten, den edlen Ritter gut:
Ihre lichten Augen, vor Leide weinten sie Blut.

Ein jammervolles Scheiden sah man da geschehn.
Man trug sie von dannen, sie vermochte nicht zu gehn.
Da lag ohne Sinne das herrliche Weib;
vor Leid wollt ersterben ihr viel wonniglicher Leib.

Als der edle Degen also begraben war,
sah man in großem Leide die Helden immerdar,
die ihn begleitet hatten aus Nibelungenland:
Voll trauriger Miene man da Siegmunden fand.

Wohl mancher war darunter, der drei Tage lang
von dem großen Leide weder aß noch trank.
Da konnten sie's nicht länger dem Leib entziehen mehr:
Sie genasen von den Schmerzen, wie noch mancher wohl seither.

Kriemhild, der Sinne ledig, in Ohnmächten lag
den Tag und den Abend bis an den andern Tag.
Was jemand sprechen mochte, es ward ihr gar nicht kund.
Es lag in gleichen Nöten auch der König Siegmund.

Kaum dass ihn zur Besinnung zu bringen noch gelang.
Seine Kräfte waren von starkem Leide krank:
Das war wohl kein Wunder. Die in seiner Pflicht
sprachen: »Lasst uns heimziehn; es duldet uns hier länger nicht.«

Achtzehntes Abenteuer

WIE SIEGMUND FORTRITT UND KRIEMHILD DAHEIMBLIEB

Kriemhild bleibt in Worms. Sie verzichtet damit zwangsläufig darauf, ihr Söhnchen jemals wiederzusehen.

Bei der Schilderung von Siegmunds und seiner Recken Abreise findet sich ein Widerspruch: Die Rosse werden gesattelt, damit die Gäste reiten können »ins Nibelungenland«. Giselher begleitet sie dann »heim ins Niederland«. Demnach müsste das Nibelungenland mit den Niederlanden identisch sein – im Gegensatz zu früheren Lagebeschreibungen des Nibelungenlandes.

Der Schwiegervater Kriemhilds ging hin, wo er sie fand.
Er sprach zu der Königin: »Lasst uns in unser Land.
Wir sind unliebe Gäste, wähn ich, hier am Rhein.
Kriemhild, liebe Herrin, nun folgt uns zu dem Lande mein.

Dass man in diesen Landen uns so beraubet hat
Eures edlen Mannes durch böslichen Verrat,
Ihr sollt es nicht entgelten. Hold will ich Euch sein
aus Liebe meines Sohnes und des edlen Kindes sein.

Ihr sollt auch, Frau, gebieten mit all der Gewalt,
die Siegfried Euch verstattete, der Degen Wohlgestalt.
Das Land und auch die Krone soll Euch zu Diensten stehn;
Euch sollen gern gehorchen die in Siegfriedens Lehn.«

Da sagte man den Knechten: »Wir reiten heim vor Nacht.«
Da sah man nach den Rossen eine schnelle Jagd:
Bei den verhassten Feinden zu leben war ein Leid.
Den Frauen und den Maiden suchte man ihr Reisekleid.

Als König Siegmund gerne weggeritten wär,
da bat ihre Mutter Kriemhilden sehr,
sie sollte bei den Freunden im Lande doch bestehn.
Da sprach die Freudenarme: »Das könnte schwerlich geschehn.

Wie vermöcht ich's, mit den Augen den immer anzusehn,
von dem mir armem Weibe so leid ist geschehn?«
Da sprach der junge Giselher: »Liebe Schwester mein,
du sollst bei deiner Treue hier mit deiner Mutter sein.

Die dir das Herz beschwerten und trübten dir den Mut,
die brauchst du nicht! Du zehrst von meinem Gut.«
Sie sprach zu den Recken: »Wie könnte das geschehn?
Vor Leide müsst ich sterben, wenn ich Hagen sollte sehn.«

»Davor bewahr ich dich, vielliebe Schwester mein.
Du sollst bei deinem Bruder Giselher hier sein.
Trost will ich dir geben nach deines Mannes Tod.«
Da sprach die Freudenlose: »Das wäre nur bitter Not.«

Als es ihr der Junge so gütlich erbot,
da begannen auch zu flehen Ute und Gernot
und ihre treuen Freunde, sie möchte doch da bleiben,
sie hatte wenig Freunde dort, wo Siegfried gewesen daheim.

»Sie sind Euch alle fremde«, sprach da Gernot.
»So stark auch einer sein mag, so rafft ihn doch der Tod.
Bedenkt das, liebe Schwester, und tröstet Euren Mut:
Bleibt hier bei Euren Freunden, es gerät Euch wahrlich gut.«

Da gelobte sie dem Bruder, im Lande zu bestehn.
Man zog herbei die Rosse für Siegmund und sein Lehn,
damit sie reiten konnten ins Nibelungenland;
da war auch aufgeladen der Recken Zeug und Gewand.

Da ging König Siegmund vor Kriemhilden stehn
und sprach zu der Frau: »Die in Siegfrieds Lehn
warten bei den Rossen. Reiten wir denn hin,
ich gar so ungern hier bei den Burgunden bin.«

Frau Kriemhild sprach: »Mir raten hier die Freunde mein,
die besten, die ich habe, bei ihnen soll ich sein.
Ich habe keinen Blutsfreund in Nibelungenland.«
Leid war es Siegmunden, da er sie beeinflusst fand.

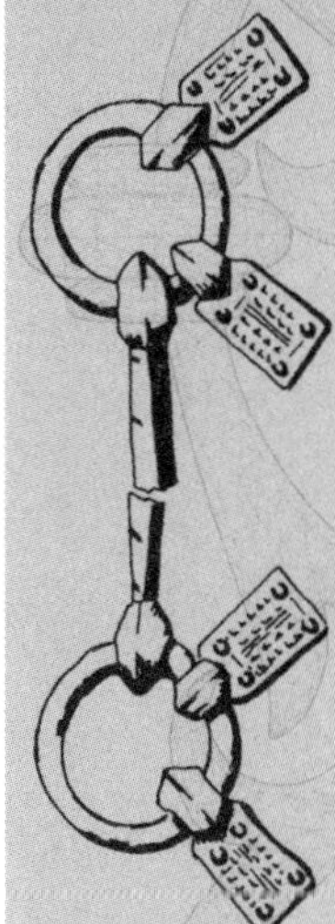

Zaumzeug aus Bronze, awarisch

Da sprach König Siegmund: »Das lasst Euch doch nicht sagen:
Vor allen meinen Verwandten sollt Ihr die Krone tragen
nach rechter Königswürde, wie Ihr vordem getan.
Ihr sollt nicht dafür büßen, dass Ihr verloren habt den Mann.

Fahrt auch mit uns zur Heimat um Euer Kindelein!
Das sollt Ihr eine Waise, Frau, nicht lassen sein.
Ist Euer Sohn erwachsen, er tröstet Euch den Mut.
Derweil soll Euch dienen mancher Degen kühn und gut.«

Sie sprach: »Mein Herr Siegmund, ich kann nicht mit Euch gehn.
Ich muss hier verbleiben, was auch mir mag geschehn,
bei meinen Anverwandten, die mir helfen klagen.«
Da wollten diese Mären den guten Recken nicht behagen.

Sie sprachen einhellig: »So möchten wir gestehn,
es sei uns jetzt erst das wahre Leid geschehn.
Wollt Ihr hier im Lande bei unsern Feinden sein,
dann ritten Recken wohl niemals gefahrvoller heim.«

»Ihr sollt ohne Sorge Gott befohlen fahren:
Ich schaff euch gut Geleite und heiß es euch wohl bewahren
bis zu eurem Lande; mein liebes Kindelein,
das soll euch guten Recken auf Gnade befohlen sein.«

Als sie nun wussten, dass sie alleine sollten fahren,
da huben Siegfrieds Mannen all zu weinen an.
Mit welchem Herzensjammer nahm da Siegmund
Abschied von Kriemhilden! Da ward ihm Unfreude kund.

»Weh dieses Hofgelages!«, sprach der König hehr.
»Einen König und den Seinen geschieht wohl nimmermehr
um einer Kurzweil willen, was uns hier ist geschehn:
Man soll uns nimmer wieder hier bei den Burgunden sehn.«

Da sprachen laut die Degen in Siegfriedens Heer:
»Wohl möchte noch die Reise geschehen hierher,
wenn wir den nur fänden, der uns den Herrn erschlug.
Er hat bei unseren Mannen der Todfeinde genug.«

Er küsste Kriemhilden: Kläglich sprach er da,
als er daheimzubleiben sie so entschlossen sah:
»Wir reiten arm an Freuden nun heim in unser Land.
All meinen Kummer habe ich jetzt erst richtig erkannt.«

Sie ritten ungeleitet von Worms an den Rhein.
Sie mochten wohl der mutigen Meinung gewesen sein,
wenn sie in Feindschaft würden angerannt,
dass sich schon wehren sollte der kühnen Niblungen Hand.

__ungeleitet__ (an geleite): Geleit wurde nicht gefordert und nicht gewährt. Ein Affront! Nur Giselher, der seiner Schwester Kriemhild sehr verbunden war, begleitete sie in die Heimat.

Sie erbaten Urlaub von niemandem sich.
Da sah man Giselher und Gernot freundschaftlich
zu dem König kommen; ihnen war sein Kummer leid,
das zeigten sie ihm, die kühnen Helden allbereit.

Da sprach wohlgezogen der kühne Gernot:
»Wohl weiß es Gott im Himmel, an Siegfriedens Tod
bin ich ganz unschuldig. Ich hört auch niemals sagen,
wer ihm feind hier wäre. Ich muss ihn billig beklagen.«

Da gab ihm gut Geleite der junge Giselher.
Er bracht ohne Sorgen des toten Siegfrieds Heer,
den König und die Recken heim nach Niederland.
Wie wenig der Verwandten man dort fröhlich wiederfand!

Wie's ihnen nun ergangen ist, weiß ich nicht zu sagen.
Man hörte hier Kriemhilden zu allen Zeiten klagen,
dass ihr niemand tröstete das Herz noch den Mut
als ihr Bruder Giselher, der war getreu und auch gut.

Brünhild die schöne im Übermute saß,
wie viel Kriemhild weinte, unwichtig war ihr das.
Sie war zu Lieb und Treue ihr nimmermehr bereit.
Bald schuf auch ihr Frau Kriemhild wohl noch ungefüges Leid.

Neunzehntes Abenteuer

WIE DER NIBELUNGENHORT NACH WORMS KAM

Hagen möchte den unermesslichen Nibelungenschatz für die Burgunden gewinnen. Zu diesem Zweck inszeniert er eine Versöhnung zwischen Gunther und Kriemhild, die daraufhin, seinem listigen Plan entsprechend, den ihr gehörenden Schatz vom Nibelungenland nach Worms bringen lässt. Damit sind die Burgunden Herren des Nibelungenlandes.

Als Kriemhild jedoch in Worms den Hort zu verschenken beginnt, ahnt Hagen, dass sie Anhänger für eine Racheaktion verpflichten möchte. Er raubt ihr den Schatz mit König Gunthers Einverständnis und versenkt ihn schließlich an einer bestimmten Stelle in den Rhein. Wo der Schatz gehoben werden könnte, wissen – außer Hagen – nur die drei Könige. Doch sie schwören Verzicht auf den Hort und Stillschweigen über das Versteck bis zu ihrem Tod.

Als die edle Kriemhild   so verwitwet ward,
blieb bei ihr im Lande   der Markgraf Eckewart
zurück mit seinen Mannen,   wie ihm die Treu gebot.
Er diente seiner Frau   willig bis an seinen Tod.

Zierscheibe, merowingisch

Zu Worms am Münster wies man   ihr ein Gebäude an,
weit und geräumig,   reich und wohlgetan,
wo mit dem Gesinde   die Freudenlose saß.
Sie ging zur Kirche gerne,   mit großer Andacht tat sie das.

Wo ihr Mann begraben lag,   wie fleißig ging sie hin!
Sie tat es alle Tage   mit trauerndem Sinn,
und tat seine Seele   Gott dem Herrn empfehlen.
Gar oft bejammert wurde   mit großer Treue der Degen.

Ute und ihr Gesinde   sprachen ihr immer zu,
und doch im wunden Herzen   fand sie so wenig Ruh,
es konnte nicht verfangen   der Trost, den man ihr bot.
Sie hatte nach dem Liebsten   der Sehnsucht größte Not,

die nach liebem Manne je ein Weib gewann.
Ihre große Tugend ersah man wohl daran.
Sie klagt ihn bis zu Ende, da sie zu sterben kam;
bald rächte sie gewaltig mit großer Treue den Gram.

Sie saß in ihrem Leide, das ist alles wahr,
nach ihres Mannes Tode bis in das vierte Jahr
und hatte nie zu Gunthern gesprochen einen Laut,
und auch Hagen, ihren Feind, in all der Zeit nicht erschaut.

Da sprach von Tronje Hagen: »Günstig wär es sehr,
wenn Euch die Schwester gewogen wieder wär,
dann käm zu diesem Lande der Nibelungen Gold.
Den Hort könnt Ihr gewinnen, wird uns die Königin hold.«

»Wir wollen es versuchen«, sprach der König hehr.
»Es sollen für uns bitten Gernot und Giselher,
bis sie es erlangen, dass sie uns gerne sieht.
»Ich glaube nicht«, sprach Hagen, »dass es jemals geschieht.«

Da befahl er Ortweinen, hin an den Hof zu gehn,
und den Markgrafen Gere: Als das war geschehn,
holte man auch Gernot und Giselher, das Kind.
Bei Kriemhild versuchten sie es freundlich und gelind.

Da sprach von Burgunden der kühne Gernot:
»Frau, Ihr klagt zu lange um Siegfriedens Tod.
Der König will Euch zeigen, er hab ihn nicht erschlagen.
Man hört zu allen Zeiten Euch so heftig um ihn klagen.«

Sie sprach: »Des zeiht ihn niemand, ihn schlug Hagens Hand.
Wo er verwundbar wäre, macht ich ihm bekannt.
Wenn ich gewusst, dass Hass trägt er im Sinn,
dann hätt ich's wohl vermieden«, sprach die edle Königin,

»hätt ich nur nicht verraten seinen schönen Leib,
dann braucht ich nicht zu weinen, ich unselig' Weib!
Hold werd ich ihnen nimmer, die das an ihm getan!«
Zu flehn begann da Giselher, dieser waidliche Mann.

»Ich will den König grüßen«, entschloss sie sich sodann.
Mit seinen besten Freunden der König zu ihr kam.
Nur Hagen wagte nicht, zu ihr zu gehn:
Er kannte seine Schuld wohl: Ihr war Leid von ihm geschehn.

Als sie vergeben wollte Gunther ihren Hass,
sollte er sie küssen, so ziemte sich ihm das.
Wäre der Mord nicht mit seinem Willen geschehn,
so könnte er ruhigen Gewissens immer zu Kriemhilden gehn.

Es ward mit so viel Tränen nie eine Sühne mehr
gestiftet unter Freunden. Zwar schmerzt es sie noch sehr,
doch verzieh sie allen bis auf den einen Mann:
Niemand hätt ihn erschlagen, hätt es Hagen nicht getan.

Nun währt es nicht mehr lange, da regten sie es an,
dass die Königstochter den großen Hort sodann
vom Nibelungenlande bringen ließ zum Rhein.
Ihre Morgengabe war es und musst ihr billig eigen sein.

Zu dem Schatze fuhren Giselher und Gernot,
achtzighundert Mannen Frau Kriemhild gebot
mit zum Hof zu fahren, wo er geborgen lag
und wo ihn Alberich mit Freunden bewachte seit Jahr und Tag.

Als man des Schatzes willen vom Rhein sie kommen sah,
Alberich der kühne sprach zu den Freunden da:
»Wir dürfen ihr wohl billig den Hort nicht entziehn,
da ihn als Morgengabe erheischt die edle Königin.

Die Morgengabe (morgengâbe) bekommt die Braut am Morgen nach der Hochzeit.

Dennoch sollt es nimmer«, sprach Alberich, »geschehn,
müssten wir nicht leider auch verloren sehen
die gute Tarnkappe mit Siegfried zumal,
die immer hat getragen der schönen Kriemhild Gemahl.

Nun ist es Siegfrieden leider schlimm bekommen,
dass die Tarnkappe er uns hat genommen
und dass ihm dienen musste all dieses Land.«
Da ging dahin der Kämmerer, wo er die Schlüssel liegen fand.

Da standen vor dem Berge, die Kriemhild gesandt
und mancher ihrer Freunde. Man ließ den Schatz zur Hand
zu dem Meere bringen an die Schiffelein
und führt ihn auf den Wellen stromaufwärts dann in den Rhein.

Nun mögt ihr von dem Horte Wunder hören sagen:
Zwölf Leiterwagen konnten ihn kaum von dannen tragen
in vier Tag und Nächten aus des Berges Schacht,
hätten sie des Tages den Weg auch dreimal gemacht.

Es waren einzig nur Gesteine und auch Gold.
Und wenn man jeden auf der Welt damit beschenken wollt,
so würde kaum vermindert des Hortes hoher Wert.
Wahrlich, Hagen hatte nicht ohne Grund seiner begehrt.

Unter dem Geschmeide lag ein gold' Wünschrutelein,
wer damit umgehen könnt, der möchte Meister sein
auf der weiten Erde wohl über jeden Mann.
Von Alberichs Freunden zogen mit Gernot viele hindann.

Als Gernot, der Degen, und der junge Giselher
des Schatzes sich bemächtigt, da wurden sie auch Herr
des Landes und der Burgen und der Recken Wohlgestalt.
Die mussten ihnen dienen zumal durch Furcht oder Gewalt.

Als sie nun den Schatz gebracht in König Gunthers Land,
da nahm des Horts Verwaltung Kriemhild in die Hand.
Kammern und Türme, die wurden voll getragen:
Man hörte nie von Schätzen so große Wunder wieder sagen.

Und wären auch die Schätze noch tausendmal mehr
und wenn der edle Siegfried noch am Leben wär,
dann wäre Kriemhild gerne geblieben arm und bloß.
Nie war zu einem Helden eines Weibes Treue so groß.

Als sie den Hort nun hatte, da holte sie ins Land
viel der fremden Recken! Wohl gab der Frauen Hand,
dass man so große Milde nie zuvor gesehn.
Sie übte hohe Güte, das musste man ihr zugestehn.

Den Armen und den Reichen zu geben sie begann.
Hagen sprach zum König: »Lässt man sie so fortan
noch eine Weile schalten, so wird sie manchen Degen
in Lehenspflicht bringen! Dann kann's uns noch übel ergehn.«

Da sprach König Gunther: »Ihr gehört das Gut:
Wie darf ich mich drum kümmern, was sie mit ihm tut?
Ich konnt es kaum erreichen, dass sie mir wurde hold;
nicht frag ich, wie sie teilet ihr Gestein und rotes Gold.«

Hagen sprach zum König: »Ein kluger Mann
vertraue solche Schätze doch keiner Fraue an.
Sie bringt es mit Gaben wohl noch an den Tag,
dass es sehr gereuen die kühnen Burgunden mag.«

Da sprach König Gunther: »Ich schwur ihr einen Eid,
dass ich ihr nie wieder fügen wollt ein Leid,
und will es künftig meiden: sie ist die Schwester mein.«
Da sprach wieder Hagen: »Lasst mich den Schuldigen sein.«

Sie nahmen ihre Eide   meist in schlechte Hut.
Da raubten sie der Witwe   das mächtige Gut.
Hagen alle Schlüssel   schnell an sich nahm,
ihr Bruder Gernot zürnte,   als er von dieser Mär vernahm.

Da sprach der junge Giselher: »Viel Leides ist geschehn
von Hagen meiner Schwester;   dem müsst ich widerstehn.
Wär er nicht verwandt mit mir,   es ging ihm an den Leib.«
Wieder neues Weinen   begann da Siegfriedens Weib.

Da sprach König Gernot: »Eh wir solche Pein
um dieses Gold erlitten,   wir sollten's in den Rhein
all versenken lassen: So gehört es niemand an.«
Klagend trat Kriemhild   da zu Giselher heran.

Sie sprach: »Lieber Bruder,   du sollst gedenken mein,
sollst meines Lebens   guter Beschützer sein.«
Da sprach er zu der Schwester: »Gewiss, es soll geschehn,
wenn wir wiederkommen: Doch jetzt muss ich auf Reise gehn.«

Gunther und seine Freunde   räumten das Land,
die allerbesten drunter,   die man irgend fand;
Nur Hagen blieb   daheim mit seinem Hass,
den er Kriemhilden hegte;   ihr zum Schaden tat er das.

Eh der reiche König   wieder war gekommen,
derweil hatte Hagen   den ganzen Schatz genommen:
Er ließ ihn bei dem Loche   versenken in den Rhein.
Er glaubt ihn später zu bergen   – doch das konnte nimmer sein.

bei dem Loche (ze lôche): Lochheim bei Worms

Die Fürsten kamen wieder,   mit ihnen mancher Mann.
Kriemhild den großen Schaden   zu klagen da begann
mit Mägdlein und Frauen;   sie hatten Herzensnot.
Da stellten sich die Degen,   als sännen sie auf seinen Tod.

Sie sprachen einhellig: »Er hat nicht wohlgetan.«
Bis er zu Freunden wieder   die Fürsten sich gewann,
entwich er ihrem Zorne.   Als er zurückkam dann,
da hasste Kriemhild   mehr als je vorher diesen Mann.

Bevor von Tronje Hagen den Schatz also verbarg,
da hatten sie's beschworen mit Eiden hoch und stark,
dass er verhohlen bliebe, solang sie möchten leben:
So konnten sie's nicht nutzen noch es jemand anders geben.

Mit neuem Leid beschweret war Kriemhildens Mut.
Erst hat man ihr den Mann und dann das Gut
sogar genommen. Da ruht auch ihre Klage,
solang sie lebte, nimmer bis zu ihrem jüngsten Tage.

Nach Siegfrieds Tode, das ist alles wahr,
lebte sie im Leide noch dreizehn Jahr,
dass ihr der Tod des Recken stets im Sinne lag
und sie ihm Treue hielt: das rühmen ihr die meisten nach.

17) Wie Kriemhild träumte.
Zeichnungen, aus Dr. Johannes Scherr, Die Nibelungen, Leipzig 1862.

18) Siegfried.
Zeichnungen, aus Dr. Johannes Scherr, Die Nibelungen, Leipzig 1862.

19) Zeichnungen, aus Dr. Johannes Scherr, Die Nibelungen, Leipzig 1862.

20) Wie Siegfried mit den Sachsen stritt.
Zeichnungen, aus Dr. Johannes Scherr, Die Nibelungen, Leipzig 1862.

21) Wie Siegfried die Kriemhild zum ersten Mal sah.
Zeichnungen, aus Dr. Johannes Scherr, Die Nibelungen, Leipzig 1862.

22) Wie König Gunther ausfuhr, um Brunhild zu werben.
Zeichnungen, aus Dr. Johannes Scherr, Die Nibelungen, Leipzig 1862.

23) Siegfried bezwingt den Riesen und den Zwerg Alberich.
Zeichnungen, aus Dr. Johannes Scherr, Die Nibelungen, Leipzig 1862.

24) Siegfried zu Ross.
Zeichnungen, aus Dr. Johannes Scherr, Die Nibelungen, Leipzig 1862.

25) Wie Siegfried und Kriemhild mit Sigmund nach Worms fuhren. Zeichnungen, aus Dr. Johannes Scherr, Die Nibelungen, Leipzig 1862.

26) Wie die beiden Königinnen in Unfrieden gerieten und einander schalten. Zeichnungen, aus Dr. Johannes Scherr, Die Nibelungen, Leipzig 1862.

27 Wie Siegfried verraten ward.
Zeichnungen, aus Dr. Johannes Scherr, Die Nibelungen, Leipzig 1862.

28) Wie Siegfried ermordet ward.
Zeichnungen, aus Dr. Johannes Scherr, Die Nibelungen, Leipzig 1862.

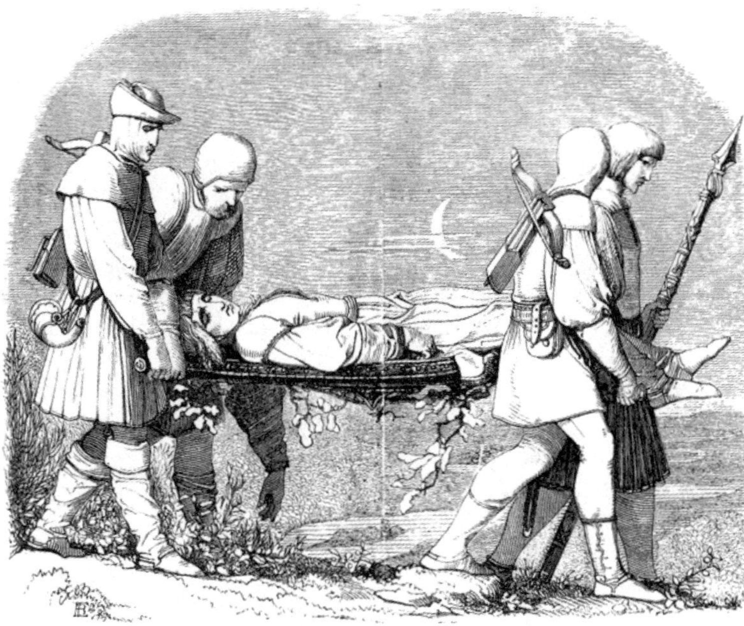

29) Der tote Siegfried wird auf dem Schild getragen.
Zeichnungen, aus Dr. Johannes Scherr, Die Nibelungen, Leipzig 1862.

30) Wie Siegfried beklagt und begraben ward.
Zeichnungen, aus Dr. Johannes Scherr, Die Nibelungen, Leipzig 1862.

31) Wie Siegmund heimfuhr.
Zeichnungen, aus Dr. Johannes Scherr, Die Nibelungen, Leipzig 1862.

32) Wie König Etzel zur Kriemhild geraten ward.
Zeichnungen, aus Dr. Johannes Scherr, Die Nibelungen, Leipzig 1862.

Zwanzigstes Abenteuer

WIE KÖNIG ETZEL UM KRIEMHILDEN SANDTE

Der verwitwete Hunnenkönig Etzel beschließt, Kriemhild als Gemahlin zu gewinnen, und entsendet seinen Lehnsmann Rüdiger von Bechelaren als Brautwerber an den Rhein. Gunther, Gernot und Giselher zeigen sich mit einer Vermählung ihrer Schwester einverstanden, obwohl Hagen abrät. Er fürchtet, Kriemhild könnte die Verbindung mit dem mächtigen Hunnenkönig zur Rache nützen.

Kriemhild weist zunächst aus Treue zum toten Siegfried alle Ansinnen Rüdigers zurück, beginnt aber dann zu erwägen, dass Machtmittel, Gefolgschaft und Reichtum Etzels ihr zur Rache dienen könnten. Sie verlangt von Rüdiger, dass er alles Leid, das ihr jemand tue, zu rächen bereit sei.

Rüdiger glaubt diese zweideutig formulierte Forderung auf zukünftige Geschehnisse, nicht auf den zurückliegenden Mord an Siegfried oder daraus erwachsende Konflikte bezogen. Ahnungslos, dass er sich zum Werkzeug für Kriemhilds Rache macht, leistet er den Treueeid.

Daraufhin erklärt Kriemhild sich bereit, die Gemahlin König Etzels zu werden: eines Mannes, den sie niemals zu lieben gedenkt.

Das war in jenen Zeiten, als Frau Heike starb
und der König Etzel um andre Frauen warb,
da rieten seine Freunde in Burgundenland
zu einer stolzen Witwe, die war Frau Kriemhild genannt.

Seit ihm die schöne Heike erstarb, die Königin,
sie sprachen: »Sinnt Ihr wieder auf edler Frau Gewinn,
der höchsten und der besten, die je ein Fürst gewann,
so nehmet Kriemhilden; der starke Siegfried war ihr Mann.«

Da sprach der reiche König: »Wie ginge das wohl an?
Ich bin ein Heide, ein ungetaufter Mann,
sie jedoch ist Christin; sie tut es nimmermehr.
Ein Wunder müsst es heißen, käm sie jemals hierher.«

Bechelaren: das heutige Pöchlarn an der Donau, westlich von Wien

Die Schnellen sprachen wieder: »Vielleicht, dass sie es tut
um Euren hohen Namen und Euer großes Gut.
Man soll es doch versuchen bei dem edlen Weib:
Euch ziemte wohl zu minnen ihren wonniglichen Leib.«

Da sprach der edle König: »Wem ist nun bekannt
unter euch am Rheine das Volk und auch das Land?«
Da sprach von Bechelaren der gute Rüdiger:
»Kund von Kindesbeinen sind mir die edlen Könige hehr.

Gunther und Gernot, die edlen Ritter gut;
der dritte heißt Giselher, ein jeglicher tut,
was er nach Zucht und Ehren am besten mag begehn;
auch ist von ihren Ahnen noch stets dasselbe geschehn.«

Da sprach wieder Etzel: »Freund, nun sage mir,
ob ihr wohl die Krone ziemt zu tragen hier?
und hat sie solche Schönheit, wie man sie zeiht,
meinen besten Freunden sollt es nimmer werden leid.«

»Sie vergleicht sich an Schönheit wohl der Fraue mein,
Heike der reichen: nicht schöner könnte sein
auf der weiten Erde eine Königin.
Wen sie erwählt zum Freunde, der mag wohl trösten den Sinn.«

Er sprach: »So wirb sie, Rüdiger, so lieb, als ich dir sei.
Und darf ich Kriemhilden jemals liegen bei,
das will ich dir lohnen, so gut ich immer kann;
du hast dann meinen Willen mit großer Treue getan.

Von meinem Kammergute lass ich so viel dir geben,
dass du mit den Gefährten in Freude mögest leben;
von Rossen und von Kleidern, was ihr nur begehrt,
des wird zur Botenfahrt euch der Genüge gewährt.«

Zur Antwort gab der Markgraf, der reiche Rüdiger:
»Begehrt ich deines Gutes, das ziemte mir nicht sehr.
Ich will dein Bote gerne werden an den Rhein
mit meinem eignen Gute; ich hab es aus den Händen dein.«

Da sprach der reiche König: »Wann denkt ihr zu fahren
nach der Minniglichen? So soll euch Gott bewahren
dabei an allen Ehren, und auch die Fraue mein;
und möge Glück mir helfen, dass sie uns gnädig möge sein.«

Da sprach wieder Rüdiger: »Eh wir räumen dieses Land,
müssen wir uns rüsten mit Waffen und Gewand,
dass wir vor den Königen mit Ehren dürfen stehn:
Ich will zum Rheine führen fünfhundert Degen ausersehn.

Wenn man bei den Burgunden mich und die Meinen seh,
dass dann einstimmig das Volk im Land gesteh,
es habe nie ein König noch so manchen Mann
so fern daher gesendet, als du zum Rheine getan.

Oder zögerst du, weil du denkst daran,
dass sie dem besten Manne, Siegfried, war untertan,
Siegmundens Sohne? Du hast ihn hier gesehn:
Man mocht ihm große Ehre wohl in Wahrheit zugestehn.«

Diesem Satz nach müsste Siegfried früher schon einmal an Etzels Hof gewesen sein. – Näheres darüber ist nicht bekannt.

Da sprach der König Etzel: »War sie dem Herrn vermählt,
so war so hohes Namens der edle Fürst erwählt,
dass ich nicht verschmähen darf die Königin.
Ob ihrer großen Schönheit gefällt sie wohl meinem Sinn.«

Da sprach der Markgraf wieder: »Wohlan, ich will Euch sagen,
wir heben uns von hinnen in vierundzwanzig Tagen,
Ich entbiet es Gotelinden, der lieben Fraue mein,
dass ich zu Kriemhilden selber wolle Bote sein.«

Hin gen Bechelaren sandte Rüdiger
Boten seinem Weibe, der Markgräfin hehr,
er werbe für den König um eine Königin.
Der guten Heike dachte sie da mit sehnlichem Sinn.

Als die Botenkunde die Markgräfin gewann,
leid war es ihr zum Teile, so sorgen hub sie an,
ob sie wohl eine Herrin gewänne so wie eh?
Gedachte sie an Heike, das tat ihr inniglich weh.

Hunnenland: Ungarn

Nach sieben Tagen Rüdiger ritt aus Hunnenland,
worüber frohgemutet man König Etzeln fand.
Man fertigte die Kleider in der Stadt zu Wien;
da wollt er mit der Reise auch nicht länger mehr verziehn.

Rüdigers Tochter, die junge Markgräfin, hieß Dietlind, wird aber im Nibelungenlied nie mit Namen genannt.

Zu Bechelaren harrte seine Frau Gotelind,
und die junge Markgräfin, Rüdigers Kind,
sah ihren Vater gerne und die ihm untertan.
Da ward ein liebes Harren von schönen Frauen getan.

Eh der edle Rüdiger aus der Stadt zu Wien
ritt nach Bechlaren, da waren hier für ihn
Kleider und Gewaffen auf Säumern angekommen.
Sie fuhren solcherweise, dass ihnen wenig ward genommen.

Als sie zu Bechlaren kamen in die Stadt,
für seine Heergesellen um Herbergen bat
der Wirt mit holden Worten: die gab man ihnen da.
Gotelind die reiche den Wirt gar gerne kommen sah.

Auch seine liebe Tochter, die junge Markgräfin –
ob ihres Vaters Kommen war fröhlich ihr Sinn.
Aus Hunnenland die Helden, wie gern sie die sah!
Mit lachendem Mute sprach die edle Jungfrau da:

»Willkommen sei mein Vater und die ihm untertan.«
Da ward ein schönes Danken von manchem werten Mann
freundlich geboten der jungen Markgräfin.
Wohl kannte Frau Gotlind des edlen Rüdiger Sinn.

Als sie des Nachts nun bei Rüdigern lag,
mit holden Worten fragte die Markgräfin nach,
wohin ihn denn gesendet der Fürst von Hunnenland.
»Meine Frau Gotlind«, sprach er, »ich mach es gern Euch bekannt:

Meinem Herren werben soll ich ein ander Weib,
da ihm ist erstorben der schönen Heike Leib.
Nun will ich nach Kriemhilden reiten an den Rhein:
Die soll hier bei den Hunnen gewalt'ge Königin sein.«

»Das wollte Gott!«, sprach Gotlind. »Möcht uns dies Heil geschehn,
da wir so hohe Ehren ihr hören zugestehn.
Sie ersetzt uns Heiken vielleicht in alten Tagen.
Wir mögen bei den Hunnen sie gerne sehen Krone tragen.«

Da sprach Markgraf Rüdiger: »Liebe Fraue mein,
die mit mir reiten sollen von hinnen an den Rhein,
denen sollt Ihr freundlich bieten Euer Gut.
Wenn Helden reichlich leben, so tragen sie hohen Mut.«

Sie sprach: »Einem jeden – wenn er es gerne nähm –
will ich gerne geben, was ihm ist genehm.
Reichlich sollen reisen, die Euch untertan.«
Da sprach der Markgraf wieder: »Ihr tut mir Liebe daran.«

Hei! Was man reicher Zeuge von ihrer Kammer trug!
Da ward den edlen Recken mit Pelzen gut
das Gewand gefüttert vom Hals bis auf die Sporen,
die ihm gefielen, hatte Rüdiger sich erkoren.

Am siebenten Morgen von Bechlaren ritt
der Wirt mit seinen Degen. Sie führten Waffen mit
und Kleider auch die Fülle durch der Bayern Land.
Sie wurden auf der Straße von Räubern selten angerannt.

Binnen zwölf Tagen kamen sie an den Rhein.
Da konnte diese Märe nicht lang verborgen sein:
Dem König und den Seinen ward es kundgetan,
es kämen fremde Gäste. Der Wirt zu fragen begann,

ob sie jemand kannte. Das solle man ihm sagen.
Man sah die Saumrosse schwere Lasten tragen.
Wie reich die Helden waren, ward daran erkannt.
Herberge schuf man ihnen in der weiten Stadt zuhand.

Als die Gäste waren in die Stadt gekommen,
ihres Aufzugs hatte man mit Neugier wahrgenommen.
Man wunderte, von wannen sie kämen an den Rhein,
der Wirt fragte Hagen, wer die Herren möchten sein.

Anspielung auf die Walther-Sage: Hagen war in seiner Jugend zusammen mit Walther von Aquitanien und dessen Braut Hildegund als Geisel an Etzels Hof. Hagen wurde freigelassen, Walther und Hildegund ergriffen die Flucht.

Da sprach der Held von Tronje: »Ich sah sie noch nicht;
wenn ich sie erschaue, mag ich Euch Bericht
wohl geben, von wannen sie ritten in dies Land.
Sie müssten weither kommen, wenn sie mir nicht wären bekannt.«

Herbergen hatten die Gäste nun empfahn.
Der Bote hatte reiche Gewänder angetan
mit seinen Heergesellen, als sie zu Hofe ritten.
Sie trugen gute Kleider, die waren prächtig geschnitten.

Da sprach der schnelle Hagen: »Soviel ich mag verstehn,
da ich seit langen Tagen den Herrn nicht hab ersehn,
so sind sie so zu schauen, als wär es Rüdiger
aus der Hunnen Lande, dieser Degen kühn und hehr.«

»Wie sollt ich das glauben?« Der König sprach's zuhand,
»dass der von Bechlaren käm in dieses Land?«
Kaum hatte König Gunther das Wort gesprochen gar,
so nahm der kühne Hagen den guten Rüdiger wahr.

Er und seine Freunde liefen ihm entgegen:
Da sprangen von den Rossen fünfhundert schnelle Degen.
Wohl empfangen wurden die von Hunnenland;
niemals trugen Boten wohl so herrlich Gewand.

Da rief von Tronje Hagen mit lauter Stimme Schall:
»Nun sei'n uns hochwillkommen diese Degen all,
der Vogt von Bechelaren mit seiner ganzen Schar.«
Man empfing mit Ehren die schnellen Hunnen fürwahr.

Des Königs nächste Freunde drängten sich heran:
Da hub von Metzen Ortewein zu Rüdigern an:
»Wir haben lange Tage hier nicht mehr gesehn
also liebe Gäste, das muss ich wahrlich gestehn!«

Sie dankten des Empfanges den Recken allzumal.
Mit dem Heergesinde gingen sie zum Saal,
wo sie den König fanden bei manchem kühnen Mann.
Der stand empor vom Sitze: das ward aus höf'scher Zucht getan.

Wie freundlich dem Boten er entgegenging
und allen seinen Degen! Gernot auch empfing
den Gast mit hohen Ehren und die ihm untertan.
Den guten Rüdiger führte der König an der Hand heran.

Er bracht ihn zu dem Sitze, darauf er selber saß.
Den Gästen ließ er schenken (gerne tat man das)
von dem guten Mete und von dem besten Wein,
den man mochte finden in den Landen um den Rhein.

Giselher und Gere waren auch gekommen,
Dankwart und Volker: die hatten bald vernommen
von den werten Gästen. Sie waren wohlgemut;
sie empfingen vor dem König die Ritter edel und gut.

Da sprach von Tronje Hagen zu Gunthern, seinem Herrn:
»Mit Dienst vergelten sollten stets Eure Degen gern,
was uns der Markgraf zuliebe hat getan;
des sollte Lohn empfangen der schönen Gotlinde Mann.«

Da sprach der König Gunther: »Ich lasse nicht das Fragen,
wie es beiden geht, das sollt Ihr mir sagen,
Etzel und Frau Heike in der Hunnen Land?«
Der Markgraf gab zur Antwort: »Ich mach es gern Euch bekannt.«

Da erhob er sich vom Sitze und die ihm untertan,
und sprach zu dem König: »Mit Erlaubnis sei's getan,
dass ich die Märe sage, um die mich hat gesandt
Etzel, der König, hierher in der Burgunden Land.«

Da sprach der Fürst: »Was man Euch aufgetragen hat,
erlaub ich Euch zu sagen ohne der Freunde Rat.
Die Märe lass vernehmen mich und die Degen mein:
Euch soll nach allen Ehren zu reden hier gestattet sein.«

Da sprach der tapfre Bote: »Euch entbietet an den Rhein
seine treuen Dienste der große König mein,
dazu den Freunden allen, die Euch zugetan;
auch wird Euch diese Botschaft mit großer Treue getan.

schöne Jungfraun nun verwaist: Gemeint ist, dass die adligen Töchter im ganzen Land der Gemahlin Etzels, Helke, zur Erziehung überantwortet waren und dass somit der Etzelhof als gesellschaftliches Zentrum ersten Ranges galt, vergleichbar dem sagenhaften Hof des Königs Artus.

Euch lässt der edle König   klagen seine Not:
Sein Volk ist ohne Freude,   seine Frau, die ist tot,
Heike die reiche,   meines Herrn Gemahl.
Dadurch sind schöne Jungfraun   nun verwaist in großer Zahl,

edler Fürsten Kinder,   die sie erzogen hat.
Im Lande findet   nun große Trauer statt.
Sie haben leider niemand mehr,   der sie so treulich pflegt.
Drum wähn ich auch,   dass selten des Königs Sorge sich legt.«

»Nun lohn ihm Gott«, sprach Gunther,   »dass er die Dienste sein
so williglich entbietet   mir und den Freunden mein.
Ich hörte gern die Grüße,   die Ihr mir kundgetan;
gerne wollen wir's vergelten,   ich und die mir untertan.«

Da sprach von Burgunden   der edle Gernot:
»Die Welt mag wohl beklagen   der schönen Heike Tod.
So manche höf'sche Tugend   war sie gewohnt zu pflegen.«
Das bestätigte Hagen   und noch mancher andre Degen.

Da sprach wieder Rüdiger,   der edle Bote hehr:
»Erlaubt Ihr mir, Herr König,   so sag ich Euch noch mehr,
was mein lieber Herre   Euch hierher entbot;
er lebt in großem Kummer   seit der Königin Heike Tod.

Man sagte meinem Herren,   Kriemhild sei ohne Mann,
da Siegfried gestorben.   Und sprach man wahr daran,
und wollt Ihr ihr's vergönnen,   so soll sie Krone tragen
vor König Etzels Recken: Das gebot mein Herr ihr zu sagen.«

Bronzeschmuck, burgundisch

Da sprach König Gunther   mit wohlgezogenem Mut:
»Ich spreche jetzt mit ihr.   Wenn sie es gerne tut,
dann will ich's Euch berichten   von heut in dreien Tagen.
Wenn sie sich nicht weigert,   warum soll ich's dann Etzel versagen?«

Man ließ Herberge geben   den Gästen allzuhand.
Sie fanden solche Pflege,   dass Rüdiger gestand,
er habe gute Freunde   in König Gunthers Lehn.
Gerne dient ihm Hagen.   Ihm war einst Gleiches geschehn.

So verweilte Rüdiger bis an den dritten Tag.
Der Fürst berief die Räte, wie er immer tat.
Er fragte seine Freunde, ob es wäre gut getan,
dass die schöne Kriemhild König Etzel nähme zum Mann.

Da rieten sie es alle außer einem: Hagen.
Zu König Gunther hörte man ihn sagen:
»Habt Ihr kluge Sinne, so seid wohl auf der Hut!
Wenn sie auch zustimmt, so rat ich, dass Ihr's nimmer tut.«

»Warum soll ich«, sprach Gunther, »die Zustimmung nicht geben.
Was künftig noch der Königin Liebes mag geschehn,
will ich ihr gerne gönnen: sie ist die Schwester mein.
Wir müssten es begünstigen, sollt es ihr zur Ehre sein.«

Da sprach aber Hagen: »Das sprecht Ihr unbedacht.
Wenn Ihr Etzeln kenntet wie ich, und seine Macht,
und ließt Ihr sie ihn minnen, wie Ihr habt gesagt,
so würde das schon bald von uns allen bitter beklagt.«

»Warum?«, sprach da Gunther. »Leicht vermeid ich das,
ihm je so nah zu kommen, dass ich durch seinen Hass
Leid zu befahren hätte, würd er auch ihr Mann.«
Da sprach wieder Hagen: »Mich dünkt es nimmer wohlgetan.«

Da lud man Gernoten und Giselher heran,
ob es den beiden Herren deuchte wohlgetan,
wenn Frau Kriemhild nähme den mächt'gen König hehr.
Hagen war noch dagegen von den anderen keiner mehr.

Da sprach von Burgunden Giselher, der Degen:
»Nun mögt Ihr, Freund Hagen, noch der Treue pflegen:
Entschädigt sie des Leides, das Ihr ihr habt getan.
Wenn sie glücklich werden könnte, so seht es doch neidlos an.«

»Wohl habt Ihr meiner Schwester gefügt so großes Leid«,
sprach da weiter Giselher, der Degen allbereit,
»Ihr hättet's wohl verschuldet, wäre sie Euch gram:
Noch niemand einer Frau so viel der Freuden benahm.«

»Dass ich das wohl erkenne, das sei Euch frei bekannt.
Und soll sie Etzel nehmen und kommt sie in sein Land,
dann bin ich sicher: viel Leid tut sie uns an!
Wohl kommt in ihre Dienste, das wisst Ihr, mancher kühne Mann.«

Dawider sprach zu Hagen der kühne Gernot:
»Es mag dabei verbleiben bis an beider Tod,
dass wir niemals kommen in König Etzels Land.
Lasst uns zustimmen! Zu Ehren wird uns das gewandt.«

Da sprach Hagen wieder: »Das lasst Euch von mir sagen:
Sollte die edle Kriemhild Heikens Krone tragen,
viel Leid wird sie uns schaffen, wo sie's nur fügen kann.
Ihr sollt es bleiben lassen, das ständ Euch Recken besser an.«

Im Zorn sprach da Giselher, der schönen Ute Kind:
»Wir sollen doch nicht alle missgünstig sein gesinnt.
Was ihr geschieht zu Ehren, lasst uns froh drum sein.
Wes Ihr auch redet, Hagen, ich dien ihr nach der Treue mein.«

Als das Hagen hörte, da trübte sich sein Mut.
Giselher und Gernot, die stolzen Ritter gut,
und Gunther der reiche vereinten endlich sich:
Wenn es Kriemhild wünsche, sie wollten's dulden williglich.

Da sprach Markgraf Gere: »So geh ich, ihr zu sagen,
dass die den König Etzel sich lasse wohlbehagen.
Dem ist so mancher Recke mit Furchten untertan.
Er mag ihr wohl vergüten, was sie je Leides gewann.«

Hin ging der schnelle Degen, wo er Kriemhilden sah.
Sie empfing ihn gütlich; wie balde sprach er da:
»Ihr mögt mich gern begrüßen und geben Botenbrot:
Es will das Glück Euch scheiden nun von all Eurer Not.

Es hat um Eure Minne, Frau, hierhergesandt
der allerbesten einer, der je ein Königsland
gewann mit vollen Ehren und Krone durfte tragen.
Es werben edle Ritter: das lässt Euch Euer Bruder sagen.«

Da sprach die Jammerreiche: »Verbiete doch Euch Gott
und allen meinen Freunden, dass sie keinen Spott
mit mir Armen treiben: Was sollt ich einem Mann,
der je Herzensliebe von gutem Weibe gewann?«

Sie widersprach es heftig. Da traten zu ihr her
Gernot, ihr Bruder, und der junge Giselher.
Sie baten sie in Minne zu trösten ihren Mut.
Und nehme sie den König, es gerat ihr wahrlich gut.

Keiner jedoch vermochte zu überreden die Königin,
noch einen Mann zu minnen auf Erden fürderhin.
Da baten sie die Degen: »So lasst es nur geschehn,
wenn Ihr denn nicht anders wollt, dass Euch der Bote möge sehn.«

»Das will ich nicht versagen«, sprach die Fraue hehr.
»Ich empfange gerne den guten Rüdiger
ob seiner höfischen Sitte. Wär er nicht hergesandt,
jedem andern Boten, dem blieb ich immer unbekannt.«

Sie sprach: »So schickt den Degen morgen früh heran
zu meiner Kemenate. Ich bescheid ihn dann.
Was ich entschieden hab, will ich ihm selber sagen.«
So war ihr jetzt erneuert das große Weinen und Klagen.

Da wünschte sich auch anders nichts der edle Rüdiger,
als dass er schauen dürfte die Königin hehr.
Er wusste sich so weise: Könnt es irgend sein,
so müsst er sie bereden, den König Etzel zu frein.

Früh des andern Morgens nach dem Messgesang
kamen die edlen Boten; da hub sich großer Drang.
Mit Rüdiger kamen viele stolze Degen,
sie alle wollten mit ihm zu Hofe gehn.

Kriemhild erwartete in traurigem Mut
den Markgrafen Rüdiger, den edlen Boten gut.
Er fand sie in dem Kleide, das sie für täglich trug,
dabei hatt ihr Gesinde reicher Kleider genug.

Sie ging ihm entgegen zu der Türe hin
und empfing Etzels Recken mit gütlichem Sinn.
Mit nur elf Begleitern trat er zu ihr herein.
Man bot ihm große Ehre, wer möcht auch ein bessrer Bote sein?

Man hieß den Herren sitzen und die in seinem Lehn.
Die beiden Markgrafen sah man vor ihr stehn,
Eckewart und Gere, die edlen Ritter gut.
Um ihrer Trauer willen zeigte sich keiner wohlgemut.

Sie sahen vor ihr sitzen manche schöne Maid.
Da hatte Frau Kriemhild Jammer nur und Leid.
Ihr Kleid war vor den Brüsten von heißen Tränen nass.
Da sah der edle Markgraf wohl an Frau Kriemhild das.

Er sprach in großen Züchten: »Vieledles Königskind,
mir und den Gefährten, die mit mir kommen sind,
sollt Ihr, Frau, erlauben, dass wir vor Euch stehn
und Euch melden, weshalb unsre Reise sei geschehn.«

»Ich will Euch gern erlauben«, sprach die Königin,
»was Ihr wollt, zu reden, also steht mein Sinn,
dass ich es gerne höre. Ihr seid ein Bote gut.«
Da merkten wohl die andern ihren abgeneigten Mut.

Da sprach von Bechelaren der Markgraf Rüdiger:
»Euch lässt entbieten, Herrin, Etzel, der König hehr,
große Lieb und Treue hierher in dieses Land;
er hat um Eure Minne viel gute Recken gesandt.

Er entbeut Euch freundlich Liebe sonder Leid,
er sei steter Freundschaft nun Euch hinfort bereit
wie Heiken einst, der Königin, die ihm am Herzen lag.
Ihr sollt die Krone tragen, deren sie vor Zeiten pflag.«

Da sprach zu ihm die Königin: »Markgraf Rüdiger,
wenn meines Herzeleides jemand kundig wär,
der würde mir nicht raten zu einem zweiten Mann:
Ich verlor den Besten, den je ein Weib noch gewann.«

»Was tröstet mehr im Leide«, sprach der kühne Mann,
»als freundliche Liebe? Wer die gewähren kann
und wer sich den erkor'n, der ihm zu Herzen kommt,
der erfährt wohl, dass im Leide nichts so sehr als Liebe frommt,

und geruht Ihr zu minnen den edlen Herren mein,
zwölf reicher Kronen sollt Ihr gewaltig sein.
Dazu von dreißig Fürsten gibt Euch mein Herr das Land,
die alle hat bezwungen sein vielgewalt'ge Hand.

Ihr sollt auch Herrin werden über manchen werten Mann,
die meiner Herrin Heike waren untertan,
und viel der schönen Maiden, einst ihrem Dienst gesellt.
Sie stammen aus Fürstenhause«, sprach der kühne, tapfre Held.

»Dazu gibt Euch der König, gebot er, Euch zu sagen,
wenn Ihr geruht, die Krone bei meinem Herrn zu tragen,
Gewalt, die allerhöchste, die Heike je gewann:
Alle Mannen Etzels werden Euch da untertan.«

»Wie möchte jemals wieder«, sprach die Königin,
»eines Helden Weib zu werden gelüsten meinem Sinn?
Mir hat der Tod an einem so bittres Leid getan,
dass ich's bis an mein Ende nimmermehr verschmerzen kann.«

Die Hunnen sprachen wieder: »Vielreiche Königin,
das Leben geht bei Etzeln so herrlich Euch dahin,
dass Ihr in Wonnen schwebet, weigert Ihr es nicht,
mancher stolze Degen steht in des reichen Königs Pflicht.

Heikens Jungfrauen und Eure Mägdelein,
sollten beisammen je ein Gesinde sein,
so möchte mancher Recke wohl werden wohlgemut.
Lasst es Euch raten, Fraue, es bekommt Euch wahrlich gut.«

Sie sprach mit edler Sitte: »Nun lasst die Rede sein
bis morgen in der Frühe; dann tretet zu mir ein,
dass ich auf die Werbung Euch gebe den Bescheid.«
Da mussten Folge leisten die kühnen Degen allbereit.

Als zu den Herbergen sie kamen allzumal,
nach Giselher zu senden die edle Frau befahl
und nach ihrer Mutter, den beiden sagte sie,
ihr gezieme nur zu weinen und alles andere nie.

Da sprach ihr Bruder Giselher: »Mir ahnt, Schwester mein,
und gerne mag ich's glauben: dein Leid und deine Pein
wird König Etzel wenden. Und nimmst du ihn zum Mann
– mögen andre dagegen sein –, so dünkt es mich wohlgetan.

Er mag dir's wohl ersetzen«, sprach weiter Giselher.
»Von der Rhone bis zum Rheine, von der Elbe bis ans Meer
weiß man keinen König gewaltiger als ihn.
Du magst dich höchlich freuen, heischt er dich zur Königin.«

Sie sprach: »Lieber Bruder, wie rätst du mir dazu?
Weinen und Klagen, das käm mir eher zu.
Wie sollt ich vor den Recken da zu Hofe gehn?
Hatt ich jemals Schönheit, um die ist's lange geschehn.«

Da redete Frau Ute der lieben Tochter zu:
»Was deine Brüder raten, liebes Kind, das tu.
Folge deinen Freunden, so mag dir's wohlergehn.
Hab ich dich doch so lange in großem Jammer gesehn.«

Da bat sie Gott mit Inbrunst, dass er es fügen sollt,
dass sie wieder geben könnte Gewand, Silber und Gold
wie einst, da er noch lebte, ihr Mann, der Degen hehr.
Sie erlebe doch nicht wieder so frohe Stunden nachher.

Sie dacht in ihrem Sinne: Und sollt ich meinen Leib
einem Heiden geben? Ich bin ein Christenweib;
des müsst ich billig Schelte von aller Welt empfahn;
gäb er mir allen Reichtum, es bliebe doch ungetan.

Da ließ sie es bewenden. Die Nacht bis an den Tag
die Frau in ihrem Bette voll Gedanken lag.
Ihre lichten Augen trockneten ihr nicht,
bis sie hin zur Mette wieder ging beim Morgenlicht.

Nun waren auch die Könige zur Messezeit gekommen;
sie hatten ihre Schwester an die Hand genommen
und rieten ihr, zu minnen den von Hunnenland.
Doch niemand die Fraue ein wenig fröhlicher fand.

Da hieß man zu ihr gehen, die Etzel hingesandt.
Die wollten nun mit Urlaub räumen Gunthers Land,
wie's auch geraten möge, mit Nein oder Ja!
Da kam zu Hofe Rüdiger: Die Gefährten mahnten ihn da,

dass er recht erforsche des edlen Königs Mut
und das beizeiten täte; das deuchte jeden gut;
ihre Wege wären ferne wieder in ihr Land.
Man brachte Rüdigeren hin, wo er Kriemhilden fand.

Schwert aus dem Grab Childerichs

Da bat alsbald der Recke die edle Königin
mit minniglichen Worten, zu künden ihren Sinn,
was sie entbieten wolle in König Etzels Land.
Der Held mit seinem Werben bei ihr nur Weigerung fand:

Sie sprach, sie wolle nimmer minnen einen Mann.
Dawider sprach der Markgraf: »Das wär nicht recht getan:
Was wolltet Ihr verderben so minniglichen Leib?
Ihr werdet noch mit Ehren eines werten Recken Weib.«

Es half nichts, bis dass Rüdiger
im Geheimen sagte der Königin hehr,
dass er ihr zu entgelten hoffe alles Ungemach.
Da erst ließ ein wenig ihre hohe Trauer nach.

Er sprach zu der Königin: »Lasst Euer Weinen sein;
hättet Ihr bei den Hunnen niemand als mich allein,
meine getreuen Freunde und die mir untertan,
er sollt es schwer entgelten, der Euch je hätte Leid getan.«

Davon ward erleichtert der Fraue wohl der Mut.
Sie sprach: »So schwört mir, Rüdiger, was mir jemand tut,
Ihr wollt der Erste werden, der rächen will mein Leid.«
Da sprach zu ihr der Markgraf: »Dazu bin ich, Frau, bereit.«

Mit allen seinen Mannen schwur ihr da Rüdiger,
ihr immer treu zu dienen, und dass die Recken hehr
ihr nichts versagen wollten in König Etzels Land,
was ihre Ehre heische: das gelobt ihr Rüdigers Hand.

Da gedachte die Getreue: Wenn ich gewinnen kann
so viel steter Freunde, so seh ich's wenig an,
was auch die Leute reden in meines Jammers Not.
Vielleicht wird noch gerächt meines lieben Mannes Tod.

Sie gedachte: Da Herr Etzel der Recken hat so viel,
denen ich gebiete, so tu ich, was ich will.
Er hat auch solche Schätze, dass ich verschenken kann:
Hagen hat geraubt, was bisher ich an Schätzen gewann.

Sie sprach zu Rüdigeren: »Hätt ich nicht vernommen,
dass er ein Heide wäre, so wollt ich gerne kommen,
wohin er geböte, und nähm ihn zum Mann.«
Da sprach der Markgraf wieder: »Steht darum, Herrin, nicht an.

Ihm dienen so viel Recken, die gute Christen sind,
dass Ihr bei dem König nie ein Leid gewinnt.
Ihr mögt auch leicht erlangen, dass der König gut
zu Gott wieder wendet so die Seele wie den Mut.«

Da sprachen ihre Brüder: »Schwester, willigt ein!
Und all Euren Kummer lasst in Zukunft sein.«
Des baten sie so lange, bis sie dann willigte ein,
trotz aller Trauer den König Etzel zu frein.

Sie sprach: »Ich muss Euch folgen, ich arme Königin!
Ich fahre zu den Hunnen, wann es geschehe, hin,
wenn ich Freunde finde, die mich führen in sein Land.«
Darauf gab vor den Helden die schöne Kriemhild die Hand.

Der Markgraf sprach: »Zwei Recken stehn in Eurem Lehn;
dazu hab ich noch manchen: So kann es wohl geschehn,
dass wir Euch mit Ehren bringen übern Rhein.
Ich lass Euch nun nicht länger hier bei den Burgunden sein.

Zwei Recken: die Markgrafen Gere und Eckewart

Fünfhundert Mannen hab ich und der Freunde mein:
die sollen Euch zu Diensten hier und bei Etzeln sein,
was Ihr auch gebietet; ich selber steh Euch bei
und will mich's nimmer schämen, mahnt Ihr mich künftig meiner Treu.

Eure Pferdedecken haltet Euch bereit;
was Rüdiger geraten hat, wird Euch nimmer leid.
Und sagt es Euren Mägdlein, die ihr Euch gesellt:
Uns begegnet unterweges mancher auserwählte Held.«

Sie hatte noch Geschmeide, das sie zu Siegfrieds Zeit
beim Reiten getragen. So konnte mit mancher Maid
sie in Ehren reisen und ziehen hindann.
Hei! Was man guter Sättel den schönen Frauen gewann!

Hatten sie schon immer getragen reiches Kleid,
so war für diese Reise noch schöner Gewand bereit,
weil ihnen von dem König so viel berichtet ward.
Sie schlossen auf die Kisten, so lang versperrt und gespart.

Sie waren sehr geschäftig wohl viereinhalb Tag
und nahm aus dem Einschlag, so viel darinnen lag.
Ihre Kammer zu erschließen hub da Kriemhild an,
sie alle reich zu machen, die Rüdigern untertan.

Sie hatte noch des Goldes von Nibelungenland:
Das sollte bei den Hunnen verteilen ihre Hand.
Sechshundert Mähren mochten es nicht von dannen tragen.
Die Kunde hörte Hagen da von Kriemhilden sagen.

Er sprach: »Mir wird Kriemhild doch nimmer wieder hold:
So muss auch hier verbleiben Siegfrieds ganzes Gold.
Was soll ich meinen Feinden lassen so großes Gut?
Ich weiß gar wohl, was Kriemhild noch mit diesem Schatze tut.

Brächte sie ihn von hinnen, ich glaube sicherlich,
sie würd ihn nur verteilen, zu werben wider mich.
Sie hat auch nicht die Rosse, um ihn hinwegzutragen:
Behalten will ihn Hagen, das soll man Kriemhilden sagen.«

Als sie vernahm die Märe, das schuf ihr grimme Pein.
Es ward auch den Königen gemeldet allen drein.
Sie gedachten es zu wenden. Als das nicht geschah,
Rüdiger der edle sprach mit frohem Mute da:

»Reiche Königstochter, was klagt Ihr um das Gold?
Euch ist König Etzel so zugetan und hold,
ersehn Euch seine Augen, er gibt Euch solchen Hort,
dass Ihr ihn nie verschwendet; das verbürgt Euch, Frau, mein Wort.«

Da sprach zu ihm die Königin: »Vieledler Rüdiger,
nie gewann der Schätze eine Königstochter mehr
als den Hort, den Hagen mir genommen.«
Indessen war Gernot zu ihrer Schatzkammer gekommen.

Mit des Königs Recht stieß er   den Schlüssel in die Tür.
Kriemhildens Schätze   reichte man herfür,
an dreißigtausend Marken   oder wohl noch mehr,
verteilt er an die Gäste.   Des freute Gunther sich sehr.

Da sprach von Bechelaren   der Gotelinde Mann:
»Und gehörten all die Schätze   noch Kriemhilden an,
die man jemals brachte   von Nibelungenland,
nicht berühren sollt es   mein noch der Königin Hand.

Heißt es aufbewahren,   da ich's nicht haben will.
Ich bracht aus unsrem Lande   des meinen her so viel,
dass wir es unterwegs   entraten können leicht,
wir haben zu der Reise   so viel, dass es zur Genüge reicht.«

Zwölf Schreine hatten   noch ihre Mägdelein
des allerbesten Goldes,   das irgend mochte sein,
bewahrt aus alten Zeiten,   das nun verladen ward,
und viel der Frauenzierde,   die sie brauchten auf der Fahrt.

Die Macht des grimmen Hagen   bedünkte sie zu stark.
Des Opfergoldes hatte   sie wohl noch tausend Mark:
Das gab sie für die Seele   von ihrem lieben Mann.
Das schien Rüdigeren   mit großen Treuen getan.

Da sprach die arme Königin: »Wo sind die Freunde mein,
die da mir zuliebe   in der Fremde wollen sein
und mit mir reiten sollen   in König Etzels Land?
Die nehmen meines Goldes   und kaufen Ross und Gewand.«

Alsbald gab ihr Antwort   der Markgraf Eckewart:
»Seit ich als Ingesinde   Euch zugewiesen ward,
hab ich Euch stets   gedient mit Freuden.
Und so will ich bei Euch   auch fürderhin bleiben in Treuen.

Ich führ auch mit der meinen   fünfhundert Mann,
die biet ich Euch zu Dienste   mit rechten Treuen an.
Wir bleiben ungeschieden,   es tu es denn der Tod.«
Der Rede dankt ihm Kriemhild,   da er's so wohl ihr erbot.

Da brachte man die Rosse.   Sie wollten aus dem Land.
Wohl huben an zu weinen   die Freunde all zur Hand.
Ute die reiche   und manche schöne Maid
bezeigten, wie sie trugen   um Kriemhilden Herzeleid.

Hundert schöner Mägdelein   führte sie aus dem Land;
die wurden wohl gekleidet   jede nach ihrem Stand.
Aus lichten Augen fielen   die Tränen ihnen nieder;
manche Freud erlebten   sie auch bei König Etzel wieder.

Da kam der junge Giselher   und König Gernot
mit ihrem Heergesinde,   wie es die Zucht gebot:
Die liebe Schwester wollten sie   begleiten durch das Land;
sie hatten im Gefolge   wohl tausend Degen auserkannt.

Da kam der schnelle Gere   und auch Ortewein;
Rumold, der Küchenmeister,   der ließ sie nicht allein.
Sie schufen Nachtlager   der Frauen auf den Wegen;
als Marschall sollte Volker   ihrer Herberge pflegen.

Bei Abschiedsküssen hatte   man Weinen viel vernommen,
eh sie zu Felde waren   von der Burg gekommen.
Ungebeten gaben viele   Geleit ihr durch das Land.
Vor der Stadt schon hatte   sich König Gunther gewandt.

Eh sie vom Rheine fuhren,   hatten sie vorgesandt
ihre schnellen Boten   in der Hunnen Land,
dem König zu melden,   dass ihm Rüdiger
zum Gemahl geworben   die edle Königin hehr.

Die Boten fuhren schnelle: Eil war ihnen not
um die große Ehre   und das reiche Botenbrot.
Als sie mit ihren Mären   waren heimgekommen,
da hatte König Etzel   so Liebes selten vernommen.

Der frohen Kunde willen   ließ der König geben
den Boten solche Gaben,   dass sie wohl mochten leben
immerdar in Freuden   hernach bis an den Tod.
Mit Wonne war verschwunden   des Königs Kummer und Not.

Einundzwanzigstes Abenteuer

WIE KRIEMHILD ZU DEN HUNNEN FUHR

Der Dichter schildert die Reise, den Empfang Kriemhilds in Bechelaren und ihre Weiterfahrt zur Traisen, dem östlichen Grenzfluss von Rüdigers Markgrafschaft.

Lasst die Boten reiten! Wir tun euch indes bekannt,
wie die Königstochter fuhr durch das Land,
und wo von ihr Giselher schied mit Gernot;
sie hatten ihr gedienet, wie ihre Treue gebot.

Sie kamen an die Donau gen Vergen nun geritten.
Da begannen sie um Urlaub die Königin zu bitten,
weil sie wieder wollten reiten an den Rhein.
Da konnte ohne Tränen dieser Abschied nicht sein.

Vergen: das heutige Pföring an der Donau, nahe von Ingolstadt

Giselher der schnelle sprach zu der Schwester sein:
»Schwester, wenn du jemals bedürfen solltest mein,
was immer dich gefährde, so mach es mir bekannt,
dann reit ich, dir zu dienen, hin in König Etzels Land.«

Die Verwandten alle küsste sie auf den Mund.
Minniglich sich scheiden sah man da zur Stund
die schnellen Burgunden von Rüdigers Geleit.
Da zog mit der Königin manche wohlgetane Maid,

hundertviere waren es, sie trugen schön Gewand
von buntgewebtem Zeuge; manch breiten Schildesrand
führte man der Königin nach auf ihren Wegen.
Da bat auch um Urlaub Volker, der stattliche Degen.

Über die Donau kamen sie jetzt gen Bayerland:
Da sagte man die Märe, viel Gäste unbekannt
kämen angereist. Dort, wo ein Kloster steht
und der Innfluss mündend in die Donau niedergeht,

Bischof Pilgerin (Pilgrim) war der Bruder Utes und daher Kriemhilds Onkel.

in der Stadt zu Passau saß ein Bischof.
Herbergen leerten sich und auch des Fürsten Hof.
Den Gästen entgegen ging's auf durch Bayerland,
wo der Bischof Pilgerin die schöne Kriemhilde fand.

Den Recken in dem Lande war es nicht zu leid,
als sie unter den Gästen sahen so manche schöne Maid.
Da kosten sie mit Augen manch edlen Ritters Kind.
Gute Herberge wies man den Gästen geschwind.

Pledelingen: das heutige Plattling

Dort zu Pledelingen schuf man ihnen Ruh;
das Volk allenthalben ritt auf sie zu.
Man gab, was sie bedurften, williglich und froh.
Sie nahmen es mit Ehren; so tat man bald auch anderswo.

Der Bischof mit der Nichte ritt auf Passau an.
Als es da den Bürgern der Stadt ward kundgetan,
das Schwesterkind des Fürsten, Kriemhild, wolle kommen,
da ward sie wohl mit Ehren von den Kaufherrn aufgenommen.

Als der Bischof wähnte, sie blieben nachts ihm da,
sprach Eckewart, der Markgraf: »Unmöglich ist das ja:
Wir müssen abwärts reiten in Rüdigers Land;
viel Degen harren unser. Unser Kommen ist ihnen bekannt.«

Von der Ankunft wusste auch die schöne Gotelind.
Sie rüstete sich fleißig und auch ihr edles Kind.
Ihr hatt entboten Rüdiger, ihn bedünk es gut,
wenn sie der Königstochter damit erheitere den Mut

Ense: die Enns, der westliche Grenzfluss von Rüdigers Markgrafschaft

und ihr entgegenritte mit seiner Mannen Schar
hinauf bis zur Ense. Als sie unterwegs war,
da sah man allenthalben erfüllt die Straßen stehn:
Alle wollten den Gästen entgegenreiten und -gehn.

Everdingen: Eferding, westlich von Linz

Nun ward gen Everdingen die Königin gekommen.
Man hatt im Bayerlande von Schächern wohl vernommen,
die auf den Straßen raubten, wie es ihr Gebrauch.
So hätten sie die Gäste mögen schädigen auch.

Das hatte wohl verhütet   der edle Rüdiger;
er führte tausend Ritter   oder wohl noch mehr.
Da kam auch Gotelinde,   Rüdigers Gemahl;
mit ihr in stolzem Zuge   kühner Recken große Zahl.

Über die Traune kamen sie   bei Ense auf das Feld;
da sah man aufgeschlagen   Hütten und Gezelt,
dass gute Ruhe fänden   die Gäste bei der Nacht.
Für ihre Kost zu sorgen,   war der Markgraf bedacht.

Traune: die Traun

Von den Herbergen   ritt den Gästen entgegen
Gotelind die schöne.   Da zogen auf den Wegen
mit klingenden Zäumen   viel Pferde wohlgetan.
Sie wurde wohl empfangen;   lieb tat man Rüdigern daran.

Als sie einander trafen,   da zeigte mancher Held
zum Gruße kunstvoll Reiten   auf dem weiten Feld.
Sie übten Ritterspiele;   das sah manch schöne Maid.
Auch war der Dienst der Helden   der Königstochter nicht leid.

Als zu den Gästen kamen   die in Rüd'gers Lehn,
viel Schaftsplitter sah man   in die Lüfte gehn
von der Recken Händen   nach ritterlichen Sitten.
Da wurde wohl zu Danke   vor den Frauen geritten.

Sie ließen es bewenden.   Da grüßte mancher Mann
freundlich den andern.   Nun führten sie heran
die schöne Gotlinde,   wo sie Kriemhild sah.
Wer Frauen dienen konnte,   hatte wenig Muße da.

Der Vogt von Bechelaren   ritt zu Gotlinden hin.
Da freute es   die edle Markgräfin,
dass sie so wohl geborgen   ihn sah vom Rheine kommen.
Ihr war die meiste Sorge   mit großer Freude benommen.

Als sie ihn empfangen,   vom Rosse ließ er da
sie mit den Frauen steigen,   die er bei ihr sah.
Da zeigte sich geschäftig   mancher edle Mann.
Den Frauen wurden Dienste   mit großem Fleiße getan.

Kriemhild ließ sich aus dem Sattel heben, um die bereits abgesessene Markgräfin nicht »von oben herab« zu begrüßen.

Da sah Frau Kriemhild die Markgräfin hehr
mit ihrem Ingesinde. Nicht wollt sie reiten mehr,
sie zuckte mit dem Zaume das Ross, das sie trug,
und ließ sich aus dem Sattel heben schleunig genug.

Den Bischof sah man führen seiner Schwester Kind,
ihn und Eckewarten hin zu Frau Gotelind.
Es musste vor ihr weichen, wer im Wege stund.
Da küsste die Fremde die Markgräfin auf den Mund.

Da sprach mit holden Worten die edle Markgräfin:
»Nun wohl mir, liebe Herrin, dass ich so glücklich bin,
hier in diesem Lande mit Augen Euch zu sehn.
Mir konnt in diesen Zeiten nimmer lieber geschehn.«

Botlungens Kind: Etzel

»Nun lohn Euch Gott«, sprach Kriemhild, »vieledle Gotelind.
So ich gesund verbleibe mit Botlungens Kind,
mag Euch zugutekommen, dass Ihr mich habt gesehn.«
Noch ahnten nicht die beiden, was später musste geschehn.

Mit Züchten zueinander ging da manche Maid,
zu Diensten waren ihnen die Recken gern bereit.
Sie setzten nach dem Gruße sich nieder auf den Klee:
Da lernten sich kennen, die sich fremd gewesen eh.

Man ließ den Frauen schenken. Es war am hohen Tag;
das edle Ingesinde dort nicht länger lag.
Sie ritten, bis sie sahen viel breite Hütten stehen.
Da konnten große Dienste den edlen Gästen geschehn.

Über Nacht da pflegen sollten sie der Ruh.
Daheim in Bechelaren schickt man sich dazu,
nach Würden zu bewirten so manchen werten Mann.
So hatte Rüdiger gesorgt, es gebrach nicht viel daran.

Die Fenster an den Mauern sah man offen stehn;
man mochte Bechelaren weit erschlossen sehn.
Da ritten ein die Gäste, die man gerne sah;
gut Gemach schuf ihnen der edle Rüdiger da.

Des Markgrafen Tochter mit dem Gesinde ging
dahin, wo sie die Königin minniglich empfing.
Da war auch ihre Mutter, Rüdigers Gemahl;
liebreich empfangen wurden die Jungfrauen allzumal.

Sie fassten ihre Hände und gingen alsodann
zu einem weiten Saale, von dem aus konnte man
tief unten sehen, wie die Donau floss.
Da saßen sie an Fenstern und hatten Kurzweile groß.

Ich kann euch nicht bescheiden, was weiter noch geschah.
Dass sie so eilen müssten, darüber klagten da
die Recken Kriemhildens; wohl war es ihnen leid.
Viele gute Degen aus Bechlarn gaben ihnen Geleit.

Viel minnigliche Dienste der Markgraf ihnen bot.
Da gab die Königstochter zwölf Armspangen rot
der Tochter Gotlindens und also gut Gewand,
dass sie kein bessres brächte hin in König Etzels Land.

Obwohl ihr war benommen der Nibelungen Gold,
machte die Königstochter alle sich wohl hold
noch mit dem kleinen Gute, das ihr verblieben war.
Dem Ingesind des Wirtes bot sie große Gaben dar.

Dafür erwies Frau Gotlind den Gästen von dem Rhein
auch so hohe Ehre mit Gaben groß und klein,
dass man da der Fremden wohl selten einen fand,
der nicht von ihr Gesteine trug oder herrlich Gewand.

Als man nach dem Imbiss fahren sollt hindann,
ihre treuen Dienste trug die Hausfrau an
mit minniglichen Worten Etzels Gemahl.
Kriemhild küsste scheidend Rüdigers schöne Tochter zumal.

Da sprach die zu der Königin: »Wenn's Euch dünket gut,
so weiß ich, wie gern es mein lieber Vater tut,
dass er mich zu Euch sendet in der Hunnen Land.«
Dass sie ihr treu gesinnt war, hat Kriemhild da wohl erkannt.

Die Rosse kamen aufgezäumt vor Bechelaren hin.
Da hat Urlaub genommen die edle Königin
von Rüdigers Weibe und von der Tochter sein,
da schieden auch mit Grüßen viel der schönen Mägdelein.

Medelick: Melk

Sie sahn sich nie wieder nach diesen schönen Tagen.
Aus Medelick auf Händen brachte man getragen
manch schönes Goldgefäße angefüllt mit Wein
den Gästen auf die Straße und hieß sie willkommen sein.

Mautaren: Mautern

Ein Wirt war da gesessen, Astold genannt,
der wies sie die Straße ins Österreicherland
gegen Mautaren an der Donau nieder:
Da ward viel Dienst erboten der reichen Königin wieder.

Der Bischof mit Liebe von seiner Nichte schied.
Dass sie sich wohl gehabe, wie sehr er ihr das riet!
Und sich Ehr erwerbe, wie Heike einst getan.
Hei! Was sie großer Ehren bald bei den Hunnen gewann!

Traisen: Nebenfluss der Donau, östlicher Grenzfluss von Rüdigers Markgrafschaft

An die Traisen kamen die Gäste in kurzer Zeit.
Sie zu pflegen befliss sich Rüdigers Geleit.
Bis dass man die Hunnen sah reiten über Land.
Da ward der Königstochter erst große Ehre bekannt.

Bei der Traisen hatte der Fürst von Hunnenland
eine reiche Feste, im Lande wohlbekannt,
mit Namen Zeiselmauer. Einst wohnte Heike da
und übte so hohe Milde, wie wohl nicht wieder geschah,

es sei denn von Kriemhilden; die mochte gerne geben.
Sie durfte wohl die Freude nach ihrem Leid erleben,
dass ihre Güte priesen, die Etzeln untertan.
Das Lob sie bei den Helden in der Fülle bald gewann.

König Etzels Herrschaft war so weit bekannt,
dass man zu allen Zeiten an seinem Hofe fand
die allerkühnsten Recken, davon man je vernommen
bei Christen oder Heiden; die waren all mit ihm gekommen.

Bei ihm konnte man immer – wie nirgend sonst zu sehn –
nach Christenglauben oder Heidenbräuchen leben.
Wozu nach seiner Sitte sich auch ein jeder schlug,
der König gab voll Milde doch einem jeden genug.

Zeiselmauer *(Zeizenmûre): Der berühmte Fehler! An der Traisen liegt Traismauer (Treysenmûre); Zeiselmauer befindet sich ein paar Kilometer flussabwärts. Dass der in dieser Gegend so wohlorientierte Dichter »Zeizenmûre« schrieb, lässt die verwegene Vermutung zu, dass er den Fehler bewusst ins Spiel gebracht hat, als eine Art Stolpereffekt, um das Interesse seiner Zuhörer auf Treysenmûre zu konzentrieren (siehe: das Vorwort).*

Zweiundzwanzigstes Abenteuer

WIE KRIEMHILD BEI DEN HUNNEN EMPFANGEN WARD

Malerisch und in allen Details beschreibt der Dichter die erste Begegnung zwischen Kriemhild und Etzel in Tulna, dann ihre prunkvolle Hochzeit in Wien und schließlich den Empfang an König Etzels Hof. Einige neue Personen werden in die Handlung eingeführt, unter ihnen Etzels Bruder Blödel und Dietrich von Bern.

Sie blieb zu Zeiselmauer bis an den vierten Tag.
Der Staub in den Straßen derweil nicht stille lag;
aufstob er allenthalben wie in hellem Brand:
Da ritten Etzels Leute durch das Österreicherland.

Der edle König Etzel vergaß sein früheres Leid,
als er durch Boten erfuhr in dieser Zeit,
wie herrlich Frau Kriemhild zöge durch das Land.
Da eilte hin der König, wo er die Minnigliche fand.

Von gar manchen Sprachen sah man auf den Wegen
vor König Etzeln reiten viel der kühnen Degen,
von Christen und von Heiden manches breite Heer.
Der Herrin entgegen zogen sie alle fröhlich einher.

Von Russen und von Griechen ritt da mancher Mann;
die Polen und Walachen zogen geschwind heran
auf den guten Rossen, die sie herrlich ritten.
Da zeigte sich ein jeder in seinen heimischen Sitten.

Petschenegen: Nomadenvolk türkischer Abstammung, im 13. Jahrhundert ausgestorben. Berühmt für ihre Treffsicherheit beim Bogenschießen.

Aus dem Land zu Kiew ritt da mancher Mann,
und die wilden Petschenegen. Mit Bogen hub man an
zu schießen nach den Vögeln, die in den Lüften flogen;
mit Kräften sie die Pfeile auf gespanntem Bogen zogen.

Tulna: das heutige Tulln, westlich von Wien

Eine Stadt liegt an der Donau im Österreicherland,
die ist geheißen Tulna. Da ward ihr bekannt
manche fremde Sitte, die sie noch niemals sah.
Da empfingen sie gar viele, denen noch Leid durch sie geschah.

Es ritt dem König Etzel   ein Gefolge voran,
fröhlich und prächtig,   höfisch und wohlgetan,
wohl vierundzwanzig Fürsten,   mächtig und hehr:
ihre Königin zu schauen,   sie begehrten sonst nichts mehr.

Ramung, der Herzog   aus Walachenland,
mit siebenhundert Mannen   kam er vor sie gerannt.
Wie fliegende Vögel   sah man sie alle fahren.
Da kam der Fürst Gibeche   mit viel herrlichen Scharen.

Hornbog der schnelle   ritt mit tausend Mann
von des Königs Seite   zu seiner Frau heran.
Sie prangten und stolzierten   nach ihres Landes Sitten.
Von den Hunnenfürsten   ward auch da herrlich geritten.

Da kam vom Dänenlande   der kühne Hawart,
und Iring der schnelle,   vor allem Falsch bewahrt;
von Thüringen Irnfried,   ein waidlicher Mann:
Sie empfingen Kriemhilden,   dass sie viel Ehre gewann,

mit zwölfhundert Mannen,   die zählte ihre Schar.
Da kam der Degen Blödel   mit dreitausend gar,
König Etzels Bruder   aus dem Hunnenland.
Der ritt in stolzem Zuge,   bis er die Königin fand.

Da kam der König Etzel   und Herr Dietrich
mit seinen Helden allen.   Da sah man ritterlich
manchen edlen Ritter   tapfer und auch gut.
Davon ward Kriemhilden   gar wohl erhoben der Mut.

Da sprach zu der Königin   der edle Rüdiger:
»Frau, Euch will empfangen   hier der König hehr.
Wen ich Euch küssen heiße,   dem sei der Kuss gegönnt.
Wisst, dass Ihr Etzels Recken   nicht alle gleich empfangen könnt.«

Da hob man von der Mähre   die Königin hehr.
Etzel der reiche,   nicht säumt er länger mehr.
Er schwang sich von dem Rosse   mit manchem kühnen Mann.
Voller Freuden kam er   zu Frau Kriemhilden heran.

Gibeche oder Gibich – historisch: Gibica – entspricht dem nordischen giuki und gilt in fast allen Sagenkreisen als Vater der Burgundenkönige. Nur der Dichter des Nibelungenliedes nennt Dankrat als Vater.

Blödel oder Blödelein: entspricht der historischen Gestalt Bleda, König Attilas Bruder.

Dietrich von Bern, eine der bekanntesten Gestalten der Heldensage. Historisch: Ostgotenkönig Theoderich der Große (456–526). Er lebte bei Etzel in der Verbannung.

aus dem Golde (uz dem golde): die goldene Umrahmung des Kopfschmuckes.

Zwei mächtige Fürsten, das ist uns wohlbekannt,
gingen bei der Frau und trugen ihr Gewand,
als der König Etzel ihr entgegenging
und sie den edlen Fürsten mit Küssen gütlich empfing.

Sie schob hinauf den Kopfschmuck; ihre Farbe wohlgetan
erglänzt aus dem Golde. Da sagte mancher Mann,
Frau Heike könne schöner nicht gewesen sein.
Da stand in der Nähe des Königs Bruder Blödelein.

Den riet ihr zu küssen Rüdiger, der Markgraf reich,
und den König Gibeche, Dietrichen auch zugleich.
Zwölf der Recken küsste Etzels Königin;
da blickte sie mit Grüßen noch zu manchem Ritter hin.

Während König Etzel bei Kriemhilden stand,
taten junge Degen, wie Sitte noch im Land.
Waffenspiele wurden schön vor ihr geritten;
das taten Christenhelden und Heiden nach ihren Sitten.

Als da turnierte so mancher Rittersmann,
da flogen viele der Lanzenschäfte sodann
hoch über Schilde, aus guter Ritter Hand!
Vor den deutschen Gästen brach da mancher Schildesrand.

Von der Schäfte Brechen vernahm man lauten Schall.
Da waren aus dem Lande die Recken kommen all
und auch des Königs Gäste, so mancher edle Mann.
Da ging der reiche König mit der Königin hindann.

Sie fanden in der Nähe ein herrlich Gezelt.
Erfüllt war von Hütten rings das ganze Feld.
Da war nach den Beschwerden Rast für sie bereit.
Da geleiteten die Helden dorthinein manche schöne Maid.

Kriemhild, die Königin, im Zelte drinnen saß
auf reich verziertem Ehrenplatz. Der Markgraf hatte das
so prächtig schaffen lassen, sie fanden's schön und gut.
Da stand dem König Etzel in hohen Freuden der Mut.

Was sie zusammen redeten,   das ist mir unbekannt:
In seiner Rechten ruhte   ihre weiße Hand.
So saßen sie in Minne,   als Rüdiger, der Degen,
dem König nicht gestattete,   Kriemhildens heimlich zu pflegen.

Da ließ man unterbleiben   das Kampfspiel überall:
Mit Ehren ward beendet   der laute Freudenschall.
Da gingen zu den Hütten,   die Etzeln untertan;
Herberge wies man ihnen   ringsum allenthalben an.

Den Abend und nachtüber   fanden sie Ruhe da,
bis man den lichten Morgen   wieder scheinen sah.
Da kamen hoch zu Rosse   viel Helden ausersehn.
Hei! Was sah man Kurzweil   zu des Königs Ehren geschehn!

Ihm alle Ehr zu machen,   der Fürst die Hunnen bat.
Da ritten sie von Tulna   gen Wien in die Stadt;
in schönem Schmucke fand man   da Frauen ohne Zahl.
Sie empfingen wohl mit Ehren   König Etzels Gemahl.

In Überfluss und Fülle   war da für sie bereit,
wes sie nur bedurften.   Viel Degen allbereit
sahn froh dem Fest entgegen.   Herbergen wies man an.
Die Hochzeit des Königs   mit hohen Freuden begann.

Man mochte sie nicht alle   herbergen in der Stadt.
Die nicht Gäste waren,   die Rüdiger dann bat,
dass sie Herberge   nähmen auf dem Land.
Wohl weiß ich, dass man immer   den König bei Kriemhilden fand.

Dietrich, der Degen,   und mancher andre Held
hatten all die Tage   sich darauf eingestellt,
den Hochzeitsgästen allen   zu erheitern den Mut.
Rüdiger und seine Freunde   hatten Kurzweile gut.

Die Hochzeit war gefallen   auf einen Pfingstentag,
wo der König Etzel   bei Kriemhilden lag
in der Stadt zu Wiene.   Durch ihren ersten Mann
Kriemhild wohl nicht   so viele Recken zu Diensten gewann.

Durch Gabe machte sie sich Fremden wohlbekannt,
darüber sagte verwundert wohl mancher Mann:
»Wir wähnten, Kriemhilden benommen wär ihr Gut,
die nun mit ihren Gaben hier so große Wunder tut.«

Diese Hochzeit währte siebzehn Tage lang.
Von keinem andern König weiß der Heldensang,
der solche Hochzeit hielte. Es ist uns unbekannt.
Alle, die da waren, die trugen neues Gewand.

Sie hatten nie gesessen daheim in Niederland
vor so vielen Recken; auch ist mir wohlbekannt:
War Siegfried reich an Schätzen, so hatte er doch nicht
so viel der edlen Recken, als sie hier sah in Etzels Pflicht.

Wohl gab auch nie ein König bei seiner Hochzeit
so manchen reichen Mantel, lang, tief und weit,
und so gute Kleider, wie es hier geschehen.
Um Kriemhilds willen wurde alles hingegeben.

hatten einen Mut: *(heten einen muot): waren sich darin einig*

Ihre Freunde wie die Gäste hatten einen Mut:
Sie dachten nichts zu sparen, und wär's das beste Gut.
Was sich nur einer wünschte, man war dazu bereit;
da standen viel der Degen vor Milde bloß und ohne Kleid.

Wenn sie daran gedachte wie sie am Rheine saß
bei ihrem edlen Manne, ihr Augen wurden nass;
doch hehlte sie es immer, dass es niemand sah,
da ihr nach manchem Leide so viel der Ehre geschah.

Was einer tat aus Milde, das war doch gar ein Wind
gegen Dietrichen: Was immer Botlunges Kind
ihm gegeben hatte, ward als Geschenk verwandt.
Da beging auch große Wunder des milden Rüdiger Hand.

Auch aus Ungarlande der Degen Blödelein
ließ da ledig machen manchen Reiseschrein
von Silber und von Golde. Das ward dahingegeben.
Man sah des Königs Helden so recht fröhlich alle leben.

Des Königs Spielleute,   Werbel und Schwemmelein,
wohl an tausend Marken   nahm jedweder ein
bei dem Hofgelage   (oder mehr als das),
als die schöne Kriemhild   bei Etzeln unter Krone saß.

Am achtzehnten Morgen   von Wien die Helden ritten.
In Ritterspielen wurden   der Schilde viel verschnitten
von Speeren, die da führten   die Recken in der Hand:
So kam der König Etzel   mit Freuden in der Hunnen Land.

verschnitten (versniten): zerschlagen und durchstoßen

In Heimburg der alten   verblieb man über Nacht.
Da konnte niemand schätzen   des Volkes große Macht,
das da in gewalt'ger Menge   hinritt durch das Land.
Hei! Was schöner Frauen   man in seiner Heimat fand!

Heimburg: das heutige Hainburg

In Misenburg der reichen   fing man zu segeln an.
Verdeckt war das Wasser   von Ross und auch von Mann,
als ob es Erde wäre,   was man da fließen sah.
Die wegemüden Frauen   mochten sich wohl ruhen da.

Misenburg: das heutige Wieselburg (Moson)

Zusammen war gebunden   manches Schifflein gut,
dass ihnen wenig schaden   Woge mocht und Flut;
darüber ausgebreitet   manch köstlich Gezelt,
als ob sie noch immer   beides hätten, Land und Feld.

Nun ward auch in Etzelburg   die Märe kundgetan,
da freute sich darinnen   beides, Weib und Mann.
Etzels Ingesinde,   des einst Frau Heike pflag,
erlebte bei Kriemhilden   noch manchen fröhlichen Tag.

Etzelburg: das heutige Gran (Esztergom)

Da stand ihrer harrend   gar manche edle Maid,
die seit Heikens Tode   getragen Herzeleid.
Sieben Königstöchter   Kriemhild noch da fand;
durch die so ward gezieret   König Etzels ganzes Land.

Herrat, die Jungfrau,   noch des Gesindes pflag.
Sie war Heikens Schwestertochter,   in der viel Tugend lag,
und Dietrichs Verlobte,   eines edlen Königs Spross,
die Tochter Nentweinens,   die noch viel Ehren genoss.

Auf der Gäste Kommen freute sich aller Mut;
zum Empfang war aufgewendet viel kostbares Gut.
Wer könnte euch sagen, wie Etzel herrschte seitdem?
Den Hunnen ward nicht wieder eine Königin so genehm.

Strand: Donauufer

Als der Fürst mit seinem Weibe geritten kam vom Strand,
da ward ein jedes Maidlein mit Namen benannt
Kriemhild der edlen. Sie grüßte desto mehr.
Wie saß an Heikens Stelle sie bald gewaltig und hehr!

Manch treuer Dienst ward ihr dort bekannt.
Die Königin verteilte Gold und Gewand,
Silber und Gesteine. Was sie über den Rhein
zum Hunnenland gebracht, das musste gar vergeben sein.

Auch wurden mit Diensten untertan zumal
die Freunde des Königs und denen er befahl.
Über so viel Recken Heike nie gebot.
Sie mussten nunmehr dienen bis an Kriemhildens Tod.

Da stand in solchen Ehren der Hof und auch das Land,
dass man zu allen Zeiten die Kurzweile fand,
wonach einem jeden verlangte Herz und Mut:
Das schuf des Königs Liebe, dazu der Königin Gut.

Dreiundzwanzigstes Abenteuer

WIE KRIEMHILD IHR LEID ZU RÄCHEN GEDACHTE

Kriemhild kann am Etzelhof den toten Siegfried nicht vergessen und trägt sich nach wie vor mit Rachegedanken. Sie spielt nach außen hin die Rolle der allseits geachteten Königin und schenkt dem ungeliebten Mann einen Sohn, den sie nach Christenbrauch auf den Namen Ortlieb taufen lässt.

Im dreizehnten Jahr der Ehe mit Etzel beschließt sie, ihre Rachewünsche in die Tat umzusetzen. Zu günstiger Stunde – während einer Umarmung – bittet sie den König mit List und guten Worten, ihre Verwandten zu einem Hofgelage einzuladen. Etzel sagt zu und entsendet zwei Spielleute als Boten an den Rhein. Kriemhild ermahnt die beiden vor der Abreise ausdrücklich, dafür zu sorgen, dass Hagen in jedem Fall am Etzelhof erscheinen möge.

Bemerkenswert ist, dass die mit so ehrenvollem Botenritt beauftragten und von vierundzwanzig Recken begleiteten Spielleute nicht dem Ritterstand angehören. Der höfischen Etikette entsprechend, hätten Boten, die eine Einladung von Königshof zu Königshof überbringen sollen, eigentlich Ritter sein müssen.

In so hohen Ehren, das ist alles wahr,
wohnten sie beisammen bis in das siebte Jahr.
Eines Sohns war genesen derweil die Königin:
Das schien König Etzel der allergrößte Gewinn.

Sie forderte und ließ nimmer ab davon,
bis nach Christenbrauche König Etzels Sohn
die Taufe durft empfangen. Ortlieb ward er genannt.
Darob war große Freude über Etzels ganzem Land.

Was je an Tugend zuvor Frau Heike pflag,
pflegte Frau Kriemhild darauf gar manchen Tag.
Es lehrte sie die Bräuche Herrat, die fremde Maid;
die trug noch in der Stille um Heike schmerzliches Leid.

Vor Heimischen und Fremden war Kriemhild wohlbekannt.
Es hieß, so gut und milde hab eines Königs Land
nie eine Frau besessen: das hielten sie für wahr.
Des rühmten sie die Hunnen bis an das dreizehnte Jahr.

Nun wusste sie, dass niemand   ihr feindlich sei gesinnt,
wie oft wohl die Recken   der Herrin gegenüber sind
und dass sie täglich könnte   zwölf Kön'ge zu Diensten sehn.
Sie vergaß auch nicht des Leides,   das ihr daheim war geschehn.

Sie gedachte auch der Ehren   im Nibelungenland,
die ihr geboten worden   und die ihr Hagens Hand
mit Siegfriedens Tode   hatte gar benommen,
und ob ihm das nicht jemals   noch zu Leide sollte kommen:

»Das geschäh, wenn ich ihn bringen   möchte in dieses Land.«
Sie träumte wohl, sie hätte   genommen an der Hand
Giselher, ihren Bruder.   Sie küsst ihn allezeit
in ihrem sanften Schlafe;   das ward zu schmerzlichem Leid.

Diese Strophe ist so zu verstehen, dass Kriemhild sich in teuflischer Absicht versöhnt hat, um Gunther für ihren Racheplan in Sicherheit zu wiegen.

Ich glaub, es war der Teufel,   der Kriemhilden riet,
dass sie in Freundschaft   von König Gunther schied
und ihn versöhnlich küsste   in Burgundenland.
Aufs neu begann zu triefen   von heißen Tränen ihr Gewand.

Es lag ihr an dem Herzen   beides, spat und früh,
wie man mit Widerstreben   sie doch gebracht dazu,
dass sie minnen musste   einen heidnischen Mann:
die Not hatt ihr Hagen   und Herr Gunther angetan.

Wie sie das rächen möchte,   dachte sie alle Tage.
»Ich bin nun wohl so mächtig,   wem es auch missbehage,
dass ich meinen Feinden   mag schaffen Herzeleid.
Dazu wär ich dem Hagen   von Tronje gerne bereit.

Nach den Getreuen jammert   noch oft die Seele mein,
doch die mir Leides taten: möcht ich bei denen sein,
so würde noch gerächt   meines Mannes Tod.
Kaum kann ich es erwarten«,   sprach sie in des Herzens Not.

Es liebten sie alle,   die dem König untertan,
die Recken Kriemhildens;   das war auch wohl getan.
Ihr Kämmerer war Eckewart.   Drum ward er gern gesehn.
Kriemhildens Willen   konnte niemand widerstehn.

Sie gedacht auch alle Tage: Ich will den König bitten,
er möcht ihr vergönnen mit gütlichen Sitten,
dass man ihre Freunde brächt in der Hunnen Land.
Den argen Wunsch der Königin niemand damals noch verstand.

Als eines Nachts Frau Kriemhild bei dem König lag
– umfangen mit den Armen hielt er sie, wie er pflag
der edlen Frau zu kosen, sie war ihm wie sein Leib –,
da gedachte ihrer Feinde dieses herrliche Weib.

Sie sprach zu dem König: »Viellieber Herre mein,
ich wollt Euch gerne bitten, möcht es mit Hulden sein,
dass Ihr mich sehen ließet, ob ich verdienen sollt,
dass Ihr meinen Verwandten wäret inniglich hold.«

Da sprach der mächt'ge König, arglos war sein Mut:
»Das könnt Ihr mir glauben: Was man den Helden tut
zu Ehren und zugute, mir geschieht nur Freude dran,
da ich von Weibesminne nie bessre Freunde gewann.«

Da sprach zu ihm die Königin: »Ihr wisst so gut wie ich,
ich habe hohe Freunde. Darum schmerzt es mich,
dass mich sie noch nie besuchten hier im Land.
Ich bin allen Leuten hier nur als freundlos bekannt.«

Da sprach der König Etzel: »Vielliebe Fraue mein,
deucht es sie nicht zu ferne, so lüd ich übern Rhein,
die Ihr da gerne sähet, hierher zu meinem Land.«
Sie freute sich der Rede, als sie seine Bereitschaft geahnt.

Sie sprach: »Wollt Ihr mir Gunst erweisen, Herre mein,
so sollt Ihr Boten senden gen Worms über den Rhein,
damit die Freunde wissen, wonach mir steht der Mut.
Dann kommen uns zu Lande viel Ritter edel und gut.«

Er sprach: »Wenn Ihr gebietet, so lass ich es geschehn.
Ihr könntet Eure Freunde nicht so gerne sehn,
der edlen Ute Kinder, als ich sie sähe gern:
Es ist mir ein Kummer, dass sie so fremd uns sind und fern.«

Das Wort »Knappe« macht deutlich, dass die beiden Spielleute nicht dem Ritterstand angehörten und demnach in der höfischen Hierarchie weit unten rangierten.

Er sprach: »Wenn dir's gefiele, vielliebe Fraue mein,
wollt ich als Boten senden zu den Freunden dein
meine Fiedelspieler gen Burgundenland.«
Die guten Spielleute ließ man bringen gleich zur Hand.

Die Knappen kamen beide, wo sie den König sahn
sitzen bei der Königin. Da sagt er ihnen an,
sie sollten Boten werden nach Burgundenland.
Auch ließ er ihnen schaffen reiches, herrliches Gewand.

Vierundzwanzig Recken schnitt man da das Kleid.
Ihnen ward auch von dem König gegeben der Bescheid,
wie sie Gunthern laden sollten und die ihm untertan.
Frau Kriemhild mit ihnen geheim zu sprechen noch sann.

Da sprach der reiche König: »Nun hört, wie Ihr tut:
Ich entbiete meinen Freunden alles, was lieb und gut,
dass sie geruhn zu reiten hierher in mein Land.
Ich habe noch gar selten so liebe Gäste gekannt.

Und wenn sie meinen Willen gesonnen sind zu tun,
Kriemhilds Verwandte, so mögen sie nicht ruhn
und mir zuliebe kommen zu meinem Hofgelag,
da meiner Schwäger Freundschaft mich so sehr erfreuen mag.«

Da sprach der Fiedelspieler, der stolze Schwemmelein:
»Wann soll Euer Hofgelag in diesen Landen sein?
Dass wir's Euern Freunden am Rhein mögen sagen.«
Da sprach der König Etzel: »In der nächsten Sonnenwende Tagen.«

»Wir tun, was Ihr gebietet«, sprach da Werbelein.
Kriemhild ließ die Boten zu ihrem Kämmerlein
führen in der Stille und besprach mit ihnen da,
wodurch noch manchem Degen bald wenig Liebes geschah.

Sie sprach zu den Boten: »Ihr verdient groß Gut,
wenn ihr besonnen meinen Willen tut
und meine Worte überbringet dort im Burgundenland.
Ich mach euch reich an Gute und geb euch herrlich Gewand.

Wen ihr von meinen Freunden immer möget sehn
zu Worms an dem Rheine, dem sollt ihr's nie gestehn,
dass ihr mich jemals sahet betrübt in meinem Mut;
und entbietet meine Grüße diesen Helden kühn und gut.

Bittet sie zu leisten, was mein Gemahl entbot,
um mich so zu befreien von all meiner Not.
Ich scheine hier den Hunnen freundlos zu sein.
Wenn ich ein Ritter wäre, ich käme manchmal an den Rhein.

Und sagt auch Gernoten, dem edlen Bruder mein,
dass ihm auf Erden niemand holder möge sein.
Bittet, dass er mir bringe hierher in dieses Land
unsre besten Freunde. So wird uns Ehre bekannt.

Sagt auch Giselheren, ich mahn ihn daran,
dass ich von ihm noch nie ein Leid gewann.
Drum sähn ihn hier im Lande gern die Augen mein;
auch will ich all mein Leben ihm zu Dienst verpflichtet sein.

In seiner Jugend war Hagen Geisel an Etzels Hof, daher kannte er die Wege.

Sagt auch meiner Mutter, wie mir Ehre hier geschieht;
und wenn von Tronje Hagen der Reise sich entzieht,
dann sagt, dass er alleine die Wege kennt durchs Land;
die Wege zu den Hunnen sind ihm seit seiner Jugend bekannt.«

Die Boten wussten nicht, warum das möge sein,
dass sie diesen Hagen von Tronje nicht am Rhein
bleiben lassen sollten. Später beklagten sie es dann;
mit Hagen zusammen starb schrecklich manch tapferer Mann.

Botenbrief und Siegel war ihnen nun gegeben;
sie fuhren reich an Gute und konnten herrlich leben.
Urlaub gab ihnen Etzel und sein schönes Weib;
ihnen war auch wohlgeziert mit guten Kleidern der Leib.

Vierundzwanzigstes Abenteuer

WIE WERBET UND SCHWEMMEL DIE BOTSCHAFT BRACHTEN

Die Burgundenkönige nehmen Etzels Einladung an, obwohl Hagen Bedenken äußert. Sie glauben, dass Kriemhilds Versöhnung mit Gunther ernst zu nehmen sei. Nur Hagen scheint ihnen noch etwas gefährdet, und deshalb schlägt Giselher ihm vor, allein daheimzubleiben. Hagen lehnt entrüstet ab, erklärt sich zur Reise bereit, trifft aber Vorsichtsmaßnahmen: Er wählt tausend bewährte Recken als Begleitschutz aus und verzögert die Heimreise der Boten, damit sie nicht mit zu großem Vorsprung vor den Gästen am Etzelhof eintreffen und Kriemhild mithin nur wenig Zeit zur Vorbereitung einer Racheaktion hat.

Unüberhörbar ist das Behagen, mit dem der Dichter die beiden Spielleute zu Hauptpersonen dieses Abenteuers macht: Werbel und Schwemmel, von Etzel reichlich ausgerüstet, werden am burgundischen Königshof von den drei Königen und der Königsmutter persönlich empfangen; sie üben die fürstliche Tugend der Mildtätigkeit, indem sie ihre Kleider an Arme verschenken; sie genießen alle Ehrenbezeugungen, obwohl sie keine Ritter sind.

Möglich, dass der Dichter damit den Spielmannstand, dem er selbst angehört, als glanzvoll und einflussreich darstellen möchte. In diesem Zusammenhang ist beachtenswert, dass er den bisher nur beiläufig erwähnten Spielmann Volker von Alzey erstmals als »edlen Herren« mit eigener Gefolgschaft ins Spiel bringt und fortan zu einer der markantesten Gestalten des Nibelungenliedes entwickelt.

Die Vermutung bietet sich an, dass der Dichter in diesem Abenteuer autobiographische Hinweise verschlüsselt und dass ihm in der Folge das Porträt des Spielmanns Volker zum Spiegelbild seiner eigenen Persönlichkeit gerät.

Als Etzel seine Fiedler hin zum Rheine sandte,
da erzählte man davon von Lande zu Lande.
Mit schnellen Abgesandten bat er und entbot
zu seinem Hofgelage; da holte mancher sich den Tod.

Die Abgesandten luden schon zum Hofgelage, während die Spielleute noch an den Rhein unterwegs waren. Das Fest sollte also in jedem Falle stattfinden – egal, ob die Burgunden zusagten oder nicht.

Die Boten ritten hinnen aus der Hunnen Land
zu den Burgunden, wohin man sie gesandt
zu dreien edlen Königen und ihrer Mannen Heer,
dass sie zu Etzeln kämen; die Boten beeilten sich sehr.

Hin zu Bechlarn kamen sie geritten,
um gute Dienst dort brauchten sie nicht zu bitten.
Ihre Grüße sandten Rüd'ger und Gotelind
den Degen an dem Rheine, und auch des Markgrafen Kind.

Sie ließen ohne Gaben die Boten nicht von dort,
und reich beschenkt fuhren sie dann fort.
Uten und ihren Söhnen entbot da Rüdiger,
es gäbe keinen Markgraf, der ihnen so gewogen wäre wie er.

Sie entboten auch Brünhilden alles, was lieb und gut,
ihre stete Treue und dienstbereiten Mut.
Da wollten nach der Rede die Boten weiterziehn;
um Gottes Schutz für sie bat da die edle Markgräfin.

Eh noch die Boten völlig durchzogen Bayerland,
Werbel der schnelle den guten Bischof fand.
Was der da seinen Freunden hin an den Rhein entbot,
davon hab ich nicht Kunde; jedoch sein Gold also rot

gab er den Boten milde. Dann ließ er sie ziehn.
»Es würde mich sehr freuen«, sprach Bischof Pilgerin,
»wenn ich bei mir sähe die Schwestersöhne mein,
ich kann leider nie zu ihnen kommen an den Rhein.«

Was sie für Wege fuhren zum Rhein durch das Land,
kann ich euch nicht bescheiden. Ihr Gold und ihr Gewand
blieb ihnen ungeraubt. Man scheute Etzels Zorn.
So gewaltig herrschte der edle König wohlgeborn.

Binnen zwölf Tagen kamen sie an den Rhein,
gen Worms in die Feste, Werbel und Schwemmelein.
Da sagte man's dem König und seinen Mannen an,
es kämen fremde Boten; Gunther zu fragen begann.

Da sprach der Fürst vom Rheine: »Wer macht uns bekannt,
von woher diese Gäste ritten in das Land?«
Davon wusste niemand, bis die Boten sah
Hagen von Tronje. Der sprach zu König Gunther da:

»Wir hören Neues heute,   dafür will ich Euch stehn!
Etzels Fiedelspieler,   die hab ich hier gesehn;
die hat Eure Schwester   gesendet an den Rhein.
Ihres Herren willen   sollen sie uns willkommen sein.«

Sie ritten ohne Weilen   zu dem Saal heran.
So herrlich fuhr wohl nimmer   eines Fürsten Fiedelmann.
Des Königs Ingesinde   empfing sie gleich zur Hand;
Herberge gab man ihnen   und bewahrte ihr Gewand.

Ihre Reisekleider waren   reich und so wohlgetan,
sie mochten wohl in Ehren   sich so dem König nahn.
Doch wollten sie keines mehr   dort bei Hofe tragen.
Ob jemand sie begehre,   ließen da die Boten fragen.

Da waren auch bedürftige   Leute bei der Hand,
die sie gerne nahmen: denen wurden sie gesandt.
Die Gäste legten dann   noch schönre Kleider an,
wie nur ein Königsbote   sie so prächtig tragen kann.

Da gingen mit Erlaubnis   hin, wo der König saß,
Etzels beide Boten;   gerne sah man das.
Herr Hagen gleich den Boten   vom Sitze entgegensprang,
sie freundlich zu begrüßen: des sagten ihm die Knappen Dank.

Da hub von Tronje Hagen   sie zu befragen an,
wie Etzel sich gehabe   und die ihm untertan.
Da sprach der Fiedelspieler: »Nie besser stand's im Land,
das Volk war niemals froher,   das sei Euch wahrlich bekannt.«

Er führte sie dem Wirte zu.   Der Königssaal war voll.
Da empfing man die Gäste,   wie man immer soll
Boten freundlich grüßen   in andrer Kön'ge Land.
Werbel viele Recken   da bei König Gunthern fand.

Der König wohlgezogen   zu grüßen sie begann:
»Willkommen, beide Fiedler,   die Etzeln untertan,
mit euren Heergesellen: Wozu hat euch gesandt
Etzel der reiche   zu den Burgunden Land?«

Goldschmuck, merowingisch

Sie neigten sich dem König. Da sprach Werbelein:
»Euch entbietet seine Dienste der liebe Herre mein,
Und Kriemhild, Eure Schwester, hierher in dieses Land;
sie haben uns beide auf gute Treue gesandt.«

Da sprach der reiche König: »Der Märe bin ich froh.
Wie gehabt sich Etzel«, der Degen fragte so,
»und Kriemhild, meine Schwester, in der Hunnen Land?«
Da sprach der Fiedelspieler: »Das mach ich gern Euch bekannt:

Besser wohl gehabten Könige sich nirgend mehr,
und fröhlicher sind keine, als die Fürsten hehr
und ihre Degen alle, Freund und Untertan.
Sie freuten sich der Reise, da wir schieden hindann.«

»Nun dank ihm für die Grüße, die er mir entbeut,
ihm und meiner Schwester: Gern erfahr ich heut,
dass sie in Freuden leben, der König und sein Lehn;
meine Frage war nach ihnen in großen Sorgen geschehn.«

Die beiden jungen Könige waren auch gekommen,
die hatten diese Märe eben erst vernommen.
Giselher der junge die Boten gerne sah
aus Liebe zu der Schwester; gar minniglich sprach er da:

»Ihr Boten sollt uns beide hochwillkommen sein:
Kämet ihr nur öfter geritten an den Rhein,
ihr fändet hier der Freunde, die ihr gerne möchtet sehn;
euch sollte hierzulande wenig Leides geschehn.«

»Wir vertrauen Euch wohl«, sprach da Schwemmelein,
»ich könnt Euch nicht bedeuten mit den Worten mein,
wie minnigliche Grüße Euch Etzel hat gesandt,
und Eure edle Schwester, die da in hohen Ehren stand.

An Eure Lieb und Treue mahnt Euch die Königin
und dass ihr stets gewogen war Euer Herz und Sinn.
Zuvörderst Euch, Herr König, sind wir hierher gesandt,
dass Ihr geruht zu reiten zu Etzel in der Hunnen Land.

Auch sollen mit Euch reiten   Herr Giselher und Gernot.
Etzel der reiche   Euch allen das entbot,
wenn Ihr nicht kommen wolltet,   Eure Schwester sehn,
so möcht er doch wohl wissen,   was Euch von ihm wär geschehn,

dass Ihr ihn also meidet   und auch sein Reich und Land.
Wär Euch auch die Königin   fremd und unbekannt,
so würde er erwarten,   Ihr kämet, ihn zu sehn:
Wenn Ihr das leisten wolltet,   so wär ihm Liebes geschehn.«

Da sprach der König Gunther: »Nach der siebten Nacht
will ich euch bescheiden,   wes ich mich bedacht
hab im Rat der Freunde;   geht derweilen hin
zu eurer Herberge   und findet gute Ruh darin.«

Da sprach wieder Werbel: »Könnt es nicht geschehn,
dass wir die edle Frau,   die reiche Ute, sehn,
eh wir müden Degen   fragten nach der Ruh?«
Da sprach wohlgezogen   der edle Giselher dazu:

»Das soll euch niemand wehren;   wollt ihr vor sie gehn,
so ist auch meiner Mutter   Will und Wunsch geschehn,
denn sie sieht euch gerne   um die Schwester mein,
die edle Kriemhilde: Ihr sollt ihr willkommen sein.«

Giselher sie brachte   hin, wo er Uten fand,
die sah die Boten gerne   aus der Hunnen Land
und empfing sie freundlich   mit wohlgezogenem Mut.
Da sagten ihr die Märe   die Boten höfisch und gut:

»Meine Herrin lässt Euch entbieten«,   sprach da Schwemmelein,
»Gruß und stete Treue.   Und wenn es möchte sein,
dass sie Euch öfter sähe,   so glaubet sicherlich,
wohl keine andre Freude   auf Erden wünschte sie sich.«

Da sprach die Königin Ute: »Das kann nun nicht sein.
So gern ich öfter sähe   die liebe Tochter mein,
es wohnt zu fern uns leider   die edle Königin;
immer selig gehe ihr   die Zeit mit Etzeln dahin.

Ihr sollt mich wissen lassen, eh ihr von hinnen müsst,
wann ihr reiten wollet; ich sah in langer Frist
Boten nicht so gerne, als ich euch gesehn.«
Da gelobten ihr die Knappen, ihr Wille solle geschehn.

Zu den Herbergen gingen die vom Hunnenland.
Der reiche König hatte Freunde inzwischen besandt.
Gunther der edle fragte Mann für Mann,
was sie darüber dächten. Zu reden da mancher begann:

Er möge wohl reiten in König Etzels Land.
Das rieten ihm die Besten, die er darunter fand.
Hagen nur alleine, dem war es grimmig leid.
Zum König sprach er heimlich: »Mit Euch selbst seid Ihr im Streit!

Ihr habt doch nicht vergessen, was Kriemhild von uns geschehn.
Vor ihr sollten wir wohl stets in Sorge stehn.
Ich schlug ihr zu Tode den Mann mit meiner Hand.
Wie können wir es wagen, zu reiten in ihr mächtiges Land?«

Da sprach der reiche König: »Meiner Schwester Zürnen schwand
mit minniglichem Kusse. Eh sie verließ dies Land,
hat Kriemhild in Güte mir und den Meinen verziehen,
nur an Euch, Hagen, könnte sie noch Rache üben.«

»Nun lasst Euch nicht betrügen«, sprach von Tronje Hagen,
»wenn Ihr die Reise zu Kriemhild wolltet wagen,
da verliert Ihr zu der Ehre Leben leicht und Leib.
Sie weiß wohl nachzutragen, dem König Etzel sein Weib!«

Da sprach vor dem Rate der König Gernot:
»Ihr mögt aus guten Gründen fürchten dort den Tod
in hunnischen Reichen; ständen wir drum an
und mieden unsre Schwester, das wär übel getan.«

Da sprach zu dem Degen der junge Giselher:
»Da Ihr Euch, Freund Hagen, schuldig wisst so sehr,
so bleibt hier im Lande, Euer Heil zu wahren;
nur lasst, die sich's getrauen, mit uns zu den Hunnen fahren.«

Darob begann zu zürnen von Tronje der Held:
»Ich will nicht, dass ein andrer sich Euch zur Fahrt gesellt,
der an den Hof zu reiten sich mehr getraut als ich.
Wollt Ihr's nicht bleiben lassen, dann reis ich mit Euch sicherlich.«

Da sprach der Küchenmeister Rumold, der Degen:
»Die Heimischen und Fremden könnt Ihr zu Hause pflegen
nach Eurem Wohlgefallen. Es war ein guter Rat.
Ich wüsste nicht, dass Hagen Euch je schlecht geraten hat.

Wollt Ihr nicht Hagen folgen, so rät Euch Rumold,
der Euch immer treu zu Diensten ist und hold,
dass Ihr im Lande bleibet nach dem Willen mein
und lasst den König Etzel dort bei Kriemhilden sein.

Wo könntet Ihr auf Erden so gut als hier gedeihn?
Ihr mögt vor Euren Feinden daheim geborgen sein.
Ihr sollt mit guten Kleidern zieren Euren Leib,
des besten Weines trinken und minnen manches schöne Weib.

Dazu gibt man Euch Speise, so gut sie in der Welt
nur ein König bekommt. Eu'r Land ist wohl bestellt.
Etzels Hofgelage mögt Ihr Euch mit Ehren wohl begeben,
und hier mit Euren Freunden in guter Kurzweile leben.

Und hättet Ihr nichts anderes davon zu zehren hier,
ich gäb Euch eine Speise die Fülle für und für:
in Öl gesottne Schnitten. Das ist, was Rumold rät,
da es gar gefährlich, Ihr Herrn, dort bei den Hunnen steht.

Hold wird Euch Frau Kriemhild doch nimmer, glaubet mir.
Auch habt Ihr und Hagen es nicht verdient an ihr.
Und wollt Ihr nicht verbleiben, wer weiß, wie Ihr's beklagt!
Ihr werdet's noch erkennen, ich hab Euch Wahrheit gesagt.

Drum rat ich Euch zu bleiben. In Eurem reichen Land
könnt Ihr besser auslösen, was ihr gabt zu Pfand,
als dort bei den Hunnen: Wer weiß, wie es da steht?
Verbleibt hier, Ihr Herren: Das ist, was Rumold Euch rät.«

»Wir wollen nun nicht bleiben«, sprach da Gernot.
»Da es meine Schwester so freundlich uns entbot,
und Etzel der reiche, weshalb sollen wir nicht hin?
Die nicht mit uns wollen, mögen bleiben immerhin.«

Zur Antwort gab da Hagen: »Lasst euch zum Verdruss
meine Rede nicht gereichen: Was auch geschehen muss,
so rat ich euch in Treuen, wenn ihr euch gern bewahrt,
dass ihr nur wohlgerüstet zu dem Hunnenlande fahrt.

Da ihr's nicht bleiben lassen wollt, so entbietet euer Heer,
die Besten, die ihr findet und irgend wisst umher.
Aus ihnen allen wähl ich dann tausend Ritter gut.
So mag euch nicht gefährden der argen Kriemhilde Mut.«

»Dem Rate will ich folgen«, sprach der König gleich.
Da sandt er seine Boten umher in seinem Reich.
Bald brachte man der Helden dreitausend oder mehr.
Sie dachten nicht zu finden so großes Leid und Beschwer.

Sie ritten hohes Mutes durch König Gunthers Land.
Allen ließ man geben Ross und Gewand,
die da fahren wollten in das Hunnenland.
Zur Reise bereit der König manch guten Ritter fand.

Da ließ von Tronje Hagen Dankwart, den Bruder sein,
achtzig ihrer Recken führen an den Rhein.
Sie kamen stolz gezogen; Harnisch und Gewand
brachten viel die schnellen König Gunthern in das Land.

Da kam der kühne Volker, ein edler Spielmann,
mit dreißig seiner Degen zu der Fahrt heran.
Ihr Gewand war herrlich, ein König mocht es tragen.
Er wollte zu den Hunnen, ließ er dem Könige sagen.

Wer Volker sei gewesen, das sei euch kundgetan.
Er war ein edler Herre; ihm waren untertan
viel der guten Recken in Burgundenland;
weil er fiedeln konnte, ward er der Spielmann genannt.

*Der Ausdruck **»edler Herre«** (edel herre) macht deutlich, dass Volker von Alzey ein Ritter war.*

Hagen wählte tausend, die waren ihm bekannt.
Was in starken Stürmen geleistet ihre Hand
und was sie je geleistet, das hatt er oft gesehn;
auch alle andern mussten ihnen Ehre zugestehn.

Die Boten Kriemhildens der Aufenthalt verdross,
die Furcht vor ihrem Herren war gewaltig groß
sie hielten alle Tage um den Urlaub an.
Den gönnt ihnen Hagen nicht: das ward aus Vorsicht getan.

Er sprach zu seinem Herren: »Wir wollen uns bewahren,
dass wir sie reiten lassen, eh wir bereit zu fahren.
Nur sieben Tage vorher solln sie ziehn in Etzels Land.
Trägt man uns argen Willen, so wird es uns schneller bekannt.

So mag sich auch Frau Kriemhild bereiten nicht dazu,
das uns nach ihrem Rate jemand Schaden tu.
Will sie es doch versuchen, so fährt sie übel an:
Wir führen zu den Hunnen manchen auserwählten Mann.«

Bronzeschmuck, burgundisch

Die Sättel und die Schilde und all ihr Gewand,
das sie führen wollten in König Etzels Land,
war nun bereit und fertig für manchen kühnen Mann.
Etzels Spielleute rief man zu Gunthern heran.

Da die Boten kamen, begann Herr Gernot:
»Der König will leisten, was Etzel uns entbot.
Wir wollen gerne kommen zu seiner Lustbarkeit
und unsre Schwester sehen; dass ihr des außer Zweifel seid.«

Da sprach der König Gunther: »Wisst ihr uns zu sagen,
wann das Hofgelag beginnt oder zu welchen Tagen
wir erwartet werden.« Da sprach Schwemmelein:
»Zur nächsten Sonnenwende, da soll es in Wahrheit sein.«

Der König erlaubte – es war noch nicht geschehn –,
wenn sie Frau Brünhilden wünschten noch zu sehn,
dass sie mit seinem Willen sprächen bei ihr an.
Dem widerstrebte Volker. Das war Brünhild zuliebe getan:

»Es ist ja Frau Brünhild nun nicht so wohlgemut,
dass ihr sie schauen möchtet«, sprach der Ritter gut.
»Wartet bis morgen, so lässt man sie euch sehn.«
Sie hofften drauf, doch dann konnte es nicht mehr geschehn.

Da ließ der reiche König, er war den Boten hold,
aus eigner hoher Milde daher von seinem Gold
auf breiten Schilden bringen; wohl war er reich daran.
Ihnen ward auch reiche Schenkung von seinen Freunden getan.

Giselher und Gernot, Gere und Ortewein,
wie sie auch milde waren, das leuchtete wohl ein.
So reiche Gaben boten sie den Boten an,
dass sie's vor ihrem Herrn nicht getrauten zu empfahn.

Da sprach zu dem König der Bote Werbelein:
»Herr König, lasst die Gaben nur hier im Lande sein.
Wir dürfen nicht empfangen, weil uns der Herr verbot,
dass wir Geschenke nähmen, auch tut es uns wenig not.«

Da ward der Fürst vom Rheine darüber ungemut,
dass sie verschmähen wollten so reichen Königs Gut.
Da mussten sie empfangen sein Gold und sein Gewand,
dass sie es mit sich führten heim in König Etzels Land.

Sie wollten Ute schauen vor ihrer Wiederkehr.
Die Spielleute brachte der junge Giselher
zu Hof vor seine Mutter; sie sagte den Boten dann:
Wenn man Kriemhild ehre, so sei's auch ihr zuliebe getan.

Da ließ die Königswitwe ihre Borten und ihr Gold
um Kriemhildens willen geben, denn der war sie hold,
und König Etzels willen an das Botenpaar.
Sie mochten's wohl empfangen, getreulich bot sie es dar.

Urlaub genommen hatten nun von Weib und Mann
die Boten Kriemhildens; sie fuhren froh hindann
bis zum Schwabenlande: Dahin ließ Gernot
seine Helden sie begleiten, dass sie nirgend litten Not.

Als von ihnen schieden die Recken vom Geleit,
schuf ihnen Etzels Herrschaft Frieden weit und breit,
dass ihnen niemand raubte ihr Ross noch ihr Gewand.
Sie ritten sehr in Eile wieder in der Hunnen Land.

Wo sie Freunde wussten, da machten sie es kund:
In wenig Tagen kämen die Helden von Burgund
vom Rhein hergezogen in der Hunnen Land.
Pilgerin, dem Bischof, ward auch die Märe bekannt.

Als sie vor Bechlaren die Straße niederzogen,
da ward um die Märe Rüdiger nicht betrogen
noch Frau Gotelinde, die Markgräfin hehr.
Dass die Burgunden kämen, des freuten beide sich sehr.

Die Spielleute spornten die Rosse mächtig an.
Sie fanden König Etzeln in seiner Stadt zu Gran.
Grüße über Grüße, die man ihm her entbot,
brachten sie dem Könige; da wurde Etzel vor Freude rot.

Als Kriemhild, der Königin, die Märe ward bekannt,
dass die Brüder wollten kommen in ihr Land,
da ward ihr wohl zumute. Sie gab den Boten Lohn
mit reichlichen Geschenken; sie hatte Ehre davon.

Sie sprach: »Nun sagt mir beide, Werbel und Schwemmelein,
wer will von meinen Freunden beim Hofgelage sein,
von den höchsten, die wir luden hierher in dieses Land?
Sagt an, was sprach wohl Hagen, als ihm die Märe ward bekannt?«

»Er kam zu ihrem Rate an einem Morgen fruh;
wenig gute Sprüche redet er dazu,
als sie die Fahrt gelobten nach dem Hunnenland.
Die hat der grimme Hagen die Todesreise genannt.

Es kommen Eure Brüder, die Kön'ge alle drei
in herrlichem Mute. Wer noch mit ihnen sei,
darüber ich des weitern Euch nicht bescheiden kann.
Doch will mit ihnen reiten Volker, der kühne Fiedelmann.«

»Des könnt ich leicht entbehren«, sprach die Königin,
»dass ich auch Volkern sähe her zu Hofe ziehn;
Hagen bin ich gewogen, der ist ein Degen gut.
Dass wir ihn schauen sollen, des hab ich fröhlichen Mut.«

Hin ging die Königstochter, wo sie den König sah.
Wie minnigliche Worte sprach Frau Kriemhild da:
»Wie gefallen Euch die Mären, viellieber Herre mein?
Was ich je gewünscht, wird jetzt bald erfüllet sein.«

»Dein Will ist meine Freude«, der König sprach da so:
»Ich wär der eignen Freunde nicht so von Herzen froh,
wenn sie kommen sollten hierher in unser Land.
Durch deiner Freunde Liebe viel meiner Sorge verschwand.«

Des Königs Amtleute befahlen überall
mit Gestühl zu schmücken Palas und Saal
für die lieben Gäste, die da sollten kommen.
Doch bald schon war dem König viel der hohen Freude benommen.

Fünfundzwanzigstes Abenteuer

WIE DIE KÖNIGE ZU DEN HUNNEN FUHREN

Der Dichter stellt Hagen in den Mittelpunkt einiger altgermanischer Erzählmotive:

Erst reagiert Hagen mit Stolz und Gespött auf einen unheilvollen Traum der Königmutter Ute. Dann – als die Burgunden mit tausendundsechzig Recken und neuntausend Knechten aufbrechen – trifft er am Donaustrand auf drei weise Frauen, die ihm für den Fall der Weiterreise den Untergang der Burgunden prophezeien; nur der Kaplan des Königs, so ihr Orakelspruch, würde lebend nach Worms zurückkehren.

Die Weiterfahrt scheint zu scheitern, weil ein Fährmann sein Boot verweigert, doch Hagen nützt die Chance zur Umkehr nicht. Er tötet den Fährmann, raubt die Fähre und setzt die rund zehntausend Mann über.

Um die Prophezeiung der weisen Frauen Lügen zu strafen, versucht Hagen den Kaplan zu ertränken – doch sein Anschlag misslingt. Der Priester gewinnt auf wunderbare Weise das andere Ufer und eilt zurück nach Worms. Nun erkennt Hagen, dass die weisen Frauen wahr gesprochen haben und das tödliche Schicksal unabwendbar ist.

Trotzdem ist er zur Rückkehr nicht bereit – im Gegenteil: Er vernichtet die Fähre, um jede Rückzugsmöglichkeit zu vereiteln.

Was sie dort weiter taten – davon sei's vorerst genug.
Wohl kamen nie gefahren in solchem stolzen Zug
so hochgemute Degen in eines Königs Land;
sie hatten, was sie wollten, beides, Waffen und Gewand.

Der Fürst vom Rheine kleidete aus seinem Heergeleit
der Degen tausendsechzig, so gab man uns Bescheid,
und neuntausend Knechte zu dem Hofgelag;
die sie zu Hause ließen, beweinten es wohl hernach.

Da trug man ihr Sattelzeug zu Worms übern Hof.
Wohl sprach da von Speyer ein alter Bischof
zu der schönen Ute: »Unsre Freunde wollen fahren
zu dem Hofgelage. Möge Gott sie da bewahren.«

Da sprach zu ihren Söhnen Ute, die Fraue gut:
»Ihr solltet hier verbleiben, Helden hochgemut.
Geträumt hat mir heute von ängstlicher Not,
wie die Vögel alle in diesem Lande wären tot.«

»Wer an Träume glaubet«, sprach dawider Hagen,
»der weiß auch nicht so recht zu sagen,
wie es wohl um seine Ehre steht.
Mein Wunsch ist's, dass der König zum Hofgelage geht.

Wir wollen gerne reiten in König Etzels Land.
Da mag den Königen dienen eines guten Helden Hand,
wenn wir da schauen werden Kriemhildens Festlichkeit.«
Hagen riet die Reise; doch ward es später ihm leid.

Er hätt es widerraten, wenn nicht Gernot
mit ungefügen Reden ihm Spott entgegenbot:
Er mahnt ihn an Siegfried, Frau Kriemhildens Mann,
und sprach: »Darum will Hagen die große Reise nicht treten an.«

Da sprach von Tronje Hagen: »Nicht Furcht beeinflusst mich!
Gebietet Ihr es, Helden, so sollt Ihr zögern nicht.
Gern will ich mit Euch reiten in König Etzels Land.«
Bald ward von ihm zerhauen mancher Helm und Schildesrand.

Die Schiffe standen fertig zu fahren übern Rhein:
Was sie an Kleidern hatten, trugen sie darein.
Sie fanden viel zu schaffen bis zur Abendzeit;
und schließlich waren sie zur Reise freudig bereit.

Sie schlugen auf im Grase sich Hütten und Gezelt
jenseits des Rheines, wo das Lager war bestellt.
Da bat noch zu verweilen Gunthern sein schönes Weib;
sie herzte nachts noch einmal des Mannes waidlichen Leib.

Flöten und Posaunen erschollen morgens dann,
den Aufbruch anzukündigen: da nahm Abschied mancher Mann.
Wem Liebes lag im Arme, der herzte ihren Leib.
Bald wurden viele von ihnen getrennt durch König Etzels Weib.

Der schönen Ute Söhne,   sie hatten einen Mann,
der kühn war und bieder.   Als man die Fahrt begann,
sprach er zu dem Könige   geheim nach seinem Mut.
Er sprach: »Ich muss wohl trauern,   dass Ihr die Hofreise tut.«

Er war geheißen Rumold,   ein Degen auserkannt;
er sprach: »Wem wollt Ihr lassen   Leute nun und Land?
Dass niemand doch Euch Recken   wenden mag den Mut!
Die Botschaft Kriemhildens   erschienen mir niemals gut.«

»Das Land sei dir befohlen   und auch mein Söhnelein;
und diene wohl den Frauen,   das ist der Wille mein.
Wen du weinen siehest,   dem tröste Herz und Mut;
ich glaube nicht, dass Kriemhild   uns etwas zuleide tut.«

Die Rosse standen aufgezäumt   den Mannen wie den Herrn.
Mit minniglichem Kusse   zog da mancher fern,
dem noch in hohem Mute   lebte Seel und Leib.
Das musste bald beweinen   manches waidliche Weib.

Als man die schnellen Recken   sah zu den Rossen gehn,
fand man viel der Frauen   in hoher Trauer stehn,
dass sie auf ewig schieden,   sagt ihnen wohl der Mut;
so etwas zu ahnen,   das tut niemandem gut.

Die schnellen Burgunden   begannen ihren Zug.
Da ward in dem Lande   das Treiben groß genug:
Beiderseits der Berge   weinte Weib und Mann.
Mochte das Volk auch traurig sein,   sie ritten fröhlich hindann.

Die Nibelungenhelden   zogen mit ihnen aus
in tausend Halsbergen;   die hatten dort zu Haus
viel schöne Fraun gelassen   und sahn sie nimmermehr.
Siegfriedens Wunden,   die schmerzten Kriemhilden sehr.

*Der Name **Nibelungen** wird hier erstmals auf die Burgunden bezogen.*

***Halsberge** (halsperge): Kettenpanzer*

Sie lenkten ihre Reise   dem Mainstrom zu sodann
hinauf durch Ostfranken.   Die Gunthern untertan,
wurden von Hagen geführt,   denn er war dort wohlbekannt.
Ihr Marschall war Dankwart,   der Held von Burgundenland.

Da sie von Ostfranken gen Schwalbenfelde ritten,
da erkannte man sie an den herrlichen Sitten,
die Fürsten und die Freunde, die Helden lobesam.
An dem zwölften Morgen der König an die Donau kam.

Da ritt von Tronje Hagen den andern all zuvor:
Er hielt den Nibelungen stets den Mut empor.
Bald sprang der kühne Degen nieder auf den Strand,
wo er sein Ross in Eile fest an einen Baume band.

Die Flut war ausgetreten, die Schifflein war'n verborgen:
Die Nibelungen kamen da in große Sorgen,
wie sie hinüber sollten. Das Wasser war zu breit.
Da stieg von seinem Pferde mancher Ritter allbereit.

»Übel«, sprach da Hagen, »mag dir wohl hier geschehn,
König an dem Rheine; du magst es selber sehn:
Das Wasser ist ergossen, zu stark ist seine Flut:
Ich fürchte, wir verlieren noch heute manchen Recken gut.«

»Was soll den Euer Vorwurf?«, sprach der König hehr.
»Um Eurer Hofzucht willen, erschreckt uns nicht noch mehr.
Ihr sollt die Furt uns suchen hinüber an das Land,
dass wir von hinnen bringen beides: Ross und Gewand.«

»Mir ist ja noch«, sprach Hagen, »mein Leben nicht so leid,
dass ich mich möcht ertränken in diesen Wellen breit.
Erst soll von meinen Händen ersterben mancher Mann
in König Etzels Landen, wozu ich gute Lust gewann.

Gelfrat ist Markgraf in Bayern.

Bleibt hier am Wasser, Ihr stolzen Ritter gut;
so geh ich und suche die Fergen bei der Flut,
die uns hinüberbringen in Gelfratens Land.«
Da nahm der kühne Hagen seinen festen Schildesrand.

Er war wohl bewaffnet: Den Schild er bei sich trug;
sein Helm war aufgebunden und glänzte hell genug.
Überm Harnisch führt er eine breite Waffe mit,
die an beiden Schärfen äußerst gefährlich schnitt.

Er suchte hin und wieder nach einem Schiffersmann.
Da hört er Wasser rauschen; zu lauschen hub er an.
In einem schönen Brunnen, da badete manch weises Weib,
die gedachten da im Bade sich zu kühlen den Leib.

weises Weib *(wisiu wîp): Zauberin, Frau mit übernatürlichen Kräften*

Hagen ward ihrer inne, da schlich er leis heran;
sie eilten schnell von hinnen, als sie den Helden sahn.
Dass sie ihm entrannen, des freuten sie sich sehr,
da nahm er ihre Kleider. Sonst tat er ihnen nichts mehr.

Da sprach das eine Meerweib, Hadeburg war sie genannt:
»Hagen, edler Ritter, wir machen Euch bekannt,
wenn Ihr uns dagegen die Kleider wiedergebt,
was Ihr auf dieser Reise bei den Hunnen erlebt.«

Sie schwammen wie die Vögel schwebend auf der Flut.
Da schien ihre Weisheit dem Helden stark und gut.
Er war bereit zu glauben, was sie ihm wollten sagen.
Sie gaben ihm dann Antwort, was er begann sie zu fragen.

Sie sprach: »Ihr mögt wohl reiten in König Etzels Land.
Ich setz Euch meine Treue dafür zum Unterpfand:
Niemals fuhren Helden noch in ein fremdes Reich
zu so hohen Ehren: in Wahrheit, ich sag es Euch.«

Der Rede war da Hagen im Herzen froh und hehr:
Die Kleider gab er ihnen und säumte sich nicht mehr.
Als sie umgezogen ihr wunderbar Gewand,
vernahm er erst die Wahrheit von der Fahrt in Etzels Land.

Da sprach das andre Meerweib mit Namen Siegelind:
»Ich will dich warnen, Hagen, Aldrianens Kind.
Meine Muhme hat dich der Kleider halb belogen,
und kommst du zu den Hunnen, so bist du übel betrogen.

Wieder umzukehren, wohl wär es an der Zeit,
dieweil ihr kühnen Helden also geladen seid,
dass ihr müsst ersterben in der Hunnen Land;
wer da hinreitet, den hat der Tod an der Hand.«

Da sprach aber Hagen: »Ihr lüget ohne Not.
Wie sollte das sich fügen, dass wir alle tot
blieben bei dem Hofgelag durch jemandes Groll?«
Da sagten sie dem Degen die Märe deutlich und voll.

Da sprach die eine wieder: »Es muss nun so geschehn:
Keiner wird von euch allen die Heimat wiedersehn
als der Kaplan des Königs! Das ist uns wohlbekannt.
Der kommt geborgen wieder heim in König Gunthers Land.«

Ingrimmen Mutes sprach der kühne Hagen:
»Das ließen meine Herren schwerlich sich sagen,
dass wir bei den Hunnen verlieren unsern Leib. –
Zeig mir den Weg übers Wasser, du allerweisestes Weib.«

Sie sprach: »Willst du nicht anders, und soll die Fahrt geschehn,
flussaufwärts am Wasser eine Herberge stehn:
Darin ist ein Ferge, und sonst nicht nah noch fern.«
Was sie ihm erzählte, das glaubte nun Hagen gern.

Dem unmutvollen Recken rief noch die eine nach:
»Nun wartet, Herr Hagen, Euch ist auch gar zu jach;
vernehmt noch erst die Kunde, wie Ihr kommt durchs Land.
Der Herr dieser Marke, der ist Else genannt.

Sein Bruder ist geheißen Gelfrat, der Degen,
ein Herr im Bayerlande; er gilt als verwegen.
Wollt Ihr durch seine Marke: Ihr mögt Euch wohl bewahren,
und sollt auch mit dem Fergen gar bescheidentlich verfahren.

Der ist so grimmen Mutes, er lässt Euch nicht gedeihn,
wollt Ihr nicht freundlich und verständig sein.
Sollt er Euch überholen, so bietet ihm den Sold;
er hütet dieses Landes und ist Gelfraten hold.

Und kommt er nicht beizeiten, so ruft über Flut
und sagt, Ihr heißet Amelrich; das war ein Degen gut,
der seiner Feinde willen räumte dieses Land:
So wird der Fährmann kommen, wird ihm der Name genannt.«

Der übermüt'ge Hagen dankte den Frauen hehr
des Rats und der Lehre; kein Wörtlein sprach er mehr.
Dann ging er bei dem Wasser hinauf an dem Strand,
wo er auf dem Ufer eine Herberge fand.

Laut begann zu rufen der Degen über Flut:
»Nun hol mich über, Ferge«, rief der Degen gut,
»ich gebe dir zum Lohne eine Spange goldesrot;
mir tut das Überfahren, das wisse, wahrhaftig not.«

Es brauchte nicht zu dienen der reiche Schiffersmann:
Lohn nahm er selten von jemanden an;
auch waren seine Knechte zumal von stolzem Mut.
Noch immer stand Hagen diesseits allein bei der Flut.

Da rief er so gewaltig, der ganze Strom erscholl
von des Helden Stärke, die war so groß und voll:
»Mich, Amelrich, hol über; ich bin es, Elses Mann,
der vor starker Feindschaft aus diesen Landen entrann.«

Hoch an seinem Schwerte er ihm die Spange bot,
die war schön und glänzte von lichtem Golde rot,
dass er ihn überbrächte in Gelfratens Land.
Der übermüt'ge Ferge nahm selbst das Ruder an die Hand.

Der Ferge hat durch Heirat sich kürzlich erst beweibt.
Die Gier nach großem Gute zu bösem Ende treibt.
Er dachte zu verdienen Hagens Gold so rot,
da litt er von dem Degen bald den schwertgrimmen Tod.

Dass der drei Strophen vorher als reich und stolz geschilderte Fährmann sich plötzlich goldgierig zeigte, kann nur damit erklärt werden, dass er für seine junge Frau die Goldspange erwerben wollte.

Der Ferge zog gewaltig hinüber an den Strand.
Als er am Ufer dann Amelrich nicht fand,
da hub er an zu zürnen. Als er Hagen sah,
mit grimmen Ungestüme zu dem Helden sprach er da:

»Ihr mögt wohl sein geheißen mit Namen Amelrich;
doch seht Ihr dem nicht ähnlich, den hier erwartet ich.
Von Vater und von Mutter war er der Bruder mein.
Nun Ihr mich betrogen habt, so müsst Ihr auch hier drüben bleiben.«

»Nein! Um Gottes willen«, sprach Hagen dagegen.
»Ich bin ein fremder Recke, besorgt um andre Degen.
So nehmet denn freundlich hin meinen Sold,
und fahrt uns hinüber; ich bin Euch wahrhaftig hold.«

Da sprach der Ferge wieder: »Das kann einmal nicht sein.
Viel der Feinde haben die lieben Herren mein;
drum fahr ich keinen Fremden hinüber in ihr Land.
Wenn dir dein Leben lieb ist, dann tritt aus dem Boot auf den Strand.«

»Das tu ich nicht«, sprach Hagen, »traurig ist mein Mut.
Nehmt zum Gedächtnis die goldne Spange gut
und fahrt uns über, tausend Ross und auch so manchen Mann.«
Da sprach der grimme Ferge: »Das wird nimmer getan.«

Er hob ein starkes Ruder, mächtig und breit,
und schlug es auf Hagen (es ward ihm später leid),
dass er im Schiffe nieder strauchelt auf die Knie.
Solchen grimmen Fergen fand der von Tronje noch nie.

Um stärker zu erzürnen den übermüt'gen Gast,
schlug er die Ruderstange, so dass sie gar zerbarst
auf das Haupt dem Hagen; er war ein starker Mann;
doch davon Elses Ferge bald großen Schaden gewann.

Mit grimmigem Mute griff Hagen gleich zur Hand,
zur Seite nach der Scheide, wo er eine Waffe fand.
Er schlug das Haupt ihm nieder und warf es auf den Grund.
Bald wurden diese Mären den stolzen Burgunden kund.

Im selben Augenblicke, als er den Fährmann schlug,
glitt das Schiff zur Strömung; das war ihm leid genug.
Eh er es richten konnte, fiel ihn Ermüdung an.
Da zog am Ruder kräftig König Gunthers Untertan.

Er versucht es umzukehren mit manchem schnellen Schlag,
bis ihm das starke Ruder in der Hand zerbrach.
Er wollte zu den Recken nun rudern an den Strand.
Doch gab's kein zweites. Deshalb er es schnell zusammenband

mit seinem Schildriemen, einer Borte schmal.
Hin zu einem Walde wandt er das Schiff zu Tal.
Da fand er seine Herren dort stehen im Gestad.
Manch stolzer Degen ihm dort entgegentrat.

Mit Gruß ihn wohl empfingen die edlen Ritter gut.
Sie sahen in dem Schiffe rauchen noch das Blut
von einer starken Wunde, die er dem Fergen schlug:
Darüber musste Hagen viel Fragen hören genug.

Als der König Gunther das heiße Blut ersah
in dem Schiffe rinnen, wie bald sprach er da:
»Wo ist denn, Herr Hagen, der Fährmann hingekommen?
Eure starken Kräfte haben ihm wohl das Leben benommen.«

Da sprach er mit Verleugnen: »Als ich das Schifflein fand
bei einer wilden Weide, da löst es meine Hand.
Ich habe keinen Fergen heute hier gesehn;
Leid ist auch niemand von meinen Händen geschehn.«

Da sprach von Burgunden der König Gernot:
»Heut muss ich bangen um lieber Freunde Tod,
da wir keinen Schiffmann hier am Strome sehn:
Wie wir hinüberkommen, darob muss ich in Sorgen stehn.«

Laut rief da Hagen: »Legt auf den Boden hin
das ganze Sattelzeug, ich gedenke, dass ich bin
der allerbeste Ferge, den man am Rheine fand:
Ich bring euch hinüber gar wohl in Gelfratens Land.«

Das Sattelzeug sollte abgenommen werden, damit die Pferde besser schwimmen konnten.

Dass sie desto schneller kämen über Flut,
trieb man hinein die Mähren; ihr Schwimmen ward so gut,
dass ihnen auch nicht eines der starke Strom benahm.
Einige trieben ferner, da sie Ermüdung überkam.

Sie trugen zu dem Schiffe ihr Gut und ihre Wehr,
da die Reise nun einmal nicht zu umgehen mehr.
Hagen fuhr sie über; da bracht er an den Strand
manchen stolzen Recken in das unbekannte Land.

Zum Ersten fuhr er über tausend Ritter her
und seine sechzig Degen; dann kamen ihrer mehr:
Neuntausend Knechte, die bracht er an das Land,
des Tags war unmüßig des kühnen Tronjers Hand.

Da er sie wohlgeborgen brachte über die Flut,
da dachte an die Märe der schnelle Degen gut,
die ihm verkündet hatte das wilde Meerweib;
dem Kaplan des Königs ging es da schier an Leben und Leib.

Bei seinem Weihgeräte er den Priester fand,
der auf die Heiligtümer sich stützte mit der Hand.
Das half ihm jedoch gar nichts, als Hagen ihn ersah;
der unglückliche Priester, viel Beschwerde litt er da.

Er schwang ihn aus dem Schiffe mit jäher Gewalt.
Da riefen ihrer viele: »Halt, Hagen, halt!«
Giselher der junge hub zu zürnen an;
doch Hagen wollt's nicht lassen, Leid ward da dem Priester getan.

Da sprach von Burgunden der König Gernot:
»Was hilft Euch wohl, Herr Hagen, des Kaplanes Tod?
Würde das ein andrer tun, so würd's ihm werden leid,
was verschuldete der Priester, dass Ihr so wider ihn seid?«

Der Priester schwamm nach Kräften. Er hofft zu überleben,
wenn ihm nur jemand hülfe. Das konnte nicht geschehn,
denn der starke Hagen – gar zornig war sein Mut –
stieß ihn zum Grunde wieder; das deuchte niemanden gut.

Dass der Priester nicht schwimmen konnte, steht in unerklärbarem Widerspruch zur vorhergehenden Strophe, wonach er nach Kräften schwamm.

Als der arme Priester hier keine Hilfe sah,
da wandt er sich ans Ufer; viel Sorge litt er da,
weil er nicht schwimmen konnte, doch half ihm Gottes Hand,
dass er wohlgeborgen wieder zurück kam an den Strand.

Da stand der arme Priester und schüttelte sein Kleid.
Nun erkannte Hagen, dass ihm die reine Wahrheit
vorhin gesagt hatte das rätselhafte weise Weib.
Er dachte: Diese Degen verlieren alle Leben und Leib.

Als sie das Schiff entladen und ans Gestad geschafft
und als an Land gegangen der Kön'ge Ritterschaft,
schlug Hagen es in Stücke und warf es in die Flut;
das wunderte gewaltig die Recken edel und gut.

»Bruder, warum tut Ihr das?«, sprach da Dankwart.
»Wie sollen wir hinüber bei unsrer Wiederfahrt,
wenn wir von den Hunnen reiten an den Rhein?«
Da sagte ihm Hagen: Das könnte nun nimmermehr sein.

Weiter sprach der Held von Tronje: »Ich tat's mit Wohlbedacht:
Haben wir einen Feigen in dieses Land gebracht,
der uns entrinnen möchte in seines Herzens Not,
der muss an diesen Wogen leiden schmählichen Tod.«

Sie führten bei sich einen aus Burgundenland,
der ein gar behender Held und Volker war genannt.
Der redete da launig nach seinem kühnen Mut:
Was Hagen je begangen; der Spielmann empfand es als gut.

Die Rosse standen harrend, die Säumer wohl geladen,
sie hatten auf der Reise bisher noch keinen Schaden
von ernstlichem Ausmaß genommen. Nur des Königs Kaplan
musste auf seinen Füßen nun wandern zum Rheine hinan.

Sechsundzwanzigstes Abenteuer

WIE DANKWART GELFRATEN ERSCHLUG

Nach der Vernichtung der Fähre berichtet Hagen von der unheilvollen Weissagung. Schrecken packt die Burgunden, die nun, von Todesahnung belastet, weiterziehen müssen.

Unmittelbare Gefahr droht ihnen von den bayrischen Markgrafen Else und Gelfrat, die mit einem starken Aufgebot an Recken den Burgunden nacheilen, um den Tod des Fährmannes zu rächen.

Es kommt zum Kampf zwischen einer burgundischen Nachhut und den Verfolgern. Dabei tötet Dankwart – um seinen bedrängten Bruder Hagen zu retten – den Markgrafen Gelfrat. Die Bayern werden geschlagen und ziehen sich zurück.

Die Burgunden reisen weiter, genießen die Gastfreundschaft des Bischofs Pilgerin in Passau und treffen weiter östlich an der Grenze zu Rüdigers Markgrafschaft einen schlafenden Wächter namens Eckewart, der sie vor Kriemhilds Rache warnt.

Es lässt sich nicht klären, ob dieser Grenzhüter identisch ist mit dem früheren burgundischen Markgrafen Eckewart, der als Kriemhilds Lehnsmann an den Etzelhof zog. Möglich auch, dass der Dichter den (getreuen) Eckewart – eine sprichwörtliche Warnergestalt der deutschen Sage – hier ins Nibelungenlied bringen will.*

Als sie nun alle hinüber gekommen an den Strand,
da fragte König Gunther: »Wer soll uns durch das Land
die rechten Wege weisen, dass wir nicht irre gehn?«
Da sprach der kühne Volker: »Lasst mich das Amt nur versehn.«

»Nun haltet an«, sprach Hagen, »sei's Ritter oder Knecht.
Man soll Freunden folgen, das bedünkt mich recht.
Eine ungefüge Märe mach ich euch bekannt:
Wir kommen nimmer wieder heim in der Burgunden Land.

Das sagten mir zwei Meerfraun heute morgen früh,
wir kämen nimmer wieder. Nun rat ich, was man tu:
Waffnet euch, ihr Helden, ihr sollt euch wohl bewahren.
Wir finden starke Feinde und müssen drum wehrhaft fahren.

* Eckewart: in anderen Schreibweisen Eckart, Ekkehart und ähnlich genannt.

Ich wähnt auf Lug zu finden die weisen Meerfraun:
Sie sagten mir, nicht einer werde wiederschaun
die Heimat von uns allen bis auf den Kaplan;
drum hätt ich ihm so gerne heut den Tod angetan.«

Da flogen diese Mären von Schar zu Schar einher.
Bleich vor Schrecken wurden Degen kühn und hehr,
als sie die Sorge fasste vor dem herben Tod
auf dieser Hofreise: das schuf ihnen wahrlich Not.

Bei Möringen waren sie über Flut gekommen,
wo dem Fährmann Elses das Leben ward benommen.
Da sprach Hagen wieder: »Da ich mir so gewann
unterwegs der Feinde, so greift man ehstens uns an.

Möringen: *das heutige Großmehring*

Ich erschlug den Fährmann heute Morgen fruh;
sie wissen nun die Kunde. Drum eilt und greifet zu:
Wenn Gelfrat und Elsen uns heute greifen an,
so soll es den Feinden übel ergehen dann.

Sie sind gar kühn, ich weiß es, es wird gewiss geschehn.
Drum lasst nur die Rosse in sanftem Schritte gehn,
dass nicht jemand wähne, wir flöhn vor ihrem Heer.«
»Dem Rate will ich folgen«, sprach der junge Giselher.

»Wer zeigt nun dem Gesinde die Wege durch das Land?«
Sie sprachen: »Das soll Volker: Dem sind hie wohlbekannt
die Straßen und die Steige, dem stolzen Fiedelmann.«
Eh man's von ihm verlangte, kam er gewaffnet heran.

Der schnelle Fiedelspieler, den Helm er überband;
von herrlicher Farbe war sein Streitgewand.
Am Schaft ließ er flattern ein Zeichen, das war rot.
Bald kam er mit den Königen in eine furchtbare Not.

Zeichen: *Fahne, auch Erkennungssymbol*

Sichre Kunde hatte Gelfrat nun bekommen
von des Fergen Tode; da hatt es auch vernommen
Else der starke: beiden war es leid.
Sie besandten ihre Helden. Die traf man balde bereit.

Nun hört mich weiter an: Darauf in kurzen Zeiten
sah man von allen Seiten kampferprobte Recken reiten.
Sie bildeten in Kürze ein ungefüges Heer:
Wohl siebenhundert stießen zu Gelfrat oder noch mehr.

Als das Heer den Feinden nachzuziehn begann,
die Herren, die es führten, huben zu jagen an
den kühnen Gästen hinterdrein. Sie wollten Rache haben.
Da mussten sie der Freunde hernach noch manchen begraben.

Hagen von Tronje richtete das ein
(wie konnte seiner Freunde ein bessrer Hüter sein?),
dass er die Nachhut hatte und die ihm untertan,
mit Dankwart, seinem Bruder; das war gar weislich getan.

Ihnen war der Tag zerronnen, den hatten sie nicht mehr.
Er bangte vor Gefahren für seine Freunde sehr.
Sie ritten unter Schilden durch der Bayern Land:
Darnach in kurzer Weile die Helden wurden angerannt.

Beiderseits der Straße und hinter ihnen her
vernahm man Hufe schlagen; die Haufen eilten sehr.
Da sprach der kühne Dankwart: »Gleich fallen sie uns an:
Bindet auf die Helme, das dünkt mich rätlich getan.«

Sie hielten ein mit Reiten, denn es musste sein.
Da sahen sie im Dunkel der lichten Schilde Schein.
Nicht länger stille schweigen mochte da Herr Hagen:
»Wer verfolgt uns auf der Straße?« Das musste Gelfrat ihm sagen.

Da sprach zu ihm der Markgraf aus der Bayern Land:
»Wir suchen unsre Feinde, denen sind wir nachgerannt.
Ich weiß nicht, wer mir heute meinen Fergen schlug.
Das war ein schneller Degen; mir ist leid um ihn genug.«

Da sprach von Tronje Hagen: »War das der Ferge dein?
Er wollt uns nicht fahren; alle Schuld ist mein:
Ich erschlug den Recken; fürwahr, es tat mir not:
Ich hatte von dem Degen schier selbst den grimmigen Tod.

Ich bot ihm zum Lohne   Gold und Gewand,
dass er uns überführe,   Held, in Euer Land.
Darüber zürnt er also,   dass er nach mir schlug
mit starker Ruderstange.   Da ward ich grimmig genug.

Ich griff nach dem Schwerte   und wehrte seinem Zorn
mit einer schweren Wunde.   Da war der Held verlorn.
Ich steh Euch hier zur Sühne,   wie es Euch dünke gut.«
Da ging es an ein Streiten.   Sie hatten zornigen Mut.

»Ich wusste wohl«, sprach Gelfrat,   »als hier mit dem Geleit
Gunther zog vorüber,   dass uns geschähe Leid
von Hagens Übermute.   Nun büßt er's mit dem Leben:
Für des Fergen Ende   soll er selbst hier Bürgschaft geben.«

Über die Schilde neigten   da zum Stich den Speer
Gelfrat und Hagen;   sie zürnten beide schwer.
Dankwart und Else   zusammen herrlich ritten;
sie erprobten, wer sie waren.   Da wurde grimmig gestritten.

Wer je versuchte kühner   sich und die Gunst des Glücks?
Von einem starken Stoße   sank Hagen hinterrücks
von der Mähre nieder durch Gelfratens Hand.
Der Brustriem' war gerissen.   Hagen im Grase sich befand.

Man hört auch beim Gesinde   krachender Schäfte Schall.
Da erholte Hagen   sich wieder von dem Fall,
den er auf das Gras getan   von des Gegners Speer.
Da zürnte der von Tronje   wider Gelfraten sehr.

Wer ihnen hielt die Rosse,   das ist mir unbekannt.
Sie waren aus den Sätteln   gekommen auf den Sand,
Hagen und Gelfrat.   Nun liefen sie sich an.
Ihre Gesellen halfen.   Es ward ein kühner Kampf getan.

Wie heftig auch Hagen   zu Gelfraten sprang.
Der Markgraf schlug   heraus mit großem Schwang
ein Stück des Schildes;   das Feuer stob hindann.
Da wäre schier erstorben   König Gunthers Untertan.

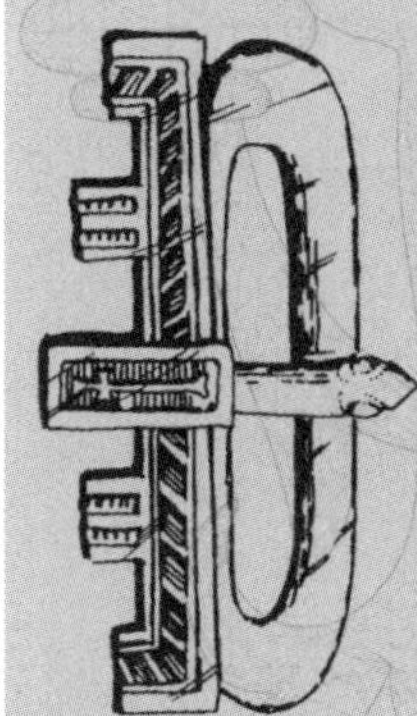

Beinschnallenbügel, merowingisch

Er rief mit lauter Stimme   Dankwarten an:
»Hilf mir, lieber Bruder!   Ein schneller starker Mann
hat mich hier bestanden,   der lässt mich nicht gedeihn.«
Da sprach der kühne Dankwart: »So muss ich denn Schiedsrichter sein.«

Da sprang der Degen näher   und schlug ihm solchen Schlag
mit einer scharfen Waffe,   dass er tot da lag.
Else wollte Rache   nehmen für den Mann;
doch er und sein Gesinde   schieden mit Schaden hindann.

Sein Bruder war erschlagen,   selber ward er wund;
wohl achtzig seiner Degen   wurden gleich zur Stund
des grimmen Todes Beute: Da musste wohl der Held
vor Gunthers Mannen räumen   in geschwinder Flucht das Feld.

Als die vom Bayerlande   wichen aus dem Wege,
man hörte nachhallen   die furchtbaren Schläge.
Es jagten von Tronje   ihren Feinden nach;
wer nicht entkommen konnte,   der erlitt viel Ungemach.

Da sprach beim Verfolgen   Dankwart, der Degen:
»Kehren wir nun wieder   zurück auf unsern Wegen,
und lassen wir sie reiten.   Sie sind vom Blute nass.
Wir eilen zu den Freunden.   In Treuen rat ich Euch das.«

Als sie hin wieder kamen,   wo der Schade war geschehn,
da sprach von Tronje Hagen: »Helden, lasst uns sehn,
wen wir hier vermissen   oder wer uns verlorn
hier in diesem Streite   ging durch Gelfratens Zorn.«

Sie hatten vier verloren;   den Schmerz musste man ertragen,
die waren wohl vergolten: auf Feindesseite lagen
deren vom Bayerlande   mehr als hundert tot.
Den Tronjern waren   von Blut die Schilde trüb und rot.

Ein wenig brach aus Wolken   des hellen Mondes Licht;
da sprach wieder Hagen: »Hört: Berichtet nicht
meinen lieben Herren,   was hier von uns geschah.
Bis zum Morgen komme   ihnen keine Sorge nah.«

Als zu den andern stießen die Tronjer nach dem Streit,
da klagte das Gesinde über Müdigkeit:
»Wie lange solln wir reiten?«, fragte mancher Mann.
Da sprach der kühne Dankwart: »Wir treffen keine Herberg an.

Ihr müsst alle reiten bis an den hellen Tag.«
Volker der schnelle, der des Gesindes pflag,
ließ den Marschall fragen: »Wo kehren wir heut ein?
Wo rasten unsre Pferde und die lieben Herren mein?«

Da sprach der kühne Dankwart: »Ich weiß es nicht zu sagen.
Wir können jetzt nicht ruhen, bis es beginnt zu tagen;
auf der nächsten Wiese dann legen wir uns ins Gras.«
Als sie die Kunde hörten, wie leid war etlichen das!

Unentdeckt auf Schilden blieb das Blut so rot,
bis dass die Sonne die lichten Strahlen bot
und über die Berge schien. Als es der König sah,
dass sie gestritten hatten, sehr im Zorne sprach er da:

»Wie nun denn, Freund Hagen? Verschmähtet Ihr wohl das,
dass ich Euch Hilfe brächte, als Euch die Ringe nass
wurden von dem Blute? Wer hat Euch das getan?«
Da sprach er: »Else tat es, der griff uns nächtens an.

Ringe: Ringpanzer

Seines Fergen wegen wurden wir angerannt.
Da erschlug Gelfraten meines Bruders Hand.
Zuletzt entrann uns Else, es zwang ihn große Not:
Ihnen hundert, uns nur viere blieben da im Streite tot.«

Wir können euch nicht melden, wo man die Nachtruh fand.
All den Landleuten ward es bald bekannt,
dass Utes edle Söhne zögen zum Hofgelag.
Sie wurden wohl empfangen dort zu Passau bald hernach.

Der werten Fürsten Oheim, der Bischof Pilgerin,
dem wurde wohl zumute, als seine Neffen ihn
mit so viel der Recken besuchten da im Land:
Dass er sie gerne sähe, ward ihnen balde bekannt.

Sie wurden wohl empfangen von Freunden vor dem Ort.
Nicht all verpflegen mochte man sie in Passau dort.
Sie mussten übers Wasser, wo Raum sich fand und Feld:
Da schlugen auf die Knechte Hütten und reich Gezelt.

Sie mussten da verweilen einen vollen Tag
und eine Nacht darüber. Wie schön man sie verpflag.
Dann ritten sie von dannen in Rüdigers Land;
der erfuhr bald ihre Ankunft. Da ward ihm Freude bekannt.

Als die Wegemüden Nachtruh genommen,
und sie dem Lande waren näher gekommen,
sie fanden auf der Marke schlafen einen Mann,
dem von Tronje Hagen ein scharfes Schwert wegnahm.

Eckewart geheißen war dieser Ritter gut.
Der gewann darüber gar traurigen Mut,
dass er verlor die Waffen durch der Helden Fahrt.
Rüdigers Grenzmarke, die fand man übel bewahrt.

»O weh mir dieser Schande«, sprach da Eckewart.
»Schwer muss ich beklagen der Burgunden Fahrt.
Als ich verlor Siegfrieden, hub all mein Kummer an.
O weh, mein Herr Rüdiger, wie hab ich wider dich getan!«

Wohl hörte Hagen des edlen Recken Not:
Er gab das Schwert ihm wieder, dazu sechs Spangen rot.
»Die nimm dir, Held, zu Lohne, willst du hold mir sein.
Du bist ein kühner Degen, lägst du hier auch noch so allein.«

»Gott lohn Euch Eure Spangen«, sprach da Eckewart;
»doch muss ich sehr beklagen zu den Hunnen Eure Fahrt.
Ihr erschlugt Siegfrieden. Hier trägt man Euch noch Hass.
Dass Ihr Euch wohl behütet, in Treuen rat ich Euch das.«

»Nun, mög uns Gott behüten«, sprach Hagen entgegen.
»Keine andre Sorge haben diese Degen,
als um die Herberge. Die Fürsten und ihr Lehn
wollen nur wissen, wo eine Herberge heute zu sehn.

Vermüdet sind die Rosse uns auf den fernen Wegen,
die Speise gar zerronnen«, sprach Hagen, der Degen:
»Wir finden nicht zu kaufen. Es wär ein Wirt uns Not,
der uns heute gäbe in seiner Milde das Brot.«

Da sprach wieder Eckewart: »Ich zeig euch solchen Wirt,
der euch in allen Ehren Herberge geben wird.
Nirgendwo im Lande kann's euch besser ergehen,
als wenn ihr schnellen Degen wollt zu Rüdigern gehen.

Der Wirt wohnt an der Straße, der beste allerwärts,
der je ein Haus besessen. Tugend ist in seinem Herz,
wie im Mai die Blumen auf einer Wiese sind.
Und wenn er helfen kann, so tut Rüdiger es geschwind.

Da sprach der König Gunther: »Wollt Ihr mein Bote sein,
ob uns behalten wolle bis an des Tages Schein
mein lieber Freund Rüdiger und die mir untertan?
Das will ich stets vergelten, so gut ich irgend nur kann.«

»Der Bote bin ich gerne«, sprach da Eckewart.
Mit gar gutem Willen erhob er sich zur Fahrt,
Rüdigern zu sagen, was er da vernommen.
Dem war in langen Zeiten so liebe Kunde nicht gekommen.

Man sah zu Bechlaren eilen einen Degen,
den Rüdiger wohl erkannte; er sprach: »Auf diesen Wegen
kommt Eckewart in Eile, Kriemhildens Untertan.«
Er wähnte schon, die Feinde hätten ihm ein Leid getan.

Da ging er vor die Pforte, wo er den Boten fand.
Er nahm sein Schwert vom Gurte und legt es aus der Hand.
Er sprach zu dem Degen: »Was habt Ihr vernommen,
dass Ihr so eilen müsset? Hat uns jemand was genommen?«

»Geschadet hat uns niemand«, sprach Eckewart zuhand;
»mich haben drei Könige her zu Euch gesandt,
Gunther von Burgunden, Gernot und Giselher.
Jeglicher der Recken entbot Euch Eure Dienste her.

Dasselbe tut auch Hagen, Volker auch zugleich,
mit Fleiß und rechter Treue; dazu bericht ich Euch,
was des Königs Marschall Euch durch mich entbot:
Es sei den guten Degen Eure Herberge Not.«

Mit lachendem Munde sprach da Rüdiger:
»Nun wohl mir dieser Märe, dass die Könige hehr
meinen Dienst verlangen; dazu bin ich bereit.
Wenn sie ins Haus mir kommen, des bin ich höchlich erfreut.«

»Dankwart, der Marschall, lässt Euch sagen,
wer zu Eurem Hause noch heute zieht heran:
Sechzig schneller Recken und tausend Ritter gut
mit neuntausend Knechten.« Da ward ihm fröhlich zumut.

»Wohl mir dieser Gäste«, sprach da Rüdiger,
»dass mir zu Hause kommen diese Recken hehr,
denen ich noch selten hab einen Dienst getan.
Entgegen reitet ihnen, sei's Freund oder Untertan.«

Da eilte zu den Rossen Ritter so wie Knecht.
Was sie der Herr geheißen, das deuchte alle recht.
Sie brachten ihre Dienste umso schneller dar.
Noch wusst es nicht Frau Gotlind, die in ihrer Kammer war.

Siebenundzwanzigstes Abenteuer

WIE SIE NACH BECHELAREN KAMEN

Die Burgunden erreichen Bechelaren und werden dort von Rüdiger ehrenvoll empfangen.

In heiterer Atmosphäre entwickeln sich einige Begebenheiten, die der Dichter mit viel Liebe zum Detail schildert, weil sie sich in den kommenden Konflikten als schicksalhaft erweisen sollen: Giselher verlobt sich mit Rüdigers Tochter; Gunther erhält als Geschenk ein Streitgewand, Gernot ein Schwert und Hagen den Schild Nudungs, eines im Kampf gefallenen Verwandten Gotelinds. Volker von Alzey singt ein Abschiedslied und bekommt von Gotelind eine »Minnesängergabe«.

Von Rüdiger begleitet, ziehen die Burgunden zum Etzelhof, wo Kriemhild sie mit Frohlocken ankommen sieht.

Hin ging der Markgraf, wo er die Frauen fand,
sein Weib und seine Tochter. Denen macht er da bekannt
diese liebe Märe, die er jetzt vernommen:
Dass die Brüder ihrer Herrin zu ihrem Hause sollten kommen.

»Vielliebe Traute«, sprach da Rüdiger,
»Ihr sollt sie wohl empfangen, die edlen Kön'ge hehr,
wenn sie und ihr Gesinde vor Euch zu Hofe gehn;
Ihr sollt auch freundlich grüßen Hagen in Gunthers Lehn.

Mit ihnen kommt auch einer mit Namen Dankwart;
ein andrer heißt Volker, an Ehren wohlbewahrt.
Die sechse sollt Ihr küssen, Ihr und die Tochter mein,
und sollt in höf'schen Züchten diesen Recken freundlich sein.«

Das gelobten ihm die Frauen und waren's gern bereit.
Sie suchten aus den Kisten manch herrliches Kleid,
darin sie den Recken entgegen wollten gehn.
Da konnte man sogleich die schönen Frauen sich schmücken sehn.

Gefälschte Frauen Farbe gar wenig man da fand;
sie trugen auf dem Haupte lichtes goldnes Band
und daran reiche Kränze, damit ihr schönes Haar
die Winde nicht verwehten. Das ist, bei meiner Ehre, wahr!

Gefälschte Frauen Farbe (gevelschet frouwen varwe): Schminke

In solcher Unmuße lassen wir die Fraun. –
Da war ein schnelles Reiten über Feld zu schaun
von Rüdigers Freunden, bis man die Fürsten fand.
Sie wurden wohl empfangen in des Markgrafen Land.

Als sie der Markgraf zu sich kommen sah,
Rüdiger der schnelle, wie fröhlich sprach er da:
»Willkommen mir, Ihr Herren und die in Eurem Lehn.
Hier in diesem Lande seid Ihr gerne gesehn.«

Anspielung auf die Walther-Sage, wonach Hagen früher Geisel an Etzels Hof war.

Da dankten ihm die Recken in Treuen ohne Hass,
dass sie willkommen waren, wohl erzeigt er das.
Besonders grüßt er Hagen, der war ihm längst bekannt,
so tat er auch mit Volkern, dem Helden aus Burgundenland.

Er begrüßt auch Dankwarten. Da sprach der kühne Degen:
»Wollt Ihr uns hier versorgen, wer soll dann verpflegen
unser Ingesinde aus Worms an dem Rhein?«
Da begann der Markgraf: »Diese Angst lasset sein.

All eu'r Gesinde und was ihr in das Land
mit euch hergeführt habt, Ross, Silber und Gewand,
lasse ich behüten. Nichts geht davon verloren.
Ich versichre euch: Ihr verliert nicht einen Sporen.

Spannet auf, ihr Knechte, die Hütten in dem Feld;
was ihr hier verlieret, dafür leist ich Entgelt:
Nehmt die Sättel ab und lasst die Rosse gehn.«
Das war ihnen selten von einem Wirt noch geschehn.

Des freuten sich die Gäste. Als das geschehen war
und die Herrn von dannen ritten, legte sich die Schar
der Knecht' im Grase nieder. Bequem hatten sie es da.
Ich glaube, auf der Reise ihnen nie so gut geschah.

Die Markgräfin eilte, vor die Burg zu gehn
mit ihrer schönen Tochter. Da sah man bei ihr stehn
die minniglichen Frauen und manche schöne Maid:
Die trugen viel der Spangen und manches herrliche Kleid.

Das edle Gesteine glänzte weit hindann
aus ihren reichen Kleidern; sie waren wohlgetan.
Da kamen auch die Gäste und sprangen auf den Sand.
Hei! Was man edle Sitten an den Burgunden fand!

Sechsunddreißig Mägdelein und viel andre Fraun
– sie waren alle schön und wonnig anzuschaun –
gingen den Herrn entgegen mit manchem kühnen Mann.
Da ward ein schönes Grüßen von edlen Frauen getan.

Die Markgräfin küsste die Kön'ge alle drei;
so tat auch ihre Tochter. Hagen stand dabei;
den sollte sie auch küssen. Da blickte sie ihn an:
Er deuchte sie so furchtbar, sie hätt es lieber nicht getan.

Doch musste sie ihn küssen, wie ihr der Wirt gebot.
Gemischt ward ihre Farbe, bleich und auch rot.
Auch Dankwarten küsste sie, darnach den Fiedelmann:
Seiner Kraft und Kühnheit wegen ward ihm das Grüßen getan.

Die junge Markgräfin nahm bei der Hand
Giselher den jungen von Burgundenland;
so nahm auch ihre Mutter Gunthern, den kühnen Mann.
Sie gingen mit den Helden beide fröhlich hindann.

Der Wirt ging mit Gernot in einen weiten Saal.
Die Ritter und die Frauen setzten sich zumal.
Man ließ alsbald den Gästen schenken guten Wein:
Gütlicher bewirtet mochten Helden nimmer sein.

Mit zärtlichen Augen sah da mancher an
Rüdigers Tochter, die war so wohlgetan.
Wohl kost in seinem Sinne sie mancher Ritter gut;
das mochte sie verdienen. Sie trug gar hoch ihren Mut.

Sie dachten, was sie wollten; nur könnt es nicht geschehn.
Man sah die guten Ritter hin und wieder spähn
nach Mägdelein und Frauen. Deren saßen da genug.
Der edle Fiedler zeigte dem Wirte freundschaftlichen Mut.

Nach gewohntem Brauche   schied man sie sodann.
Zu andern Zimmern gingen   Frau und Rittersmann.
Man richtete die Tische   in dem Saale weit
und ward den fremden Gästen   zu allen Diensten bereit.

Den Gästen ging zuliebe   die edle Markgräfin
mit ihnen zu den Tischen.   Die Tochter ließ sie drin
bei den Mägdlein weilen,   wo sie nach Sitte blieb.
Dass sie die nicht mehr sahen,   das war den Gästen nicht lieb.

Als sie getrunken hatten   und gegessen überall,
da führte man die junge   Markgräfin in den Saal.
Mit freundlichen Reden   unterhielt man sich sodann.
Viel sprach da Volker,   der kühne, allbereite Mann.

Da sprach unverhohlen   derselbe Fiedelmann:
»Vielreicher Markgraf,   Gott hat an Euch getan
nach allen seinen Gnaden: Er hat Euch gegeben
ein wunderschönes Weib,   dazu ein wonnigliches Leben.

Wenn ich ein König wäre«,   sprach der Fiedelmann,
»und sollte Krone tragen,   zum Weibe nähm ich dann
Eure schöne Tochter.   Die wünschte sich mein Mut.
Sie ist minniglich zu schauen,   dazu edel und gut.«

Als »heimatlos« bezeichnete sich Rüdiger, weil er – wie Dietrich von Bern – der Sage nach als Verbannter bei Etzel lebte. Obwohl »von hohem Stamm« geboren, war er jetzt nur Lehensmann in der Markgrafschaft Bechlarn. Burg und Land gehörten Etzel.

Der Markgraf entgegnete: »Wie möchte das wohl sein,
dass ein König je begehrte   der lieben Tochter mein?
Wir sind hier beide heimatlos,   ich und mein Weib,
und haben nichts zu geben.   Was hilft ihr dann der schöne Leib?«

Zur Antwort gab ihm Gernot,   der edle Degen gut:
»Sollt ich ein Weib mir wählen   nach meinem Sinn und Mut,
so wär ich solchen Weibes   stets von Herzen froh.«
Darauf versetzte Hagen   in höfischen Züchten so:

»Nun soll sich doch beweiben   mein Herr Giselher.
Es ist so hohen Stammes   die Markgräfin hehr,
dass wir ihr gerne dienten,   ich und all sein Lehn,
wenn sie bei den Burgunden   unter Krone sollte gehn.«

Diese Rede deuchte den Markgrafen gut,
und auch Gotelinde; wohl freute sich ihr Mut.
Da empfahlen die Helden, dass sie zum Weibe nahm
Giselher der edle. Er dürfte es ohne Scham.

Soll ein Ding sich fügen, wer mag ihm widerstehn?
Man bat die Jungfraue, hin zu Hof zu gehn.
Da schwur man ihm zu geben das schöne Mägdelein,
wogegen er sich erbot, die Wonnigliche zu frein.

Man beschied der Jungfrau Burgen und auch Land.
Mit Eiden sicherte des edlen Königs Hand
und auch sein Bruder Gernot, dass es werde so getan,
da begann der Markgraf: »Da ich Burgen nicht verschenken kann,

so kann ich Euch in Treuen nur immer bleiben hold.
Ich gebe meiner Tochter an Silber und an Gold,
was hundert Saumrosse nur immer mögen tragen,
dass es wohl nach Ehren Euch Helden möge behagen.«

Da wurden diese beiden in einen Kreis gestellt
nach dem Rechtsgebrauche. Mancher junge Held
stand ihr gegenüber in fröhlichem Mut;
er gedacht in seinem Sinne, wie noch ein junger gerne gut.

Als man begann zu fragen die minnigliche Maid,
ob sie den Recken wolle, zeigte sie Verlegenheit.
Doch dachte sie zu nehmen den waidlichen Mann.
Sie schämte sich der Frage, wie manche Maid hat getan.

Da riet ihr Vater Rüdiger, dass sie spräche ja
und dass sie gern ihn nähme. Wie schnell war Giselher da,
mit seinen weißen Händen, damit er sie umschloss.
Ihr Glück war kurz. Wie wenig sie ihn doch genoss!

Da begann der Markgraf: »Ihr edlen Kön'ge reich,
wenn Ihr nun wiederkehret, so geb ich Euch sogleich
– wie es wohl Brauch ist – meine Tochter, die Magd,
damit sie mit Euch heimkehrt.« Also ward es zugesagt.

Magd (»*maget*«): *Jungfrau*

Der allgemeine Festeslärm, der musste nun vergehn.
Da ließ man die Jungfrau zu ihrer Kammer gehn,
und auch die Gäste schlafen und ruhn bis an den Tag.
Dann gab man ihnen Speise. Dem Wirt ihr Wohlbefinden oblag.

Als sie gegessen hatten, da wollten sie weiter dahin
reisen ins Hunnenland. »Ich möcht Euch nicht lassen ziehn«,
sprach der edle Markgraf. »Ihr sollt noch hier bestehn:
So liebe Gäste hab ich lange nicht bei mir gesehn.«

Dankwart entgegnete: »Das kann ja nicht sein:
Wo nähmt Ihr die Speise, das Brot und den Wein,
die Ihr doch haben müsstet für solch ein Heergeleit?«
Als das der Wirt erhörte, er sprach: »Die Rede lasst beiseit,

meine lieben Herren, Ihr dürft mir's nicht versagen.
Wohl geb ich Euch die Speise zu vierzehn Tagen,
Euch und dem Gesinde, das mit Euch hergekommen.
Mir hat der König Etzel noch nie etwas abgenommen.«

Wie sehr sie sich wehrten, sie mussten da bestehn
bis an den vierten Morgen. Da sah man geschehn
durch des Wirtes Milde, was weithin ward bekannt:
Er gab seinen Gästen beides, Ross und Gewand.

Nicht länger mocht es währen, sie mussten an ihr Ziel.
Rüdiger, der Markgraf, gab den Gästen viel
von seinem eignen Gute; wonach man trug Begehr,
das versagt er niemand; er gab es gern den Helden hehr.

Das edel Ingesinde brachte vor das Tor
gesattelt viel der Rosse; dort schritten dann davor
viele stolze Recken, die Schilde an der Hand,
da sie reiten wollten sogleich in König Etzels Land.

Der Wirt bot seine Gaben den Degen allzumal,
eh die edlen Gäste kamen vor den Saal.
Er konnte wohl mit Ehren in hoher Milde leben.
Seine schöne Tochter hat er Giselhern gegeben.

Da gab er König Gunther ein Geschenk ohnegleich,
das in Ehren nehmen konnte der edle König reich,
obgleich er sonst nie Gabe nahm: ein gutes Streitgewand;
da neigte sich der König vor des milden Rüdiger Hand.

Da gab er Gernoten ein Schwert gut genug,
das hernach in Kämpfen der Degen herrlich trug.
Ihm gönnte wohl die Gabe des Markgrafen Weib;
doch verlor der gute Rüdiger davon noch Leben und Leib!

Gotelind bot Hagen, sie durfte es ohne Scham,
eine Gabe an, wie man auch dem König getan.
Der kühne Hagen sollte nicht gehen zu dem Hofgelag,
ohne beschenkt zu werden. Der edle Held aber sprach:

»Vor allem, was ich je gesehn«, entgegnete Hagen,
»begehr ich nichts weiter von hinnen zu tragen
als den Schild, der dorten hängt an der Wand:
Den möcht ich gerne führen mit mir in der Hunnen Land.«

Als die Rede Hagens die Markgräfin vernahm,
da befiel sie Trauer, dass ihr das Weinen kam.
Mit Schmerzen gedachte sie an Nudungs Tod.
Wittich hat ihn erschlagen. Das schuf ihr Jammer und Not.

Sie sprach zu dem Degen: »Den Schild will ich Euch geben.
Wollte Gott vom Himmel, dass der noch dürfte leben,
der einst ihn hat getragen! Er fand im Kampf den Tod.
Ich muss ihn stets beweinen. Das schafft mir armen Weibe Not.«

Da erhob sich vom Sitze die Markgräfin mild.
Mit ihren weißen Händen hob sie herab den Schild
und trug ihn hin zu Hagen; der nahm ihn an der Hand.
Die Gabe war mit Ehren auf diesen Recken verwandt.

Eine Hülle lichter Seide auf seinen Farben lag.
Bessern Schild als diesen beschien wohl nie der Tag.
Mit edlem Gesteine war er so besetzt,
man hätte ihm zum Kaufe wohl auf tausend Mark geschätzt.

Dass Gunther – entgegen seiner königlichen Gepflogenheit – eine Gabe annahm, war für Rüdiger eine unerhörte Ehre.

Nudung:
ein naher Verwandter Gotelinds, nicht aber ihr Sohn, wie in Nacherzählungen des Nibelungenliedes häufig dargestellt.
Sein tödlicher Kampf mit Wittich wird in der Dietrich-Sage geschildert.

Den Schild hinwegzutragen,   befahl der Degen hehr.
Da kam sein Bruder Dankwart   auch zu Hofe her.
Dem gab reicher Kleider   Rüdigers Kind genug,
die er bei den Hunnen   hernach mit Freuden noch trug.

Nur dem wegen seiner Rittertugenden hochgerühmten Rüdiger zuliebe nahmen die Burgunden Geschenke an. Ansonsten verbot sich die Annahme von Geschenken für Ritter ihres Standes.

Wie viel sie der Gaben   empfingen insgemein,
nichts würd in ihre Hände   davon gekommen sein,
war's nicht dem Wirt zuliebe,   der es so gütlich bot.
Sie wurden ihm so feind hernach,   dass sie ihn schlagen mussten tot.

Da hatte mit der Fiedel   Volker, der schnelle Held,
sich vor Gotlinde   höfisch hingestellt.
Er geigte süße Töne   und sang dazu sein Lied.
Damit nahm er Urlaub,   als er von Bechlaren schied.

Da ließ die Markgräfin   eine Lade näher tragen.
Von freundlicher Gabe   mögt ihr nun hören sagen:
Zwölf Spangen, die sie aus ihr nahm,   streift sie ihm über die Hand:
»Die sollt Ihr führen, Volker,   mit Euch in der Hunnen Land,

*Mit »**dienen**« ist höfischer Minnedienst gemeint: Der ritterliche Sänger sollte die verheiratete Markgräfin durch Gesang und Turnierteilnahme ehren.*

und sollt sie mir zuliebe   dort am Hofe tragen.
Wenn Ihr wiederkehret,   dass man mir möge sagen,
wie Ihr mir gedient habt   bei dem Hofgelag.«
Wie sie ihn gebeten,   so tat der Degen hernach.

Der Wirt sprach zu den Gästen: »Dass ihr nun sichrer fahrt,
will ich euch selbst geleiten.   So seid ihr wohl bewahrt,
dass ihr auf der Straße   nicht werdet angerannt.«
Seine Saumrosse,   die belud man gleich zur Hand.

Der Wirt war reisefertig   und fünfhundert Mann
mit Rossen und mit Kleidern.   Die führt er hindann
zu dem Hofgelage   mit fröhlichem Mut,
nach Bechlaren kehrte   zurück nicht einer der Ritter gut.

Mit minniglichen Küssen   der Wirt von dannen schied;
also tat auch Giselher,   wie ihm die Liebe riet.
Sie herzte schöne Frauen   mit ihrem hohen Mut,
das mussten bald beweinen   viele der Jungfrauen gut.

Da wurden allenthalben die Fenster aufgetan,
als mit seinen Mannen der Markgraf ritt hindann.
Sie fühlten wohl im Herzen voraus das herbe Leid.
Drum weinten viel der Frauen und manche waidliche Maid.

Nach den lieben Freunden trug manche Herzeleid.
Ohne Maßen weinten viel Fraun und manche Maid;
doch ritten sie mit Freunden von hinnen auf den Sand,
an der Donau nieder weit in das hunnische Land.

Da sprach zu den Burgunden der milde Markgraf hehr,
Rüdiger der edle: »Nun darf nicht länger mehr
verhohlen sein die Kunde, dass wir den Hunnen näher kommen.
Es hat der König Etzel noch nie so Liebes vernommen.«

Da ritt manch schneller Bote ins Österreicherland.
So ward es allenthalben den Leuten bald bekannt,
dass die Helden kämen von Worms übern Rhein.
Dem Ingesinde Etzels konnt es nicht lieber sein.

Die Boten vordrangen mit diesen Mären,
dass die Nibelungen bei den Hunnen wären.
»Du sollst sie wohl empfangen, Kriemhild, Fraue mein.
Mit großen Ehren kommen dir die stolzen Brüder dein.«

Kriemhild in einem Fenster stand, die Königin,
und sah nach den Verwandten wie Freund nach Freunden hin.
Aus ihrem Heimatlande sah sie manchen Mann;
der König auch erfuhr es, der sich zu freuen begann.

»Nun wohl mir dieser Freude«, sprach da Kriemhild,
»hier bringen meine Freunde gar manchen neuen Schild
und Panzer glänzend helle. Wer nehmen will mein Gold,
soll meines Leids gedenken. Dann werde ich ihm bleiben immer hold.«

Über diese Strophe wurde viel gerätselt. Fraglich ist, warum sich Kriemhild beim Anblick der Waffen gefreut haben soll.

Achtundzwanzigstes Abenteuer

WIE KRIEMHILD HAGEN EMPFING

Dietrich von Bern eilt den Gästen entgegen und warnt vor Kriemhilds Rache. Trotzdem kommen die Burgunden an den Hof König Etzels. Dort wird Hagen von den Hunnenrecken mit Aufmerksamkeit beobachtet, denn sie wissen, dass er Siegfrieds Mörder ist.

Die Begrüßung durch Kriemhild ist so etikettewidrig, dass die Burgunden bevorstehendes Unheil ahnen müssen. Auf Hagens Rat lehnen sie es ab, ihre Waffen abzulegen.

Kriemhild erkennt daran, dass die Burgunden gewarnt sind. Als Dietrich von Bern zugibt, die Gäste gewarnt zu haben, zieht Kriemhild sich beschämt zurück.

Etzel indes, der von Kriemhilds List nicht sahnt, beobachtet den Einzug der Burgunden mit Freude. Er spricht wohlwollend von seinem »Freund« Hagen, der ihm aus früherer Zeit bekannt ist. Begrüßen wird Etzel die Gäste erst später.

Bern: Verona

Hildebrand: der Waffenmeister Dietrichs von Bern

Wolfhart: Hildebrands Schwestersohn

Amelungenland: Dietrichs Heimat (Oberitalien). Die sagenhaften Amelungen entsprechen den historischen Amalern, dem Herrschergeschlecht der Ostgoten.

Als die Burgunden kamen in das Land,
da erfuhr es von Bern der alte Hildebrand.
Er sagt es seinem Herren. Dietrich war es leid;
er hieß ihn wohl empfangen der kühnen Ritter Geleit.

Da ließ der starke Wolfhart die Pferde führen her:
Dann ritt mit dem Berner mancher Degen hehr,
sie zu begrüßen, zu ihnen auf das Feld.
Sie hatten aufgeschlagen da manches herrliche Zelt.

Als sie von Tronje Hagen aus der Ferne sah,
wohlgezogen sprach er zu seinen Herren da:
»Nun hebt Euch aus den Sitzen, Ihr Recken wohlgetan,
und geht entgegen denen, die Euch hier wollen empfahn.

Dort kommt ein Heergesinde, das ist mir wohl bekannt;
es sind viel schnelle Degen von Amelungenland.
Sie führt der von Berne, sie tragen hoch den Mut.
Lasst Euch nicht verschmähen die Dienste, die man Euch tut.«

Da sprangen von den Rossen wohl nach Fug und Recht
mit Dietrichen nieder mancher Herr und Knecht.
Sie gingen zu den Gästen, wo man die Helden fand,
und begrüßten freundlich die von der Burgunden Land.

Als sie der edle Dietrich ihm entgegenkommen sah,
gerne könnt ihr wissen, was der Degen da
zu Utens Kindern sprach. Leid war ihm die Fahrt.
Er wähnte, Rüdiger wüsst es und hätt es ihnen offenbart.

»Willkommen mir, Ihr Herren, Gunther und Giselher,
Gernot und Hagen, Herr Volker auch so sehr,
und Dankwart der schnelle. Ist Euch das nicht bekannt?
Schwer beweint noch Kriemhild den von Nibelungenland.«

»Sie mag noch lange weinen«, so sprach da Hagen,
»er liegt seit manchem Jahr schon zu Tode erschlagen.
Den König der Hunnen mag sie nun lieber haben.
Siegfried kommt nicht wieder, er ist nun lange begraben.«

»Von Siegfrieds Wunden lass uns nicht mehr reden.
Solange lebt Frau Kriemhild, mag Schaden wohl geschehn.«
So redete von Berne der edle Dieterich:
»Trost der Nibelungen, davor behüte du dich.«

Trost:
im Sinne von
Beschützer

»Wie soll ich mich behüten?«, sprach der König hehr.
»Etzel sandt uns Boten – was sollt ich fragen mehr? –,
dass wir zu ihm ritten her in dieses Land.
Auch hat uns manche Botschaft meine Schwester Kriemhild gesandt.«

»So will ich Euch raten«, sprach wieder Hagen,
»lasst Euch doch jetzt genaue Märe sagen
von dem Herren Dietrich und seinen Helden gut.
So könnt Ihr wohl erfahren der Frau Kriemhilde Mut.«

Da gingen die drei Könige und sprachen unter sich,
Herr Gunther und Gernot und Herr Dieterich:
»Nun sag uns, von Berne du edler Ritter gut,
was du wohl wissest von der Königin Mut.«

Da sprach der Fürst von Berne: »Was soll ich weiter sagen?
Als dass ich alle Morgen weinen hör und klagen
Etzels Weib, Frau Kriemhild, in jämmerlicher Not
zum reichen Gott vom Himmel um des starken Siegfried Tod.«

»Es ist halt nicht zu wenden«, sprach der kühne Mann,
Volker, der Fiedler, »was Ihr uns kundgetan.
Lasst uns zu Hofe reiten und einmal da besehn,
was uns schnellen Degen bei den Hunnen möge geschehn.«

wie der wäre getan (wie der waere getân): wie der aussieht

Die kühnen Burgunden hin zu Hofe ritten:
Sie kamen stolz gezogen nach ihres Landes Sitten.
Da wollte bei den Hunnen gar mancher kühne Mann
von Tronje Hagen schauen, wie der wäre getan.

Es war durch die Sage dem Volk bekannt genug,
dass er von Niederlanden Siegfrieden schlug,
aller Recken stärksten, Frau Kriemhildens Mann.
Drum ward so großes Fragen bei Hof nach Hagen getan.

Der Held war wohlgewachsen, dass ist gewisslich wahr,
die Schultern waren gewaltig, gemischt war sein Haar
mit einer greisen Farbe; von Beinen war er lang
und schrecklich von Gesicht, er hatte herrlichen Gang.

Da schuf man Herberge den Burgundendegen;
Gunthers Ingesinde ließ man gesondert legen.
Das riet die Königstochter, die ihm viel Hasses trug.
Daher man bald die Knechte in der Herberg erschlug.

Dankwart, Hagens Bruder, war da Marschall.
Der König sein Gesinde ihm fleißig anbefahl,
dass er sie mit Speise sollte wohl verpflegen.
Das tat auch gar willig und gern dieser kühne Degen.

Kriemhild zeigte ihre Unversöhnlichkeit durch die etikettewidrige Bevorzugung Giselhers.

Kriemhild die schöne mit dem Gesinde ging,
wo sie die Nibelungen mit falschem Mut empfing:
sie küsste Giselher und nahm ihn bei der Hand.
Als das Hagen sah von Tronje, den Helm er fester sich band.

»Nach solchem Empfange«, so sprach da Hagen,
»mögen wohl Bedenken die schnellen Degen tragen.
Man grüßt die Fürsten ungleich und den Lehnsmann.
Keine gute Reise haben wir zu diesem Hofgelag getan.«

Sie sprach: »Seid willkommen dem, der Euch gerne sieht.
Eurer Freundschaft willen kein Gruß Euch hier geschieht.
Sagt, was Ihr mir bringet von Worms übern Rhein,
dass Ihr mir so höchlich solltet willkommen sein?«

Mit dieser rätselhaften Formulierung – die sich in den nächsten Strophen klärt – deutete Kriemhild an, dass sie von den Gästen die Übergabe des Nibelungenhorts erwartete.

»Hätt ich's nur gewusst«, sprach Hagen entgegen,
»dass Euch Gaben bringen sollten diese Degen,
ich wäre wohl reich genug – hätt ich's nur bedacht –,
dass ich Euch meine Gabe zu den Hunnen hätte gebracht.«

Da sagte Kriemhild: »Ich frage Euch an:
Der Hort der Nibelungen, wohin ward er getan?
Der war doch mein Eigen, das ist Euch wohlbekannt.
Den solltet Ihr mir haben gebracht in König Etzels Land.«

»In Treuen, Frau Kriemhild, vergangen ist mancher Tag,
seit ich beschäftigt mit dem Hort mich hab.
Ihn ließen meine Herren senken in den Rhein;
da wird er wahrscheinlich bis zum jüngsten Tage sein.«

Die Königin versetzte: »Ich hab es schon gedacht,
dass Ihr den Hort nicht habt hierhergebracht,
obwohl er ohne Zweifel einst mein Eigen war.
Darüber bin ich traurig wohl noch so manches Jahr.«

»Ich bring Euch den Teufel!«, sprach wieder Hagen.
»Ich hab an meinem Schilde so viel zu tragen
und an meinem Harnisch; an meinem Helm, so licht,
und am Schwert in meinen Händen. Drum bring ich ihn Euch nicht.«

Da sprach die Königstochter zu den Recken allzumal:
»Man soll keine Waffen tragen hier im Saal;
vertraut sie mir, Ihr Helden, zur Verwahrung an.«
»In Treuen«, sprach da Hagen, »das wird nimmer getan.

Hagen spielte darauf an, dass Kämmerer verantwortlich für Waffen und Waffenkammern waren.

Ich begehre nicht der Ehre, Fürstentochter mild,
dass Ihr zur Herberge tragt meinen Schild
und andre Streitgeräte; Ihr seid doch Königin!
So lehrte mich mein Vater, dass ich mein eigener Kämmerer bin.«

»O weh dieses Leides«, sprach da Kriemhild:
»Warum will mein Bruder und Hagen seinen Schild
nicht verwahren lassen? Gewiss, sie sind gewarnt!
Und wüsst ich, wer es hat getan, der Tod, der hielt ihn umgarnt.«

Im Zorn gab ihr Antwort Dietrich sogleich:
»Ich bin es, der gewarnt hat die edlen Fürsten reich,
und Hagen den kühnen, der Burgunden Mann:
Nur zu, du Braut des Teufels, du tust kein Leid mir drum an.«

Da schämte sich gewaltig die edle Königin.
Sie fürchtete sich bitter vor Dietrichs Heldensinn.
Sie ging alsdann von dannen, kein Wort mehr sprach sie da,
nur dass sie nach den Feinden mit furchtbaren Blicken sah.

Da nahmen bei den Händen zwei der Degen sich,
der eine war Hagen, der andere Dietrich.
Da sprach wohlgezogen der Degen allbereit:
»Eure Reise zu den Hunnen, die ist in Wahrheit mir leid,

da die Königstochter so gesprochen hat.«
Da sprach von Tronje Hagen: »Zu allem wird schon Rat.«
So sprachen zueinander die Recken wohlgetan.
Das sah der König Etzel, der gleich zu fragen begann:

»Die Märe wüsst ich gerne«, so sprach der König hehr,
»wer der Recke wäre, den Dietrich dort so sehr
freundlich hat empfangen; er trägt gar hoch den Mut.
Wie auch sein Vater heiße: er mag wohl sein ein Recke gut.«

Von Kriemhilds Männern einer sprach sodann:
»Von Tronje ist er geboren, sein Vater hieß Aldrian;
wie freundlich er sich geben mag, er ist ein grimmer Mann.
Ich werd's Euch noch beweisen, dass ich keine Lüge getan.«

»Wie soll ich das erkennen, dass er so grimmig ist?«
Noch wusste Etzel nichts von mancher List,
die wider ihre Freunde die Königin spann,
dass aus dem Hunnenlande ihr auch nicht einer entrann.

»Wohl kannt ich Hagen; er war mein Untertan.
Lob und große Ehre er hier bei mir gewann.
Ich macht ihn zum Ritter und gab ihm mein Gold;
Heike, die Getreue, war ihm inniglich hold.

Daher ist mir von Hagen alles wohlbekannt.
Zwei edle Kinder bracht ich als Geisel in dies Land,
ihn und von Spanien Walther, die wuchsen hier heran.
Hagen sandte ich wieder heim; Walther mit Hildegund entrann.« *Walther von Aquitanien*

So gedacht er alten Zeiten und was vordem geschehn.
Seinen Freund von Tronje hatt er nun gesehn,
der ihm in seiner Jugend oft große Dienst bot;
bald schlug er ihm im Alter viel lieber Freunde zu Tod.

Neunundzwanzigstes Abenteuer

WIE HAGEN SICH VOR KRIEMHILD NICHT ERHOB

Die im Verlauf der weiteren Handlung viel besungene Freundschaft zwischen Hagen und Volker wird begründet.

Als die beiden sich von den burgundischen Recken absondern und auf eine Bank setzen, sieht Kriemhild die Stunde der Rache gekommen. Sie gewinnt vierhundert Hunnen zu einem Anschlag auf Hagen.

Mit der Krone auf dem Haupt – also in ihrer ganzen Würde als Hunnenkönigin – will sie Hagen gegenübertreten, ihn zum Mordgeständnis provozieren und dann erschlagen lassen.

Hagen und Volker erwarten die an der Spitze ihrer vierhundert Recken herankommende Königin, ohne aufzustehen: eine unerhörte Brüskierung, mit der die beiden zeigen wollen, dass ihnen die Demonstration ritterlicher Unerschrockenheit wichtiger ist als höfische Etikette. Um Kriemhild zusätzlich zu kränken, legt Hagen das Schwert Balmung – das er Siegfried nach dem Mord abgenommen hat – quer über seine Beine.

Dann kommt der entscheidende Dialog: Kriemhild wirft Hagen den Mord vor, und Hagen bekennt sich dazu.

Nun könnten die vierhundert Hunnen angreifen, doch sie weichen kampflos vor den beiden gefürchteten Männern zurück.

Kurz darauf begeben sich Volker und Hagen mit den anderen Burgunden zu König Etzel, der sie in allen Ehren empfängt.

Bronzeschmuck, burgundisch

Da schieden auch die beiden   weiten Recken sich,
Hagen von Tronje   und Herr Dieterich.
Dann sah sich   Gunthers Untertan
nach einem Kampfgefährten um,   den er bald sich gewann:

Neben Giselheren   sah er Volkern stehn,
den kunstreichen Fiedler,   den bat er mitzugehn,
weil er wohl erkannte   seinen grimmen Mut.
Er war an allen Tugenden   ein Ritter kühn und auch gut.

Sie ließen ihre Herren auf dem Hofe stehn.
Die beiden ganz alleine sah man von dannen gehn
über den Hof hin ferne vor einen Palas weit.
Die beiden Helden scheuten sich vor niemandes Streit.

Sie setzten vor dem Hause sich gegenüber einem Saal,
der Kriemhild gehörte, auf eine Bank zu Tal.
An ihrem Leibe glänzte ihr herrlich Gewand;
gar manche, die das sahen, hätten gern sie gekannt.

Wie die wilden Tiere gegafft wurde an
die übermüt'gen Helden von manchem Hunnenmann.
Da sah sie durch ein Fenster Etzels Königin.
Das betrübte wieder der schönen Kriemhilde Sinn.

Sie gedacht ihres Leides; zu weinen hub sie an.
Das wunderte die Degen, die Etzeln untertan,
was ihr bekümmert hätte so sehr den hohen Mut?
Da sprach sie: »Das tat Hagen, ihr Helden kühn und auch gut.«

Da fragten sie Kriemhild: »Wie ist das zu verstehn?
Wir haben Euch doch eben noch wohlgemut gesehn.
Wie kühn er auch wäre, der es Euch hat getan,
befehlt Ihr uns die Rache, den Tod drum müsst er empfahn.«

»Dem wollt ich immer danken, der rächte dieses Leid.
Was er nur begehrte, ich wär dazu bereit.
Ich fall euch zu Füßen«, so sprach des Königs Weib,
»rächt mich an Hagen, so dass er verliert Leben und Leib.«

Da rüsteten der Kühnen sich sechzig an der Zahl.
Kriemhild zuliebe wollten sie vor den Saal
und wollten Hagen schlagen, diesen kühnen Mann,
dazu den Fiedelspieler; das ward einmütig getan.

Als so gering den Haufen die Königin ersah,
in grimmem Mute sprach sie zu den Helden da:
»Von solchem Unterfangen rat ich abzustehn.
Ihr dürft in so geringer Zahl nicht mit Hagen streiten gehn.

So kühn auch und gewaltig der von Tronje sei,
noch ist bei weitem stärker, der ihm da sitzet bei,
Volker, der Fiedler: er ist ein kühner Mann.
Wohl dürft ihr diesen Helden nicht zu so wenigen nahn.«

Als sie die Rede hörten, rüsteten sich mehr:
vierhundert Recken. Der Königin hehr
lag sehr am Herzen die Rache für ihr Leid.
Da wurde den Degen bald große Sorge bereit.

unter Krone (under krône): mit der Krone auf dem Haupt

Als sie ihr Gesinde wohlbewaffnet sah,
zu den schnellen Recken sprach die Königin da:
»Nun harrt eine Weile: Ihr sollt noch stille stehn.
Ich will unter Krone hin zu meinen Feinden gehn.

Hört mich ihm verweisen, was mir hat getan,
Hagen von Tronje, Gunthers Untertan.
Ich weiß ihn so gemutet, er leugnet's nimmermehr:
Mich soll's deshalb nicht kümmern, was ihm geschehe nachher.«

Da sah der Fiedelspieler, ein kühner Spielmann,
die edle Königstochter von der Stiege nahn,
die aus dem Hause führte. Als er das ersah,
zu seinem Heergesellen sprach der kühne Volker da:

»Nun schauet, Freund Hagen, wie sie dorther naht,
die uns voll böser Absicht ins Land geladen hat.
Ich sah mit einer Königin nie so viele Mann
mit Schwertern in den Händen also streitlustig nahn.

Wisst Ihr, Freund Hagen, dass sie Euch feindlich sind?
So will ich Euch raten, dass Ihr zu hüten sinnt
das Leben und die Ehre; fürwahr, das dünkt mich gut.
Soviel ich mag erkennen, ist denen zornig zumut.

Es sind auch viele drunter von Schultern stark und breit.
Wer sein Leben hüten will, der mache es beizeit,
ich seh sie unter Seide die festen Panzer tragen.
Was sie damit meinen, das kann mir wohl niemand sagen.«

Da sprach im Zornmut   Hagen, der kühne Mann:
»Ich weiß es wohl: Das ist gegen mich getan,
dass sie die lichten Waffen   tragen an der Hand;
doch die werden mich nicht hindern   zu reiten heim ins Burgundenland.

Nun sagt mir, Freund Volker,   denkt Ihr mir beizustehn,
wenn mit mir streiten wollen   die in Kriemhilds Lehn?
Das lasst mich vernehmen,   so lieb als ich Euch sei.
Ich steh Euch mit Diensten   immer wieder treulich bei.«

»Sicherlich, ich helf Euch«,   so sprach da Volker:
»Und säh ich uns entgegen   mit seinem ganzen Heer
den König Etzel kommen,   all meines Lebens Zeit
weich ich von Eurer Seite   aus Furcht nicht eines Fußes breit.«

»Nun lohn Euch Gott vom Himmel,   vieledler Volker!
Wenn sie mit mir streiten,   wes bedarf ich mehr?
Da Ihr mir helfen wollet,   wie ich jetzt vernommen,
so mögen diese Recken   ruhig mit ihren Waffen kommen.«

»Stehn wir auf vom Sitze«,   sprach der Fiedelmann,
»vor der Königstochter,   so sie nun kommt heran.
Bieten wir die Ehre   der edlen Königin!
Das bringt uns auch beiden   an eignen Ehren Gewinn.«

»Nein! Wenn Ihr mich liebhabt«,   sprach dawider Hagen.
»Es möchten diese Degen   mit dem Wahn sich tragen,
dass ich aus Furcht es täte   und dächte wegzugehn.
Von dem Sitze mein ich   vor ihrer keinem aufzustehn.

Dass wir es bleiben lassen,   das ziemt uns ganz allein.
Soll ich dem Ehre bieten,   der mir feind will sein?
Nein, ich tu es nimmer,   solang ich leben soll.
In aller Welt, was kümmer   ich mich um Kriemhildens Groll?«

Der vermessne Hagen legte   über die Schenkeln hin
ein lichtes Schwert,   aus dessen Knaufe schien
mit hellem Glanz ein Jaspis,   grüner noch als Gras.
Wohl erkannte Kriemhild,   dass Siegfried einst dieses Schwert besaß.

Siegfrieds Schwert Balmung, das Hagen nach dem Mord an sich genommen hat.

Als sie das Schwert erkannte, das schuf ihr große Not.
Der Griff war von Golde, die Scheid aus Borte rot.
Ermahnt war sie des Leides, zu weinen hub sie an;
ich glaube, Hagen hatt es auch eben darum getan.

Mit dem Fiedelbogen (videlbogen) ist hier Volkers Schwert gemeint.

Volker der kühne zog näher an die Bank
einen starken Fiedelbogen, mächtig und lang,
wie ein Schwert geschaffen, scharf dazu und breit.
So saßen unerschrocken diese Recken allbereit.

Die kühnen Degen beide fühlten sich so hehr,
dass sie vom Sitz erheben sich wollten nimmermehr.
Sie zeigten keine Furcht. Ihnen schritt da vor den Fuß
die edle Königstochter und bot unfreundlichen Gruß.

Sie sprach: »Nun sagt, Herr Hagen, wer hat nach Euch gesandt,
dass Ihr zu reiten wagtet her in dieses Land,
da Ihr doch wohl wusstet, was Ihr mir habt getan?
Wärt Ihr bei guten Sinnen, Ihr hättet es besser gelassen dann!«

»Nach mir gesandt hat niemand«, sprach er entgegen.
»Her zu diesem Lande lud man drei Degen,
die hießen meine Herren. Ich steh in ihrem Lehn;
bei keiner Hofreise pfleg ich daheim zu bestehn.«

Sie sprach: »Nun sagt mir ferner, was tatet Ihr das,
dass ich Euch zugewendet meinen bitteren Hass? –
Ihr erschlugt Siegfrieden, meinen lieben Mann,
den ich bis an mein Ende nicht genug beweinen kann.«

»Wozu der Rede weiter?«, sprach er. »Es ist genug:
Ich bin immer noch der Hagen, der Siegfrieden schlug,
den behenden Degen. Wie schwer er das entgalt,
dass seine Frau Kriemhild die schöne Brünhilde schalt!

Es wird Euch nicht geleugnet, reiche Königin,
dass ich an all dem Schaden und Leide schuldig bin.
Nun räch es, wer da wolle, Weib oder Mann.
Ich will nicht lügen: Ich hab Euch viel zuleid getan.«

Sie sprach: »Da hört ihr, Recken, wie er die Schuld gesteht
an all meinem Leide. Wie's ihm deshalb ergeht,
darnach will ich nicht fragen, ihr Etzeln untertan.«
Die übermüt'gen Degen blickten all einander an.

Hätt jetzt der Kampf begonnen, so hätte man gesehn,
dass man den zwei Gesellen müsst Ehre zugestehn.
Das hatten sie in Kämpfen oftmals schon gezeigt.
Doch zum versprochnen Angriff waren Kriemhilds Mannen nicht bereit.

Da sprach der Recken einer: »Was seht Ihr mich an?
Was ich zuvor gelobte, das wird nun nicht getan.
Um niemands Gabe lass ich Leben gern und Leib.
Uns will hier verleiten dem König Etzel sein Weib.«

Da sprach ein andrer wieder: »So steht auch mir der Mut.
Wer mir Türme gebe von rotem Golde gut,
diesen Fiedelspieler wollt ich nicht bestehn,
der fürchterlichen Blicke wegen, die ich hab an ihm gesehn.

Auch kenn ich diesen Hagen von seiner Jugendzeit:
Drum weiß ich von dem Recken selber wohl Bescheid.
In zweiundzwanzig Kämpfen hab ich ihn gesehn;
da ist mancher Frauen Herzeleid von ihm geschehn.

Er und der von Spanien, die beiden Ritter gut,
taten hier vor Zeiten so manchen Kriegeszug
dem König zuliebe. Das ist oft geschehn.
Drum mag man Hagen billig große Ehre zugestehn.

der von Spanien: *Walther von Aquitanien*

Damals war der Recke an Jahren noch ein Kind.
Die damals Knaben waren, wie grau die jetzt schon sind!
Nun kam er zu Sinnen und ist ein grimmer Mann;
auch trägt er Balmungen, den er übel gewann.«

Damit war's entschieden, niemand suchte Streit.
Das war der Königstochter im Herzen bitter leid.
Die Mannen gingen wieder. Wohl fürchteten sie den Tod
durch den wackren Fiedler. Das tat ihnen wahrlich not.

Da sprach der kühne Volker: »Da wir nun selber sahn,
dass wir hier Feinde finden, wie man uns kundgetan,
so lass uns zu den Königen hin zu Hofe gehn.
Dann wagt es niemand, unsere Herren im Kampf zu bestehn.

Wie oft man verzagend manches unterlässt,
wo der Freund beim Freunde treulich steht und fest!
Und hat er kluge Sinne, dass er nicht also tut,
vor Schaden nimmt sich mancher durch Besonnenheit in Hut.«

Höfischer Etikette entsprechend führten hervorragende Persönlichkeiten des Hofes die Könige Hand in Hand zu Etzel.

»Gut, ich will Euch folgen«, sprach Hagen entgegen.
Da gingen hin die beiden, wo sie die stolzen Degen,
noch harrend des Empfanges, auf dem Hofe sahn.
Volker der kühne hub da laut zu reden an.

Er sprach zu seinen Herren: »Wie lange wollt Ihr stehn
und Euch umdrängen lassen? Ihr sollt zu Hofe gehn
und von dem König hören, wie der gesonnen sei.«
Da sah man sich gesellen die kühnen Helden zu zwei und zwei.

Irnfried: Landgraf von Thüringen

Dietrich von Berne nahm da an die Hand
Gunther den reichen von Burgundenland;
Irnfried nahm Gernoten, diesen kühnen Mann;
da ging mit Markgraf Rüdiger Giselher zu Hof heran.

Wie immer an dem Hofe sich auch gesellte jeglicher:
Volker und Hagen, die schieden sich nicht mehr
außer im letzten Kampf bei ihrem Tod;
das mussten bald beweinen edle Fraun in großer Not.

Da sah man mit den Königen hin zu Hofe ziehn
ihres edlen Ingesindes tausend Degen kühn;
darüber sechzig Recken waren mitgekommen:
die hatt aus seinem Lande der kühne Hagen genommen.

Hawart: ein dänischer Fürst, ebenfalls ein Verbannter an König Etzels Hof.

Hawart und Iring, zwei Degen ausersehen,
sah man mit den Königen hin zu Hofe gehen.
Dankwart und Wolfhart, ein teuerlicher Degen,
die sah man großer Hofzucht vor den Übrigen pflegen.

Als der Fürst vom Rheine in den Palas trat,
Etzel der reiche nicht länger mehr verharrt.
Er sprang von seinem Sitze, als er ihn kommen sah,
so freundliches Begrüßen nie mehr von Königen geschah.

»Willkommen mir, Herr Gunther, und auch Herr Gernot,
und Euer Bruder Giselher, die ich hierher entbot
mit Gruß und treuem Dienste von Worms übern Rhein;
und Eure Degen alle sollen mir willkommen sein.

Ich heiß auch Euch willkommen, Ihr beiden Degen:
Volker der kühne und dazu Herr Hagen,
ich und meine Fraue hier in diesem Land.
Sie hat Euch manche Botschaft hin zum Rheine gesandt.«

Da sprach von Tronje Hagen: »Das haben wir vernommen.
Wär ich um meine Herren gen Hunnenland nicht gekommen,
so wär ich Euch zu Ehren geritten in das Land.«
Da nahm der edle König die lieben Gäste bei der Hand

und führte sie zum Sitze hin, wo er selber saß.
Da schenkte man den Gästen, fleißig tat man das,
in weiten goldnen Schalen Met, Morass und Wein
und hieß die fremden Degen höchlich willkommen sein.

Morass (môraz): Maulbeerwein

Da sprach König Etzel: »Das muss ich wohl gestehn,
mir konnt in diesen Zeiten nichts Lieberes geschehn
als durch Euch, Ihr Recken, dass Ihr gekommen seid;
damit ist auch der Königin benommen Kummer und Leid.

Mich nahm immer wunder, was ich Euch wohl getan
– da ich der edlen Gäste ansonsten viel gewann –,
dass Ihr nie zu reiten geruhtet in mein Land;
da ich Euch hier nun sehe, ist mir's zu Freuden gewandt.«

Da versetzte Rüdiger, der Ritter hochgemut:
»Ihr mögt sie gern sehen, denn ihre Treu ist gut.
Sie wissen auch die Treue wohl zu pflegen.
Sie bringen an Euren Hof manchen waidlichen Degen.«

Am Sonnenwendeabend waren sie gekommen
an des reichen Etzels Hof. Noch selten ward vernommen,
dass ein König seine Gäste freundlicher empfing;
darnach er zu Tische wohlgemut mit ihnen ging.

Ein Wirt bei seinen Gästen sich holder nie betrug.
Zu trinken und zu essen bot man da genug;
was sie nur wünschen mochten, das wurde gern gewährt.
Man hatte von den Helden viel große Wunder gehört.

Dreißigstes Abenteuer

WIE HAGEN UND VOLKER SCHILDWACHE HIELTEN

Die burgundischen Könige und Recken legen sich in einem kostbar ausgestatteten Schlafgemach zur Ruhe. Hagen verspricht, sie zu bewachen.

Nun findet der Dichter Gelegenheit, den Spielmann Volker als eine der markantesten Gestalten des Nibelungenliedes herauszuarbeiten. Erst spielt Volker den Burgunden ein Nachtlied, dann gesellt er sich zu seinem Freund Hagen, um ihm bei der Schildwache beizustehen.

Nachts schleichen von Kriemhild gedungene Hunnen heran, um die Burgunden zu überfallen und einen zu töten: Hagen. Doch als sie die Wächter sehen, verlieren sie den Mut. Besonders der Nimbus Volkers lässt sie von ihrem Anschlag absehen. Volker will mit ihnen kämpfen, wird aber von Hagen zurückgehalten. Er lässt es dabei bewenden, den Hunnen arge Schmähungen zuzurufen.

Die Schergen Kriemhilds ziehen sich daraufhin zurück.

Der Tag war nun zu Ende, es nahte sich die Nacht.
Den reisemüden Recken war die Sorg erwacht,
wann sie wohl ruhen könnten und zu Bette gehn.
Hagen besprach's mit Gunther. So konnte es dann bald geschehn.

Zu dem Wirte sprach da Gunther: »Gott lass Euch's wohlergehen,
Ihr sollt uns Urlaub geben, wir wollen schlafen gehen.
Wenn Ihr das gebietet, kommen wir morgen fruh.«
Der Wirt entließ die Gäste wohlgemut zu ihrer Ruh.

Von überall umdrängt man da die Gäste sah.
Volker der kühne sprach zu den Hunnen da:
»Wie dürft ihr uns Recken so vor die Füße gehn?
Wollt ihr das nicht meiden, so wird euch übel geschehn.

So schlag ich dem und jenem so schweren Geigenschlag,
dass mancher Freund von ihm darüber weinen mag.
Würdet ihr zur Seite gehen, dann fände ich das gut.
Zwar heißen alle Degen, doch haben nicht alle den gleichen Mut.«

Geigenschlag (*gîgen slac*): *Gemeint ist Schwerterschlag.*

Als in solchem Zorne sprach der Fiedelmann,
Hagen der kühne sich umzuschaun begann.
Er sprach: »Euch rät zum Heile der kühne Fiedler,
geht zu den Herbergen, ihr in Kriemhildens Heer.

Was ihr habt im Sinne: Es kommt doch nicht dazu!
Wollt ihr was beginnen, so kommt uns morgen fruh,
und lasst uns reisemüden heut in Frieden ruhn.
Echte Helden werden meinen Wunsch wohl billig tun.«

Da brachte man die Gäste in einen weiten Saal,
zur Nachtruh eingerichtet den Recken allzumal
mit köstlichen Betten lang zumal und breit.
Kriemhild plante für sie wohl das allerschlimmste Leid.

Arras: Stadt in Nordfrankreich, berühmt für seine Webereien und Seidenspinnereien

Schmucke Decken sah man von Arras da genug
aus lichthellem Zeuge, um manchen Überzug
aus arabischer Seide, so gut sie mochten sein,
verbrämt mit goldnen Borten; die gaben herrlichen Schein.

Viel Bettlaken fand man von Hermelin gemacht
und von schwarzem Zobel, worunter sie die Nacht
sich Ruhe schaffen sollten bis an den lichten Tag.
Ein König mit dem Volke wohl nimmer herrlicher lag.

»O weh des Nachtlagers!«, sprach Giselher, das Kind.
»Und weh meiner Freunde, die mit uns kommen sind.
Wie gut es meine Schwester uns auch hier erbot,
von ihrem Hass, so fürcht ich, gewinnen wir alle den Tod.«

»Nun lasst Euer Sorgen«, sprach Hagen, der Degen:
»Ich will nachts selber der Schildwache pflegen
und werde Euch behüten bis morgen an den Tag.
Seid jetzt ohne Sorge. Später rette sich, wer da mag.«

Da neigten sich ihm alle und sagten ihm Dank.
Sie gingen zu den Betten. Da währt es nicht lang,
bis in Ruhe lagen die Helden wohlgetan.
Hagen der kühne sich da zu waffnen begann.

Da sprach der Fiedelspieler Volker, der Degen:
»Verschmäht Ihr's nicht, Hagen, so will ich mit Euch pflegen
nachts der Schildwache bis morgen an den Tag.«
Da bedankte sich Hagen beim tapferen Spielmann und sprach:

»Nun lohn Euch Gott vom Himmel, viellieber Volker!
Zu allen meinen Sorgen wünsch ich mir niemand mehr
als nur Euch alleine, wenn ich käm in Not.
Ich will es wohl vergelten, es sei denn, mich hindert der Tod.«

Da legten sie beide die Rüstungen an.
Jeder der beiden Recken nahm seinen Schild sodann.
Sie gingen aus dem Hause vor die Türe stehn
und hüteten die Gäste; das ist mit Treuen geschehn.

Volker der schnelle legte aus der Hand
seinen Schild und lehnte ihn an des Saales Wand
dann wandte er sich zurück, wo seine Geige war,
und diente seinen Freunden, wie es dem Helden zukam fürwahr.

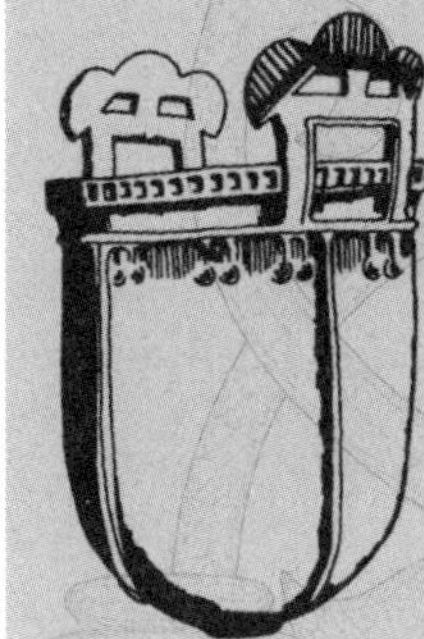

Bronzekessel, hunnisch

Unter des Hauses Türe setzt er sich auf den Stein.
Ein kühnrer Fiedelspieler mochte nimmer sein.
Als der Saiten Tönen so hold erklang,
da sagten die stolzen Fremden dem Spielmann Volker Dank.

Seine Saiten tönten. Es erscholl das ganze Haus,
Tapferkeit und Kunstverstand zeichneten ihn gleichermaßen aus.
Süßer und sanfter zu geigen hub er an:
So spielt er in den Schlummer gar manchen sorgenden Mann.

Da sie entschlafen waren und Volker das befand,
da nahm der Degen wieder den Schild an die Hand.
Und ging aus dem Hause vor die Türe stehn,
seine Freunde zu behüten vor denen in Kriemhilds Lehn.

Wohl mitten in der Nacht – wenn's nicht eher geschah –
Volker der kühne einen Helm erglänzen sah
fernher durch das Dunkel: Die Kriemhild untertan,
hätten an den Gästen gerne Schaden getan.

Bevor diese Recken Kriemhild hatt entsandt,
sie sprach: »Wenn ihr sie findet, so seid um Gott ermahnt,
dass ihr niemand tötet als den einen Mann:
den ungetreuen Hagen; die andern rühret nicht an.«

Da sprach der Fiedelspieler: »Nun seht, Freund Hagen,
wir werden alle Gefahren wohl gemeinsam tragen:
Gewaffnet vor dem Hause seh ich Leute stehn.
Soviel ich mag erkennen, kommen sie, uns zu bestehn.«

»So schweigt«, sprach da Hagen, »lasst sie erst näher her.
Eh sie uns inne werden, wird ihrer Helme Wehr
zerschroten mit den Schwertern von unsrer beiden Hand.
Sie werden Kriemhilden übel wieder heimgesandt.«

Als der Hunnenrecken einer gleich darauf ersah,
dass die Tür behütet, wie schnell sprach er da:
»Was wir im Sinne hatten, kann nun nicht geschehn:
Ich seh den Fiedelspieler vor dem Hause Schildwacht stehn.

Er trägt auf dem Haupte einen Helm von lichtem Glanz,
der ist hart und lauter, stark dazu und ganz.
Auch leuchten die Panzerringe, so wie das Feuer tut.
Daneben steht auch Hagen; die Gäste sind in guter Hut.«

Da wandten sie sich wieder. Als Volker das ersah,
zu seinem Heergesellen im Zorn sprach er da:
»Nun lasst mich zu den Hunnen vor dem Hause gehn.
Ich frag um ihre Absicht die in Kriemhildens Lehn.«

»Tut's mir zuliebe nicht«, sprach Hagen entgegen:
»Kämt Ihr aus dem Hause, diese schnellen Degen
brächten Euch mit Schwertern leicht in solche Not,
dass ich Euch helfen müsste. Das wär dann meiner Freunde Tod.

Wenn wir dann beide kämen in den Streit,
so möchten ihrer zweie oder vier in kurzer Zeit
zu dem Hause springen und schaffen solche Not
drinnen an den Schlafenden, dass wir's bereuten bis zum Tod.«

Da sprach wieder Volker: »So lasst es nur geschehn,
dass sie inne werden, wir haben sie gesehn:
So können es nicht leugnen, die Kriemhild untertan,
dass sie gerne treulos an den Gästen hätten getan.«

Da rief der Fiedelspieler den Hunnen entgegen:
»Wie geht ihr so bewaffnet, ihr behenden Degen?
Wollt ihr einen Mord begehn, ihr Kriemhild untertan?
So nehmt die Hilfe von mir und meinem Heergesellen an.«

Niemand gab ihm Antwort; zornig war sein Mut:
»Pfui, feige Bösewichter«, sprach der Degen gut,
»im Schlaf uns zu ermorden, schlicht ihr dazu heran?
Das ward so guten Helden bisher noch selten getan.«

Bald ward auch die Märe der Königin bekannt
vom Abzug ihrer Boten: Wie schwer sie das empfand!
Da fügte sie es anders, gar grimmig war ihr Mut.
So mussten bald verderben viel der Helden kühn und gut.

Einunddreißigstes Abenteuer

WIE DIE HERREN ZUR KIRCHE GINGEN

Als die Burgunden zum Kirchgang schreiten, äußert Etzel Verwunderung, weil sie bewaffnet sind. Hagen gibt eine falsche, aber annehmbare Erklärung ab und verschweigt die von Kriemhild inzwischen inszenierten Anschläge. Etzel bleibt ahnungslos.

Bei einem anschließenden Turnier zwischen Gastgebern und Gästen verbieten Dietrich von Bern und Rüdiger von Bechelaren ihren Gefolgsleuten die Teilnahme, um angesichts der gespannten Lage Neutralität zu zeigen und jedes Risiko eines Konflikts zu vermeiden. Die anderen Recken am Hunnenhof treffen mit den Burgunden zum Kampfspiel zusammen. Dabei tötet Volker einen hunnischen Markgrafen. Eine Racheaktion der aufgebrachten Hunnen verhindert Etzel mit dem Hinweis auf seine Verpflichtung als Gastgeber.

Kriemhild will die Stimmung gegen die Burgunden nützen. Sie versucht – vergeblich – Dietrich von Bern zu einem Angriff auf die Burgunden zu gewinnen und wendet sich dann mit dem gleichen Ansinnen an Etzels Bruder Blödel. Auch er lehnt zunächst ab. Als ihm Kriemhild jedoch Gold und Silber, außerdem Landbesitz und eine schöne Witwe verspricht, sagt Blödel zu. Er plant einen Überfall auf die burgundischen Knechte, die zusammen mit Dankwart und einigen wenigen Rittern in der Herberge ihr Essen einnehmen.

Während er seine Mannen zusammentrommelt, begibt Kriemhild sich in den Festsaal, wo Etzel und die burgundischen Ritter tafeln.

Kriemhild lässt ihren Sohn Ortlieb bringen, an dem der Hunnenkönig voll Stolz und Vaterliebe hängt. Mit dem Auftritt Ortliebs bereitet der Dichter den späteren Höhepunkt von Kriemhilds Intrigenspiel vor.

»Mir wird so kühl der Harnisch«,   sprach da Volker.
»Ich wähn, die Nacht   wird lang nicht dauern mehr.
Ich fühl es an den Lüften,   es ist nicht weit vom Tag.«
Da weckten sie gar manchen,   der im Schlafe noch lag.

Da schien der lichte Morgen   den Gästen in den Saal.
Hagen begann zu fragen   die Recken allzumal,
ob sie zum Münster wollten   in die Messe heut.
Nach christlichen Sitten   erscholl der Glocken Geläut.

Der Gesang war ungleich; kein Wunder mocht es sein,
dass Christen mit Heiden nicht stimmten überein.
Da wollten zur der Kirche die in Gunthers Lehn.
Man sah sie von den Betten allzumal da erstehn.

Da schnürten sich die Recken in also gut Gewand,
dass nie Helden wieder in eines Königs Land
bessre Kleider brachten. Hagen ward es leid.
Er sprach: »Ihr tätet besser, ihr trügt hier anderlei Kleid.

Euch ist wohl zur Genüge die Lage hier bekannt.
Nehmt statt der Rosen die Waffen in die Hand,
statt steinbesetzter Stirnreifen tragt besser Helme gut,
da wir doch alle kennen der argen Kriemhilde Mut.

Wir müssen heute streiten, das will ich euch sagen.
Statt seidner Hemden sollt ihr Halsbergen tragen
und statt der reichen Mäntel gute Schilde breit,
zürnt mit euch jemand, dass ihr wehrhaftig seid.

Meine lieben Herren, Freunde und Mannen mein,
tretet in die Kirche mit lauterem Herzen ein
und klagt Gott dem reichen eure Sorg und Not.
Denn ihr müsst sicher wissen: Es naht uns allen der Tod.

Ihr sollt auch nicht vergessen, was je von euch geschah,
und steht vor eurem Gotte andächtig da.
Lasst euch alle warnen, gute Recken hehr:
Wendet's Gott nicht anders, so hört ihr keine Messe mehr.«

So gingen zu dem Münster die Fürsten und ihr Lehn.
Auf dem heil'gen Kirchhof, da hieß sie stille stehn
Hagen der kühne, damit man sie nicht schied.
Er sprach: »Noch weiß ja niemand, was von den Hunnen geschieht.

Setzt, meine Freunde, die Schilde vor den Fuß
und vergeltet eines jeden Mannes feindsel'gen Gruß
mit tiefen Todeswunden. Das ist's, was Hagen rät.
So werdet ihr befunden, wie's euch am löblichsten steht.«

Volker und Hagen, die beiden stellten da
sich vor das weite Münster, was darum geschah:
Sie wollten es erreichen, dass sich die Königin
mit ihnen drängen müsse; wohl war gar grimmig ihr Sinn.

Da kam der Wirt des Landes und auch sein schönes Weib.
Mit prächtigem Gewande war geziert ihr Leib.
So mancher schnelle Degen in ihrem Geleite war.
Da flog der Staub zur Höhe vor der Königin Schar.

Als der reiche König so gewaffnet sah
die Fürsten und ihr Ingesind, wie bald sprach er da:
»Was seh ich meine Freunde unter Helmen gehn?
Leid wär mir meiner Treue, wär ihnen Leid hier geschehn.

Ich würde es gern büßen, wie es sie dünkte gut.
Wenn ihnen wer beschwerte das Herz und den Mut,
so werde ich beweisen, dass es mir wahrlich leid,
was sie von mir verlangen, dazu bin ich gern bereit.«

Zur Antwort gab ihm Hagen: »Uns ist kein Leid geschehn.
Es ist der Herren Sitte, dass sie gewaffnet gehn
bei allen Gastgeboten zu dreien vollen Tagen.
Was uns hier geschähe, wir würden es Etzeln klagen.«

Wohl vernahm die Königin Hagens Rede da.
Wie feindlich sie dem Degen unter die Augen sah!
Sie wollte nicht verraten den wahren Brauch im Land,
wie lang bei den Burgunden sie den auch hatte gekannt.

Wie grimm und stark die Königin ihnen abhold wäre:
Hätte jemand Etzeln gesagt die rechte Märe,
es hätt es wohl gewendet, was später dann geschah.
Doch in ihrem Übermut verschwiegen sie es alle da.

diese beiden (dise zwêne): Hagen und Volker

Da schritt mit vielem Volke Kriemhild zur Kirchentür;
doch wollten diese beiden weichen nicht vor ihr
um zweier Hände Breite. Das war den Hunnen leid.
Da mussten sie sich drängen mit den Helden allbereit.

König Etzels Kämmerer empfanden das nicht gut.
Wohl hätten sie den Recken gern erzürnt den Mut,
wenn sie es wagen dürften vor dem König hehr.
Da gab es groß Gedränge und doch nichts anderes mehr.

Als nach dem Gottesdienste man auf den Heimweg sann,
da sprang in seinen Sattel so mancher Hunnenmann;
auch war bei Kriemhilden manche schöne Maid.
Wohl siebentausend zählte der Königin Heergeleit.

Kriemhild mit den Frauen dann in den Fenstern saß
bei Etzeln dem reichen; gerne sah er das.
Sie wollten reiten sehen der Helden auserkannt
Hei! Was man fremder Recken vor ihnen auf dem Hofe fand!

Nun war auch mit den Rossen der Marschall gekommen:
Der kühne Dankwart hatte mit sich genommen
des Herren Ingesinde von Burgundenland.
Die Rosse wohlgesattelt, man den kühnen Nibelungen fand.

Als sie in Sätteln saßen, die Fürsten und ihr Heer,
da empfahl der Spielmann, der starke Volker hehr,
sie sollten buhurtieren nach ihres Landes Sitten.
Da wurde von den Helden bald gar herrlich geritten.

Was der Held empfohlen, niemanden wohl verdross:
Der Buhurt und der Waffenklang wurden beide groß.
Zu dem weiten Hofe kam da mancher Mann;
Etzel mit Kriemhild es selbst zu schauen begann.

Auf den Buhurt kamen sechshundert Degen,
Dietrichens Recken, den Gästen entgegen.
Mit den Burgunden wollten sie sich im Spiel ergehn:
Wenn es Dietrich erlaubt hätt, so wär es gern geschehn.

Hei, was gute Recken ritten da heran!
Dietrich, dem Helden, ward es kundgetan:
Mit Gunthers Ingesinde das Spiel er verbot;
er sorgte um seine Leute; das tat ihm sicherlich not.

Als Dietrichs Gefolge so vermied den Streit,
da kamen von Bechlaren Rüdigers Geleit,
fünfhundert unter Schilden vor den Saal geritten.
Doch wär's dem Markgraf lieber, sie hätten es vermieden:

Er kam zu ihnen eilends geritten durch die Schar,
und sagte seinen Mannen: Sie würden selbst gewahr,
dass im Unmut wären, die Gunthern untertan.
Wenn sie das Kampfspiel ließen, so wär's nach seinem Wunsche getan.

Als von ihnen schieden die Helden allbereit,
da kamen die von Thüringen, so hörten wir Bescheid,
und vom Dänenlande der Kühnen tausend Mann.
Von Lanzen sah man fliegen viel der Splitter hochhinan.

Irnfried und Hawart ritten zum Buhurt hin;
ihrer harrten die vom Rheine mit hochfährt'gem Sinn.
Sie ritten manche Tjost mit denen vom Thüringerland.
Durchbohrt von Stichen wurde mancher schöne Schildesrand.

Da kam der Degen Blödel, mit dreitausend seiner Schar.
Etzel und Kriemhild nahmen sein wohl wahr,
da vor ihnen beiden das Waffenspiel geschah.
Die Königin es gerne aus Hass auf die Burgunden sah.

Schrutan und Gibecke ritten zum Buhurt auch,
Hornbog und Ramung, nach hunnischem Brauch.
Sie hielten vor den Helden aus Burgundenland.
Die Schäfte flogen wirbelnd über des Königssaales Wand.

Wie sie da alle ritten, das war nur eitel Schall.
Von Stößen auf die Schilde das Haus und den Saal
hörte man ertosen durch manchen Gunthers-Mann.
Das Lob sich sein Gesinde mit großen Ehren gewann.

Da ward ihre Kurzweil so stark und so groß,
dass unter Satteldecken der blanke Schweiß entfloss,
so heftig wurden Rosse von guten Helden geritten.
Sie versuchten an den Hunnen sich mit hochfährt'gen Sitten.

Da sprach der kühne Volker,   der edle Spielmann:
»Zu feig sind diese Degen,   sie greifen uns nicht an.
Ich hörte immer sagen,   dass sie uns abhold sei'n;
nun könnte die Gelegenheit   ihnen doch nicht günst'ger sein.«

»Man führe jetzt die Rosse«,   sprach nochmals Herr Volker,
»zurück in ihre Ställe.   Wir reiten wohl noch mehr
in den Abendstunden,   wenn die Zeit verging,
ob dann den Burgunden   den Preis wohl gibt die Königin?«

Da sahn sie einen reiten   so protzig daher,
so tat's von allen Hunnen   kein anderer mehr.
Er hatt in den Fenstern   wohl ein Liebchen traut.
Er ritt so aufgeputzt,   als wär er eines Ritters Braut.

Da sprach wieder Volker: »Wie blieb es ungetan?
Jener eitle Weiberheld   muss einen Stoß empfahn.
Das mag hier niemand wenden,   es geht ihm an den Leib:
Was frag ich, ob drum zürne   dem König Etzel sein Weib?«

»Tut's mir zuliebe nicht«,   sprach der König dann,
»es schelten uns die Leute,   greifen wir sie an.
Die Hunnen lasst beginnen;   es kommt wohl bald dahin.«
Noch saß König Etzel   am Fenster bei der Königin.

»Ich will beim Buhurt mitmachen«,   sprach Hagen jedoch.
»Lasst diese Frauen   und die Degen noch
sehn, wie wir reiten können!   Das ist wohlgetan;
man lässt des Lobs doch wenig   die Recken Gunthers empfahn.«

Volker der schnelle   ritt wieder in den Streit,
das schuf da viel der Frauen   großes Herzeleid.
Er stach dem schmucken Hunnen   den Speer durch den Leib.
Das sah man noch beweinen   manche Maid und manches Weib.

Da rückte Hagen hurtig   mit seinen Helden an:
Mit sechzig seiner Degen   zu reiten er begann
hin zu dem Fiedler,   wo das Spiel geschehn;
Etzel und Kriemhild   konnten alles deutlich sehn.

Da wollten auch die Könige ihren Spielmann gut
unter den Feinden nicht lassen ohne Hut.
Da ward von tausend Helden mit großer Kunst geritten.
Sie taten, was sie wollten, mit gar hochfahrt'gen Sitten.

Da nun der schmucke Hunne zu Tode war geschlagen,
man hörte seiner Freunde Wehruf und Klagen.
All das Gesinde fragte: »Wer hat das getan?«
»Das hat getan der Fiedler Volker, der kühne Spielmann.«

Markgraf: der getötete Hunne

Nach Schwerten und Schilden riefen gleich zur Hand
des Markgrafen Freunde von der Hunnen Land:
Zu Tode schlagen wollten sie den Fiedelmann.
Der Wirt von seinem Fenster daher zu eilen begann.

Da hob sich von den Hunnen allenthalben Schall.
Abstiegen mit ihren Leuten die Kön'ge vor dem Saal;
zurück die Rosse stießen, die Gunthern untertan.
Da kam der König Etzel, den Streit zu schlichten, heran.

Einem Verwandten des Hunnen, der dort nahe stand,
riss er eine scharfe Waffe aus der Hand
und schlug sie all zurück, er war in großem Zorn.
»Wie hätt ich meine Gastpflicht an diesen Helden verlorn,

wenn ihr mir erschlüget diesen Fiedelmann«,
so sprach der König Etzel, »das wäre missgetan!
Als er erstach den Hunnen – ich hab es wohl gesehen –
da ist es wider seinen Willen nur durch Straucheln geschehen.

Ihr sollt meine Gäste mit Frieden lassen ziehn.«
So gab er ihnen Geleit. Die Rosse zog man hin
zu den Herbergen. Sie hatten manchen Knecht,
der war ihnen zu Diensten mit allem Fleiße gerecht.

Wasser zum Händewaschen

Der Wirt mit seinen Freunden ging zum Saal zurück:
Da regte sich kein Zürnen mehr vor seinem Blick.
Man richtete die Tische, das Wasser man auch trug.
Da hatten die vom Rheine der starken Feinde genug.

33) Kriemhilds Abschied.
Zeichnungen aus Dr. Johannes Scherr, Die Nibelungen, Leipzig 1862.

34) Wie Kriemhild bei den Hunnen empfangen ward.
Zeichnungen aus Dr. Johannes Scherr, Die Nibelungen, Leipzig 1862.

35) Wie Kriemhild auf Rache sann.
Zeichnungen aus Dr. Johannes Scherr, Die Nibelungen, Leipzig 1862.

36) Wie Hagen mit den Wasserweibern sprach.
Zeichnungen aus Dr. Johannes Scherr, Die Nibelungen, Leipzig 1862.

37) Der nächtliche Überfall.
Zeichnungen aus Dr. Johannes Scherr, Die Nibelungen, Leipzig 1862.

38) Die Schildübergabe.
Zeichnungen aus Dr. Johannes Scherr, Die Nibelungen, Leipzig 1862.

39) Wie die Nibelungen in Etzels Burg empfangen wurden.
Zeichnungen aus Dr. Johannes Scherr, Die Nibelungen, Leipzig 1862.

40) Wie der Mordkampf zwischen den Nibelungen und Hunnen anhob.
Zeichnungen aus Dr. Johannes Scherr, Die Nibelungen, Leipzig 1862.

41) Wie sie die Toten hinauswarfen.
Zeichnungen aus Dr. Johannes Scherr, Die Nibelungen, Leipzig 1862.

42) Wie Iring erschlagen ward.
Zeichnungen aus Dr. Johannes Scherr, Die Nibelungen, Leipzig 1862.

43) Wie die Königin den Saal verbrennen ließ.
Zeichnungen aus Dr. Johannes Scherr, Die Nibelungen, Leipzig 1862.

44) Wie Kriemhild der Leichnam Rüdigers gezeigt ward.
Zeichnungen aus Dr. Johannes Scherr, Die Nibelungen, Leipzig 1862.

45) Wie Dietrichs Recken alle erschlagen wurden.
Zeichnungen aus Dr. Johannes Scherr, Die Nibelungen, Leipzig 1862.

46) Wie Gunther, Hagen und Kriemhilde erschlagen wurden.
Zeichnungen aus Dr. Johannes Scherr, Die Nibelungen, Leipzig 1862.

47) Siegfrieds Tod.
Aus Bildersaal Deutscher Geschichte, 1890. Julius Schnorr von Carolsfeld.

48) Der Streit zwischen Kriemhild und Brunhild vor dem Münster in Worms. Aus Meisterwerke der Holzschneidekunst, 15. Band, Leipzig 1893. Frank Kirchbach.

Eh sich die Herren setzten, währte es noch lang.
Frau Kriemhild indessen mit großer Sorge rang.
Sie sprach: »Fürst von Berne, heute muss ich flehn
zu dir um Rat und Hilfe: Meine Sachen ängstlich stehn.«

Zur Antwort gab ihr Hildebrand, ein Recke tugendlich:
»Wer die Nibelungen angreift, der tut es ohne mich,
wie viel man Schätze böte. Wer's tut, dem wird es leid.
Noch sind sie unbezwungen, die schnellen Ritter allbereit.«

Da sprach dazu Herr Dietrich mit zuchtreichem Sinn:
»Die Bitte lass bleiben, reiche Königin.
Mir ist von deinen Freunden kein solches Leid geschehn,
dass ich sollt im Streite die kühnen Degen bestehn.

Die Bitte ehrt dich wenig, edel Königsweib,
dass du den Freunden willst an Leben und an Leib.
Sie kamen im Vertrauen hierher in dieses Land:
Siegfried bleibt ungerächt wohl von Dietrichens Hand.«

Da sie bei dem Berner keine Hilfe fand,
gelobte sie alsdann Blödel in die Hand
eine weite Landschaft, die Nudung einst besaß.
(Hernach erschlug ihn Dankwart, dass er der Gabe gar vergaß.)

Blödel: Etzels Bruder

Nudung: der von Wittich erschlagene nahe Verwandte Gotelinds, dessen Schild Hagen bekommen hat. Als Königin konnte Kriemhild über dieses Land verfügen.

Sie sprach: »Du sollst mir helfen, lieber Blödelein.
Hier in diesem Hause sind die Feinde mein,
die Siegfrieden schlugen, meinen lieben Mann:
Wer mir das rächen helfe, dem war ich immer zugetan.«

Zur Antwort gab ihr Blödel: »Herrin, wisset das,
ich darf Euren Freunden nicht zeigen solchen Hass,
weil sie mein Bruder Etzel so gerne leiden mag:
Wenn ich sie bestünde, der König sah es mir nicht nach.«

»Nicht also, Herr Blödel, ich bin dir immer hold:
Ich gebe dir zum Lohne mein Silber und mein Gold
und eine schöne Witwe: Nudungens Weib.
So magst du immer kosen ihren minniglichen Leib.

Das Land samt den Burgen, alles geb ich dir,
so lebst du, teurer Ritter, in Freuden stets mit ihr,
wenn du die Mark bekommst, die Nudung einst besaß.
Was ich dir hier gelobe, mit Treuen leist ich dir das.«

Als Blödel bieten hörte des Lohnes also viel
und ihrer Schönheit willen die Frau ihm wohlgefiel,
im Kampf verdienen wollt er das minnigliche Weib.
Da musste dieser Recke verlieren Leben und Leib.

Er sprach zu der Königin: »Geht wieder in den Saal.
Eh man es inne werde, erheb ich Kampfes Schall.
Hagen muss es büßen, was er Euch hat getan.
Ich bring Euch gebunden König Gunthers Untertan.«

»Nun waffnet euch«, sprach Blödel, »ihr all in meinem Lehn.
Wir wollen zu den Feinden in die Herberge gehn.
Mir will es nicht erlassen König Etzels Weib.
Wir Helden müssen alle verwagen Leben und Leib.«

Als den Degen Blödel entließ die Königin,
dass er den Kampf begänne, zu Tische ging sie hin
mit Etzeln, dem Könige, und manchem Untertan.
Wahrlich hat sie übel an ihren Gästen getan.

Da nicht anders konnte begonnen werden der Streit
(Kriemhilden lag im Herzen begraben altes Leid),
ließ sie zu den Tischen tragen Etzels Sohn:
Wie konnt ein Weib aus Rache wohl entsetzlicher tun?

Da gingen sogleich viere aus Etzels Ingesind
und brachten Ortlieben, das junge Königskind,
den Fürsten an die Tafel, wo auch Hagen saß.
Das Kind musst ersterben durch seinen mordlichen Hass.

Als der reiche König seinen Sohn ersah,
zu seiner Frauen Brüdern gütlich sprach er da:
»Nun schaut, meine Freunde, das ist mein einzig Kind,
und das Eurer Schwester, durch das ihr Nutzen noch gewinnt.

Gerät es nach dem Stamme, es wird ein starker Mann,
reich dazu und edel, kühn und wohlgetan.
Erleb ich es, ich geb ihm zwölf reicher Kön'ge Land:
So kann Euch noch Dienste leisten des jungen Ortliebens Hand.

Darum bät ich gerne Euch lieben Freunde mein,
wenn Ihr heimwärts reitet wieder an den Rhein,
dass Ihr dann mit Euch nehmet Eurer Schwester Kind;
und seid auch dem Knaben immer gnädig gesinnt.

Erzieht ihn nach Ehren, bis er gerät zum Mann.
Hat Euch in den Landen jemand ein Leid getan,
so hilft er Euch es rächen, erwüchs ihm erst der Leib.«
Die Rede hörte Kriemhild mit an, König Etzels Weib.

»Ihm sollten wohl vertrauen alle diese Degen,
wenn er zum Mann erwachsen«, sprach Hagen entgegen,
»doch scheint der junge König so todgeweiht zu sein,
dass man ihn wohl nimmer sehen wird am Rhein.«

Hagens ahnungsvolle Andeutung – zunächst nur als Beleidigung aufzufassen – wird erst später verständlich: wenn sich erweist, dass Kriemhild ihren Sohn zu opfern bereit ist, um ihren Racheplan zu verwirklichen.

Der König blickt auf Hagen; die Rede war ihm leid.
Wenn er auch nichts erwiderte, der König allbereit,
es betrübt ihn in der Seele und beschwerte ihm den Mut.
Hagens Sinne waren zu keiner Kurzweile gut.

Es tat den Fürsten allen mit dem König weh,
was Hagen von dem Kinde gesprochen hatte eh.
Dass sie es dulden sollten, ging ihnen allen nah.
Noch konnten sie nicht wissen, was von dem Recken bald geschah.

Zweiunddreißigstes Abenteuer

WIE BLÖDEL VON DANKWART ERSCHLAGEN WARD

Blödel überfällt mit tausend Gefolgsleuten die burgundischen Knechte, wird aber von Dankwart erschlagen. Beim folgenden Kampf gelingt es den unbewaffneten Knechten und wenigen Rittern unter dem Kommando Dankwarts, die Angreifer zu besiegen. Einem weiteren Ansturm von zweitausend Hunnen sind sie dann nicht mehr gewachsen. Neuntausend Knechte und zwölf Ritter der Burgunden werden getötet. Dankwart allein bleibt am Leben und schlägt sich zum Festsaal durch.

Blödeis Recken standen gerüstet allzumal.
In tausend Halsbergen betraten sie den Saal,
wo Dankwart mit den Knechten an den Tischen saß.
Da hob sich unter Helden der allergrimmigste Hass.

Als der Degen Blödel vor die Tische ging,
Dankwart, der Marschall, ihn freundlich empfing:
»Willkommen hier im Hause, mein Herr Blödelein.
Mich wundert euer Kommen. Sagt, was soll die Märe sein?«

»Du brauchst mich nicht zu grüßen«, sprach da Blödelein,
»denn dieses mein Kommen muss dein Ende sein
wegen Hagen, deinem Bruder, der Siegfrieden schlug.
Du und diese Helden büßt es heute noch genug.«

Dass Dankwart damals ein Kind gewesen sein soll, steht im Gegensatz zu früheren Schilderungen im Nibelungenlied: Dankwart war zu Lebzeiten Siegfrieds schon ein erwachsener Mann.

»O nein, mein Herr Blödel«, sprach da Dankwart,
»sonst müsst uns sehr gereuen zu Hofe diese Fahrt.
Ich war ein Kind, als Siegfried Leben ließ und Leib:
Nicht weiß ich, was mir wolle dem König Etzel sein Weib.«

»Ich weiß dir von der Märe nicht mehr zu sagen;
es taten's deine Freunde, Gunther und Hagen.
Nun wehrt euch, ihr Armen, ihr könnt nicht länger leben,
ihr müsst mit dem Tode hier ein Pfand Kriemhilden geben.«

»Wollt ihr's nicht lassen?«, sprach da Dankwart.
»So gereut mich meines Flehens: Hätt ich das gespart!«
Der schnelle, kühne Degen von dem Tische sprang,
eine scharfe Waffe zog er, die war gewaltig und lang.

Damit schlug er Blödelein einen starken Schwertschlag,
dass ihm das Haupt im Helme vor den Füßen lag.
»Dass sei die Morgengabe«, sprach der schnelle Degen,
»für Nudungens Witwe, der du mit Minne solltest pflegen.

Vermähle man sie morgen einem andern Mann:
Will er den Brautschatz, wird ihm wie dir getan.«
Ein getreuer Hunne hatt ihm das hinterbracht,
wie die Königstochter auf sein Verderben gedacht.

Da sahen Blödeis Mannen, ihr Herr sei erschlagen;
das wollten sie den Gästen länger nicht vertragen.
Mit geschwungnen Schwertern auf die Knappen ein
drangen sie mit Ingrimm. Das musste manchen gereun.

Laut rief da Dankwart all die Seinen an:
»Ihr seht wohl, edle Knechte, es ist um uns getan.
Nun wehrt euch, ihr Armen, wie euch zwingt die Not,
dass ihr ohne Schanden erliegt in wehrlichem Tod.«

Die nicht Schwerter hatten, die griffen vor die Bank,
vom Boden aufzuheben manchen Schemel lang.
Die Burgundenknechte wollten nicht verzagen,
mit schweren Stühlen sah man starker Beulen viel geschlagen.

Wie grimm die armen Knappen sich wehrten in dem Strauß!
Sie trieben zu dem Hause die Gewaffneten hinaus.
Fünfhundert oder drüber erlagen drin dem Tod.
Da war das Ingesinde vom Blute nass und auch rot.

Diese schwere Botschaft drang in kurzer Zeit
zu König Etzels Recken; ihnen war's grimmig leid,
dass mit seinen Mannen Blödel den Tod gewann:
Das hatte Hagens Bruder mit den Knechten getan.

Eh es vernahm der König, stand schon ein Hunnenheer
in hohem Zorn gerüstet, zweitausend oder mehr.
Sie gingen zu den Knechten, es musste nun so sein,
und ließen des Gesindes darin nicht einen gedeihn.

Die Ungetreuen brachten vors Haus ein mächtig Heer.
Die landlosen Knechte standen wohl zur Wehr.
Was half da Kraft und Kühnheit? Sie fanden doch den Tod.
Darnach in kurzer Weile hob sich noch grimmere Not.

Nun mögt ihr Wunder hören und Ungeheures sagen:
Neuntausend Knechte lagen tot geschlagen,
darüber zwölf Ritter in Dankwartens Lehn.
Man sah ihn weltalleine noch bei seinen Feinden stehn.

Da Dankwart in vorderster Reihe gekämpft hatte, musste er über die Achsel blicken, um seine erschlagenen Leute zu sehen.

Der Lärm war beschwichtigt, das Tosen eingestellt.
Über die Achsel blickte Dankwart, der Held;
er sprach: »O weh der Freunde, die ich fallen sah!
Nun steh ich ganz alleine unter meinen Feinden da.«

Indem Dankwart den verstellbaren Tragriemen des Schildes senkte, konnte er den Schild höher tragen.

Die Schwerter fielen heftig auf Dankwartens Leib,
das musste bald beweinen manches Helden Weib.
Den Schild rückt er höher, der Riemen ward gesenkt.
Mit rotem Blute sah man noch manchen Harnisch getränkt.

Aldrianens Kind: Dankwart

»O weh mir dieses Leides!«, sprach Aldrianens Kind.
»Nun weicht, Hunnenrecken, und lasst mich an den Wind,
dass die Lüfte kühlen mich sturmmüden Mann.«
Da drang er auf die Türe unter Schlägen herrlich an.

Als der Streitmüde aus dem Hause sprang,
wie manches Schwert von neuem auf seinem Helm erklang!
Die nicht gesehen hatten die Wunder seiner Hand,
die sprangen da entgegen dem Helden aus Burgundenland.

»Nun wollte Gott«, sprach Dankwart, »dass mir ein Bote käm,
so dass mein Bruder Hagen die Kunde schnell vernähm,
dass ich vor diesen Recken steh in solcher Not!
Hagen würde mir helfen, oder er fände mit mir den Tod.«

Da sprachen Hunnenrecken: »Der Bote musst du selber sein,
wenn wir tot dich tragen vor den Bruder dein.
Der grimme Hagen wird in Trauer sein sodann.
Du hast dem König Etzel hier großen Schaden getan.«

Er sprach: »Nun lasst das Drohen und weicht zurück von mir,
sonst netze ich noch manchem mit Blut den Harnisch hier.
Ich will die Märe selber hin zu Hofe tragen
und will meinen Herren meinen großen Kummer klagen.«

Er griff so wacker an das Volk in Etzels Lehn,
dass sie ihn mit Schwertern nicht wagten zu bestehn:
Da schossen sie der Speere so viel ihm in den Rand.
Er musst ihn seiner Schwere wegen lassen aus der Hand.

Sie wähnten ihn zu zwingen, weil er den Schild nicht trug;
hei, was er tiefer Wunden durch die Helme schlug!
Da musste vor ihm straucheln mancher kühne Mann,
dass sich viel Lob und Ehre der kühne Dankwart gewann.

Den Rand (Schild) mit Speeren so zu spicken, dass er zu schwer wurde und nicht getragen werden konnte, gehörte zu den üblichen Kampflisten.

Von beiden Seiten sprangen die Hunnen auf ihn zu.
Von immer neuen Gegnern war er umringt im Nu,
da ging er vor den Feinden, wie ein Eberschwein
im Walde tut vor Hunden: Wie mocht er wohl kühner sein?

Der Eber gilt als besonders angriffslustiges Wild.

Sein Weg war stets aufs neue getränkt mit heißem Blut.
Wie konnte je ein Recke allein wohl so gut
mit so viel Feinden streiten, als hier von ihm geschehn?
Man sah Hagens Bruder herrlich hin zu Hofe gehn.

Truchsessen und Schenken vernahmen Schwerterklang:
Gar mancher die Getränke aus den Händen schwang
oder auch die Speisen, die man zu Hofe trug.
Vor der Stiege fand Dankwart noch starker Feinde genug.

»Wie nun, ihr Truchsessen?«, sprach der müde Degen.
»Ihr solltet doch die Gäste gütlich verpflegen
und solltet den Herren die edle Speise tragen.
So lasst mich doch die Märe meinen lieben Herren sagen.«

Wer da den Mut gewonnen und vor die Stieg ihm sprang,
denen schlug Dankwart so schweren Schwertesschwang,
dass ihm aus Schreck die andern ließen freie Bahn.
Da hatten seine Kräfte viel große Wunder getan.

Dreiunddreißigstes Abenteuer

WIE DIE BURGUNDEN MIT DEN HUNNEN STRITTEN

Dankwart erreicht schwer angeschlagen den Festsaal und verkündet den Tod der Knechte.

Nun wird deutlich, warum Kriemhild ihren Sohn in den Festsaal bringen ließ: Sie spekulierte darauf, dass Hagen bei der Nachricht vom Mordanschlag voll Wut den jungen Ortlieb erschlagen werde; der Tod des Königssohnes aber musste endlich König Etzel gegen die Burgunden aufbringen und für ihren Racheplan gefügig machen.

So geschieht es auch: Hagen tötet Ortlieb. Etzel verhindert den jählings entbrennenden Kampf nicht mehr.

Dietrich von Bern erhält mit seinen Mannen freien Abzug und nimmt das hunnische Königspaar mit. Rüdiger von Bechelaren darf sich unter Berufung auf »steten Frieden« mit seinen Leuten ebenfalls zurückziehen. Mit allen anderen im Saal befindlichen Recken aber liefern sich die Burgunden eine erbitterte Schlacht. Der Kampf endet jedoch nicht nach Kriemhilds Wunsch: Die Burgunden erschlagen ihre Gegner und bleiben unbesiegt.

Bei der Schilderung des Kampfes formt der Dichter den Spielmann Volker zur herausragenden Heldengestalt.

In diesem Zusammenhang ist die Bemerkung Hagens zu beachten: »Mich reut ohne Maßen, dass ich je bessren Sitz gehabt als dieser Degen.« Der bessere Sitz an der Tafel kennzeichnete im höfischen Leben eine höhere Rangordnung. Aus Hagens Bemerkung – deren Deutung in der Forschung umstritten ist – könnte geschlossen werden, dass Volker aus niederem Adel stammte und auf dem Besitz eines weltlichen oder geistlichen Fürsten lebte und dass er später aufgrund seines Mutes und seines kunstvollen Spiels gesellschaftlich aufstieg. Vielleicht ein Hinweis auf die eigene Lebensgeschichte des Dichters?

Als der kühne Dankwart   unter die Türe trat
und Etzels Ingesinde   zurückzuweichen bat,
mit Blut war beronnen   all sein Gewand;
eine scharfe Waffe   trug er bloß in seiner Hand.

Laut rief da Dankwart einem Degen zu:
»Ihr sitzt, Bruder Hagen, hier zu lang in Ruh.
Euch und Gott vom Himmel klag ich unsre Not:
Ritter und Knechte sind in der Herberge tot.«

Der rief ihm hin entgegen: »Wer hat das getan?«
»Das tat der Degen Blödel und die ihm untertan.
Auch hat er's schwer entgolten, das will ich euch sagen:
Mit diesen Händen hab ich ihm sein Haupt abgeschlagen.«

»Das ist kein großer Schaden«, sprach Hagen unverzagt,
»wenn man solche Märe von einem Degen sagt:
Dass er von Heldenhänden zu Tode sei geschlagen.
Den sollen desto minder die schönen Frauen beklagen.

Nun sagt mir, lieber Bruder, wie seid Ihr so rot?
Ich glaube gar, Ihr leidet von Wunden große Not.
Ist jemand hier im Lande, von dem das ist geschehn?
Der üble Teufel helf ihm denn, sonst muss es ihm ans Leben gehn.«

»Ihr seht mich unverwundet: Mein Kleid ist nass von Blut.
Das floss nur aus Wunden andrer Degen gut,
deren ich so manchen heute hab erschlagen,
wenn ich's beschwören sollte, ich wüsste nicht die Zahl zu sagen.«

Da sprach er: »Bruder Dankwart, so hütet uns die Tür
und lasst von den Hunnen nicht einen Mann herfür.
So red ich mit dem Recken, wie uns zwingt die Not.
Unser Ingesinde hat nichts verschuldet und ist dennoch tot.«

»Soll ich Kämmrer werden?«, sprach der kühne Mann.
»Bei so reichen Königen steht mir das Amt wohl an:
Der Stiege will ich hüten nach allen Ehren mein.«
Für Kriemhilds Recken konnte das sehr gefährlich sein.

»Nun nimmt mich doch wunder«, sprach wieder Hagen,
»was sich die Hunnen hier in die Ohren sagen:
Sie möchten wohl entbehren den, der die Tür bewacht,
und der die Hofmäre den Burgunden hat gebracht.

Kämmrer: Anspielung darauf, dass ein Kämmerer die Türen seiner Kammern zu verschliessen hatte.

Mit *Hofmäre* (hovemaere) ist hier sarkastisch die Nachricht vom Tod der Knechte gemeint.

Ich hörte schon lange von Kriemhilden sagen,
dass sie nicht ungerächt ihr Herzleid wollte tragen.
Nun trinken wir die Minne und zahlen Etzels Wein.
Der junge Fürst der Hunnen muss hier der Allererste sein.«

Da erschlug Hagen den jungen Ortlieb sodann,
dass vom Schwerte nieder das Blut zur Hand hin rann
und das Haupt herabsprang der Königin in den Schoß.
Da hob sich unter Degen ein Morden grimmig und groß.

Darauf dem Hofmeister, der des Kindes pflag,
mit beiden Händen schlug er ihm einen schnellen Schlag,
dass vor des Tisches Füße das Haupt ihm niederflog;
es war ein jämmerlicher Lohn, den er dem Hofmeister wog.

Er sah vor Etzels Tische einen Spielmann.
Hagen in seinem Zorne lief zu ihm heran.
Er schlug ihm auf der Fiedel herab die rechte Hand.
»Das ist für deine Botschaft in der Burgunden Land.«

»Ach, meine Hand«, sprach Werbel, Etzels Spielmann,
»Herr Hagen von Tronje, was hatt ich Euch getan?
Ich kam in großer Treue in Eurer Herren Land.
Wie spielt ich jetzt die Fiedel, da ich verlor meine Hand?«

Gering achtete es Hagen, dass er geigt nimmermehr.
Er schlug in Zorn sodann Wunden tief und schwer
an König Etzels Recken, deren er viel erschlug.
Er bracht in dem Saale zu Tod der Recken genug.

Volker, sein Geselle, von dem Tische sprang,
dass laut der Fiedelbogen ihm an der Hand erklang.
Ungefüge fiedelte Gunthers Fiedelmann.
Hei, was er sich zu Feinden der kühnen Hunnen gewann!

Auch sprangen von den Tischen die drei Kön'ge her:
Sie wollten's gerne schlichten, eh Schadens würde mehr.
Doch strebten ihre Kräfte umsonst dawider an,
da Volker mit Hagen so sehr zu wüten begann.

*»**Minne trinken**« war eine stehende Redensart und bedeutete: »zum Gedächtnis trinken«. – Trinken hier im übertragenen Sinn von »Rachedurst stillen«. Wem dieser »Gedächtnistrunk« gelten sollte – dem toten Siegfried oder den erschlagenen Knechten –, ist umstritten.*

*Mit »**Etzels Wein**« ist wohl das Blut der erschlagenen Knechte gemeint.*

***Fiedelbogen** und **fiedeln**: Umschreibungen für Schwert und kämpfen*

Als der Fürst vom Rheine nicht schlichten konnte den Streit,
da schlug der König selber manche Wunde weit
durch die lichten Panzer den argen Feinden sein.
Der Held war behende, das zeigte hier der Augenschein.

Da kam auch zu dem Streite der starke Gernot:
Wohl schlug er den Hunnen manchen Helden tot
mit dem scharfen Schwerte, das Rüdiger ihm gab.
Damit bracht er manche von Etzels Recken ins Grab.

Der jüngste Sohn Frau Utens: Giselher

Der jüngste Sohn Frau Utens auch zu dem Streite sprang:
Sein herrliches Schwert durch die Helme drang
König Etzels Recken aus der Hunnen Land;
da tat viel große Wunder des kühnen Giselher Hand.

Wie tapfer alle waren, die Kön'ge wie ihr Lehn,
jedennoch sah man Giselher vor allen andern stehn
bei den starken Feinden; er war ein Degen gut.
Er schlug da solche Wunden, dass ihnen niederrann das Blut.

Auch wehrten sich gewaltig die in Etzels Lehn.
Die Gäste sah man hauend auf und nieder gehn
mit den lichten Schwertern durch des Königs Saal.
Allenthalben hörte man Wehruf und grässlichen Schall.

Da wollten Hunnen von außen zu helfen in den Saal,
doch an Tür und Stiege scheiterten sie allemal.
Und die noch drinnen waren, die wollten gern hinaus.
Doch Dankwart ließ keinen die Stiege hinab und hinauf.

So hob sich vor den Türen ein ungestümer Drang,
und von Schwerterhieben so mancher Helm erklang.
Da kam der kühne Dankwart in eine große Not.
Hagen versuchte zu helfen, wie ihm die Treue gebot.

Er rief mit lauter Stimme den Spielmann Volker an:
»Seht Ihr dort, Geselle, vor manchem Hunnenmann
meinen Bruder stehen unter starken Schlägen?
Schützt mir, Freund, den Bruder, eh wir verlieren den Degen.«

Der Spielmann entgegnete: »Das soll alsbald geschehn.«
Dann begann er fiedelnd durch den Saal zu gehn:
Ein hartes Schwert ihm öfters an der Hand erklang.
Vom Rhein die Recken sagten dafür ihm großen Dank.

fiedelnd: kämpfend

Volker der kühne zu Dankwarten sprach:
»Ihr habt erlitten heute großes Ungemach.
Mich bat Euer Bruder, ich sollt Euch helfen gehn;
woll Ihr nun draußen bleiben, so will ich innerhalben stehn.«

Dankwart der schnelle stand außerhalb der Tür;
so wehrt er von der Stiege, wer immer trat dafür.
Man hörte Waffen hallen den Helden an der Hand;
so tat auch innerhalben Volker aus Burgundenland.

Da rief der kühne Fiedelmann über die Menge laut:
»Das Haus ist wohlverschlossen, Ihr, Freund Hagen, schaut:
Verschlossen ist so völlig König Etzels Tor.
Zweier Helden Hände liegen wie tausend Riegel davor.«

Als von Tronje Hagen die Türe sah in Hut,
den Schild warf zurücke der schnelle Recke gut.
Nun begann er erst zu rächen seiner Freunde Leid.
Seines Zorns musst entgelten mancher Ritter kühn im Streit.

Anspielung auf Hagens Wort vom »Minne trinken«

Als der Fürst von Berne das Wunder recht ersah,
wie der starke Hagen die Helme brach allda,
der Fürst der Amelungen sprang auf eine Bank.
Er sprach: »Hier schenkt Hagen den allerbittersten Trank.«

Der Wirt war sehr in Sorgen, sein Weib in gleicher Not:
Was schlug man lieber Freunde ihm vor den Augen tot!
Er selbst war kaum geborgen vor seiner Feinde Schar.
Er saß in großen Ängsten: Was half ihm, dass er König war?

Kriemhild die reiche rief Dietrichen an:
»Hilf mir mit dem Leben, edler Held, hindann,
bei aller Fürsten Tugend aus Amelungenland.
Denn erreicht mich Hagen, hab ich den Tod an der Hand.«

»Wie soll ich Euch helfen«, sprach da Dieterich,
»edle Königstochter? Ich sorge selbst um mich.
Es sind so sehr im Zorne, die Gunthern untertan,
dass ich zu dieser Stunde niemand Frieden schaffen kann.«

»Nicht also, Herr Dietrich, edler Degen gut:
Lass uns heute sehen deinen tugendreichen Mut
und hilf mir von hinnen, oder ich bleibe tot.
Bring mich und den König aus dieser angstvollen Not.«

»Ich will es versuchen, ob Euch zu helfen ist;
jedoch sah ich wahrlich nicht in langer Frist
in so bitterm Zorne manchen Ritter gut.
Ich seh ja durch die Helme von Hieben springen das Blut.«

Mit Kraft begann zu rufen   der Ritter auserkorn,
dass seine Stimme hallte   wie eines Wisents Horn.
Und dass die weite Feste   von seiner Kraft erscholl.
Dietrichens Stärke,   die war gewaltig und voll.

Wisents Horn: Blasinstrument aus einem Büffelhorn

Da hörte König Gunther   rufen diesen Mann
in dem harten Sturme: Zu horchen hub er an.
»Dietrichens Stimme   drang an mein Ohr,
ich fürchte, dass er   einen seiner Recken durch uns verlor.

Ich seh ihn auf dem Tische   winken mit der Hand.
Ihr Verwandten und Freunde   von Burgundenland,
haltet ein mit Streiten,   lasst hören erst und sehn,
was hier Dietrichen   von meinen Mannen sei geschehn.«

Als so der König Gunther   bat und gebot,
da senkten sie die Schwerter   in des Streites Not.
Sie beherrschten sich sogleich.   Niemand mehr da schlug.
Er fragte den von Berne   um die Märe schnell genug.

Er sprach: »Vieledler Dietrich,   was ist Euch geschehn
hier von meinen Freunden?   Ihr sollt mich willig sehn.
Zur Sühne und zur Buße   bin ich Euch bereit.
Was Euch jemand täte,   das wär mir inniglich leid.«

Da sprach der edle Dietrich: »Mir ist nichts geschehn.
Lasst mich aus dem Hause   mit Eurem Frieden gehn
von diesem harten Streite   mit dem Gesinde mein.
Dafür will ich Euch Degen   stets zu Dienst beflissen sein.«

»Was müsst Ihr also flehen?«,   sprach da Wolfhart.
»Es hält der Fiedelspieler   die Tür nicht so verwahrt,
dass ich mit dem Gefolge   nicht hinausgehen kann.«
»Nun schweigt«, sprach da Dietrich,   »Ihr habt den Teufel getan.«

Da sprach der König Gunther: »Das sei Euch freigestellt:
Führt aus dem Hause,   so viel Euch gefällt;
doch meine Feinde,   die sollen hier bestehn.
Von ihnen ist mir Leides   bei den Hunnen viel geschehn.«

Als das der Berner hörte,   mit seinem Arm umschloss
er die edle Königin;   ihre Angst war groß;
da führt er an dem andern   Etzeln aus dem Haus.
Auch folgten Dietrichen   sechshundert Degen hinaus.

Mit diesen Worten bat Rüdiger um freien Abzug für sich und seine Leute.

Da begann der Markgraf,   der edle Rüdiger:
»Soll aber aus dem Hause   noch kommen irgendwer,
der Euch doch gerne diente,   so macht's mir kund.
Es walte steter Friede   in getreuer Freunde Bund.«

Zur Antwort gab ihm Giselher   von dem Burgundenland:
»Frieden und Sühne   sei Euch zuerkannt,
Ihr habt uns Treu bewiesen,   Ihr und Euer Lehn.
Ihr sollt mit Euren Freunden   ohne Sorgen hinnen gehn.«

Als Rüdiger, der Markgraf,   räumte Etzels Saal,
fünfhundert oder drüber   folgten ihm zumal.
Das ward von den Helden   aus Treue getan,
wodurch König Gunther   bald großen Schaden gewann.

Da sah ein Hunnenrecke   den König Etzel gehn
neben dem Herrn Dietrich   und wollt entwischen ungesehn,
dem gab der Fiedelspieler   einen solchen Schlag,
dass ihm gleich am Boden   das Haupt vor Etzels Füßen lag.

Als der Wirt des Landes   kam vor des Hauses Tor,
da wandt er sich und blickte   zu Volkern empor:
»O weh mir dieser Gäste: Wie ist das grimme Not,
dass alle meine Recken   vor ihnen finden den Tod!

Ach weh des Hofgelages!«,   sprach der König hehr:
»Da drinnen ficht einer,   der heißet Volker,
wie ein wilder Eber   und ist ein Fiedelmann;
ich dank es meinem Heile,   dass ich dem Teufel entrann.

Seine Weisen klingen übel,   sein Bogenstrich ist rot;
mir schlagen seine Töne   manchen Helden tot.
Ich weiß nicht, was uns vorwirft   dieser Fiedelmann,
in meinem Leben   ich nie solch argen Gast gewann.«

Wem's erlaubt worden war, hatte verlassen nun den Saal.
Da hob sich innerhalben ein furchtbarer Schall.
Die Gäste rächten bitter ihr Leid und ihre Schmach.
Volker der kühne, hei, was er Helme zerbrach!

Nach dem Schall sich wandte Gunther, der König hehr:
»Hört Ihr die Töne, Hagen, die dorten Volker
mit den Hunnen fiedelt, wenn wer zur Türe trat?
Es ist ein roter Anstrich, den er am Fiedelbogen hat.«

Anstrich: Das Blut auf dem Schwert wird mit dem Geigenharz Kolophonium verglichen, das zum Bestreichen des Geigenbogens dient.

»Es reut mich ohne Maßen«, sprach Hagen entgegen,
»dass ich je bessren Sitz gehabt als dieser Degen.
Ich war sein Geselle, er der Geselle mein,
und kehren wir je wieder heim, wir wollen's noch in Treuen sein.

Nun schau, hehrer König, Volker ist dir hold:
So verdient er wohl dein Silber und dein Gold!
Sein Fiedelbogen schneidet durch den harten Stahl;
er wirft von den Helmen die hellen Zierden zu Tal.«

»Ich sah nie Fiedelspieler noch so herrlich stehn,
wie ich den Degen Volker an diesem Tag gesehn.
Seine Weisen hallen durch Helm und Schildesrand.
Gute Rosse soll er reiten und tragen herrlich Gewand.«

So viel der Hunnendegen auch waren in dem Saal,
nicht einer blieb am Leben von ihnen allzumal.
Da war der Schall beschwichtigt, beendet war der Streit.
Die kühnen Recken legten da ihre Schwerter beiseit.

Vierunddreißigstes Abenteuer

WIE SIE DIE TOTEN AUS DEM SAALE WARFEN

Die Burgunden erkämpfen sich eine Ruhepause und werfen siebentausend erschlagene Hunnen aus dem Saal.

Etzel hat in den Kampf persönlich nicht eingegriffen und wird deshalb von Hagen geschmäht. Wütend will er in den Saal stürmen, doch seine Leute halten ihn zurück.

Kriemhild hält es für klüger, das Leben des mächtigen Königs zu schonen und die Gefolgsleute in den Kampf zu schicken. Sie bietet Gold, Burgen und Land für Hagens Kopf – doch vorerst will keiner der Hunnen dieses Angebot annehmen.

Da setzten sich aus Müdigkeit die Herrn und ruhten aus.
Volker und Hagen, die gingen vor das Haus.
Über den Schild sich lehnend in ihrem Übermut
hielten sie launige Reden, die beiden Helden gut.

Da sprach von Burgunden Giselher, der Degen:
»Noch dürft ihr, liebe Freunde, nicht der Ruhe pflegen.
Ihr sollt erst die Toten aus dem Hause tragen.
Wir werden nochmals angegriffen, das will ich wahrlich euch sagen.

Sie sollen vor den Füßen uns hier nicht länger liegen.
Bevor im Sturm die Hunnen mögen uns besiegen,
sollen wir zu unserer Ehr noch manche Wunde hauen.
Darauf«, sprach Giselher, »setz ich wohl mein Vertrauen.«

»O wohl mir dieses Herrn«, sprach Hagen entgegen,
»ein solcher Rat geziemt sich für einen stolzen Degen
wie unsern jungen Herren. Wie wir ihn jetzt erleben,
möget ihr Burgunden all darob in Freuden stehn.«

Da folgten sie dem Rate und trugen vor die Tür
siebentausend Tote, die warfen sie dafür.
Vor des Saales Stiege fielen sie zu Tal.
Da erhoben deren Freunde mit Jammern kläglichen Schall.

Auch war darunter mancher   nur so mäßig wund,
käm ihm sanftre Pflege,   er würde noch gesund;
doch von dem hohen Falle   fand er nun den Tod.
Das klagten ihre Freunde;   es zwang sie wahrhafte Not.

Da sprach der Fiedelspieler,   der Degen unverzagt:
»Nun seh ich wohl,   sie haben mir Wahrheit gesagt:
Die Hunnen sind feige,   sie klagen wie ein Weib.
Besser wär's, sie pflegten   der Schwerverwundeten Leib.«

Da mocht ein Markgraf wähnen,   er meint es ernst und gut:
Ihm war da ein Verwandter   gefallen in das Blut;
den dacht er wegzutragen   und wollt ihn tragen hindann,
da schoss er ihn zu Tode,   der kühne Fiedelmann.

Als das die andern sahen,   sie flohen schnell hindann.
Dem Spielmann zu fluchen   begannen sie sodann.
Einen Speer hob Volker   vom Boden, scharf und hart,
der von einem Hunnen   zu ihm hinaufgeschossen ward.

Den schoss er durch den Burghof   zurück kräftiglich
über ihre Häupter.   Das Volk Etzels wich,
erschreckt von dem Wurfe,   weit fort von dem Haus.
Von seinen Kräften hatten   alle Leute Schreck und Graus.

Da standen vor dem Hause   viele tausend Mann.
Volker und Hagen   huben zu reden an
mit dem Hunnenkönig,   wie ihnen stand der Mut.
Das schuf bald große Sorge   diesen Helden kühn und gut.

»Es stünde«, sprach da Hagen,   »einem Schutzherrn recht gut an,
wenn er wohl fechten würde   all seinen Helden voran,
wie von meinen Herren   hier jeglicher tut,
die hauen durch die Helme,   dass von den Schwertern fließt das Blut.«

So kühn war König Etzel,   er fasste seinen Schild.
»Nun hütet Eures Lebens«,   sprach da Kriemhild,
»besser ist's, Ihr bietet   Gold auf Schildesrand.
Denn erreicht Euch Hagen,   Ihr habt den Tod an der Hand.«

Kreuzanhänger, burgundisch

Gold auf Schildesrand *(gold über rant): Gold, so viel in der Innenwölbung eines Schildes unterzubringen ist.*

So kühn war der König, er ließ nicht vom Streit,
wozu so mächt'ge Fürsten nun selten sind bereit.
Man musst ihn bei den Riemen des Schildes ziehen hindann.
Hagen der grimme ihn nun zu höhnen begann:

»Recht fern ist die Verwandtschaft«, sprach Hagen gleich zur Hand,
»die dich, König Etzel, mit Siegfried verband.
Er minnte Kriemhilden, eh sie gesehen dich.
Feiger König Etzel, warum sinnst du Böses wider mich?«

Diese Rede hörte die edle Königin.
Darüber ward unmutig Kriemhild in ihrem Sinn,
dass er sie schelten durfte vor manchem Etzelsmann.
Neues Unheil sogleich die Königin zu schmieden begann:

Sie sprach: »Wer von Tronje den Hagen mir schlüge,
und sein Haupt als Gabe her vor mich trüge,
mit rotem Golde füllt ich ihm Etzels Schildesrand;
auch gäb ich ihm zum Lohne viel gute Burgen und Land.«

»Ich weiß nicht, was sie zaudern«, sprach der Fiedelmann.
»Nie sah ich, dass Helden so verzagt getan,
wo man bieten hörte also reichen Sold.
Wohl wird ihnen Etzel nimmer wieder werden hold.

Die hier mit Schimpf und Schanden essen des Königs Brot,
und jetzt im Stich ihn lassen in der größten Not,
deren seh ich manchen so recht verzagt da stehn.
Und tun sie auch noch so verwegen, der Schande können sie nimmer entgehn.«

Fünfunddreißigstes Abenteuer

WIE IRING ERSCHLAGEN WARD

Iring von Dänemark kündigt an, allein mit Hagen zu kämpfen. Er lehnt die Unterstützung von tausend dänischen Recken ab und greift an.

Nach Zweikämpfen mit mehreren Burgunden gelingt es ihm, Hagen zu verletzen und zu entkommen.

Mit neuen Waffen versehen, versucht er nochmals, Hagen zu bezwingen. Dabei wird er tödlich verletzt.

Dänen und Thüringer versuchen seinen Tod zu rächen, fallen aber alle im Kampf.

Da rief der Markgraf Iring aus der Dänen Land:
»Ich hab auf meine Ehre die Sinne stets gewandt.
Auch ist von mir das Beste in Stürmen oft geschehn.
Nun bringt mir mein Gewaffen! So will ich Hagen bestehn.«

Iring war Lehensmann des dänischen Fürsten Hawart, der als Verbannter an Etzels Hof lebte.

»Das möcht ich widerraten«, hub da Hagen an,
»sonst finden mehr zu klagen, die Etzeln untertan.
Springen eurer zweie oder drei in den Saal,
die send ich wohlverhauen die Stiege wieder zu Tal.«

»Ich will's darum nicht lassen«, sprach wieder Iring:
»Wohl schon oft versucht ich ein gleich gefährlich Ding.
Wohl will ich mit dem Schwerte allein dich bestehn,
und magst du dich in Prahlerei auch noch so sehr ergehn.«

Da ward gewaffnet Iring nach ritterlichem Brauch,
und Irnfried der kühne von Thüringen auch,
und Hawart der starke, wohl mit tausend Mann;
sie wollten Iring helfen, was immer er hätte getan.

Irnfried: Landgraf von Thüringen

Da sah der Fiedelspieler ein gewaltig Heer,
das mit Iringen gewaffnet zog einher.
Sie trugen aufgebunden die lichten Helme gut.
Da ward dem kühnen Volker darüber zornig zumut.

»Seht Ihr, Freund Hagen, dort Iringen gehn,
der Euch im Kampf alleine gelobte zu bestehn?
Was soll denn diese Lüge? Fürwahr, ich tadel's sehr:
Es gehn mit ihm gewaffnet tausend Recken oder mehr.«

Hawarts Untertan: Iring

»Nun straft mich nicht Lügen«, sprach Hawarts Untertan,
»ich will gerne leisten, was ich Euch kundgetan.
Mein Wort soll aus Feigheit nicht gebrochen sein:
Sei Hagen noch so schrecklich, ich besteh ihn ganz allein.«

Zu Füßen warf sich Iring den Freunden und dem Lehn,
dass sie allein ihn ließen den Recken bestehn.
Das taten sie nur ungern, ihnen war zu wohl bekannt
der übermüt'ge Hagen aus der Burgunden Land.

Doch bat er sie so lange, bis es zuletzt geschah.
Als das Ingesinde seinen Willen sah,
und dass er warb nach Ehre, da ließen sie ihn gehn.
Da ward von den beiden ein grimmes Streiten gesehn.

Iring, der Däne, hielt hoch empor den Speer.
Er deckt sich mit dem Schilde, der teure Degen hehr:
So lief er auf im Sturme zu Hagen vor den Saal.
Da erhob sich von den Degen ein gewaltiger Schall.

Beim Kampf zu Fuß wurde – wie auch beim Kampf zu Pferde – erst mit den Wurfwaffen, dann mit den Schwertern gestritten.

Die Speere schossen beide kräftig aus der Hand
durch die festen Schilde auf ihr licht Gewand,
dass der Speere Splitter flogen hoch hinan,
da griffen zu den Schwertern die grimmen Degen sodann.

Hagen mit allen Kräften sein Schwert gegen Iring schwang,
doch schlug nach ihm Iring, dass all die Burg erklang.
Der Saal und die Türme erhallten von den Schlägen.
Es konnte seinen Willen doch nicht vollführen, der Degen.

Iring ließ Hagen unverwundet stehn.
Auf den Fiedelspieler begann er loszugehn.
Er glaubt, er könnt ihn zwingen mit seinen grimmen Schlägen;
doch wusste sich zu schirmen dieser stattliche Degen.

Da schlug der Fiedelspieler, dass von des Schildes Rand
das Gespänge wirbelte von Volkers starker Hand.
Dann ließ er Volker stehen. Gefährlich war ihm dieser Mann.
Jetzt lief er gegen Gunther, den Burgundenkönig, an.

Da war nun ein jeder zum Streite stark genug.
Wie Gunther auf Iring und der auf Gunther schlug,
das brachte keine Wunden und keinen Tropfen Blut.
Ihre Rüstung wehrt es, die war zu fest und zu gut.

Gunthern ließ er stehen und lief Gernoten an.
Das Feuer aus den Ringen er ihm zu haun begann.
Da hätte von Burgunden der starke Gernot
Iring den kühnen beinah gesandt in den Tod.

Zurück sprang er vom Fürsten. Schnell war er genug:
Eh's einer hindern konnte, der Held behend erschlug
vier vom Heergesinde aus Worms an dem Rhein.
Darüber mochte Giselher wohl sehr zornig sein.

»Gott weiß, Herr Iring«, sprach Giselher, das Kind,
»Ihr müsst mir die entgelten, die hier erschlagen sind
von Euch in dieser Stunde.« Da lief er ihn an
und schlug den Dänenhelden, dass er zu straucheln begann.

Vor Giselher stürzte er nieder in das Blut,
dass sie alle wähnten, dieser Degen gut
schlug im Streit nicht wieder einen Schlag mit seinem Schwert.
Doch lag vor Giselheren Iring da noch unversehrt.

Von des Helmes Schwirren und von des Schwertes Klang
waren seine Sinne so betäubt und krank,
dass sich der kühne Degen des Lebens nicht besann.
Das hatt ihm mit den Kräften der kühne Giselher getan.

Als ihm aus dem Haupte das Schwirren jetzt entwich,
von dem mächt'gen Schlage, der gewesen fürchterlich,
da gedacht er: Ich lebe und bin auch nirgend wund.
Nun ist mir erst die Stärke des edlen Giselher kund!

Zu beiden Seiten hört er seine Feinde stehn.
Hätten sie es gewusst, dann wär's um ihn geschehn;
auch hatt er Giselheren vernommen nahe bei.
Er sann, wie mit dem Leben den Feinden zu entkommen sei.

Da plötzlich er wie tobend aus dem Blute sprang!
Er durfte seiner Schnelligkeit wohl sagen großen Dank.
Da lief er aus dem Hause, wo er Hagen fand,
und schlug ihm starke Schläge mit seiner kraftreichen Hand.

Helmes Hut (helmhuot): eine Mütze, die unter dem Helm getragen wurde

Da gedachte Hagen: Du musst des Todes sein.
Beschützt dich nicht der Teufel, so kannst du nicht gedeihn,
doch traf Iring Hagen durch seines Helmes Hut;
Das tat der Held mit Waske: das war eine Waffe gut.

Waske: Name von Irings Schwert

Als der grimme Hagen die Wund an sich empfand,
da schwenkte sich gewaltig das Schwert in seiner Hand.
Es musste vor ihm weichen Hawarts Untertan.
Hagen ihm die Stiege hinab zu folgen begann.

Übers Haupt den Schildrand Iring der kühne schwang.
Und wär dieselbe Stiege drei solcher Stiegen lang,
so ließ ihn Hagen nicht schlagen einen Schlag.
Hei, was roter Funken da auf Irings Helme lag!

Doch kam zu den Freunden Iring noch gesund.
Da wurde diese Märe Kriemhilden kund,
was er dem von Tronje hätt im Streit getan;
dafür die Königstochter ihm sehr zu danken begann:

»Nun lohne Gott dir, Iring, erlauchter Degen gut,
du hast mir wohl getröstet das Herz und auch den Mut;
nun seh ich blutgerötet Hagens Streitgewand.«
Kriemhild nahm ihm selber den Schild vor Freud aus der Hand.

»Ihr mögt ihm mäßig danken«, begann da Hagen,
»bis jetzt ist viel Großes nicht davon zu sagen;
Versucht er es zum andern Mal, er wär ein kühner Mann.
Die Wunde nützt Euch wenig, die ich noch von ihm gewann.

Dass Ihr von meiner Wunde mir seht den Harnisch rot,
das wird mich nur noch reizen zu manches Mannes Tod.
Nun bin ich erst im Zorne auf ihn und manchen Mann.
Mir hat der Degen Iring gar kleinen Schaden getan.«

Da stand im frischen Winde Iring von Dänenland,
er kühlte sich im Harnisch, den Helm er niederband.
Da priesen ihn die Leute für streitbar und gut.
Darüber trug der Markgraf nicht wenig hoch seinen Mut.

Da sprach Iring wieder: »Nun, Freunde, sollt ihr gehn
und neue Waffen holen; ich will noch einmal sehn,
ob ich bezwingen möge den übermüt'gen Mann.«
Sein Schild war verhauen, einen bessern er bekam.

Gewaffnet war der Recke bald in noch festre Wehr.
Er griff in seinem Zorne nach einem starken Speer:
Damit wollt er nochmals Hagen greifen an.
Da wartete voll Feindschaft auf ihn der grimmige Mann.

Da wollte sein nicht harren   Hagen, der Degen:
Mit Schüssen und mit Hieben   lief er ihm entgegen
die Stiege bis zu Ende;   zornig war sein Mut.
Da nützte es Iring nichts,   dass er stark war und gut.

Sie schlugen durch die Schilde,   dass es zu lohen begann
wie feuerroter Wind.   Hawarts Untertan
ward von Hagens Schwerte   da gefährlich wund
durch Helm und durch Schildrand: er ward dann nimmermehr gesund.

Als Iring, der Degen,   diese Wund empfand,
da hob über den Helm   er den Schildesrand
schwer dünkte ihm der Schaden,   der ihm war geschehn;
bald tat ihm aber größern   der in König Gunthers Lehn.

Hagen vor seinen Füßen   einen Wurfspieß liegen fand:
Auf Iringen schoss er,   den von Dänenland,
dass man ihm aus dem Haupte   die Stange ragen sah.
Ein grimmes Ende ward ihm   von dem Recken Hagen da.

Iring musst entweichen   zu seinen Dänen hin.
Eh man den Helm dem Degen   mochte niederziehn,
brach man den Speer vom Haupte,   da naht ihm der Tod.
Das beweinten seine Freunde;   es zwang sie wahrhafte Not.

Da kam die Königstochter   auch zu ihm heran:
Iring den starken   hub sie zu klagen an.
Sie beweinte seine Wunden,   es war ihr grimmig leid.
Da sprach vor seinen Freunden   dieser Recke kühn im Streit:

»Lasst Eure Klage bleiben,   vielhehre Königin.
Was hilft Euer Weinen?   Mein Leben muss dahin
schwinden aus den Wunden,   die an mir offen stehn.
Der Tod will mich nicht länger   Euch und Etzeln dienen sehn.«

Zu Thüringen und Dänen   sprach er hingewandt:
»Von der hehren Königin   soll niemals eure Hand
zu erwerben trachten   das lichte Gold so rot.
Drum wenn ihr Hagen bekämpft,   so müsst ihr schauen den Tod.«

Seine Farbe war erblichen. Des Todes Zeichen trug
Iring der kühne. Ihnen war es leid genug.
Es konnte nicht gesunden der Held in Hawarts Lehn:
Da mussten die Dänenhelden für ihn in den Kampf jetzt gehn.

Irnfried und Hawart sprangen vor das Haus
wohl mit tausend Helden: einen ungestümen Braus
vernahm man allenthalben, kräftig und groß.
Hei! Was man scharfer Speere auf zu den Burgunden schoss!

Irnfried der kühne lief den Spielmann an,
wodurch er großen Schaden von seiner Hand gewann.
Der edle Fiedelspieler den Landgrafen schlug
durch den Helm, den festen. Wohl war er grimmig genug.

Da schlug dem kühnen Spielmann Irnfried einen Schlag,
dass er den Ringpanzer dem Recken zerbrach
und sich sein Harnisch färbte von Funken feuerrot.
Dennoch fiel der Landgraf vor dem Spielmann in den Tod.

Zusammen waren Hagen und Hawart gekommen.
Heldentaten konnte schauen, wer es wahrgenommen.
Die Schwerter fielen kräftig den Helden an der Hand.
Da musste Haward sterben vor dem aus Burgundenland.

Die Thüringer und Dänen sahn ihre Herren tot.
Da hub sich vor dem Hause noch grimmere Not,
eh sie die Tür gewannen mit kraftreicher Hand.
Da ward noch verhauen mancher Helm und Schildesrand.

»Weicht«, sprach da Volker, »lasst sie zum Saal herein:
Was sie im Sinne haben, kann dennoch nicht sein.
Sie müssen bald ersterben allzumal darin.
Sie zahlen mit dem Tode, was ihnen schenkt die Königin.«

Als die Übermütigen drangen in den Saal,
das Haupt ward da manchem so geschlagen zu Tal.
Dass er ersterben musste von ihren schnellen Schlägen.
Wohl stritt der kühne Gernot. So tat auch Giselher, der Degen.

Tausendundviere, die kamen in das Haus:
Da hörte man erklingen den hellen Schwertersaus.
Sie wurden von den Gästen alle drin erschlagen.
Man mochte Wundertaten von den Burgunden sagen.

Darnach ward eine Stille, als der Lärm verscholl.
Das Blut allenthalben durch die Löcher quoll
und durch die Rinnsteine von den toten Degen.
Das hatten die vom Rheine getan mit kräftigen Schlägen.

Da saßen wieder ruhend die aus Burgundenland.
Sie legten mit den Schilden die Waffen aus der Hand.
Da stand noch vor dem Hause der kühne Fiedelmann,
erwartend, ob noch jemand zum Streite zöge heran.

Der König klagte heftig, dazu die Königin;
Mägdelein und Frauen härmten sich den Sinn.
Es war, als hätt der Tod sich wider sie verschworen:
Drum gingen durch die Gäste noch viele der Recken verloren.

Sechsunddreißigstes Abenteuer

WIE DIE KÖNIGIN DEN SAAL ANZÜNDEN LIESS

Auf Befehl Etzels und Kriemhilds stürmen zwanzigtausend Hunnen den Saal. Vergeblich. Die Burgunden wehren sich erfolgreich bis zum Abend und erbitten dann Verhandlungen. Sie äußern den Wunsch, im Freien kämpfen zu dürfen. Fast wäre ihnen von den gegnerischen Recken das Zugeständnis zuteil geworden – doch Kriemhild schaltet sich ein, lehnt ab und macht folgenden Gegenvorschlag: Alle Burgunden bleiben am Leben, unter der Bedingung, dass sie Hagen als Geisel herausgeben.

Nun zeigt sich die beiderseitige Treuepflicht von Lehnsherrn und Lehnsmann. Für die Könige kommt eine Auslieferung Hagens nicht in Frage. Stolz lehnen sie das Ansinnen ihrer Schwester ab. Damit »ihr Herzeleid« gerächt werde, lässt Kriemhild den Saal anzünden. Die Burgunden überstehen auch diesen Anschlag, nicht zuletzt deshalb, weil sie auf Rat Hagens das Blut der erschlagenen Feinde trinken. Am nächsten Morgen sind noch sechshundert Burgunden kampfbereit.

Von Kriemhild reich beschenkt, versuchen hunnische Recken einen neuerlichen Angriff. Sie werden alle erschlagen.

»Nun bindet ab die Helme«, sprach Hagen, der Degen:
»Ich und mein Geselle wollen euer pflegen.
Und versuchen es noch einmal die Etzeln untertan,
so warn ich meine Herren, so geschwind ich immer kann.«

Da band den Helm vom Haupte mancher Ritter gut.
Sie setzten auf die Toten sich, die vordem in das Blut
hinabgesunken waren unter ihrer Hand.
Da ward der edlen Gäste üble Aufmerksamkeit zugewandt.

Noch vor dem Abend befahl der König hehr
und Kriemhild, die Königin, dass es der Hunnen mehr
noch versuchen mussten; man sah vor ihnen stehn
wohl an zwanzigtausend, die mussten da zum Kampfe gehn.

pflegen: *hier im Sinne von beschützen, bewachen*

Da drang zu den Gästen ein harter Sturm heran.
Dankwart, Hagens Bruder, der kraftvolle Mann,
sprang von seinen Herren zu den Feinden vor das Tor.
Man wähnte ihn schon tot, doch sah man heil ihn davor.

Das harte Streiten währte, bis die Nacht dann kam,
da wehrten sich die Gäste wie Helden lobesam
wider Etzels Recken den sommerlangen Tag.
Was da guter Helden im Tod vor ihnen erlag!

Zu einer Sonnenwende der große Mord geschah,
dass ihres Herzens Jammer rächte Kriemhild da
an ihren nächsten Freunden und manchem andern Mann,
wodurch der König Etzel nie wieder Freude gewann.

Der Tag war zerronnen; ihnen schuf nun Sorge Not.
Sie gedachten, wie doch besser wär ein kurzer Tod,
als sich so lang zu quälen in ungefügem Leid.
Da begehrten sie Frieden, die stolzen Ritter allbereit.

Sie baten, dass man brächte den König vor den Saal.
Die blutroten Helden, schwarz gefärbt vom Stahl,
traten aus dem Hause, und die drei Kön'ge hehr.
Sie wussten nicht, wem klagen ihres großen Leids Beschwer.

Etzel und Kriemhild kamen beide her;
das Land war ihnen eigen, drum mehrte sich ihr Heer.
Er sprach zu den Gästen: »Sagt, was begeht ihr mein?
Wollt ihr Frieden haben? Das könnte nun schwerlich sein!

Nach so großem Schaden, als ihr mir habt getan,
gewähr ich keinen Frieden, solang ich atmen kann.
Mein Kind, das ihr erschluget, und viel der Freunde mein,
Fried und Sühne soll euch stets dafür geweigert sein.«

Antwort gab ihm Gunther: »Uns zwang wohl große Not.
All mein Gesinde lag vor deinen Helden tot
in der Herberge: Verdient ich solchen Sold?
Ich kam zu dir auf Treue und wähnte, du wärst mir hold.«

Da sprach von Burgunden Giselher, das Kind:
»Ihr Helden König Etzels, die noch am Leben sind,
wes zeiht ihr mich, ihr Degen? Was hatt ich euch getan,
der ich die Fahrt so gütlich zu diesem Lande begann?«

Sie sprachen: »Durch deine Güte ist die Burg hier voll
mit Jammer, gleich dem Lande; wir wünschten dir es wohl,
dass du nie gekommen wärst von Worms über den Rhein.
Das Land ist gar verwaiset durch dich und die Brüder dein.«

Da sprach im Zornmute Gunther, der Held:
»Wünscht ihr noch dies Morden in Frieden eingestellt
mit uns fremden Recken: das wäre für alle gut.
Es ist gar unbegründet, was uns König Etzel tut.«

Der Wirt sprach zu den Gästen: »Mein und euer Leid
sind einander ungleich: Die große Not im Streit,
der Schaden und die Schande, die ich von euch gewann,
dafür soll euer keiner mir lebend kommen hindann.«

Der Stahl des Panzers färbte schwarz auf Haut und Kleidung der Ritter ab. Besonders augenfällig war die Schwarzfärbung im Gesicht.

Güte:
hier ironisch auf Giselhers »gütlich« bezogen

Da sprach zu dem König der starke Gernot:
»So soll Euch Gott gebieten, dass Ihr die Lieb uns tut:
Weicht von dem Hause, ins Freie lasst uns gehn,
wir wissen wohl: bald ist es um unser Leben geschehn.

Was uns geschehen könne, das lasst schnell ergehn.
Ihr habt so viel Gesunde, die dürfen uns bestehn
und uns streitmüde Recken senden in den Tod.
Wie lange solln wir Helden bleiben in so grimmer Not?«

Von König Etzels Recken wär es fast geschehn,
dass sie die Helden ließen aus dem Saale gehn.
Als das Kriemhild hörte, es war ihr grimmig leid.
Den Gästen gegenüber war sie zu keiner Nachsicht bereit:

»Nein, ihr Hunnenrecken! Worauf euch sinnt der Mut,
ich will euch treulich raten, dass ihr das nimmer tut,
dass ihr die Mordgierigen lass vor den Saal;
sonst müssen eure Freunde den Tod erleiden zumal!

Und lebten nur alleine, die Utens Söhne sind,
und kämen meine edlen Brüder an den Wind,
dass sie die Panzer kühlten, ihr alle wärt verloren:
Es wurden kühnre Degen noch nie auf Erden geboren.«

Da sprach der junge Giselher: »Vielschöne Schwester mein,
wie hätt ich dir das zugetraut, dass du mich übern Rhein
her zu Lande ladetest in diese große Not:
Wie mocht ich an den Hunnen hier verdienen den Tod?

Ich hielt dir stete Treue, tat nie ein Leid dir an.
Ich kam auch her zu Hofe geritten in dem Wahn,
du wärst mir gewogen, vielliebe Schwester mein.
Nun schenk uns deine Gnade, da es anders nicht mag sein.«

»Ich schenk euch keine Gnade, Ungnad ich selbst gewann:
Mir hat von Tronje Hagen so großes Leid getan,
ich kann euch nicht vergeben, solang ich leben bleib.
Ihr sollt es alle büßen«, sprach des König Etzels Weib.

»Wollt ihr mir aber Hagen allein als Geisel geben,
So will ich's nicht verweigern, dass ich euch lasse leben.
Denn meine Brüder seid ihr, der gleichen Mutter Kind.
Dann spreche ich von Sühne mit den Recken, die bei mir sind.«

»Verhüt das Gott im Himmel«, sprach da Gernot,
»und wären unser tausend, wir wollten alle tot
vor deinen Freunden liegen, eh wir dir einen Mann
hier als Geisel gäben. Das wird nimmer getan!«

»Wir müssen doch ersterben«, sprach da Giselher,
»so soll uns niemand scheiden von ritterlicher Wehr.
Wer gerne mit uns stritte, wir sind noch immer hie.
Verriet ich meine Treue an einem Freunde doch nie!«

Da sprach der kühne Dankwart, es ziemt ihm wohl zu sagen:
»Noch steht nicht alleine hier mein Bruder Hagen.
Die uns den Frieden weigern, beklagen es noch schwer.
Des sollt ihr inne werden, ich sag's euch wahrlich vorher.«

Da sprach die Königstochter: »Ihr Helden allbereit,
nun geht der Stiege näher und rächt unser Leid.
Ich will es stets vergelten, wie ich es wahrlich soll.
Für seinen Übermut wird Hagen jetzt büßen wohl.

Lass keinen aus dem Hause der Degen allzumal.
So lass ich an vier Enden anzünden hier den Saal.
So wird noch wohl gerächt all mein Herzeleid.«
König Etzels Recken sah man bald dazu bereit.

Die noch draußen standen, die trieb man in den Saal
mit Schlägen und mit Schüssen; da gab es lauten Schall.
Doch wollten sich nicht scheiden die Fürsten und ihr Heer;
sie ließen von der Treue zueinander nicht mehr.

Den Saal in Brand zu stecken, gebot da Etzels Weib.
Da quälte man den Helden mit Feuersglut den Leib.
Das Haus, vom Wind ergriffen, geriet in hohen Brand.
Nie wurde solcher Schrecken noch einem Kriegsheer bekannt.

Da riefen viele drinnen: »O weh dieser Not!
Da möchten wir ja lieber im Sturme liegen tot.
Das möge Gott erbarmen; wie sind wir all verlorn!
Wie grimmig rächt die Königin an uns allen ihren Zorn!«

Da sprach darinnen einer: »Wir finden hier den Tod
vor Rauch und vor Feuer. Wie grimm ist diese Not!
Mir tut vor starker Hitze der Durst so schrecklich weh,
ich fürchte, mein Leben in diesen Nöten zergeh!«

Da sprach von Tronje Hagen: »Ihr edlen Ritter gut,
wen der Durst will zwingen, der trinke hier das Blut.
Das ist in solcher Hitze besser noch als Wein;
es mag halt zu trinken hier nichts Besseres sein.«

Hin ging der Recken einer, wo er einen Toten fand.
Er kniet ihm zu der Wunde, den Helm er niederband.
Da begann er zu trinken das fließende Blut.
So wenig er's gewohnt war, es schien ihm so richtig und gut.

»Nun lohn Euch Gott, Herr Hagen«, sprach der müde Mann,
»dass ich von Eurer Lehre so guten Trunk gewann.
Man schenkte mir selten noch einen bessern Wein.
Solang ich leben bleibe, will ich Euch stets gewogen sein.«

Als das die andern hörten, es deucht ihn so gut,
da fanden sich noch viele, die tranken auch das Blut.
Davon kam zu Kräften der guten Recken Leib.
Deshalb wird später klagen noch manches Hunnen Weib.

Das Feuer fiel gewaltig auf sie in den Saal;
sie wandten mit den Schilden es von sich ab im Fall.
Der Rauch und auch die Hitze schmerzten sie gar sehr.
Also großer Jammer geschieht wohl Helden nimmer mehr.

Die Wand war aus Stein.

Da sprach von Tronje Hagen: »Stellt euch an die Wand;
lass nicht die Brände fallen auf eurer Helme Band,
und tretet sie mit Füßen tiefer in das Blut.
Es ist ein übles Hofgelag, zu dem die Königin uns lud.«

Unter solchen Nöten zerrann zuletzt die Nacht.
Noch hielt vor dem Hause der kühne Spielmann Wacht
und Hagen, sein Geselle, gelehnt auf Schildesrand,
noch größern Leids gewärtig von denen aus Etzels Land.

Dass der Saal gewölbt war, half den Gästen sehr:
Dadurch blieben ihrer am Leben desto mehr,
wiewohl sie an den Fenstern von Feuer litten Not.
Da wehrten sich die Degen, wie Mut und Ehre gebot.

Da sprach der Fiedelspieler: »Gehn wir in den Saal:
So wähnen wohl die Hunnen, wir seien allzumal
von der Qual erstorben, die sie uns angetan.
Doch sind wir alle kampfbereit, wenn die Hunnen kommen heran.«

Da sprach von Burgunden Giselher, das Kind:
»Ich wähn, es wolle tagen, sich hebt ein kühler Wind.
Nun lass uns Gott vom Himmel noch liebre Zeit erleben!
Ein arges Hofgelag hat uns meine Schwester Kriemhild gegeben.«

Da sprach wieder einer: »Ich spüre schon den Tag.
Da es uns heute wohl nicht besser werden mag,
sollt ihr tapfren Recken rüsten euch zum Streit.
Denn bald wird wiederkommen des Königs Etzel Weib.«

Der König mochte wähnen, die Gäste wären tot
von den Beschwerden allen und von des Feuers Not;
da lebten kühner Recken noch drin sechshundert Mann,
wohl nie ein König jemals noch bessre Helden gewann.

Einige Beobachter hatten wohl gesehn,
dass noch die Gäste lebten, was ihnen auch geschehn.
Obwohl sie arg gelitten, die Herrn und ihre Lehn,
sah man sie in dem Hause noch gar wohl geborgen gehn.

Man sagte Kriemhilden, dass viele lebten drin.
»Wie wäre das möglich«, sprach die Königin,
»dass noch einer lebte nach solcher Feuersnot?
Eher will ich glauben, sie fanden alle den Tod.«

Noch wünschten zu entkommen die Fürsten und ihr Lehn,
wenn nur jemand Gnade ließ ergehn.
Doch gab es keine Gnade in der Hunnen Land,
da rächten sie ihr Sterben mit gar todesmutiger Hand.

Schon früh am andern Morgen man ihnen Grüße bot
mit heftigem Angriff; wohl schuf das Helden Not.
Zu ihnen aufgeschossen ward mancher scharfe Speer,
doch setzten sich im Saale die kühnen Recken wohl zur Wehr.

Dem Heergesinde Etzels war erregt der Mut,
dass sie verdienen wollten Frau Kriemhildens Gut
und alles willig leisten, was der Fürst gebot.
Da musste bald noch mancher von ihnen schauen den Tod.

Von Verheißen und von Gaben mochte man Wunder sagen:
Sie ließ ihr Gold, das rote, auf Schilden vor sie tragen;
sie gab es jedem willig, der es wollt empfahn.
Nie wurden wider Feinde so große Schätze vertan.

Gewaffnet trat der Recken eine große Zahl zur Tür.
Da sprach der Fiedelspieler: »Wir sind noch immer hier.
Nie sah ich Helden zum Streiten lieber kommen,
als die, die das Gold uns zum Verderben genommen.«

Da riefen ihrer viele: »Nur näher her zum Streit!
Da wir doch fallen müssen, so tun wir's gern beizeit.
Hier wird liegen bleiben, wer heute sterben soll.«
Da staken ihre Schilde gleich von Speerschüssen voll.

Was soll ich weiter sagen? Wohl zwölfhundert Degen
versuchten's immer wieder mit starken Schwertesschlägen.
Da kühlten an den Feinden die Gäste wohl den Mut.
Kein Friede war zu hoffen, drum sah man fließen das Blut.

Da wurden Todeswunden wahrlich viel geschlagen.
Man hörte viele da um ihre Freunde klagen.
Die Tapferen alle verlor der König hehr.
Da hatten liebe Freunde nach ihnen Leid und Beschwer.

Siebenunddreißigstes Abenteuer

WIE RÜDIGER ERSCHLAGEN WARD

Es zeigt sich hier wohl am deutlichsten, wie sorgfältig Gestaltung und Ablauf des Nibelungenliedes durchkomponiert sind. Der Dichter lässt frühere, teils weit zurückliegende Handlungselemente – die sich nun als wohl vorbereitet erweisen – zu einem Höhepunkt zusammenströmen:

Etzel und Kriemhild fordern Rüdiger zum Kampf gegen die Burgunden auf.

Damit gerät Rüdiger in eine juristische und moralische Zwickmühle: Einerseits ist er als Lehnsmann dem Befehl Etzels unterworfen und durch seinen bei der Brautwerbung in Worms gegebenen Treueeid Kriemhild gegenüber verpflichtet, andererseits darf er die befreundeten Burgunden nicht angreifen, weil er ihnen das Geleit an den Hunnenhof gegeben hat und durch das Verlöbnis seiner Tochter mit Giselher verwandtschaftlich verbunden ist. Zudem fühlt er sich den Burgunden zu Dank verpflichtet, weil sie ihm und seinen Mannen den unter Berufung auf »steten Frieden« geforderten freien Abzug nach Ortliebs Tod gewährt haben.

Rüdiger versucht sich durch die Rückgabe seines Lehns der Pflicht zur »Heerfahrt« zu entledigen und dem Gewissenskonflikt zu entgehen, doch Etzel lehnt ab und verspricht ihm sogar die Königswürde.

Schließlich entscheidet Rüdiger sich zum Kampf. Dieser Entschluss ist vielfältig gedeutet worden. Bestimmend für Rüdiger ist neben seiner lehnsrechtlichen Bindung an Etzel wohl in erster Linie, dass er in dieser unlösbaren Problemstellung letztlich nur die Tat – nicht die Unterlassung – als akzeptablen Ausweg sieht.

Vor dem Kampf wird noch die Freundschaft zwischen Rüdiger und den Burgunden beschworen. Hagen zeigt seinen völlig zerhauenen Schild – das Geschenk Gotelinds in Bechelaren – und bittet Rüdiger um dessen neuen Schild. Rüdiger kommt diesem Wunsch nach. Beeindruckt von solchem Edelmut, versprechen Hagen und Volker, sich von dem Kampf gegen Rüdiger fernzuhalten. Sie stellen damit ihre Dankespflicht für eine edle Geste über ihre lehnsrechtlichen Bindungen an die burgundischen Könige.

In der folgenden Schlacht liefern Rüdiger und Gernot einander einen Zweikampf, in dessen Verlauf die konfliktreiche Dramatik dieses Abenteuers kulminiert: Gernot verletzt Rüdiger mit dem Schwert, das er einst in Bechelaren als Freundschaftsgabe erhalten hat – und wird vom sterbenden Rüdiger erschlagen.

Als alle Mannen aus Bechelaren tot sind, vermuten Etzel und Kriemhild – von der plötzlichen Stille beunruhigt – verräterische Verhandlungen Rüdigers mit den Burgunden.

Schmuck, merowingisch

Die Burgunden beschämen das hunnische Königspaar für diese Verdächtigung. Sie zeigen einen unwiderlegbaren Beweis für Rüdigers ehrenvolles Verhalten: seine Leiche.

Gemahl Gotelindes: Rüdiger

Die fremden Gäste hatten am Morgen viel getan.
Der Gemahl Gotelindes kam zu Hof heran
und sah auf beiden Seiten des großen Leids Beschwer:
Darüber weinte inniglich der getreue Rüdiger.

»O weh«, sprach er, »dass ich das Leben gewann
und dass nun diesen Jammer niemand mehr beenden kann.
So gern ich Frieden schüfe, der König geht's nicht ein,
da ihm das Unheil stärker, immer stärker bricht herein.«

Zu Dietrichen sandte der gute Rüdiger:
Ob man nicht helfen könnte den Königen so hehr.
Da entbot ihm der von Berne: »Wer möcht ihm widerstehn?
Es will der König Etzel keine Sühne nunmehr sehn.«

Da sah ein Hunnenrecke Rüdiger da stehn
mit weinenden Augen, wie er ihn oft gesehn.
Er sprach zu der Königin: »Nun seht, wie er da steht,
den Ihr und König Etzel vor allen andern habt erhöht,

und dem doch alles dienet, die Leute wie das Land.
Wie sind so viel der Burgen an Rüdigern gewandt,
deren er so manche von dem König haben mag!
Er schlug in diesen Kämpfen noch keinen löblichen Schlag.

Mich dünkt, ihn kümmert wenig, was hier mit uns geschieht,
wenn er nach seinem Willen bei sich die Fülle sieht.
Man rühmt, er wäre kühner, als jemand möge sein.
Das hat uns schlecht bewiesen in dieser Not der Augenschein.«

Als er das hörte, sah der vielgetreue Mann
den Hunnen, der da redete, mit düstrem Mute an.
Er dachte: Des entgiltst du; du sagst, ich sei verzagt,
da hast du deine Meinung zu laut bei Hofe gesagt.

Er zwang die Faust zusammen und griff ihn zornig an
und schlug mit solchen Kräften den hunnischen Mann,
dass er ihm vor die Füße niederstürzte tot.
Da war gemehrt aufs neue dem König Etzel die Not.

»Fahr hin, allbekannter Feigling«, sprach da Rüdiger,
»ich hatte doch des Leides genug und der Beschwer.
Dass ich hier nicht fechte, was rügst du mir das?
Wohl trüg auch ich den Gästen mit Grunde feindlichen Hass,

und alles, was ich könnte, tät ich ihnen an,
hätt ich nicht hierher geführt, die Gunthern untertan.
Ich war ihr Geleit in meines Herren Land:
Drum darf sie nicht bestreiten meine unsel'ge Hand.«

Da sprach zum Markgrafen Etzel, der König hehr:
»Wie habt Ihr uns geholfen, vieledler Rüdiger!
Wir hatten doch der Toten so viel in diesem Land,
dass wir nicht mehr bedurften. Mit Unrecht schlug ihn Eure Hand.«

Da sprach der edle Ritter: »Er beschwerte mir den Mut
und hat mir bescholten die Ehre wie das Gut,
das ich aus deinen Händen als stolze Gabe genommen.
Solche üble Rede musste dem Lügenbolde schlecht bekommen.«

Da kam die Königstochter. Die hatt es auch gesehn,
was von des Helden Zorne dem Hunnen war geschehn.
Sie beklagt es ungefüge, ihre Augen wurden nass.
Sie sprach zu Rüdigeren: »Wie verdienten wir das,

dass Ihr mir und dem König noch mehrt unser Leid?
Ihr habt uns, edler Rüdiger, verheißen allezeit,
Ihr wolltet für uns wagen die Ehre wie das Leben;
auch hört ich viel der Recken den Preis des Mutes Euch geben.

Ich mahn Euch nun der Treue, die mir schwur Eure Hand,
da Ihr mir zu Etzeln rietet, Ritter auserkannt,
dass Ihr mir dienen wolltet bis an unsern Tod.
Des war mir armem Weibe noch niemals so bitter Not.«

*Über den Begriff **Seele** (sêle) ist viel gemutmaßt worden. Gemeint ist wohl, dass Rüdiger sich gegen eine Konfliktsituation verwehrte, die so ausweglos war, dass seine Seele für alle Ewigkeit keine Ruhe finden könnte.*

»Das kann ich nicht leugnen, ich schwur Euch, Königin,
die Ehre wie das Leben gäb ich für Euch dahin;
die Seele zu verlieren, hab ich nicht geschworen.
Zu diesem Hofgelage bracht ich die Fürsten wohlgeboren.«

Sie sprach: »Gedenke, Rüdiger, der hohen Eide dein
von deiner steten Treue, wie du den Schaden mein
immer wolltest rächen und wenden all mein Leid.«
Der Markgraf entgegnete: »Ich war Euch stets zu Dienst bereit.«

Etzel der reiche hub auch zu flehen an.
Da warfen sie sich beide zu Füßen vor den Mann.
Den guten Markgrafen man da in Kummer sah;
der vielgetreue Recke, jammervoll begann er da:

»O weh mir Unsel'gem, muss ich den Tag erleben!
Aller meiner Ehren soll ich mich nun begeben,
aller Zucht und Treue, die Gott mir gebot;
o weh, Herr des Himmels, dass mir's nicht wenden will der Tod!

Werd ich das eine oder das andere begehn:
So ist's doch immer übel und arg von mir geschehn.
Was ich tu und lasse, so schilt mich alle Welt.
Nun möge mich erleuchten, der mich dem Leben gesellt!«

Da baten ihn so dringend der König und sein Weib,
dass bald viel Degen mussten Leben und Leib
von Rüdigers Hand verlieren und selbst der Held erstarb.
Nun mögt ihr bald vernehmen, welchen Jammer er erwarb:

Er wusste wohl, nur Schaden und Leid sei sein Gewinn.
Er hätt es auch dem König und der Königin
gern versagen wollen. Der Held besorgte sehr,
erschlüg er einen Burgunden, dass er der Welt ein Gräuel wär

Da sprach zu dem Könige dieser kühne Mann:
»Herr Etzel, nehmt zurück, was ich von Euch gewann,
das Land mit den Burgen; bei mir soll nichts bestehn:
Ich will auf meinen Füßen hinaus in das Elend gehn.

Alles Gutes ledig, räum ich Euer Land,
mein Weib und meine Tochter nehm ich an die Hand,
eh ich so ohne Treue entgegengeh dem Tod:
Das hieß auf üble Weise verdienen Euer Gold so rot.«

Da sprach der König Etzel: »Wer aber hilft dann mir?
Mein Land mit den Leuten, das alles geb ich dir,
dass du mich rächest, Rüdiger, an den Feinden mein.
Du sollst neben Etzeln ein gewalt'ger König sein.«

Da sprach wieder Rüdiger: »Wie dürft ich ihnen schaden?
Heim zu meinem Hause hab ich sie geladen,
Trinken und Speise ich ihnen gütlich bot,
dazu meine Gabe; und soll ich sie nun schlagen tot?

Die Leute mögen wähnen, ich sei zu verzagt.
Keiner meiner Dienste war ihnen je versagt:
Sollt ich sie nun bekämpfen, das wär nicht wohlgetan.
So reut mich die Verwandtschaft, die ich an ihnen gewann.

Bronzekessel, awarisch

Giselher, dem Degen, gab ich die Tochter mein;
sie konnt auf Erden nimmer besser verwendet sein,
seh ich auf Zucht und Ehre, auf Treue oder Gut.
Nie ein so junger König trug wohl tugendreichern Mut.«

Da sprach wieder Kriemhild: »Vieledler Rüdiger,
nun lass dich erbarmen unsres Leids Beschwer,
mein und auch des Königs; gedenke wohl daran,
dass nie ein Wirt auf Erden so leide Gäste gewann.«

Da begann der Markgraf zu der Königin hehr:
»Heut muss mit dem Leben entgelten Rüdiger,
was Ihr und der König mir Liebes habt getan.
Dafür muss ich sterben, es steht nicht länger mehr an.

Ich weiß, dass noch heute meine Burgen und mein Land
Euch ledig werden müssen von dieser Helden Hand.
So befehl ich Euch auf Gnade mein Weib und mein Kind
und all die Heimatlosen, die da zu Bechelaren sind.«

»Nun lohne Gott dir, Rüdiger!« Der König sprach da so;
er und die Königin, sie wurden beide froh.
»Uns seien wohlbefohlen alle Leute dein;
auch trau ich meinem Heile, dass du magst am Leben bleiben.«

Da setzte er aufs Spiel die Seele wie den Leib.
Da begann zu weinen König Etzels Weib.
Er sprach: »Ich muss Euch halten den Eid, den ich getan.
O weh meiner Freunde! Wie ungern greif ich sie an.«

Man sah ihn von dem König hinweggehn trauriglich.
Da fand er seine Recken nahe stehn bei sich:
Er sprach: »Ihr sollt euch waffnen, ihr all in meinem Lehn.
Die kühnen Burgunden muss ich nun leider bestehn.«

Nach den Gewaffen riefen die Helden allzuhand.
Ob es Helm wäre oder Schildesrand,
von dem Ingesinde ward es herbeigetragen.
Bald hörten leide Märe die stolzen Fremdlinge sagen.

Gewaffnet war da Rüdiger mit fünfhundert Mann;
darüber zwölf Recken zu Hilf er sich gewann.
Sie wollten Preis erwerben in des Sturmes Not;
sie wussten nicht die Märe, wie ihnen nahe der Tod.

Da sah man unterm Helme den Markgrafen gehn;
scharfe Schwerter trugen die in Rüdigers Lehn,
dazu vor den Händen die lichten Schilde breit.
Das sah der Fiedelspieler; dem war es ohne Maßen leid.

Schwäher (sweher): Schwiegervater

Da sah der junge Giselher seinen Schwäher gehn
mit aufgebundnem Helme. Er konnt's nur so verstehen,
dass Rüdiger jetzt käme als Freund, treu und gut.
Da gewann der edle König von Herzen fröhlichen Mut.

»Nun wohl mir solcher Freunde!«, sprach da Giselher,
»die wir gewonnen haben auf der Fahrt hierher.
Meines Weibes willen ist uns Hilfe nah:
Lieb ist mir, meiner Treue, dass diese Heirat geschah.«

»Ich weiß nicht, was Euch tröstet«, sprach der Fiedelmann:
»Wann saht Ihr zur Versöhnung so viel der Helden nahn
mit aufgebundnen Helmen, die Schwerter in der Hand?
Er will an uns verdienen seine Burgen und sein Land.«

Eh der Fiedelspieler die Rede sprach voll aus,
den edlen Markgrafen sah man schon vor dem Haus.
Sein Schild, den guten, setzt er vor den Fuß:
Da musst er seinen Freunden versagen Dienst und Gruß.

Rüdiger der edle rief da in den Saal:
»Ihr kühnen Nibelungen, nun wehrt euch allzumal.
Ich hoffte euch zu nützen und bring euch Schaden ein.
Wir waren ehmals Freunde. Der Treue will ich ledig sein.«

Da erschraken dieser Märe die Notbedrängten schwer:
Ihnen war der Trost entsunken, den sie gewähnt vorher,
da sich als Feind nun nahte, dem jeder Freundschaft trug.
Sie hatten von den Feinden schon Leid erfahren genug.

»Das verhüte Gott im Himmel!«, sprach Gunther, der Degen.
»Dass Ihr Eurer Freundschaft tätet so entgegen!
Auf Eurer großen Treue vertraute unser Mut.
Ich will Euch wohl vertrauen, dass Ihr das nimmermehr tut.«

»Es ist nicht mehr zu wenden«, sprach der kühne Mann.
»Ich muss mit euch streiten, wie ich den Schwur getan.
Nun wehrt euch, kühne Degen, es geht um Leben und Leib.
Sie wollt es mir nicht erlassen, des edlen Königs Weib.«

»Ihr widersagt uns nun zu spät«, sprach da der König hehr.
»Es mög Euch Gott vergelten, vieledler Rüdiger,
die Treue und die Liebe, die Ihr uns habt getan,
wenn Ihr bis an das Ende Euch halten wolltet daran.

widersagen: Kampf ansagen

Wir wollen stets Euch danken, was Ihr uns habt gegeben,
ich und meine Freunde, lasset Ihr uns leben,
der herrlichen Gaben, als Ihr uns brachtet her,
in Etzels Land mit Treue: des gedenket, edler Rüdiger.«

»Wie gern ich euch das gönnte!«, sprach Rüdiger, der Degen.
»Dass ich euch meiner Gabe die Fülle dürfte wägen
nach meinem Wohlgefallen; wie gerne tät ich das,
so es mir nicht erwürbe der edlen Königin Hass!«

»Lass ab, edler Rüdiger«, sprach wieder Gernot,
»nie ward ein Wirt gefunden, der es den Gästen bot
so freundlich und so gütlich, als uns von Euch geschehn.
Das wollen wir Euch danken, so wir lebendig entgehn.«

»Das wollte Gott«, sprach Rüdiger, »vieledler Gernot,
dass Ihr am Rheine wäret, und ich wäre tot,
und meiner ehrenvoll gedacht. Doch muss ich Euch bestehn.
Es ist noch nie an Degen von Freunden übler geschehn.«

Dieses Schwert hatte Gernot bei seinem Besuch in Bechlarn von Rüdiger erhalten (siehe 27. Abenteuer).

»Nun lohn Euch Gott, Herr Rüdiger«, sprach wieder Gernot,
»Eurer reichen Gabe. Mich jammert Euer Tod,
soll an Euch verderben so tugendlicher Mut.
Hier trag ich Eure Waffe, die Ihr mir gabet, Degen gut.

Sie hat mir noch nie versagt in all dieser Not;
es fiel vor ihrer Schärfe mancher Ritter tot.
Sie ist stark und lauter, herrlich und gut:
Gewiss, so reiche Gabe kein Recke je wieder tut.

Und wollt Ihr es nicht meiden und wollt Ihr uns bestehn,
erschlagt Ihr mir die Freunde, die hier noch bei mir stehn,
mit Eurem Schwerte nehm ich Leben Euch und Leib.
So reut Ihr mich, Rüdiger, und Euer herrliches Weib.«

»Das wolle Gott, Herr Gernot, und möcht es geschehn,
dass hier nach Eurem Willen alles könnt ergehn
und Euren Freunden erhalten Leben blieb und Leib,
dann sollen Euch vertrauen meine Tochter und mein Weib.«

der Ute Kind: Gemeint ist hier Giselher

Da sprach von Burgunden der schönen Ute Kind:
»Wie tut Ihr so, Herr Rüdiger? Die mit mir kommen sind,
die sind Euch all gewogen. Ihr greift übel zu!
Eure schöne Tochter wollt Ihr verwitwen allzu fruh.

Wenn Ihr und Eure Recken mich wollt im Streit bestehn,
wie wär das unfreundlich, wie wenig ließ es sehn,
dass ich Euch vertraute vor jedem andern Mann,
als ich Eure Tochter mir zum Weibe gewann.«

»Gedenket Eurer Treue«, sprach da Rüdiger,
»wenn Gott Euch lässt hier leben, vieledler König hehr,
so lass es nicht entgelten die liebe Tochter mein:
Bei aller Fürsten Tugend geruht, ihr gnädig zu sein!«

»So sollt ich's billig halten«, sprach Giselher, das Kind,
»wenn aber meine Freunde, die noch im Saal hier sind,
von Eurer Hand ersterben, so muss geschieden sein
diese stete Freundschaft zu dir und der Tochter dein.«

»Nun möge Gott uns gnaden«, sprach der kühne Mann.
Da hoben sie die Schilde und wollten nun hinan
zu streiten mit den Gästen in Kriemhildens Saal.
Laut rief da Hagen von der Stiege her zu Tal:

»Bleibet noch eine Weile, vieledler Rüdiger«,
also sprach da Hagen: »Wir wollen reden noch mehr,
ich und meine Herren. Denn uns zwingt die Not.
Was mag es Etzel helfen, wenn wir Fremde finden den Tod?

Ich steh in großen Sorgen«, sprach wieder Hagen.
»Der Schild, den Frau Gotlind mir gab zu tragen,
den haben mir die Hunnen zerhauen vor der Hand;
ich bracht ihn doch in Treuen her in König Etzels Land.

den Schild Nudungs, eines nahen Verwandten der Markgräfin

Dass es Gott vom Himmel vergönnen wollte,
dass ich so guten Schildrand noch tragen sollte
als du hast vor den Händen, vieledler Rüdiger:
So bedürft ich in dem Sturme keiner Halsberge mehr.«

»Wie gern wollt ich dir dienen mit meinem Schilde,
dürft ich dir ihn bieten vor Kriemhilde.
Doch nimm ihn hin, Hagen, und trag ihn an der Hand.
Hei! Dürftest du ihn führen heim in der Burgunden Land!«

Als er den Schild so willig zu geben sich erbot,
die Augen wurden vielen von heißen Tränen rot.
Es war die letzte Gabe: Es durft hinfort nicht mehr
einem Degen Gabe bieten von Bechlaren Rüdiger.

Wie grimmig auch Hagen, wie hart auch war sein Mut,
ihn erbarmte doch die Gabe, die der Degen gut
so nah seinem Ende noch hatt an ihn getan.
Mancher edle Ritter mit ihm zu trauern begann.

»Nun lohn Euch Gott im Himmel, vieledler Rüdiger.
Es wird Euresgleichen gefunden nimmermehr,
der Degen in der Fremde so milde Gabe gebe.
So möge Gott gebieten, dass Eure Milde immer lebe.

O weh mir dieser Märe«, sprach wieder Hagen.
»Wir hatten Herzensschwere schon so viel zu tragen;
doch sei nun Gott geklagt dieser Freunde Streit.«
Da sprach der Markgraf wieder: »Das ist mir inniglich leid.«

»Nun lohn ich Euch die Gabe, vieledler Rüdiger:
Was Euch auch widerfahre von diesen Recken hehr,
es soll Euch nicht berühren im Streit meine Hand,
ob Ihr sie all erschlüget, die von der Burgunden Land.«

Da neigte sich ihm dankend der gute Rüdiger.
Die Leute weinten alle. Dass nicht zu wenden mehr
dieser Herzensjammer, das war zu große Not.
Der Vater aller Tugend fand in Rüdiger den Tod.

Da sprach von der Stiege Volker, der Fiedelmann:
»Da mein Geselle Hagen Euch trug den Frieden an,
so biet ich auch so steten Euch von meiner Hand.
Das habt Ihr wohl verdient an uns, da wir kamen in das Land.

Vieledler Markgraf, mein Bote werdet hier:
Diese roten Spangen gab Frau Gotlinde mir,
dass ich sie tragen sollte bei dieser Lustbarkeit:
Ich tu es, schauet selber, dass Ihr davon mein Zeuge seid.«

»Wollt es Gott vom Himmel«, sprach da Rüdiger,
»dass Euch die Markgräfin noch geben dürfte mehr.
Die Märe sag ich gerne der lieben Trauten mein,
seh ich gesund sie wieder. Des sollt Ihr außer Zweifel sein.«

Nachdem er das gelobte, den Schild hob Rüdiger,
sein Mut begann zu toben: Nicht länger säumt er mehr,
er griff die Gäste an wohl einem Recken gleich.
Viel kraftvolle Schläge schlug da dieser Markgraf reich.

Volker und Hagen traten beiseit,
wie ihm verheißen hatten die Degen allbereit.
Noch traf er bei den Türen so manchen Kühnen an,
dass Rüdiger die Feindschaft mit großen Sorgen begann.

Um ihn zu besiegen, ließen ihn herein
Gernot und Gunther; das mochten Helden sein.
Zurück wich da Giselher: fürwahr, es war ihm leid;
er versah sich noch des Lebens, drum mied er Rüdigern im Streit.

Da sprangen zu den Feinden die in Rüdigers Lehn.
Hinter ihrem Herren sah man sie kühnlich gehn;
schneidende Waffen trugen sie an der Hand:
Da zerbrachen viel der Helme und mancher herrliche Rand.

Da schlugen auch die Müden noch manchen schnellen Schlag
auf die von Bechlaren, der tief und eben brach
durch die festen Panzer und drang bis auf das Blut.
Sie schufen in dem Sturme Wundertaten herrlich und gut.

Das edle Heergesinde war nun ganz im Saal.
Volker und Hagen, die sprangen hin zumal;
sie gaben niemand Frieden als dem einen Mann.
Das Blut von ihren Hieben von den Helmen niederrann.

Wie da der Schwerter Tosen so grimmig erklang,
dass unter ihren Schlägen das Schildgespänge sprang;
die Schildsteine rieselten zerschlagen in das Blut.
Da fochten sie so grimmig, wie man es nie wieder tut.

Der Vogt von Bechlaren   schuf hin und her sich Bahn
als einer, der im Sturme   sich wohl bewähren kann.
Des Tages ward an Rüdiger   herrlich offenbar,
dass er ein Recke wäre   kühn und ohne Tadel gar.

Hier standen diese Recken,   Gunther und Gernot:
Sie schlugen in dem Streite   viel der Helden tot.
Giselhern und Dankwart   am Heile wenig lag.
Da brachten sie noch manchen   hin zu seinem jüngsten Tag.

Wohl erwies auch Rüdiger,   dass er stark war genug,
kühn und wohl gewaffnet.   Hei, was er Helden schlug!
Das sah ein Burgunde,   da schuf der Zorn ihm Not.
Davon begann zu nahen   des edlen Rüdiger Tod.

Gernot der starke   rief den Helden an.
Er sprach zum Markgrafen: »Ihr wollt mir keinen Mann
der Meinen leben lassen,   vieledler Rüdiger.
Das schmerzt mich ohne Maßen;   ich ertrag es nicht länger mehr.

Eure Gabe: das geschenkte Schwert

Nun mag Euch Eure Gabe wohl   zuunstatten kommen,
da Ihr mir der Freunde   habt so viel benommen.
Nun bietet mir die Stirne,   Ihr edler, kühner Mann:
So verdien ich Eure Gabe,   so gut ich immer nur kann.«

Bevor da der Markgraf   zu ihm gedrungen war,
ward noch getrübt vom Blute   manch lichter Harnisch klar.
Da liefen sich einander   die Ehrbegier'gen an:
Jedweder sich zu schirmen   vor starken Wunden begann.

Doch schnitten ihre Schwerter,   es schützte nichts dagegen.
Da schlug den König Gernot   Rüdiger, der Degen,
dass durch steinharten Helme   niederfloss das Blut.
Das vergalt alsbald ihm   dieser Ritter kühn und gut.

Hoch schwang er Rüdigers Gabe,   die in der Hand ihm lag.
Wie wund er war zum Tode,   er schlug ihm einen Schlag
auf des Helmes Bänder   und durch den festen Schild,
davon ersterben musste   der gute Rüdiger mild.

So reicher Gabe übler gelohnt war nimmermehr.
Da fielen beid' erschlagen, Gernot und Rüdiger,
im Sturm gleichermaßen von beider Kämpfer Hand.
Da erst ergrimmte Hagen, als er den großen Schaden fand.

Da sprach der Held von Tronje: »Es ist uns schlimm bekommen.
So großen Schaden haben wir an den zwein genommen,
dass wir ihn nie verwinden, ihr Volk noch ihr Land.
Uns fremden Gästen bleiben nun Rüd'gers Helden zu Pfand.«

»Weh mir um den Bruder, der fiel hier in den Tod.
Was mir zu allen Stunden für leide Märe droht!
Auch muss mich immer reuen der edle Rüdiger.
Der Schad ist beidenthalben und großen Jammers Beschwer.«

Diese Worte sind wohl Gunther in den Mund gelegt.

Als der junge Giselher sah seinen Bruder tot,
die noch im Saale waren, die mussten leiden Not.
Der Tod suchte eifrig, wo sein Gesinde wär.
Deren von Bechelaren entging kein Einziger mehr.

Gunther und Hagen und auch Giselher,
Dankwart und Volker, die guten Degen hehr,
die gingen zu der Stelle, wo man sie liegen fand.
Wie jämmerlich da weinten diese Helden auserkannt!

»Der Tod beraubt uns übel«, sprach Giselher, das Kind.
»Nun lass euer Weinen und gehn wir an den Wind,
dass sich die Panzer kühlen uns streitmüden Degen.
Es will nicht Gott vom Himmel, dass wir länger leben mögen.«

Sitzen und sich lehnen sah man manchen Mann.
Sie waren wieder müßig. Die Rüdigern untertan,
waren all erlegen; verhallt war das Getos.
So lange blieb es stille, dass es Etzeln verdross.

»Weh über solche Dienste«, sprach die Königin.
»Sie sprechen allzu lange: Unsre Feinde drin
mögen wohl heil verbleiben von Rüdigers Hand.
Er will sie wiederbringen heim in der Burgunden Land.

Was hilft's, König Etzel, dass wir an ihn vertan,
was er nur begehrte? Er tat nicht wohl daran.
Der uns rächen sollte, der will Versöhnung pflegen.«
Da gab ihr Volker Antwort, dieser stattliche Degen:

»Dem ist nicht also leider, vieledel Königsweib.
Und dürft ich Lügen strafen ein so hehres Weib,
so würd ich sagen: Ihr habt teuflisch gelogen
über den edlen Rüdiger! Er wurde um seine Versöhnung betrogen.

So williglich vollbracht er, was ihm sein Herr gebot,
dass er und sein Gesinde hier fielen in den Tod.
Nun seht Euch um, Frau Kriemhild, wem Ihr gebieten wollt:
Euch war bis an sein Ende Rüdiger getreu und hold.

Wollt Ihr mir nicht glauben, so schaut es selber an.«
Zu ihrem Herzeleide ward es da getan:
Man trug ihn an eine Stelle, wo ihn der König sah.
König Etzels Mannen wohl nimmer leider geschah.

Da sie den Markgrafen sahen so erschlagen,
da vermöchte euch kein Schreiber zu schildern noch zu sagen
die ungebärd'ge Klage von Weib sowohl als Mann,
die sich aus Herzensjammer da zu erzeigen begann.

König Etzels Jammern ward so stark und voll,
wie eines Löwen Stimme dem reichen König scholl
der Wehruf der Klage; auch ihr schuf's große Not.
Sie weinten übermäßig um des guten Rüdiger Tod.

Achtunddreißigstes Abenteuer

WIE HERRN DIETRICHS RECKEN ALLE ERSCHLAGEN WURDEN

Dietrich von Bern vernimmt vom Tode Rüdigers und entsendet Hildebrand in den Saal, um die Nachricht bestätigen zu lassen. Hildebrand waffnet sich und nimmt alle Recken Dietrichs mit. Er bittet um die Herausgabe von Rüdigers Leiche. Dabei entwickelt sich ein Wortgefecht zwischen Volker und Wolfhart, Hildebrands Neffen.

Wolfhart, aufs äußerste gereizt, stürmt in den Saal, gefolgt von den Recken Dietrichs. Es kommt zur Schlacht. Hildebrand erschlägt Volker. Giselher und Wolfhart töten einander im Zweikampf.

Schließlich bleiben nur noch Hildebrand, Hagen und Gunther am Leben. Hagen will Volkers Tod rächen und greift Hildebrand an, der in höchster Not aus dem Saal flüchtet und Dietrich den Tod aller seiner Recken meldet.

Der Jammer allenthalben zu solchem Maße schwoll,
dass von der Wehklage Palas und Turm erscholl.
Da vernahm es auch ein Berner, Dietrichs Untertan.
Der schweren Botschaft willen, wie eilends kam er heran!

Da sprach er zu dem Fürsten: »Hört mich, Herr Dietrich,
was ich auch je erlebte, so herzensjämmerlich
hört ich noch niemals klagen, wie ich jetzt vernahm.
Ich glaube, dass der König nun selber zu Schaden kam.

Dietrich fühlte sich den Burgunden verpflichtet, weil er freien Abzug mit seinen Recken bekommen hatte (siehe 33. Abenteuer). Außerdem hat er Kriemhild gegenüber erklärt: »Siegfried bleibt ungerächt wohl von Dietrichens Hand« (siehe 31. Abenteuer).

Wie wären sonst die Leute all in solcher Not?
Der König oder Kriemhild, eins davon ist tot.
Wohl haben sie die Gäste im Zorne so getan.
Es weint übermäßig manch auserwählter Mann.

Da sprach der Fürst von Berne: »Ihr Getreuen in meinem Lehn,
seid nicht allzu eilig: Was hier auch ist geschehn
von den fremden Recken, sie zwang dazu die Not.
Nun lasst sie das genießen, dass ich ihnen Frieden bot.«

Da sprach der kühne Wolfhart: »Ich will zum Saale gehn,
der Märe nachzufragen, was da sei geschehn,
und will Euch dann berichten, viellieber Herre mein,
wenn ich es dort erkunde, wie die Sache möge sein.«

Da sprach der edle Dietrich: »Wenn so schon zornig jedermann
und ungestümes Fragen zur Unzeit geschehe dann,
das kann den Recken trüben allzu leicht den Mut:
Drum will ich nicht, Wolfhart, dass Ihr die Frage da tut.«

Helfrich: einer der Recken Dietrichs

Da bat er Helfrichen, hinzugehn geschwind,
ob er erkund'gen möge bei Etzels Ingesind
oder bei den Gästen, was da wär geschehn.
Da wurde nie bei Leuten so großer Jammer gesehn.

Der Bote kam und fragte: »Was ist hier geschehn?«
Da ward ihm zum Bescheide: »Nun musst uns auch zergehn
der Trost, der uns geblieben noch war in Hunnenland:
Hier liegt erschlagen Rüdiger von der Burgunden Hand.

Nicht einer ist entkommen, der mit ihm ging hinein.«
Das konnte Helfrichen nimmer leider sein.
Wohl mocht er seine Märe noch nie so ungern sagen.
Er kam zu Dietrichen zurück mit Weinen und Klagen.

»Was bringt Ihr uns für Kunde?«, sprach da Dieterich.
»Wie weint Ihr so heftig, Degen Helferich?«
Da sprach der edle Recke: »Wohl hab ich Grund zu klagen:
Den guten Rüdiger haben die Burgunden erschlagen.«

Da sprach der Held von Berne: »Das wolle nimmer Gott.
Eine starke Rache wär es und des Teufels Spott.
Wie hätt an ihnen Rüdiger verdient solchen Sold?
Ich weiß doch: Er war den Fremdlingen hold.«

Da sprach der kühne Wolfhart: »Und wär es geschehn,
dann sollt es ihnen allen an Leib und Leben gehn.
Wenn wir's ertragen wollten, es brächt uns Spott und Schand.
Uns bot so große Dienste des guten Rüdiger Hand.«

Der Fürst der Amelungen wollt es erfragen noch mehr.
In ein Fenster setzt er sich, ihm war das Herz so schwer.
Da hieß er Hildebrand zu den Gästen gehn,
bei ihnen zu erforschen, was da wäre geschehn.

Der sturmkühne Recke, Meister Hildebrand,
weder Schild noch Waffen trug er an der Hand.
Er wollt in aller Höflichkeit hin zu den Gästen gehn
von seiner Schwester Kinde musst er sich gescholten sehn.

Es sprach der grimme Wolfhart: »Geht Ihr dahin so bloß,
so kommt Ihr ungescholten nimmer wieder los;
so müsst Ihr dann mit Schanden tun die Wiederfahrt;
Geht Ihr dahin in Waffen, so weiß ich, dass es mancher sich spart.«

tun die Wiederfahrt *(tuon die widervart): zurückkehren*

Da rüstete der Alte sich nach des Jungen Rat.
Eh Hildebrand es gewahrte, standen in ihrem Staat
die Recken Dietrichs alle, die Schwerter in der Hand.
Leid war das dem Helden, er hätt es gern noch abgewandt.

Er frug, wohin sie wollen. »Wir wollen mit Euch hin:
Ob von Tronje Hagen wohl dann noch ist so kühn,
mit Spott zu Euch zu reden, wie ihm zu tun gefällt?«
Als er die Rede hörte, erlaubt es ihnen der Held.

Da sah der kühne Volker wohlgewaffnet gehn
die Recken von Berne in Dietrichens Lehn,
die Schwerter umgegürtet, die Schilde vor der Hand.
Er sagt es seinen Herren aus der Burgunden Land.

Da sprach der Fiedelspieler: »Dorten seh ich nahn
recht in Feindesweise, die Dietrich untertan,
gewaffnet unter Helmen. Sie wollen uns bestehn.
Jetzt wird es wohl sehr schlimm noch mit uns Fremdlingen gehn.«

Es währte nicht lange, so kam auch Hildebrand:
Da setzt er vor die Füße seinen Schildesrand
und begann zu fragen, die Gunthern untertan:
»O weh, ihr guten Degen, was hatt euch Rüdiger getan?

Mich hat mein Herr Dietrich her zu euch gesandt,
ob erschlagen liege, Helden, von eurer Hand
dieser edle Markgraf, wie man uns gab Bescheid.
Wir könnten nicht verwinden also schweres Herzeleid.«

Da sprach der grimme Hagen: »Die Mär ist ungelogen,
wie gern ich's Euch gönnte, wärt Ihr damit betrogen.
Mir wär es lieber, Rüdiger lebte noch,
den nie genug beweinen mögen Fraun und Mannen doch.«

Als sie das recht vernahmen, Rüdiger sei tot,
da beklagten ihn die Recken, wie ihre Treu gebot.
Dietrichens Mannen sah man die Tränen gehn
übern Bart zum Kinne: viel Leid war ihnen geschehn.

Siegstab, Herzog von Bern, ist Dietrichs Schwestersohn.

Da sprach Siegstab, der Herzog von Bern zuhand:
»O weh, wie all die Güte hier gar ein Ende fand,
die uns Rüdiger hier schuf nach unsres Leides Tagen:
Der Trost der Heimatlosen liegt von euch Degen erschlagen.«

Da sprach von Amelungen der Degen Wolfwein:
»Und wenn ich vor mir liegen hier säh den Vater mein,
mir würde nimmer leider als um Rüdigers Tod.
O weh, wer soll nun trösten die Markgräfin in ihrer Not?«

Da sprach im Zornmute der Degen Wolfhart:
»Wer leitet nun die Recken auf mancher Heerfahrt,
wie von dem Markgrafen so oft geschehen ist?
O weh, vieledler Rüdiger, dass du uns so verloren bist!«

Wolfbrand und Helferich und auch Helmnot
mit allen ihren Freunden beweinten seinen Tod.
Nicht mehr fragen mochte vor Seufzen Hildebrand:
»So tut denn, ihr Degen, warum mein Herr uns gesandt:

Gebt uns den toten Rüdiger aus dem Saal,
an dem all unsre Freude erlitten den Jammerfall.
Lasst uns ihm so vergelten, was er an uns getan
hat mit großer Treue und an manchem fremden Mann.

Wir sind auch Heimatlose,   wie Rüdiger, der Degen.
Was lasst ihr uns warten?   Wir Recken alle mögen
im Tod noch danken   diesen wackren Mann.
Wir hätten es wohl besser   zu seiner Lebzeit noch getan.«

Da sprach der König Gunther: »Nie war ein Dienst so gut,
als den ein Freund dem Freunde   nach dem Tode tut.
Das nenn ich stete Treue,   wenn man das leisten kann.
Ihr lohnt ihm nach Verdienste,   er hat euch Liebes getan.«

»Wie lang lass ihr uns stehn?«,   sprach Wolfhart, der Held:
»Da unser Trost, der beste,   liegt von euch gefällt,
und wir ihn nun leider   nicht länger mögen haben,
lass uns ihn hinnen tragen,   dass wir den Recken begraben.«

Zur Antwort gab ihm Volker: »Man bringt ihn euch nicht her.
Holt ihn aus dem Hause,   wo der Degen hehr
mit tiefen Herzenswunden   gefallen ist ins Blut.
Damit ist der Dienst vollkommen,   den ihr hier Rüdigern tut.«

Da sprach der kühne Wolfhart: »Gott weiß, Herr Fiedelmann,
Ihr müsst uns nicht noch reizen;   Ihr habt uns Leid getan.
Hätt ich nur Erlaubnis,   so kämt Ihr drum in Not;
doch müssen wir es lassen,   weil er den Streit uns verbot.«

Da sprach der Fiedelspieler: »Der fürchtet sich zu viel,
der, was man ihm verbietet,   alles lassen will.
Das kann ich nimmer heißen   rechten Heldenmut.«
Die Rede deuchte Hagen   von seinem Heergesellen gut.

»Wollt Ihr den Spott nicht lassen«,   fiel ihm Wolfhart ein,
»ich verstimm Euch so die Saiten,   dass Ihr noch am Rhein,
wenn je Ihr heimreitet,   habt davon zu sagen.
Euren Übermut   mag ich mit Ehren nicht ertragen.«

Da sprach der Fiedelspieler: »Wenn Ihr den Saiten mein
die guten Töne raubtet,   Eures Helmes Schein
müsste trübe werden   dabei von meiner Hand,
wie immer ich auch dann   reite in das Burgundenland.«

Da wollt er zu ihm springen; doch blieb nicht frei die Bahn:
Hildebrand, sein Oheim, hielt ihn mit Kräften an.
»Ich seh, du willst wüten in deinem dummen Zorn;
nun hätten wir auf immer meines Herrn Huld verlorn.«

»Lass los den Löwen, Meister; er hat so grimmigen Mut;
doch kommt er mir zu nahe«, sprach Volker, der Degen gut,
»und hätt er mit den Händen die ganze Welt erschlagen,
ich schlag ihn, dass er nimmermehr ein Widerwort weiß zu sagen.«

Darob ergrimmte heftig den Bernern der Mut.
Den Schild ruckte Wolfhart, ein schneller Recke gut:
Gleich einem wilden Löwen lief er auf ihn an.
Die Schar seiner Freunde ihm rasch zu folgen begann.

Hildebrand musste als beauftragter Anführer der Schar an der Spitze sein, als der Kampf begann.

Mit weiten Sprüngen setzt er bis vor des Saales Wand;
doch ereilt ihn vor der Stiege der alte Hildebrand:
Er wollt ihn vor ihm selber nicht lassen in den Streit.
Zum Kampfe fanden sie die fremden Gäste wohl bereit.

Da sprang hin zu Hagen Meister Hildebrand:
Man hörte Waffen klingen an der Helden Hand.
Sie waren sehr im Zorne, das zeigte sich geschwind:
Von der beiden Schwertern ging der feuerrote Wind.

Da wurden sie geschieden in des Streites Not.
Das taten die von Berne, wie Kraft und Mut gebot.
Als sich von Hagen wandte Meister Hildebrand,
da kam der starke Wolfhart auf den kühnen Volker gerannt.

Auf den Helm dem Fiedler schlug er solchen Schwang,
dass des Schwertes Schärfe durch die Spangen drang.
Das vergalt mit Ungestüm der kühne Fiedelmann.
Da schlug er Wolfharten, dass er zu sprühen begann.

Feuers aus den Panzern hieben sie genug;
grimmen Hass jedweder auf den andern trug.
Da schied sie von Berne der Degen Wolfwein.
Wär der kein Held gewesen, so könnte das nicht geschehen sein.

Gunther der kühne   mit williger Hand
empfing die hehren Helden   aus Amelungenland.
Giselher der junge   macht ihre Helme gut
im grimmigen Streite   nass und rot von Blut.

Dankwart, Hagens Bruder,   war ein grimmer Mann:
Was er zuvor im Streite   Herrliches getan
an König Etzels Recken,   das schien nun gar nur Wind.
Nun erst begann zu toben   des kühnen Aldrians Kind.

Rischart und Gerbart,   Helfrich und Wichart,
in manchen Stürmen hatten   die selten sich gespart:
Das ließen sie wohl merken   die in Gunthers Lehn.
Da sah man Wolfbrand   in dem Sturme herrlich gehn.

gespart:
im Sinne von geschont

Da focht, als ob er wüte,   der alte Hildebrand.
Viel gute Recken mussten   vor Wolfhartens Hand
auf den Tod getroffen   sinken in das Blut.
So rächten Rüdigers Wunden   diese Recken kühn und gut.

Da focht der Herzog Siegstab,   wie ihm der Zorn gebot.
Hei! Was harter Helme   brach in des Sturmes Not
an seinen Feinden   Dietrichens Schwestersohn!
Er konnt in dem Sturme   nicht gewaltiger drohn.

Volker der starke,   als er das ersah,
wie Siegstab der kühne   aus Panzerringen da
Bäche Blutes holte,   das schuf dem Helden Zorn.
Er sprang ihm hin entgegen.   Da hatte nun bald verlorn

Siegstab sein Leben   durch den Fiedelmann:
Volker ihm seiner Künste   so grimmig zeigte dann,
dass Siegstab von dem Schwerte   niederfiel zu Tod.
Der alte Hildebrand rächte das,   wie ihm sein Eifer gebot.

»O weh des lieben Herren«,   sprach Meister Hildebrand,
»der uns hier erschlagen   liegt von Volkers Hand!
Nun soll der Fiedelspieler   auch länger nicht gedeihn.«
Hildebrand der kühne,   wie konnt er grimmiger sein?

Da schlug er so auf Volker, dass von des Helmes Band
die Splitter allwärts stoben bis zu des Saales Wand,
vom Helm und auch vom Schilde, dem kühnen Fiedelmann.
Davon der starke Volker nun auch sein Ende gewann.

Da drangen zu dem Streite die in Dietrichs Lehn:
Sie schlugen, dass die Splitter sich wirbelnd mussten drehn,
und man der Schwerter Enden in die Höhe fliegen sah.
Sie holten aus den Helmen heiße Blutbäche da.

Nun sah von Tronje Hagen Volker, den Degen, tot:
Das war ihm auf dem Hofgelag die allergrößte Not,
die er gewonnen hatte an Freund und Untertan!
O weh, wie grimmig Hagen den Freund zu rächen begann!

»Nun soll es mir büßen der alte Hildebrand,
mein Freund liegt hier erschlagen von des Helden Hand,
der beste Heergeselle, den ich je gewann.«
Den Schild rückt er höher: so ging er hauend hindann.

Helferich der starke Dankwarten erschlug.
Gunthern und Giselher war es leid genug,
als sie ihn fallen sahen in der starken Not,
doch hatten seine Hände wohl vergolten seinen Tod.

Derweil schuf sich Wolfhart hin und wieder Bahn,
alles niederhauend, was Gunthern untertan.
Er machte nun zum dritten Mal die Runde durch den Saal:
Da fiel von seinen Händen gar mancher Recke zu Tal.

Da rief der starke Giselher Wolfharten an:
»O weh, dass ich so grimmen Feind je gewann!
Kühner Ritter edel, nun wende dich hierher.
Ich will es helfen enden, nicht länger trag ich es mehr.«

Zu Giselheren wandte sich Wolfhart in den Streit.
Da schlugen sich die Recken manche Wunde weit.
Mit solchem Ungestüme er zu dem König drang,
dass unter seinen Füßen das Blut zum Haupt empor ihm sprang.

Mit schnellen grimmen Schlägen der schönen Ute Kind
empfing da Wolfharten, den Helden hochgesinnt.
Wie stark auch war der Degen, wie sollt er hier gedeihn?
Es konnte nimmer kühner ein so junger König sein.

Da schlug er Wolfharten durch den Harnisch gut,
dass ihm aus der Wunde niederschoss das Blut:
Zum Tode war verwundet Dietrichens Untertan.
Wär Giselher kein Recke, nie hätt er solchen Schlag getan.

Als der kühne Wolfhart die Wund an sich empfand,
den Schild ließ er fallen. Höher in der Hand
hob er ein starkes Waffen, das war wohl scharf genug:
Durch Helm und Panzerringe der Degen da Giselher erschlug.

Den grimmen Tod einander hatten sie angetan.
Da lebt auch niemand weiter, der Dietrich untertan.
Hildebrand der alte Wolfharten fallen sah:
Gewiss vor seinem Tode solch Leid ihm nimmer geschah.

Erstorben waren alle die in Gunthers Lehn
und auch die Mannen Dietrichs, Hildebrand sah man gehn,
wo Wolfhart war gefallen nieder in das Blut.
Er umschloss mit Armen den Degen tapfer und gut.

Er wollt ihn aus dem Hause tragen mit sich fort;
doch Wolfhart war zu schwer. Er musste bleiben dort.
Da blickt aus dem Blute der todwunde Mann.
Er sah wohl, dass sein Oheim ihm helfen wollte hindann.

Da sprach der Todwunde: »Viellieber Oheim mein,
mir kann zu dieser Stunde Eure Hilfe nicht gedeihn.
Nun hütet Euch vor Hagen, fürwahr, ich rat Euch gut:
Der trägt in seinem Herzen einen grimmigen Mut.

Und wollen meine Freunde im Tode mich beklagen,
den nächsten und den besten sollt Ihr von mir sagen,
dass sie nicht um mich weinen, das tut nimmer not:
Von eines Königs Händen fand ich hier herrlichen Tod.

Von einem König getötet zu werden galt als besonders ehrenvoll.

Ich hab auch so vergolten   mein Sterben hier im Saal,
das schafft noch den Frauen   der guten Ritter Qual.
Will's jemand von Euch wissen,   so mögt Ihr kühnlich sagen:
Von meiner Hand alleine   liegen hundert wohl erschlagen.«

Da dachte auch Hagen   an den Fiedelmann,
dem der alte Hildebrand   das Leben abgewann.
Zu Hildebrand er sprach: »Ihr entgeltet nun mein Leid.
Ihr habt uns hier benommen   manchen Recken kühn im Streit.«

Er schlug auf Hildebranden,   dass man wohl vernahm,
wie Balmung erklang: das Schwert, das Hagen nahm
Siegfried, dem Kühnen,   als er ihn erschlug.
Da wehrte sich der Alte: Er war auch streitbar genug.

Wolfhartens Oheim   ein breites Schwert da schwang
auf Hagen von Tronje,   das scharf den Stahl durchdrang;
doch konnt er nicht verwunden   Gunthers Untertan.
Da schlug ihm Hagen wieder   durch einen Harnisch wohlgetan.

Als da Meister Hildebrand   die Wunde recht empfand,
besorgt er größern Schaden   noch von Hagens Hand.
Den Schild warf auf den Rücken   Dietrichs Untertan:
Mit der starken Wunde   der Held vor Hagen entrann.

Da lebt auch von allen   den Degen niemand mehr
als Gunther und Hagen,   die beiden Recken hehr.
Mit Blut ging beronnen   der alte Hildebrand.
Er brachte leide Märe,   da er Dietrichen fand.

Schwer bekümmert sitzen   sah er den Mann.
Noch größern Leides Kunde   nun der Fürst gewann.
Als er Hildebranden   im Panzer sah so rot,
da fragt er nach der Ursach,   wie ihm die Sorge gebot:

»Nun sagt mir, Meister Hildebrand,   wie seid Ihr so nass
von dem Lebensblute?   Oder wer tat Euch das?
Ihr habt wohl mit den Gästen   gestritten in dem Saal?
Ihr ließt es besser bleiben,   wie ich so dringend befahl.«

Da sagt er seinem Herren: »Hagen tat es mir:
Der schlug mir in dem Saale diese Wunde hier,
als ich von den Recken zu wenden mich begann.
Kaum dass ich mit dem Leben noch dem Teufel entrann.

Da sprach der von Berne: »Gar recht ist Euch geschehn,
da Ihr mich Freundschaft hörtet den Recken zugestehn,
und doch den Frieden brachet, den ich ihnen bot:
Wär mir's nicht ewig Schande, Ihr sollet's büßen mit dem Tod.«

Dietrich hätte Hildebrand wegen der Missachtung des Friedensgebotes eigentlich mit dem Tod bestrafen müssen – durfte aber andererseits gegen seinen Waffenmeister nicht die Hand erheben.

»Nun zürnt mir, Herr Dietrich, darob nicht allzu sehr:
An mir und meinen Freunden ist der Schade gar zu schwer.
Wir wollten Rüdiger gerne tragen aus dem Saal,
Das wollten uns nicht gönnen die, welchen Gunther befahl.«

»O weh mir dieses Leides! Ist Rüdiger doch tot?
Das muss mir sein ein Jammer vor all meiner Not.
Gotelind die edle ist meiner Tante Kind.
O weh der armen Waisen, die dort zu Bechlaren sind!«

Mit Waisen sind im weiteren Sinne alle Personen gemeint, die vom Markgrafen Rüdiger abhängig waren.

Herzeleid und Kummer schuf ihm sein Tod.
Er hub an zu weinen, den Helden zwang die Not.
»O weh des treuen Helfers, den ich verloren hab!
Den Tod des edlen Degen ich nimmer verschmerzen mag!

Könnt Ihr mir, Meister Hildebrand, rechte Kunde sagen,
wie der Recke heiße, der ihn hat erschlagen?«
Er sprach: »Das tat mit Kräften der starke Gernot;
von Rüdigers Händen fand auch der König den Tod.«

Er sprach zu Hildebrand: »So sagt den Meinen an,
dass sie alsbald sich waffnen: So geh ich selbst hinan.
Und befehlt, dass sie mir bringen mein lichtes Streitgewand:
Ich selber will nun fragen die Helden aus Burgundenland.«

Da sprach Meister Hildebrand: »Wer soll mit Euch gehn?
Die Euch am Leben blieben, die seht Ihr vor Euch stehn:
Das bin ich ganz alleine; die andern, die sind tot.«
Da erschrak er dieser Märe, es schuf ihm wahrhafte Not,

dass er auf Erden nimmer noch solches Leid gewann.
Er sprach: »Und sind erstorben all, die mir untertan,
so hat mich Gott vergessen. Ich armer Dietrich!
Ich war ein mächt'ger König einst, hehr und gewaltiglich.«

Wieder sprach da Dietrich: »Wie konnt es nur geschehn,
dass sie all erstarben, die Helden ausersehn,
vor den Streitmüden, die doch gelitten Not?
Mein Unglück schuf's alleine, sonst hätt verschont sie der Tod.

Wenn denn mein Unheil sich nun soll begeben,
so sprecht, blieb von den Gästen einer noch am Leben?«
Da sprach Meister Hildebrand: »Weiß Gott: Es ist niemand mehr,
als Hagen ganz alleine und Gunther, der König hehr.«

»O weh, lieber Wolfhart, und hab ich dich verloren,
so mag mich bald gereuen, dass ich je ward geboren.
Siegstab und Wolfwein und auch Wolfbrand:
Wer soll mir denn helfen in der Amelungen Land?

Helferich der kühne, und ist mir der erschlagen,
Gerbart und Wichart, wann hör ich auf zu klagen?
Das ist aller Freuden mir der letzte Tag.
O weh, dass vor Leide niemand doch ersterben mag!«

Neununddreißigstes Abenteuer

WIE HERR DIETRICH MIT GUNTHER UND HAGEN STRITT

Dietrich von Bern geht mit Hildebrand zum Festsaal. Als Gunther Aufklärung über den Ausbruch des Kampfes gibt, zeigt Dietrich sich versöhnlich: Er will Gunther und Hagen am Leben lassen und heimgeleiten, falls sie sich ergeben würden. Hagen lehnt ab. Im folgenden Kampf überwältigt Dietrich die zwei letzten Burgunden und übergibt sie gefesselt der Königin unter der Bedingung, dass beide nicht getötet werden dürfen.

Kriemhild lässt sie getrennt in Gefängnisse legen und fordert von Hagen den Nibelungenhort. Hagen beruft sich auf seinen Eid, das Geheimnis des Verstecks zu wahren, solange einer seiner Herren noch am Leben sei. Daraufhin bringt Kriemhild ihm das abgeschlagene Haupt ihres Bruders. – Hagen verweigert auch nach dem Tod des letzten Burgundenkönigs die Preisgabe des Verstecks und wird von Kriemhild erschlagen: mit dem Schwert Balmung, das Siegfried einst getragen hat. Hildebrand fühlt sich aufgerufen, Hagens Tod zu rächen, und tötet die Hunnenkönigin.

Zum Schluss rundet der Dichter das Nibelungenlied durch Gegenüberstellungen aus dem ersten Abenteuer ab. Er beschwört das bei der Deutung von Kriemhilds Traum formulierte Leitmotiv: »... dass Freude mit Leide am Ende wird gelohnt.« Und er stellt der Einleitung — »Viel Wunderdinge melden die Mären alter Zeit« – das Schlusswort gegenüber: »Hier hat die Mär ein Ende. Das ist der Nibelunge Not.«

Da suchte sich Herr Dietrich selber sein Gewand;
ihm half sich zu waffnen der alte Hildebrand.
Da klagte so gewaltig der kraftvolle Mann,
dass von seiner Stimme das Haus zu hallen begann.

Dann gewann er aber wieder rechten Heldenmut.
Im Grimm ward gewaffnet da der Degen gut.
Seinen Schild, den festen, den nahm er an die Hand:
Sie gingen bald von dannen, er und Meister Hildebrand.

Da sprach von Tronje Hagen: »Dort seh ich zu uns gehn
Dietrich, den Herren: Der will uns bestehn
nach dem großen Leide, das wir ihm angetan.
Nun soll man heute schauen, wen man den Besten nennen kann.

Und dünkt sich den von Berne der Degen Dieterich
gar so starken Leibes und so fürchterlich,
und will er's an uns rächen, was ihm ist geschehn«,
also sprach da Hagen, »ich bin wohl Mann, ihn zu bestehn.«

Die Rede hörte Dietrich mit Meister Hildebrand.
Er kam, wo er die Recken beide stehen fand
außen vor dem Hause, gelehnt an den Saal.
Seinen Schild, den guten, den setzte Dietrich zu Tal.

In leidvollen Sorgen sprach da Dietrich:
»Wie habt Ihr so geworben, Herr Gunther, wider mich,
einen Heimatlosen? Was tat ich Euch wohl je,
dass alles meines Trostes ich nun verwaiset mich seh?

Ihr fandet nicht Genüge an der großen Not,
als Ihr uns Rüdigeren, den Recken, schluget tot.
Ihr missgönntet sie mir alle, die mir untertan.
Wohl hätt ich solchen Leides Euch Degen nimmer getan.

Gedenkt an Euch selber und an Euer Leid,
Eurer Freunde Sterben und all die Not im Streit,
ob es Euch guten Degen nicht beschwert den Mut.
O weh, wie so unsanft mir der Tod Rüdigers tut!

So leid geschah auf Erden niemanden je.
Ihr gedachtet wenig an mein und Euer Weh.
Was ich Freuden hatte, das liegt von Euch erschlagen.
Wohl kann ich meine Freunde nimmer genug beklagen.«

»Wir sind wohl nicht so schuldig«, sprach Hagen entgegen.
»Zu diesem Hause kamen all Eure Degen
mit großem Fleiß gewaffnet in einer breiten Schar.
Man hat Euch wohl die Märe nicht gesagt, wie sie war.«

»Was soll ich anders glauben? Mir sagt Hildebrand:
Euch baten meine Recken von Amelungenland,
dass Ihr ihren Rüdigern gäbet aus dem Haus.
Da botet Ihr Gespötte nur meinen Recken heraus.«

Da sprach der Fürst vom Rheine: »Die Deinen wollten tragen
Rüdiger von hinnen. Das ließ ich versagen
Etzeln zum Trotze, nicht aber deinem Heer,
bis darob zu schelten Wolfhart begann, der Degen hehr.«

Da sprach der Held von Berne: »Es sollte nun so sein.
Gunther, edler König, bei aller Tugend dein
ersetze mir das Herzeleid, das mir von dir geschehn;
versühn es, kühner Ritter, dass ich dir kann vergeben.

Ergib dich mir zur Geisel mit Hagen, deinem Mann:
So will ich Euch behüten, so gut ich immer kann,
dass Euch bei den Hunnen hier niemand Leides tut.
Ihr sollt an mir erfahren, dass ich getreu bin und gut.«

»Das verhüte Gott vom Himmel«, sprach Hagen entgegen,
»dass sich dir ergeben sollten zwei Degen,
die noch in ihren Waffen dir gegenüberstehn
und vor den Widersachern so ungehindert noch gehn.«

»Ihr sollet's nicht verweigern«, sprach wieder Dietrich,
»Gunther und Hagen: Ihr habt so bitterlich
beide mir bekümmert das Herz und auch den Mut,
wollt Ihr mir das vergüten, so wäre das ehrlich und gut.

Ich geb Euch meine Treue und reich Euch drauf die Hand,
dass ich mit Euch reite heim in Euer Land.
Ich geleit Euch wohl nach Ehren, ich stürbe denn den Tod,
und will um Euch vergessen all meiner schmerzhaften Not.«

»Begehrt es nicht weiter«, sprach wieder Hagen:
»Wie ziemt es, wenn die Märe wär von uns zu sagen,
dass zwei so kühne Degen sich ergäben Eurer Hand?
Sieht man bei Euch doch niemand als alleine Hildebrand.«

Da sprach Meister Hildebrand: »Gott weiß, Herr Hagen,
den Frieden, den Herr Dietrich Euch hat angetragen,
es kommt noch an die Stunde vielleicht in kurzer Frist,
dass Ihr ihn gerne nähmet und er nicht mehr zu haben ist.«

Anspielung auf die Walther-Sage: Hagen hatte aus Verbundenheit zu Walther von Aquitanien nicht in einen Kampf eingegriffen.

»Auch nähm ich eh' den Frieden«, sprach Hagen entgegen,
»eh ich mit Schimpf und Schande so vor einem Degen
flöhe, Meister Hildebrand, wie Ihr hier habt getan.
Ich hatte einst gewährt, Ihr stündet besser Euren Mann.«

Da sprach Meister Hildebrand: »Was verweiset Ihr mir das?
Nun, wer war's, der auf dem Schilde vor dem Wasgensteine saß,
als ihm von Spanien Walther so viel der Freunde schlug?
Wohl habt Ihr an Euch selber noch zu rügen genug.«

Da sprach der edle Dietrich: »Wie ziemt solchen Degen
sich mit Worten schelten, wie alte Weiber pflegen?
Ich verbiet es, Meister Hildebrand, sprecht hier nicht mehr.
Mich heimatlosen Recken bedrücken andre Sorgen mehr.«

»Lass hören, Recke Hagen«, sprach weiter Dieterich,
»was spracht Ihr zusammen, Ihr Helden tugendlich,
als Ihr mich gewaffnet sahet zu Euch gehn?
Ihr sagtet, Ihr alleine wolltet mich im Streit bestehn.«

»Das wird Euch niemand leugnen«, sprach Hagen entgegen,
»wohl will ich's hier versuchen mit kräftigen Schlägen,
es sei denn, mir zerbreche das Nibelungenschwert.
Ich bin voll Zorn, dass Ihr als Geiseln uns habt begehrt.«

Als Dietrich erhörte Hagens grimmen Mut,
den Schild behende zuckte der schnelle Degen gut.
Wie rasch ihm von der Stiege entgegen Hagen sprang!
Niblungs Schwert, das gute, auf Dietrichen laut erklang.

Da wusste wohl Herr Dietrich, dass der kühne Mann
grimmen Mutes fechte; zu schirmen sich begann
der edle Fürst von Berne von gefährlichen Schlägen.
Wohl kannte er Hagen: der war ein auserwählter Degen.

Auch scheut er Balmungen, eine Waffe stark genug.
Mit Ruhe und mit List Dietrich entgegenschlug,
bis dass er Hagen im Streite doch bezwang.
Er schlug ihm eine Wunde, die gar tief war und lang.

Der edle Dietrich dacht: Dich schwächte lange Not;
mir brächt es wenig Ehre, gäb ich dir den Tod.
So will ich nur versuchen, ob ich dich zwingen kann,
als Geisel mir zu folgen. Das ward mit Sorgen getan.

Den Schild ließ er fallen. Seine Stärke, die war groß;
Hagen von Tronje mit den Armen er umschloss.
So ward von ihm bezwungen dieser kühne Mann.
Gunther der edle darob zu trauern begann.

Dietrich band da Hagen und führt ihn, wo er fand
Kriemhild die edle, und gab in ihre Hand
den allerkühnsten Recken, der je Gewaffen trug.
Nach ihrem großen Leide ward sie da fröhlich genug.

Da neigte sich dem Degen vor Freuden Etzels Weib:
»Nun sei dir immer selig das Herz und auch der Leib.
Du hast mich wohl entschädigt aller meiner Not:
Ich will dies immer danken, es verwehr mir's denn der Tod.«

Da sprach der edle Dietrich: »Nun lasst ihn am Leben,
edle Königstochter: Es mag sich wohl begeben,
dass er Euch entschädigt das Leid, das er Euch tat:
Er soll es nicht entgelten, dass Ihr ihn gebunden saht.«

Da ließ sie Hagen führen in ein Haftgemach,
wo niemand ihn erschaute und er verschlossen lag.
Gunther der edle hub da zu rufen an:
»Wo blieb der Held von Berne? Er hat mir Leides getan.«

Da ging ihm hin entgegen von Bern Herr Dieterich.
Gunthers Kräfte waren stark und ritterlich;
da säumt er nicht länger, er rannte vor den Saal.
Von ihren beiden Schwertern erhob sich mächtiger Schall.

Sosehr man auch rühmte Dietrich seit alter Zeit:
In seinem Zorne tobte Gunther so im Streit
und war nach seinem Leide von Herzen feind dem Mann,
dass es ein Wunder war, wie Dietrich noch entrann.

Sie waren alle beide   so stark und mutesvoll,
dass von ihren Schlägen   Palas und Turm erscholl.
So hieben sie mit Schwertern   auf die Helme gut.
Da zeigte König Gunther   einen herrlichen Mut.

Doch zwang ihn der von Berne,   wie Hagen auch geschehn.
Man mochte durch den Panzer   das Blut wohl fließen sehn
von einem scharfen Schwerte;   das trug Herr Dieterich.
Es hat trotz der Ermattung   gewehrt sich Gunther ritterlich.

Schmuck, merowingisch

Der König ward gebunden   von Dietrichens Hand,
wiewohl nie Kön'ge sollten   leiden solch ein Band.
Er dachte: Ließ er ledig   Gunther und seinen Lehnsmann,
so würden sie noch manchen   Degen erschlagen dann.

Dietrich von Berne   nahm ihn bei der Hand,
er führt ihn hin gebunden,   wo er Kriemhilden fand.
Da ward durch Gunthers Leid   ihr Kummer ganz benommen.
Sie sprach: »König Gunther,   nun seid mir höchlich willkommen.«

Er sprach: »Ich müsst Euch danken,   vieledle Schwester mein,
wenn Euer Gruß in Gnaden   geschehen könnte sein.
Ich weiß Euch aber, Königin,   so zornig Euren Mut,
dass Ihr mir und Hagen   solchen Gruß im Spotte tut.«

Da sprach der Held von Berne: »Königstochter hehr,
so gute Helden sah man   als Geisel nimmermehr,
als ich, edle Königin,   bracht in Eure Hut.
Nun komme meine Freundschaft   den Heimatlosen zugut.«

Sie sprach, sie tät es gerne.   Da ging Herr Dieterich
mit weinenden Augen   von dem Helden tugendlich.
Da rächte sich entsetzlich   König Etzels Weib!
Den auserwählten Recken   nahm sie Leben und Leib:

Sie ließ sie gesondert   ins Gefängnis legen,
dass sich nie im Leben   wiedersahn die Degen,
bis sie ihres Bruders Haupt   hin vor Hagen trug.
Kriemhildens Rache   ward an beiden grimm genug.

Hin ging die Königstochter, wo sie Hagen sah.
Wie feindselig sprach sie zu dem Recken da:
»Wollt Ihr mir wiedergeben, was Ihr mir habt genommen,
so mögt Ihr wohl noch lebend heim zu den Burgunden kommen.«

Da sprach der grimme Hagen: »Die Red ist gar verloren,
vieledle Königstochter. Den Eid hab ich geschworen,
dass ich den Hort nicht zeige, solange noch am Leben
blieb einer meiner Herren. Solange wird er niemand gegeben.«

»Ich bin jetzt wohl am Ziele«, sprach das edle Weib.
Dem Bruder nehmen ließ sie Leben da und Leib.
Man schlug das Haupt ihm nieder. Bei den Haaren sie es trug
vor den Held von Tronje. Da gewann er Leids genug.

Als Hagen nun voll Unmut seines Herren Haupt ersah,
sprach der stolze Recke zu Kriemhilden da:
»Du hast nach deinem Willen zu Ende nun gebracht;
es ist auch so ergangen, wie ich mir hatte gedacht.

Nun ist von Burgunden der edle König tot,
auch Giselher der junge, dazu Herr Gernot.
Den Hort weiß nun niemand als Gott und ich allein.
Der soll dir Teufelsweibe immer wohl verhohlen sein.«

Sie sprach: »So habt Ihr üble Vergeltung mir gewährt;
so will ich doch behalten Siegfriedens Schwert.
Das trug mein holder Friedel, als ich zuletzt ihn sah,
als mir Herzensjammer durch Eure Schuld, Hagen, geschah!«

Sie zog es aus der Scheide, er konnt es nicht wehren.
Da dachte sie dem Recken das Leben zu behern.
Sie schwang es mit den Händen, das Haupt schlug sie ihm ab.
Das sah der König Etzel, dem es großen Kummer gab.

»Weh!«, rief der König: »Wie ist hier gefällt
von eines Weibes Händen der allerbeste Held,
der je im Kampf gefochten und seinen Schild auch trug!
So feind ich ihm gewesen bin, mir ist leid um ihn genug.«

***behern:** Das Wort wurde hier original aus dem Nibelungenlied übernommen. Es ist unübersetzbar. Behern bedeutet: ein Volk mit Heeresmacht überfallen, das Land verwüsten und vernichten. Indem der Dichter das auf einen Menschen nicht anwendbare Wort verwendet, will er den ekstatischen Vernichtungswillen verdeutlichen.*

Da sprach Meister Hildebrand: »Es kommt ihr nicht zugut,
dass sie ihn schlagen durfte. Was man mir auch tut,
ob er mich selber brachte in Angst und große Not:
Dennoch will ich rächen dieses kühnen Tronjers Tod.«

Hildebrand im Zorne zu Kriemhilden sprang:
Er schlug der Königstochter einen Schwertesschwang.
Wohl ängstigte sich vor dem Degen sie;
was konnt es aber helfen, dass sie so grässlich schrie?

Die da sterben sollten, die lagen all umher:
Zu Stücken lag verhauen die Königin hehr.
Dietrich und Etzel huben zu weinen an,
sie beklagten innig manchen Freund und Untertan.

Da war der Helden Herrlichkeit hingelegt im Tod,
die Leute hatten alle Jammer und Not.
Mit Leid war beendet des Königs Festlichkeit,
wie ja stets am Ende die Freude gelohnt wird mit Leid.

Ich kann euch nicht berichten, was danach geschah,
als dass Ritter und Frauen weinen man da sah,
dazu die edlen Knappen um lieber Freunde Tod.
Hier hat die Mär ein Ende. Das ist der Nibelunge Not.